SCRIPTORVM CLASSICORVM
BIBLIOTHECA OXONIENSIS

OXONII

E TYPOGRAPHEO CLARENDONIANO

ARISTOTELIS

ARS RHETORICA

RECOGNOVIT
BREVIQVE ADNOTATIONE CRITICA INSTRVXIT

W. D. ROSS

OXONII
E TYPOGRAPHEO CLARENDONIANO

Oxford University Press, Walton Street, Oxford OX2 6DP

London Glasgow New York Toronto
Delhi Bombay Calcutta Madras Karachi
Kuala Lumpur Singapore Hong Kong Tokyo
Nairobi Dar es Salaam Cape Town
Melbourne Auckland

and associates in
Beirut Berlin Ibadan Mexico City Nicosia

ISBN 0 19 814557 8

© *Oxford University Press, 1959*

First published 1959
Reprinted 1964, 1969, 1975, 1982

Printed in Great Britain
at the University Press, Oxford
by Eric Buckley
Printer to the University

PRAEFATIO

Codicum *Artis Rhetoricae* vetustissimus et optimus est
Bekkeri A^c (Par. 1741, saec. X aut XI), qui etiam *Poeticae*
optimus est codex. In hoc codice *Ars Rhetorica* a Victorio,
Gaisfordio, Bekkero, atque accuratissime a Roemero collata
est. Roemerus detexit duo genera correctionum in hoc
codice discernenda. 'Primum quidem', ut verbis Roe-
meri utar, 'librarius, postquam codicem exaravit, peracto
labore iterum librum suum ad archetypi fidem exegit, et ea,
quae incuria omiserat, vel in margine vel supra lineam
supplevit et menda aperta et calami lapsus correxit.' Sed
bonus librarius hunc laborem non ad finem continuavit;
post caput octavum libri primi 'huius manus additamenta et
correctiones vel raro vel nusquam occurrunt; correctiones quas
invenimus longe plurimae recentioris manus esse videntur'.

Ut valorem correctionum a librario primo factarum
videamus, pauca exempla dabo.

Post verbum συλλογισμός (1357^{a}17) librarius ὁμοιοτελεύτῳ
deceptus omnia quae sequuntur usque ad verbum συλλογισμός
(1357^{b}6) omisit, sed in margine supplevit.

Verbum ἅμα (1362^{a}37) primo omissum librarius super-
scripsit.

Verbum ἀρχῆς (1364^{a}12) primo omissum librarius supra
lineam addidit.

Verba καὶ . . . μεῖζον (1364^{a}13) librarius ὁμοιοτελεύτῳ
deceptus primo omisit, sed in margine addidit.

Verbum φαίνεσθαι (1364^{a}16) primo omissum librarius in
margine addidit. Confer etiam lectiones in 1356^{a}29, 1358^{b}6,
1359^{b}9, 1361^{a}13–15, 1363^{a}13–14, ^{b}8, 1366^{b}6, 1406^{b}37.

Ex his exemplis clare apparet correctiones a primo librario
codicis A^c factas saepe considerandas esse. Neque secundae

manus in hoc codice lectiones spernendae sunt; confer
exempla in 1365ᵇ15, 1369ᵇ21, 1393ᵃ5, 1395ᵇ7, 1396ᵃ12.

De causis errorum in codice Aᶜ, quarum ὁμοιοτέλευτον
maxima est, bene scripsit Roemerus (pp. xiv–xvi).

Ceteri codices quorum lectiones in apparatu dedi sunt
(1) codices Parisini a Gaisfordio collati B, C, D, E, quorum
consensum Roemerus signo II indicavit, (2) codices a
Bekkero collati Q, Yᵇ, Zᵇ, quorum consensum Roemerus
signo Θ indicavit, (3) codex Monacensi 176 et fragmenta
in codice Monacensi 313.

Codicum Parisinorum optimus (codice Aᶜ excepto) est
codex C; hunc codicem post Gaisfordium Roemerus denuo
contulit, et opinionem Gaisfordii, hunc codicem singularem
cognationem habere cum codice Aᶜ, refutavit; sed admisit
eum haud raro coniectura felicissima locum plane desperatum
sanavisse.

Codicum Bekkeri vetustissimus (codice Aᶜ excepto) est
codex Zᵇ, cuius partem (I. 1–II. 2, III. 1–17) contulit post
Bekkerum Melberus. Tres sunt manus in hoc codice, quarum
prima textum habet usque ad 1361ᵃ3, secunda textum a
1361ᵃ3 usque ad finem, tertia—Roemeri verbis utor—'partim
textus menda correxit partim lacunas supplevit partim
indicavit in margine'.

Codicis Monacensis 176 paucas lectiones commemoravi;
consentit plerumque cum codice B.

Fragmentum Monacense, a Guilelmo Meyero Spirensi
detectum, continet solum 1354ᵃ1–10, 1359ᵇ17–1363ᵇ4.
Consentit plerumque cum versione Guilelmi de Moerbeke.

Quamquam maiorem habet auctoritatem Codex Aᶜ quam
consensus omnium aliorum codicum, sunt loci in quibus
scriptor huius codicis ὁμοιοτελεύτῳ deceptus verba omisit,
neque in margine vel super lineam supplevit, quae in aliis

codicibus servantur, e.g. in 1374^{b}9–10, 1383^{b}21, 1398^{b}23, 1399^{b}35–36; ex quibus clare apparet codices deteriores non a codice A^c derivatos esse. Sed omnes codices, etiam ille ex quo Guilelmus Moerbekensis *Artem Rhetoricam* latine transtulit, ab uno archetypo derivatos esse ex hoc probatur quod lacuna post 1416^{b}29 in omnibus existit, atque verbis a loco 1367^{b}28–1368^{a}9 expleta est. Codicem A^c melius quam codices ceteri hunc archetypum secutum esse multis exemplis probari potest.

Praeter codices Graecos habemus translationem Latinam Guilelmi de Moerbeke, quae nunc cum Codice A^c, nunc cum aliis codicibus consentit. Saepe cum codice A^c solo congruit, sed aliquanto saepius cum uno aut pluribus codicum BCDEQY^{b}Z^b. Sunt aliqui loci in quibus Guilelmus solus verba Aristotelis servavit, exempli gratia 1374^{a}16, ubi hic habet verba 'eius a quo accepit', i.e. τούτου ἀφ' οὗ ἔλαβε, codices Graeci autem solum verbum ἔκλεψε, quod non potest adscisci, atque 1379^{a}22, ubi verba εἰ δὲ μή, κἂν ὁτιοῦν ἄλλο τις ὀλιγωρῇ videntur necessaria esse propter verba μάλιστα μὲν (^{a}18).

In Dissertatione 'Quae ratio inter vetustam Aristotelis rhetoricorum Translationem et Graecos codices intercedat' Dittmeyerus sic scripsit: 'Si trium testium, qui ex eodem fonte, archetypum dico, hauserunt, duo idem praebent, auctoritate plerumque plus valent quam tertius; quod si ut verum accipitur, consensus Guilelmi cum codicibus Graecis deterioribus praevalebit contra codicem A^c.' Sed hoc nequaquam verum est; ac praeterea (1) nondum habemus editionem vere criticam Guilelmi: in libro *Aristoteles Latinus* (1939, 1954) nonaginta quattuor codices translationis Guilelmi nominantur, sed Spengelius in editione sua Guilelmi solum editione Veneta, codice Monacensi 307, Victoriani libri

varietate usus est; (2) Roemerus multis exemplis probavit
(pr. xxxii–xxxiv) difficile saepe esse sine parva dubitatione
videre quae verba Graeca Guilelmus transtulerit.

Itaque magna cum cautela utendum est lectionibus quae
Guilelmo assignantur; sed cum clare apparet aut cum
codice A^c contra deteriores aut cum his contra A^c transla-
tionem consentire, auxilium non spernendum fert translatio.

Scholiorum series quattuor in volumine xxxi, parte ii, *Com-
mentariorum in Aristotelem Graecorum* a H. Rabe editae sunt:

(1) Εἰς τὴν Ἀριστοτέλους ῥητορικὴν ὑπόμνημα ἀνωνύμου
(saeculi duodecimi, ut videtur), a 1356^{b}35 usque ad finem.

(2) Σχόλια τοῦ κυρίου Στεφάνου εἰς Ἀριστοτέλους τέχνην
ῥητορικήν (1357^{a}22–1410^{a}33).

(3) Fragmentum commentarii in Aristotelis rhetorica
(1416^{a}28–1417^{a}15).

(4) Fragmentum paraphrasis in Aristotelis rhetorica
(1418^{b}40–1419^{b}2). Notandum est hunc Stephanum hominem
Byzantinum saeculi duodecimi fuisse (citat enim Suidam,
Rabe p. 285, l. 18), fortasse eundem qui *Rhetoricam in
Alexandrum* scripsit. Roemerus recte putavit (pp. xxxv–vii)
editione Rabeana multa cum cautela utendum esse. Scholia
aliquanto saepius cum codicibus C, Q, Y^b, Z^b quam cum
ceteris codicibus congruunt.

Viri docti saepe mirati sunt curam quam Aristoteles in hoc
opere (sicut, exempli causa, in *Topicis*) exhibet, exemplis
illustrans omnem regulam quam proponit. Sic Victorius
(cui primam editionem criticam debemus) scripsit de libro
secundo 'neque enim in hoc libro hiatus ullus apparet, sed
contra continuata rerum series admirabilis', et Brandisius
similiter de hoc opere toto scripsit. Sed id quod his viris
satisfecit non placuit Roemero. Multas lacunas se credit

invenisse, videlicet in his locis—1361ᵃ12, 1362ᵃ12, 1366ᵃ6, ᵇ1, 22, 1373ᵃ23, ᵇ18, 1380ᵇ30, 35, 1382ᵃ16, 1383ᵃ16, 1388ᵇ1, 1398ᵇ17, 1400ᵃ3, 1405ᵇ8, 1406ᵇ3, 1407ᵃ8, 1416ᵃ6, 36, ᵇ4. Aristotelem non culpat; Aristotelem vult τετράγωνον ἄνευ ψόγου esse, et culpat excerptorem ignotum qui multos locos necessarios per ignaviam omiserit. Hos locos examinemus.

Aristoteles (1360ᵇ19–23) sedecim partes εὐδαιμονίας nominat, et promittit (ᵇ30) se harum omnium definitiones daturum esse. Harum omnium definitiones re vera dat in loco qui sequitur (ᵇ31–1362ᵃ12), duabus (ut Roemerus putat) exceptis, videlicet virtute, cuius definitionem postponit (1362ᵃ13–14), et divitiis, quarum partes solum, non definitionem, dat (1361ᵃ12–24). Itaque Roemerus lacunam putat esse in loco 1361ᵃ11, et excerptorem culpat. Sed non animadvertit Aristotelem definitionem divitiarum dare postquam partes earum nominavit (1361ᵃ23–24).

1362ᵃ12. Roemerus dicit lacunam hic esse, quia Aristoteles non dederit, ut promiserat (1360ᵇ28–30), definitiones δυνάμεων et τυχῆς. Verba ἔτι δὲ προσήκειν οἰόμεθα δυνάμεις ὑπάρχειν καὶ τύχην (1360ᵇ28–29) certe difficilia sunt; namque et δυνάμεις aliquae (ἰσχύς, δύναμις ἀγωνιστική) et εὐτυχία iam nominatae sunt (1360ᵇ22, 23). Conicio ἔτι δὲ προσήκειν οἰόμεθα καὶ δυνάμεις ὑπάρχειν καὶ τύχην legendum esse, id est potestates sine bona fortuna inutiles esse.

1366ᵃ39. Roemerus credit post πάντα verba κακία δὲ τοὐναντίον excidisse. Sed cum Aristoteles virtutem definiverit (ᵃ36–39), non necesse est vitium definire.

1366ᵇ22. Roemerus credit hoc loco lacunam esse, cum neque vitii φρονήσει oppositi (sicut vitiorum δικαιοσύνῃ, ἀνδρείᾳ, σωφροσύνῃ, ἐλευθεριότητι, μεγαλοπρεπείᾳ oppositorum) neque σοφίας definitionem textus praebeat. Sed notandum est φρόνησιν virtutem esse non ἤθους, sicut hae aliae sunt virtutes, sed διανοίας, atque nullum vitium ei oppositum esse sed solum absentiam φρονήσεως. Suspicor verbum σοφία (ᵇ3) omittendum esse, cum non sit δύναμις εὐεργετική (ᵇ4–5).

1380ᵇ30–31. Roemerus dicit Aristotelem non explicavisse διὰ τίνων πραΰνονται (cf. ᵃ7). Sed Aristoteles hoc fecit cum dixit (ᵃ31) ὅλως δ' ἐκ τῶν ἐναντίων δεῖ σκοπεῖν τὰ πραΰνοντα.

1380ᵇ35. Roemerus obiectat Aristotelem post διὰ τί omisisse καὶ πῶς ἔχοντες, quod promiserat se expositurum esse (ᵃ6), et τὰ ποιητικὰ φιλίας et τὰ ποιητικὰ ἔχθρας brevius quam oportuerit exposuisse. Sed promissum erat non de amore et odio, rebus quas hoce loco tractat, sed de ira et de eo quod irae oppositum est, et causas amoris et odii non breviter in cap. 4 exponit (1382ᵃ1–1382ᵃ15).

1382ᵃ16. Roemerus queritur naturam ἐπηρεασμοῦ et διαβολῆς (ᵃ2) non explicari. Sed de ἐπηρεασμῷ iam breviter scripsit Aristoteles (1378ᵇ15–23), de διαβολῇ postea longe scribet (1416ᵃ4–ᵇ15); itaque has res hoc loco omittit.

1383ᵃ16. Roemerus credit καὶ τίνας θαρροῦσι omissum esse post θαρραλέοι εἰσί. Sed hoc mera opinio est, nec sunt haec verba necessaria.

1398ᵇ17. ἔτι καὶ νῦν ὅτι Ἀθηναῖοι κτλ. legens, Roemerus credit ibi lacunam esse. Sed locus sanatur legendo ἔτι καὶ νῦν, καὶ Ἀθηναῖοι, quod habent ΘΠΓ et secunda manus in Aᶜ.

1400ᵃ4. Roemerus lacunam putat esse post ἀπολογοῦνται μέν. Sed haec verba in Aᶜ uno inveniuntur, et videntur dittographia esse ex verbis ἐκ μὲν τῶν ἀποτρεπόντων ἀπολογοῦνται (ᵃ2–3) orta.

1405ᵇ8. Roemerus lacunam indicat post τρίτον. Sed τὸ τρίτον explicari videtur verbis quae sequuntur (ᵇ8–16), οὐ γὰρ ... ἧττον. ἔστι δὲ τρίτον τι fortasse legendum est.

1406ᵇ3. Hoc loco sine bona ratione lacunam esse putat: solum scribi debet ἡ δὲ μεταφορά.

1407ᵃ8. Sine bona ratione Roemerus vult inseri verba quibus scholiastes utitur, explicans sententiam quam Aristoteles Demostheni adscribit.

Restant autem nonnulli loci in quibus vere videtur lacuna esse. (1) Aristoteles dicit (1365ᵇ29–30) quattuor esse formas civitatis, democratiam oligarchiam aristocratiam monarchiam. Monarchiae dicit duas esse species, βασιλείαν et τυραννίδα (1366ᵃ1–2). Definitiones dat δημοκρατίας, ὀλιγαρχίας, ἀριστοκρατίας, τυραννίδος (1366ᵃ4–6): cur non et βασιλείας? Scholiastes dicit βασιλείας δὲ τὸ ἐννόμως ἐπιστατεῖν καὶ ὡς πατέρα ἄρχειν τὸν βασιλέα, et haec verba aut alia his similia addenda sunt.

(2) 1373ᵃ22. ὥσπερ λέγεται Αἰνεσίδημος Γέλωνι πέμψαι κοττάβια ἀνδραποδισαμένῳ. Obiectum verbi ἀνδραποδισαμένῳ deficit, et nomen civitatis alicuius certe deficit.

(3) 1373ᵇ6–18. Aristoteles dicit ἔστι γάρ τι ὃ μαντεύονται πάντες, φύσει κοινὸν δίκαιον καὶ ἄδικον, et citat ut testes: Sophoclem, Empedoclem, Alcidamam. Verba Sophoclis et Empedoclis dat: addit καὶ ὡς ἐν τῷ Μεσσηνιακῷ λέγει Ἀλκιδάμας, quod sine verbis Alcidamae vix intellegi potest. Feliciter servavit scholiastes verba ἐλευθέρους ἀφῆκε πάντας θεός, οὐδένα δοῦλον ἡ φύσις πεποίηκεν, quae inserenda sunt.

(4) 1388ᵃ38. Hic habemus verba ἀνάγκη δὴ ζηλωτικοὺς μὲν εἶναι τοὺς ἀξιοῦντας αὐτοὺς ἀγαθῶν ὧν μὴ ἔχουσιν· οὐδεὶς γὰρ ἀξιοῖ τὰ φαινόμενα ἀδύνατα. Muretus vidit verba addenda esse ex definitione ζήλου (ᵃ32), λύπη τις ἐπὶ φαινομένῃ παρουσίᾳ ἀγαθῶν ἐντίμων καὶ ἐνδεχομένων αὐτῷ λαβεῖν, et post ἔχουσιν addidit verba ἐνδεχομένων αὐτοῖς λαβεῖν.

(5) Caput 15 tertii libri mira farrago est. Caput sic incipit: περὶ δὲ διαβολῆς ἐν μὲν τὸ ἐξ ὧν ἄν τις ὑπόληψιν δυσχερῆ ἀπολύσαιτο. Post hoc exspectamus ἐν δὲ τὸ ἐξ ὧν ἄν τις ὑπόληψιν δυσχερῆ ποιήσειεν, sed neque haec verba neque similia verba habemus: recte dicit Roemerus talia verba

excidisse. Sequuntur verba ἄλλος τόπος ὥστε πρὸς τὰ ἀμφισβητούμενα ἀπαντᾶν, id est ἄλλος τόπος ἀπολύσεως, quasi primus τόπος ἀπολύσεως praecesserit, et talia verba credo excidisse. In lineis 1416ᵃ6–36 habemus alios τόπους τῆς ἀπολύσεως. Sequuntur κοινὸς τόπος τῆς τε διαβολῆς καὶ τῆς ἀπολύσεως (ᵃ36–ᵇ4), ἄλλος τόπος διαβολῆς (ᵇ4–8), κοινὸς τόπος (ᵇ9–15). Recte damnat Roemerus totam structuram huius capitis, quod videtur male e notis Aristotelis conflatum esse.

Sic quinque solum locos invenimus in quibus lacunae certe exsistunt, et Roemeri hypothesis excerptoris ignavi valde debilitata est; hae lacunae possunt scribae ignavo magis quam excerptori adscribi.

Addendum est multum me operi et Spengelii et Roemeri debere, quamquam utrique editores nimium auctoritate codicis Aᶜ confisi esse mihi videntur. Aliquas bonas coniecturas Bonitzio, Bywatero, Richardsio debeo.

W. D. R.

Dabam Oxonii
  Mense Aprili MCMLVIII

SIGLA

A (Bekkeri A^c) = Par. 1741, saec. x aut xi
A^2 = secunda lectio codicis A^c eadem manu scripta
A^3 = lectio codicis A^c manu recentiore scripta
s.l. = supra lineam, m. = in margine
B = Par. 1869, saec. xiv
C = Par. 1818, saec. xvi
D = Par. 2038, saec. xv
E = Par. 2116, saec. xvi
Q = Marc. 200, saec. xv
Y (Bekkeri Y^b) = Vat. 1340, saec. xiv exeuntis
Z (Bekkeri Z^b) = Vat. 23, saec. xiii exeuntis
Γ = textus a Guilelmo de Moerbeke translatus

Saepe citantur

G = Guilelmi translatio
Monac. = Monacensis 176
Frag. = fragmentum Monacense 313, saec. xvi (1354^{a}1–10, 1359^{a}17–1363^{b}4)
Σ = scholion

$$\Theta = QYZ$$
$$\Pi = BCDE$$

ΡΗΤΟΡΙΚΗ Α

1 Ἡ ῥητορική ἐστιν ἀντίστροφος τῇ διαλεκτικῇ· ἀμφότεραι 1354ª
γὰρ περὶ τοιούτων τινῶν εἰσιν ἃ κοινὰ τρόπον τινὰ ἁπάντων
ἐστὶ γνωρίζειν καὶ οὐδεμιᾶς ἐπιστήμης ἀφωρισμένης· διὸ καὶ
πάντες τρόπον τινὰ μετέχουσιν ἀμφοῖν· πάντες γὰρ μέχρι
τινὸς καὶ ἐξετάζειν καὶ ὑπέχειν λόγον καὶ ἀπολογεῖσθαι 5
καὶ κατηγορεῖν ἐγχειροῦσιν. τῶν μὲν οὖν πολλῶν οἱ μὲν εἰκῇ
ταῦτα δρῶσιν, οἱ δὲ διὰ συνήθειαν ἀπὸ ἕξεως· ἐπεὶ δ᾽ ἀμ-
φοτέρως ἐνδέχεται, δῆλον ὅτι εἴη ἂν αὐτὰ καὶ ὁδῷ ποιεῖν·
δι᾽ ὃ γὰρ ἐπιτυγχάνουσιν οἵ τε διὰ συνήθειαν καὶ οἱ ἀπὸ
τοῦ αὐτομάτου τὴν αἰτίαν θεωρεῖν ἐνδέχεται, τὸ δὲ τοιοῦτον 10
ἤδη πάντες ἂν ὁμολογήσαιεν τέχνης ἔργον εἶναι. νῦν μὲν
οὖν οἱ τὰς τέχνας τῶν λόγων συντιθέντες οὐδὲν ὡς εἰπεῖν πεπο-
ρίκασιν αὐτῆς μόριον (αἱ γὰρ πίστεις ἔντεχνόν εἰσι μόνον, τὰ δ᾽
ἄλλα προσθῆκαι), οἱ δὲ περὶ μὲν ἐνθυμημάτων οὐδὲν λέγου-
σιν, ὅπερ ἐστὶ σῶμα τῆς πίστεως, περὶ δὲ τῶν ἔξω τοῦ πρά- 15
γματος τὰ πλεῖστα πραγματεύονται· διαβολὴ γὰρ καὶ
ἔλεος καὶ ὀργὴ καὶ τὰ τοιαῦτα πάθη τῆς ψυχῆς οὐ περὶ τοῦ
πράγματός ἐστιν, ἀλλὰ πρὸς τὸν δικαστήν· ὥστ᾽ εἰ περὶ πά-
σας ἦν τὰς κρίσεις καθάπερ ἐν ἐνίαις γε νῦν ἐστι τῶν πό-
λεων καὶ μάλιστα ταῖς εὐνομουμέναις, οὐδὲν ἂν εἶχον ὅ τι 20
λέγωσιν· ἅπαντες γὰρ οἱ μὲν οἴονται δεῖν οὕτω τοὺς νόμους
ἀγορεύειν, οἱ δὲ καὶ χρῶνται καὶ κωλύουσιν ἔξω τοῦ πρά-
γματος λέγειν, καθάπερ καὶ ἐν Ἀρείῳ πάγῳ, ὀρθῶς τοῦτο
νομίζοντες· οὐ γὰρ δεῖ τὸν δικαστὴν διαστρέφειν εἰς ὀργὴν
προάγοντας ἢ φθόνον ἢ ἔλεον· ὅμοιον γὰρ κἂν εἴ τις ᾧ 25

1354ª 2 κοινῇ Γ   3 καὶ²] οὐ Ζ   7 δε+καὶ D   ἀμφοτέρως ΑΕQΓ:
ἀμφότερα BCDYZ   8 ὁδῷ ποιεῖν Bywater: ὁδωποιεῖν Α¹: ὁδοποιεῖν cett.
9 ἀπὸ ταυτομάτου ΘΠ   10 τὴν] τούτου τὴν ΕQΓ   12 οὐδὲν . . . πεπο-
ρίκασι Α¹ m., Q(?) (cf. 1356ª33): ὀλίγον πεποιήκασιν ΘΑΥΖΓ   13 αὐτῆς
ΑΕΥΖΓ: αὐτοῦ BD, Q(?): αὐτῶν C   εἰσι Γ: ἐστι codd.   14 προσθῆκαι
ΑCΕQΓ: προσθήκη BDYZ   19 γε Ε: τε cett.   21 λέγουσιν ΠΑ²ΥΖ:
λέξουσιν Q   25 φόβον ἢ ἔχθραν A m. Γ

I

μέλλει χρῆσθαι κανόνι, τοῦτον ποιήσειε στρεβλόν. ἔτι δὲ
φανερὸν ὅτι τοῦ μὲν ἀμφισβητοῦντος οὐδέν ἐστιν ἔξω τοῦ δεῖξαι
τὸ πρᾶγμα ὅτι ἔστιν ἢ οὐκ ἔστιν, ἢ γέγονεν ἢ οὐ γέγονεν· εἰ δὲ
μέγα ἢ μικρόν, ἢ δίκαιον ἢ ἄδικον, ὅσα μὴ ὁ νομοθέτης
30 διώρικεν, αὐτὸν δή που τὸν δικαστὴν δεῖ γιγνώσκειν καὶ οὐ
μανθάνειν παρὰ τῶν ἀμφισβητούντων.

31   μάλιστα μὲν οὖν
31 προσήκει τοὺς ὀρθῶς κειμένους νόμους, ὅσα ἐνδέχεται, πάντα
διορίζειν αὐτούς, καὶ ὅτι ἐλάχιστα καταλείπειν ἐπὶ τοῖς κρί-
νουσι, πρῶτον μὲν ὅτι ἕνα λαβεῖν καὶ ὀλίγους ῥᾶον ἢ πολλοὺς
1354ᵇ εὖ φρονοῦντας καὶ δυναμένους νομοθετεῖν καὶ δικάζειν· ἔπειθ'
αἱ μὲν νομοθεσίαι ἐκ πολλοῦ χρόνου σκεψαμένων γίνονται,
αἱ δὲ κρίσεις ἐξ ὑπογυίου, ὥστε χαλεπὸν ἀποδιδόναι τὸ δί-
καιον καὶ τὸ συμφέρον καλῶς τοὺς κρίνοντας. τὸ δὲ πάντων
5 μέγιστον, ὅτι ἡ μὲν τοῦ νομοθέτου κρίσις οὐ κατὰ· μέ-
ρος, ἀλλὰ περὶ μελλόντων τε καὶ καθόλου ἐστίν, ὁ δ'
ἐκκλησιαστὴς καὶ δικαστὴς ἤδη περὶ παρόντων καὶ
ἀφωρισμένων κρίνουσιν· πρὸς οὓς καὶ τὸ φιλεῖν ἤδη καὶ
τὸ μισεῖν καὶ τὸ ἴδιον συμφέρον συνήρτηται πολλάκις,
10 ὥστε μηκέτι δύνασθαι θεωρεῖν ἱκανῶς τὸ ἀληθές, ἀλλ'
ἐπισκοτεῖν τῇ κρίσει τὸ ἴδιον ἡδὺ ἢ λυπηρόν. περὶ μὲν οὖν
τῶν ἄλλων, ὥσπερ λέγομεν, δεῖ ὡς ἐλαχίστων ποιεῖν κύ-
ριον τὸν κριτήν, περὶ δὲ τοῦ γεγονέναι ἢ μὴ γεγονέναι,
ἢ ἔσεσθαι ἢ μὴ ἔσεσθαι, ἢ εἶναι ἢ μὴ εἶναι, ἀνάγκη ἐπὶ
15 τοῖς κριταῖς καταλείπειν· οὐ γὰρ δυνατὸν ταῦτα τὸν νο-
μοθέτην προϊδεῖν. εἰ δὲ ταῦθ' οὕτως ἔχει, φανερὸν ὅτι τὰ
ἔξω τοῦ πράγματος τεχνολογοῦσιν ὅσοι τἆλλα διορίζου-
σιν, οἷον τί δεῖ τὸ προοίμιον ἢ τὴν διήγησιν ἔχειν, καὶ τῶν
ἄλλων ἕκαστον μορίων· οὐδὲν γὰρ ἐν αὐτοῖς ἄλλο πρα-

26 ποιήσει DE: ποιήσῃ QΖΓ   1385ᵇ 4 τοὺς om. BCDYΖ   5 μέ-
ρος ABCΥΖΓ: +οὔτε περὶ τῶν παρόντων DEQ   9 συνήρτηται Γ
(annexa sunt G): συνήρηται codd.   11 ἐπισκοπεῖν A¹BΓ   τῇ] ἐν τῇ Γ
12 ἐλάχιστον Υ¹   14 εἶναι²+ἀνάπαλιν A m.   16 δὴ corr. A, Γ
17 ὅσοι τἆλλα διορίζουσιν om. C

γματεύονται πλὴν ὅπως τὸν κριτὴν ποιόν τινα ποιήσωσιν, 20
περὶ δὲ τῶν ἐντέχνων πίστεων οὐδὲν δεικνύουσιν, τοῦτο δ' ἐστὶν
ὅθεν ἄν τις γένοιτο ἐνθυμηματικός. διὰ γὰρ τοῦτο τῆς αὐτῆς
οὔσης μεθόδου περὶ τὰ δημηγορικὰ καὶ δικανικά, καὶ καλ-
λίονος καὶ πολιτικωτέρας τῆς δημηγορικῆς πραγματείας
οὔσης ἢ τῆς περὶ τὰ συναλλάγματα, περὶ μὲν ἐκείνης οὐδὲν 25
λέγουσι, περὶ δὲ τοῦ δικάζεσθαι πάντες πειρῶνται τεχνολο-
γεῖν, ὅτι ἧττόν ἐστι πρὸ ἔργου τὰ ἔξω τοῦ πράγματος λέγειν
ἐν τοῖς δημηγορικοῖς καὶ ἧττόν ἐστι κακοῦργον ἡ δημηγορία
δικολογίας, ὅτι κοινότερον. ἐνταῦθα μὲν γὰρ ὁ κριτὴς
περὶ οἰκείων κρίνει, ὥστ' οὐδὲν ἄλλο δεῖ πλὴν ἀποδεῖξαι ὅτι 30
οὕτως ἔχει ὥς φησιν ὁ συμβουλεύων· ἐν δὲ τοῖς δικανικοῖς
οὐχ ἱκανὸν τοῦτο, ἀλλὰ πρὸ ἔργου ἐστὶν ἀναλαβεῖν τὸν ἀκροα-
τήν· περὶ ἀλλοτρίων γὰρ ἡ κρίσις, ὥστε πρὸς τὸ αὑτῶν σκο-
πούμενοι καὶ πρὸς χάριν ἀκροώμενοι διδόασι τοῖς ἀμφισβη-
τοῦσιν, ἀλλ' οὐ κρίνουσιν. διὸ καὶ πολλαχοῦ, ὥσπερ πρό- **1355ᵃ**
τερον εἶπον, ὁ νόμος κωλύει λέγειν ἔξω τοῦ πράγματος· ἐκεῖ
δ' αὐτοὶ οἱ κριταὶ τοῦτο τηροῦσιν ἱκανῶς. ἐπεὶ δὲ φανερόν
ἐστιν ὅτι ἡ μὲν ἔντεχνος μέθοδος περὶ τὰς πίστεις ἐστίν, ἡ δὲ
πίστις ἀπόδειξίς τις (τότε γὰρ πιστεύομεν μάλιστα ὅταν 5
ἀποδεδεῖχθαι ὑπολάβωμεν), ἔστι δ' ἀπόδειξις ῥητορικὴ ἐν-
θύμημα, καὶ ἔστι τοῦτο ὡς εἰπεῖν ἁπλῶς κυριώτατον τῶν πί-
στεων, τὸ δ' ἐνθύμημα συλλογισμός τις, περὶ δὲ συλλογισμοῦ
ὁμοίως ἅπαντος τῆς διαλεκτικῆς ἐστιν ἰδεῖν, ἢ αὐτῆς ὅλης ἢ
μέρους τινός, δῆλον ὅτι ὁ μάλιστα τοῦτο δυνάμενος θεω- 10
ρεῖν, ἐκ τίνων καὶ πῶς γίνεται συλλογισμός, οὗτος καὶ ἐν-
θυμηματικὸς ἂν εἴη μάλιστα, προσλαβὼν περὶ ποῖά τέ ἐστι
τὸ ἐνθύμημα καὶ τίνας ἔχει διαφορὰς πρὸς τοὺς λογικοὺς
συλλογισμούς. τό τε γὰρ ἀληθὲς καὶ τὸ ὅμοιον τῷ ἀληθεῖ

21 διορίζουσι Γ   29 ὅτι Aᴵ s.l., CΓ: ἀλλὰ BDEQYᴵZ   κοινότερον+
ἀλλὰ κοινότερον Aᴵ   ἔνθα Aᴵ   1355ᵃ 1 ὥσπερ+καὶ ΘΠΓ   2 εἴπο-
μεν Γ κωλύει+μὲν Γ   3 δ' αὐτὸ Aᴵ   9 ὁμοίως om. Γ   10 μο-
ρίου B²Y²   ὅτι CEQΓ: δ' ὅτι ABDYZ: δὴ ὅτι Susemihl   12 τέ] τινά Γ
13 τὸ ἐνθύμημα AᴵΓ: τὰ ἐνθύμηματα ΘΠA²

15 τῆς αὐτῆς ἐστι δυνάμεως ἰδεῖν, ἅμα δὲ καὶ οἱ ἄνθρωποι
πρὸς τὸ ἀληθὲς πεφύκασιν ἱκανῶς καὶ τὰ πλείω τυγχά-
νουσι τῆς ἀληθείας· διὸ πρὸς τὰ ἔνδοξα στοχαστικῶς ἔχειν
τοῦ ὁμοίως ἔχοντος καὶ πρὸς τὴν ἀλήθειάν ἐστιν.

ὅτι μὲν οὖν τὰ ἔξω τοῦ πράγματος οἱ ἄλλοι τεχνολογοῦσι,
20 καὶ διότι μᾶλλον ἀπονενεύκασι πρὸς τὸ δικολογεῖν, φανερόν·
χρήσιμος δέ ἐστιν ἡ ῥητορικὴ διά τε τὸ φύσει εἶναι κρείττω
τἀληθῆ καὶ τὰ δίκαια τῶν ἐναντίων, ὥστε ἐὰν μὴ κατὰ τὸ
προσῆκον αἱ κρίσεις γίγνωνται, ἀνάγκη δι' αὐτῶν ἡττᾶσθαι,
τοῦτο δ' ἐστὶν ἄξιον ἐπιτιμήσεως, ἔτι δὲ πρὸς ἐνίους οὐδ' εἰ τὴν
25 ἀκριβεστάτην ἔχοιμεν ἐπιστήμην, ῥᾴδιον ἀπ' ἐκείνης πεῖσαι
λέγοντας· διδασκαλίας γάρ ἐστιν ὁ κατὰ τὴν ἐπιστήμην λόγος,
τοῦτο δὲ ἀδύνατον, ἀλλ' ἀνάγκη διὰ τῶν κοινῶν ποιεῖσθαι τὰς
πίστεις καὶ τοὺς λόγους, ὥσπερ καὶ ἐν τοῖς Τοπικοῖς ἐλέ-
γομεν περὶ τῆς πρὸς τοὺς πολλοὺς ἐντεύξεως. ἔτι δὲ τἀναντία
30 δεῖ δύνασθαι πείθειν, καθάπερ καὶ ἐν τοῖς συλλογισμοῖς, οὐχ
ὅπως ἀμφότερα πράττωμεν (οὐ γὰρ δεῖ τὰ φαῦλα πείθειν), ἀλλ'
ἵνα μὴ λανθάνῃ πῶς ἔχει, καὶ ὅπως ἄλλου χρωμένου τοῖς λόγοις
μὴ δικαίως αὐτοὶ λύειν ἔχωμεν. τῶν μὲν οὖν ἄλλων
τεχνῶν οὐδεμία τἀναντία συλλογίζεται, ἡ δὲ διαλεκτικὴ
35 καὶ ἡ ῥητορικὴ μόναι τοῦτο ποιοῦσιν· ὁμοίως γάρ εἰσιν ἀμ-
φότεραι τῶν ἐναντίων. τὰ μέντοι ὑποκείμενα πράγματα
οὐχ ὁμοίως ἔχει, ἀλλ' ἀεὶ τἀληθῆ καὶ τὰ βελτίω τῇ φύσει
εὐσυλλογιστότερα καὶ πιθανώτερα ὡς ἁπλῶς εἰπεῖν. πρὸς
δὲ τούτοις ἄτοπον εἰ τῷ σώματι μὲν αἰσχρὸν μὴ δύνασθαι
1355ᵇ βοηθεῖν ἑαυτῷ, λόγῳ δ' οὐκ αἰσχρόν· ὃ μᾶλλον ἴδιόν ἐστιν
ἀνθρώπου τῆς τοῦ σώματος χρείας. εἰ δ' ὅτι μεγάλα βλά-

19 οἱ ΑΓ: καὶ οἱ ΘΠ   21 τε] γε Dionys. ad Ammaeum: om. Γ   τὸ
om. Ζ   22 μὴ ΘΠΑ¹ s.l., Γ.: om. Α¹: μὲν codd. plures Dionys.
23 αὐτῶν Bywater: αὐτῶν codd. Γ   26 διδασκαλία Dionys. codd. plures
31 πείθειν] agere G   32 μὴ] μήτε codd.   32–33 τοῖς . . . αὐτοὶ
Q(?): τοῖς . . . αὐτοῖς ΥΖ: μὴ δικαίως τοῖς λόγοις αὐτοῖς ΑΓ: τοῖς λόγοις
αὐτοῖς μὴ δικαίως ΒCD, +αὐτοὶ Ε   38 ἁπλῶς] ἀληθῶς Α m. Γ   39 δὲ
ΑΓ: om. ΘΠ   1355ᵇ 1 ἑαυτῶν Α

ψειεν ἂν ὁ χρώμενος ἀδίκως τῇ τοιαύτῃ δυνάμει τῶν λό-
γων, τοῦτό γε κοινόν ἐστι κατὰ πάντων τῶν ἀγαθῶν πλὴν
ἀρετῆς, καὶ μάλιστα κατὰ τῶν χρησιμωτάτων, οἷον ἰσχύος 5
ὑγιείας πλούτου στρατηγίας· τούτοις γὰρ ἄν τις ὠφελήσειεν τὰ
μέγιστα χρώμενος δικαίως καὶ βλάψειεν ἀδίκως.

ὅτι μὲν οὖν οὐκ ἔστιν οὐθενός τινος γένους ἀφωρισμένου
ἡ ῥητορική, ἀλλὰ καθάπερ ἡ διαλεκτική, καὶ ὅτι χρήσιμος, φα-
νερόν, καὶ ὅτι οὐ τὸ πεῖσαι ἔργον αὐτῆς, ἀλλὰ τὸ ἰδεῖν τὰ ὑπάρ- 10
χοντα πιθανὰ περὶ ἕκαστον, καθάπερ καὶ ἐν ταῖς ἄλλαις
τέχναις πάσαις (οὐδὲ γὰρ ἰατρικῆς τὸ ὑγιᾶ ποιῆσαι, ἀλλὰ
μέχρι οὗ ἐνδέχεται, μέχρι τούτου προαγαγεῖν· ἔστιν γὰρ καὶ
τοὺς ἀδυνάτους μεταλαβεῖν ὑγιείας ὅμως θεραπεῦσαι καλῶς)·
πρὸς δὲ τούτοις ὅτι τῆς αὐτῆς τό τε πιθανὸν καὶ τὸ φαινό- 15
μενον ἰδεῖν πιθανόν, ὥσπερ καὶ ἐπὶ τῆς διαλεκτικῆς συλλο-
γισμόν τε καὶ φαινόμενον συλλογισμόν· ἡ γὰρ σοφιστικὴ
οὐκ ἐν τῇ δυνάμει ἀλλ' ἐν τῇ προαιρέσει· πλὴν ἐνταῦθα μὲν
ἔσται ὁ μὲν κατὰ τὴν ἐπιστήμην ὁ δὲ κατὰ τὴν προαίρεσιν
ῥήτωρ, ἐκεῖ δὲ σοφιστὴς μὲν κατὰ τὴν προαίρεσιν, διαλεκτι- 20
κὸς δὲ οὐ κατὰ τὴν προαίρεσιν ἀλλὰ κατὰ τὴν δύναμιν.

περὶ δὲ αὐτῆς ἤδη τῆς μεθόδου πειρώμεθα λέγειν, πῶς τε καὶ
ἐκ τίνων δυνησόμεθα τυγχάνειν τῶν προκειμένων. πάλιν οὖν
οἷον ἐξ ὑπαρχῆς ὁρισάμενοι αὐτὴν τίς ἐστι, λέγωμεν τὰ λοιπά.

2 Ἔστω δὴ ἡ ῥητορικὴ δύναμις περὶ ἕκαστον τοῦ θεωρῆσαι 25
τὸ ἐνδεχόμενον πιθανόν. τοῦτο γὰρ οὐδεμιᾶς ἑτέρας ἐστὶ
τέχνης ἔργον· τῶν γὰρ ἄλλων ἑκάστη περὶ τὸ αὐτῇ ὑπο-
κείμενόν ἐστιν διδασκαλικὴ καὶ πειστική, οἷον ἰατρικὴ περὶ
ὑγιεινῶν καὶ νοσερῶν, καὶ γεωμετρία περὶ τὰ συμβεβηκότα
πάθη τοῖς μεγέθεσι, καὶ ἀριθμητικὴ περὶ ἀριθμῶν, ὁμοίως δὲ 30

4 γε Q(?): τι DE: τε cett. Γ   8 οὐθενός scripsi: οὔτε ἑνός codd. Γ
15 τε] γε ΘCE: om. Γ   17 τε . . . συλλογισμόν om. Aᴵ, add. Aᴵ m.
ἡ γὰρ σοφιστικὴ ΑΓ: ὁ γὰρ σοφιστικὸς ΘΠ   24 λέγωμεν ΑCEΓ: λέγομεν
ΘΒD   25 ἔστι Γ   δὴ ἡ Richards: δ' ἡ E: δὲ Q: δὴ cett.   27 αὐτῇ scripsi:
αὐτὴ codd.: αὐτῆς Γ   28 πιστική ADE: fidei factiva G   .   29 ὑγιεινῶν
καὶ νοσερῶν ΑΓ: ὑγιεινὸν καὶ νοσερὸν ΘΠ   30 ἀριθμόν ΘΒDEΓ: ἀριθμοῦ C

5

καὶ αἱ λοιπαὶ τῶν τεχνῶν καὶ ἐπιστημῶν· ἡ δὲ ῥητορικὴ
περὶ τοῦ δοθέντος ὡς εἰπεῖν δοκεῖ δύνασθαι θεωρεῖν τὸ πιθα-
νόν, διὸ καί φαμεν αὐτὴν οὐ περί τι γένος ἴδιον ἀφωρισμέ-
νον ἔχειν τὸ τεχνικόν.

35   τῶν δὲ πίστεων αἱ μὲν ἄτεχνοί εἰσιν αἱ δ' ἔντεχνοι. ἄτεχνα
δὲ λέγω ὅσα μὴ δι' ἡμῶν πεπόρισται ἀλλὰ προϋπῆρχεν, οἷον
μάρτυρες βάσανοι συγγραφαὶ καὶ ὅσα τοιαῦτα, ἔντεχνα δὲ
ὅσα διὰ τῆς μεθόδου καὶ δι' ἡμῶν κατασκευασθῆναι δυνατόν,
ὥστε δεῖ τούτων τοῖς μὲν χρήσασθαι, τὰ δὲ εὑρεῖν.

1356ᵃ τῶν δὲ διὰ τοῦ λόγου ποριζομένων πίστεων τρία εἴδη
ἔστιν· αἱ μὲν γάρ εἰσιν ἐν τῷ ἤθει τοῦ λέγοντος, αἱ δὲ
ἐν τῷ τὸν ἀκροατὴν διαθεῖναί πως, αἱ δὲ ἐν αὐτῷ τῷ
λόγῳ διὰ τοῦ δεικνύναι ἢ φαίνεσθαι δεικνύναι. διὰ μὲν
5 οὖν τοῦ ἤθους, ὅταν οὕτω λεχθῇ ὁ λόγος ὥστε ἀξιό-
πιστον ποιῆσαι τὸν λέγοντα· τοῖς γὰρ ἐπιεικέσι πιστεύομεν
μᾶλλον καὶ θᾶττον, περὶ πάντων μὲν ἁπλῶς, ἐν οἷς δὲ τὸ
ἀκριβὲς μὴ ἔστιν ἀλλὰ τὸ ἀμφιδοξεῖν, καὶ παντελῶς. δεῖ
δὲ καὶ τοῦτο συμβαίνειν διὰ τοῦ λόγου, ἀλλὰ μὴ διὰ τοῦ
10 προδεδοξάσθαι ποιόν τινα εἶναι τὸν λέγοντα· οὐ γάρ, ὥσπερ
ἔνιοι τῶν τεχνολογούντων, ⟨οὐ⟩ τίθεμεν ἐν τῇ τέχνῃ καὶ τὴν ἐπι-
είκειαν τοῦ λέγοντος, ὡς οὐδὲν συμβαλλομένην πρὸς τὸ πιθα-
νόν, ἀλλὰ σχεδὸν ὡς εἰπεῖν κυριωτάτην ἔχει πίστιν τὸ ἦθος.

διὰ δὲ τῶν ἀκροατῶν, ὅταν εἰς πάθος ὑπὸ τοῦ λόγου προ-
15 αχθῶσιν· οὐ γὰρ ὁμοίως ἀποδίδομεν τὰς κρίσεις λυπούμενοι
καὶ χαίροντες, ἢ φιλοῦντες καὶ μισοῦντες· πρὸς ὃ καὶ μόνον
πειρᾶσθαί φαμεν πραγματεύεσθαι τοὺς νῦν τεχνολογοῦντας.
περὶ μὲν οὖν τούτων δηλωθήσεται καθ' ἕκαστον, ὅταν περὶ τῶν

---

37 καὶ ὅσα τοιαῦτα ΑΓ: om. ΘΠ   1356ᵃ 5 οὖν ΘΠΑ¹ s.l.: om.
Α¹Γ   7 πάντα DEQ   8 ἔστιν ΑΓ: ἔσται ΘΠ   8 ἀλλ' ἀμφιδοξοῦμεν
Γ   9 συμβαίνειν τοῦτο Γ   διὰ . . . τοῦ] διὰ τὸν λόγον ἀλλὰ μὴ διὰ τὸ
ΘΠ: μὴ διὰ τοῦ λόγου ἀλλὰ διὰ τὸ Γ   11 οὐ τίθεμεν scripsi: τιθέασιν
codd. Γ   καὶ Α: om. ΘΠΓ   12 τοῦ λέγοντος ΘΠΓ: om. Α¹, add.
Α¹·m.   συμβαλλομένου ΘΒC

παθῶν λέγωμεν, διὰ δὲ τοῦ λόγου πιστεύουσιν, ὅταν ἀληθὲς
ἢ φαινόμενον δείξωμεν ἐκ τῶν περὶ ἕκαστα πιθανῶν.   20

    ἐπεὶ 20
δ᾽ αἱ πίστεις διὰ τούτων εἰσί, φανερὸν ὅτι ταύτας ἐστὶ λαβεῖν
τοῦ συλλογίσασθαι δυναμένου καὶ τοῦ θεωρῆσαι περὶ τὰ
ἤθη καὶ περὶ τὰς ἀρετὰς καὶ τρίτον [τοῦ] περὶ τὰ πάθη, τί τε
ἕκαστόν ἐστιν τῶν παθῶν καὶ ποῖόν τι, καὶ ἐκ τίνων ἐγγίνεται
καὶ πῶς, ὥστε συμβαίνει τὴν ῥητορικὴν οἷον παραφυές τι 25
τῆς διαλεκτικῆς εἶναι καὶ τῆς περὶ τὰ ἤθη πραγματείας, ἣν
δίκαιόν ἐστι προσαγορεύειν πολιτικήν. διὸ καὶ ὑποδύεται
ὑπὸ τὸ σχῆμα τὸ τῆς πολιτικῆς ἡ ῥητορικὴ καὶ οἱ ἀντι-
ποιούμενοι ταύτης τὰ μὲν δι᾽ ἀπαιδευσίαν, τὰ δὲ δι᾽ ἀλαζο-
νείαν, τὰ δὲ καὶ δι᾽ ἄλλας αἰτίας ἀνθρωπικάς· ἔστι γὰρ μόριόν 30
τι τῆς διαλεκτικῆς καὶ ὁμοίωμα, καθάπερ καὶ ἀρχόμενοι εἴπομεν·
περὶ οὐδενὸς γὰρ ὡρισμένου οὐδετέρα αὐτῶν ἐστιν ἐπιστήμη
πῶς ἔχει, ἀλλὰ δυνάμεις τινὲς τοῦ πορίσαι λόγους.

    περὶ μὲν οὖν τῆς δυνάμεως αὐτῶν, καὶ πῶς ἔχουσι
πρὸς ἀλλήλας, εἴρηται σχεδὸν ἱκανῶς· τῶν δὲ διὰ τοῦ δει- 35
κνύναι ἢ φαίνεσθαι δεικνύναι, καθάπερ καὶ ἐν τοῖς δια-
λεκτικοῖς τὸ μὲν ἐπαγωγή ἐστι, τὸ δὲ συλλογισμός, τὸ δὲ **1356ᵇ**
φαινόμενος συλλογισμός, καὶ ἐνταῦθα ὁμοίως· ἔστιν γὰρ τὸ μὲν
παράδειγμα ἐπαγωγή, τὸ δ᾽ ἐνθύμημα συλλογισμός, τὸ δὲ φαι-
νόμενον ἐνθύμημα φαινόμενος συλλογισμός. καλῶ δ᾽ ἐνθύ-
μημα μὲν ῥητορικὸν συλλογισμόν, παράδειγμα δὲ ἐπαγωγὴν 5
ῥητορικήν. πάντες δὲ τὰς πίστεις ποιοῦνται διὰ τοῦ δεικνύναι

---

19 τοῦ λόγου Vahlen (cf. ll. 1, 9): τὸν λόγον A: τῶν λόγων ΘΠΓ   21 ταύ-
τας A¹: ταῦτα τρία A¹ m., BCΥΖΓ: τρία ταῦτα DE: ταῦτα τὰ τρία
Q(?)   22 περὶ] τὰ περὶ Γ   23 περὶ om. ΘΠΓ   τοῦ seclusi:
τὰ Γ τε om. QΓ   24 ἐστιν ΘΠΑ¹ s.l., Γ: om. A¹   τῶν παθῶν
om. E   γίνεται BCΥΓ   25 τι] μέρος τι A¹ m., BCΥ²Γ   26 τὰ
πάθη ΘB   29 τὰ δὲ ΘΠΑ²Γ: om. A¹   ἀλαζονίαν A   30 δι᾽ Γ: om.
cett.   31 ὁμοία ΑΓ   35–36 δείκνυσθαι... δείκνυσθαι Dionys.   36 τοῖς
ἀναλυτικοῖς Dionys.   1356ᵇ 1–2 τὸ³ . . . συλλογισμός A¹ ex corr., Γ:
om. cett.   3–4 τὸ² . . . συλλογισμός Dionys.: om. cett.   4 δ᾽] γὰρ
Dionys.

ἢ παραδείγματα λέγοντες ἢ ἐνθυμήματα, καὶ παρὰ ταῦτα
οὐδέν· ὥστ' εἴπερ καὶ ὅλως ἀνάγκη ἢ συλλογιζόμενον ἢ
ἐπάγοντα δεικνύναι ὁτιοῦν [ἢ ὁντινοῦν] (δῆλον δ' ἡμῖν τοῦτο
10 ἐκ τῶν Ἀναλυτικῶν), ἀναγκαῖον ἑκάτερον αὐτῶν ἑκατέρῳ
τούτων τὸ αὐτὸ εἶναι.

τίς δ' ἐστὶν διαφορὰ παραδείγματος καὶ ἐνθυμήματος, φανε-
ρὸν ἐκ τῶν Τοπικῶν (ἐκεῖ γὰρ περὶ συλλογισμοῦ καὶ ἐπαγωγῆς
εἴρηται πρότερον), ὅτι τὸ μὲν ἐπὶ πολλῶν καὶ ὁμοίων δείκνυ-
15 σθαι ὅτι οὕτως ἔχει ἐκεῖ μὲν ἐπαγωγή ἐστιν ἐνταῦθα δὲ παρά-
δειγμα, τὸ δὲ τινῶν ὄντων ἕτερόν τι διὰ ταῦτα συμβαίνειν
παρὰ ταῦτα τῷ ταῦτα εἶναι ἢ καθόλου ἢ ὡς ἐπὶ τὸ πολὺ
ἐκεῖ μὲν συλλογισμὸς ἐνταῦθα δὲ ἐνθύμημα καλεῖται. φα-
νερὸν δὲ καὶ ὅτι ἑκάτερον ἔχει ἀγαθὸν τὸ εἶδος τῆς
20 ῥητορείας· καθάπερ γὰρ καὶ ἐν τοῖς μεθοδικοῖς εἴρηται, καὶ ἐν
τούτοις ὁμοίως ἔχει· εἰσὶν γὰρ αἱ μὲν παραδειγματώδεις ῥη-
τορεῖαι αἱ δὲ ἐνθυμηματικαί, καὶ ῥήτορες ὁμοίως οἱ μὲν
παραδειγματώδεις οἱ δὲ ἐνθυμηματικοί. πιθανοὶ μὲν οὖν οὐχ
ἧττον οἱ λόγοι οἱ διὰ τῶν παραδειγμάτων, θορυβοῦνται δὲ
25 μᾶλλον οἱ ἐνθυμηματικοί· τὴν δ' αἰτίαν [αὐτῶν], καὶ πῶς
ἑκατέρῳ χρηστέον, ἐροῦμεν ὕστερον· νῦν δὲ περὶ αὐτῶν τούτων
μᾶλλον διορίσωμεν καθαρῶς.

ἐπεὶ γὰρ τὸ πιθανὸν τινὶ πιθανόν ἐστι, καὶ τὸ μὲν εὐθὺς
ὑπάρχει δι' αὐτὸ πιθανὸν καὶ πιστὸν τὸ δὲ τῷ δείκνυσθαι δοκεῖν
30 διὰ τοιούτων, οὐδεμία δὲ τέχνη σκοπεῖ τὸ καθ' ἕκαστον, οἷον ἡ
ἰατρικὴ τί Σωκράτει τὸ ὑγιεινόν ἐστιν ἢ Καλλίᾳ, ἀλλὰ τί τῷ

8 οὐδέν ΑΓ: +πως ΘΠ   ἢ¹ Ε: om. cett.   9 ἢ ὁντινοῦν om. ΕΓ
Dionys.   14 μὲν ΑΒΔΓ: +τὸ ΘCE   ἐπὶ+τῶν ΘΠ   πολλῶν] ὀλίγων Α
m.   ἐπιδείκνυσθαι ΕΥΖ: δεικνύναι Γ   17 ταῦτα τῷ] τὸ Dionys.   19 ὅτι
Γ Dionys.: +καὶ codd.   ἀγαθὸν om. Α²Γ   20 ῥητορείας ΑΓ: ῥητορικῆς
ΘΠ   γὰρ om. Dionys.: δὲ Γ   22–25 καὶ . . . ἐνθυμηματικοί om. Ζ
23 πιθανοὶ] καὶ πιθανοὶ DE: πιθανὸν Γ   οὖν ΑΖΓ: om. ΠΟΥ   25 αὐ-
τῶν om. Muretus   26 ὕστερον et τούτων ΘΠΑ¹ m., Γ: om. Α¹
27 διορίσομεν ΒCΥΖΓ   28–29 εὐθὺς . . . αὐτὸ ΑΓ: εὐθὺς ὑπάρχει πιθανὸν
δι' αὐτὸ καὶ πιστὸν DEQZ: ὑπάρχει πιθανὸν εὐθὺς καὶ πιστὸν δι' αὐτὸ ΒCΥ
29 ἐνδείκνυσθαι ΘΒCD

8

τοιῷδε ἢ τοῖς τοιοῖσδε (τοῦτο γὰρ ἔντεχνον, τὸ δὲ καθ' ἕκαστον
ἄπειρον καὶ οὐκ ἐπιστητόν), οὐδὲ ἡ ῥητορικὴ τὸ καθ' ἕκαστον
ἔνδοξον θεωρήσει, οἷον Σωκράτει ἢ Ἱππίᾳ, ἀλλὰ τὸ τοιοισδί,
καθάπερ καὶ ἡ διαλεκτική. καὶ γὰρ ἐκείνη συλλογίζεται οὐκ 35
ἐξ ὧν ἔτυχεν (φαίνεται γὰρ ἄττα καὶ τοῖς παραληροῦσιν),
ἀλλ' ἐκείνη μὲν ἐκ τῶν λόγου δεομένων, ἡ δὲ ῥητορικὴ ἐκ
τῶν ἤδη βουλεύεσθαι εἰωθότων. ἔστιν δὲ τὸ ἔργον αὐτῆς περὶ 1357ᵃ
τε τοιούτων περὶ ὧν βουλευόμεθα καὶ τέχνας μὴ ἔχομεν,
καὶ ἐν τοῖς τοιούτοις ἀκροαταῖς οἳ οὐ δύνανται διὰ πολλῶν
συνορᾶν οὐδὲ λογίζεσθαι πόρρωθεν. βουλευόμεθα δὲ περὶ τῶν
φαινομένων ἐνδέχεσθαι ἀμφοτέρως ἔχειν· περὶ γὰρ τῶν 5
ἀδυνάτων ἄλλως ἢ γενέσθαι ἢ ἔσεσθαι ἢ ἔχειν οὐδεὶς βου-
λεύεται οὕτως ὑπολαμβάνων· οὐδὲν γὰρ πλέον. 7

ἐνδέχεται 7

δὲ συλλογίζεσθαι καὶ συνάγειν τὰ μὲν ἐκ συλλελογισμέ-
νων πρότερον, τὰ δ' ἐξ ἀσυλλογίστων μέν, δεομένων δὲ συλ-
λογισμοῦ διὰ τὸ μὴ εἶναι ἔνδοξα, ἀνάγκη δὲ τούτων τὸ μὲν 10
μὴ εἶναι εὐεπακολούθητον διὰ τὸ μῆκος (ὁ γὰρ κριτὴς ὑπό-
κειται εἶναι ἁπλοῦς), τὰ δὲ μὴ πιθανὰ διὰ τὸ μὴ ἐξ ὁμο-
λογουμένων εἶναι μηδ' ἐνδόξων, ὥστ' ἀναγκαῖον τό τε ἐνθύ-
μημα εἶναι καὶ τὸ παράδειγμα περί τε τῶν ἐνδεχομένων
ὡς τὰ πολλὰ ἔχειν ἄλλως, τὸ μὲν παράδειγμα ἐπαγω- 15
γὴν τὸ δ' ἐνθύμημα συλλογισμόν, καὶ ἐξ ὀλίγων τε καὶ
πολλάκις ἐλαττόνων ἢ ἐξ ὧν ὁ πρῶτος συλλογισμός· ἐὰν γὰρ
ᾖ τι τούτων γνώριμον, οὐδὲ δεῖ λέγειν· αὐτὸς γὰρ τοῦτο προσ-

---

32 τοῦτο+μὲν ΘΠΓ   33 ἤ om. Α   τὸ s.l. Α   34 Ἱππίᾳ] Καλλίᾳ
Γ (codd. MV)   τοιοῖσδε ΘΠ, Α¹ s.l.   1357ᵃ 1 δὲ] δὴ Spengel   7 ὑπο-
λαμβάνων ΘΑΒϹΓ: ὑπολαμβάνειν DE   πλέον+ἦ οὕτως ἔχει Α²: +ἢ
οὕτως ἐνδέχεται συμβουλεύειν ΘΠ: +ἢ οὕτως Γ   10–11 ἔνδοξα...εἶναι
om. Ζ¹   10 ἀνάγκη ΑDEΘΖΓ: ἀναγκαῖον ΒϹΥ   τὰ...11 εὐεπακο-
λούθητα ϹΓ   11 μὴ ΑϹDEΘΖΓ: om. ΒΥ   13–14 τό...εἶναι
ΑΒDEΘΖΓ: εἶναι τό τε ἐνθύμημα ΒϹΥ   14 τε om. ΘΠΓ   15 ὡς...
ἄλλως] aliter se habere, ut multo G   τὰ πολλὰ] ἐπὶ τὸ πολὺ Spengel   καλῶς
Υ¹: καὶ ἄλλως ΠΘΥ²Ζ   17–ᵇ6 ἐὰν ... συλλογισμός in marg. Α¹:
habent cett.   18 τοιούτων ... πρόσθησιν Α   οὐδὲν Γ

9

τίθησιν ὁ ἀκροατής, οἷον ὅτι Δωριεὺς στεφανίτην ἀγῶνα νενίκη-
20 κεν· ἱκανὸν γὰρ εἰπεῖν ὅτι Ὀλύμπια νενίκηκεν, τὸ δ' ὅτι στεφανί-
της τὰ Ὀλύμπια οὐδὲ δεῖ προσθεῖναι· γιγνώσκουσι γὰρ πάντες.

ἐπεὶ δ' ἐστὶν ὀλίγα μὲν τῶν ἀναγκαίων ἐξ ὧν οἱ ῥητορικοὶ
συλλογισμοί εἰσι (τὰ γὰρ πολλὰ περὶ ὧν αἱ κρίσεις καὶ αἱ
σκέψεις ἐνδέχεται καὶ ἄλλως ἔχειν· περὶ ὧν μὲν γὰρ πράτ-
25 τουσι βουλεύονται καὶ σκοποῦσι, τὰ δὲ πραττόμενα πάντα
τοιούτου γένους ἐστί, καὶ οὐδὲν ὡς ἔπος εἰπεῖν ἐξ ἀνάγκης
τούτων, τὰ δ' ὡς ἐπὶ τὸ πολὺ συμβαίνοντα καὶ ἐνδεχόμενα
ἐκ τοιούτων ἀνάγκη ἑτέρων συλλογίζεσθαι, τὰ δ' ἀναγκαῖα
ἐξ ἀναγκαίων· δῆλον δ' ἡμῖν καὶ τοῦτο ἐκ τῶν Ἀναλυτι-
30 κῶν), φανερὸν ὅτι ἐξ ὧν τὰ ἐνθυμήματα λέγεται, τὰ μὲν
ἀναγκαῖα ἔσται, τὰ δὲ πλεῖστα ὡς ἐπὶ τὸ πολύ, τὰ δ'
ἐνθυμήματα ἐξ εἰκότων καὶ ἐκ σημείων, ὥστε ἀνάγκη τούτων
ἑκάτερον ἑκατέρῳ ταὐτὸ εἶναι.

τὸ μὲν γὰρ εἰκός ἐστι τὸ ὡς ἐπὶ τὸ πολὺ γινόμενον, οὐχ
35 ἁπλῶς δὲ καθάπερ ὁρίζονταί τινες, ἀλλὰ τὸ περὶ τὰ ἐν-
δεχόμενα ἄλλως ἔχειν, οὕτως ἔχον πρὸς ἐκεῖνο πρὸς ὃ εἰκὸς
1357ᵇ ὡς τὸ καθόλου πρὸς τὸ κατὰ μέρος· τῶν δὲ σημείων τὸ
μὲν οὕτως ἔχει ὡς τῶν καθ' ἕκαστόν τι πρὸς τὸ καθόλου,
τὸ δὲ ὡς τῶν καθόλου τι πρὸς τὸ κατὰ μέρος. τούτων δὲ
τὸ μὲν ἀναγκαῖον τεκμήριον, τὸ δὲ μὴ ἀναγκαῖον ἀνώνυ-
5 μόν ἐστι κατὰ τὴν διαφοράν. ἀναγκαῖα μὲν οὖν λέγω ἐξ
ὧν γίνεται συλλογισμός· διὸ καὶ τεκμήριον τὸ τοιοῦτον τῶν
σημείων ἐστίν· ὅταν γὰρ μὴ ἐνδέχεσθαι οἴωνται λῦσαι τὸ
λεχθέν, τότε φέρειν οἴονται τεκμήριον ὡς δεδειγμένον καὶ
πεπερασμένον· τὸ γὰρ τέκμαρ καὶ πέρας ταὐτόν ἐστι κατὰ
10 τὴν ἀρχαίαν γλῶτταν. ἔστιν δὲ τῶν σημείων τὸ μὲν ὡς
τὸ καθ' ἕκαστον πρὸς τὸ καθόλου ὧδε, οἷον εἴ τις εἴπειεν

20 γὰρ . . . Ὀλύμπια ci. Spengel: εἰπεῖν ὅτι Ὀλύμπια ΘΠ, +γὰρ
ΑΓ   22 ἐξ] περὶ Muretus   23 καὶ αἱ σκέψεις om. Ζ   31 τὰ
δ'] λέγεται γὰρ ΘΠ: λέγεται δὲ Γ, Muretus   34 τὸ² ΕΓ: om. cett.
1357ᵇ 7 οἴωνται ΑDEQΖΓ: οἷόν τε ΒCY   11 ὧδε om. Γ   εἴπειεν
Α²: εἴποι ΘΠ

σημεῖον εἶναι ὅτι οἱ σοφοὶ δίκαιοι, Σωκράτης γὰρ σοφὸς
ἦν καὶ δίκαιος. τοῦτο μὲν οὖν σημεῖον, λυτὸν δέ, κἂν
ἀληθὲς ᾖ τὸ εἰρημένον (ἀσυλλόγιστον γάρ), τὸ δέ, οἷον εἴ
τις εἴπειεν σημεῖον ὅτι νοσεῖ, πυρέττει γάρ, ἢ τέτοκεν, ὅτι 15
γάλα ἔχει, ἀναγκαῖον. ὅπερ τῶν σημείων τεκμήριον μόνον
ἐστίν· μόνον γάρ, ἂν ἀληθὲς ᾖ, ἄλυτόν ἐστιν. τὸ δὲ ὡς τὸ
καθόλου πρὸς τὸ κατὰ μέρος ἔχον, οἷον εἴ τις εἴπειεν ὅτι
πυρέττει σημεῖον εἶναι, πυκνὸν γὰρ ἀναπνεῖ. λυτὸν δὲ καὶ
τοῦτο, κἂν ἀληθὲς ᾖ· ἐνδέχεται γὰρ καὶ μὴ πυρέττοντα 20
πνευστιᾶν. 21

τί μὲν οὖν εἰκός ἐστι καὶ τί σημεῖον καὶ 21
τεκμήριον, καὶ τί διαφέρουσιν, εἴρηται μὲν καὶ νῦν, μᾶλ-
λον δὲ φανερῶς καὶ περὶ τούτων, καὶ διὰ τίν' αἰτίαν τὰ
μὲν ἀσυλλόγιστά ἐστι τὰ δὲ συλλελογισμένα, ἐν τοῖς Ἀνα-
λυτικοῖς διώρισται περὶ αὐτῶν. 25

παράδειγμα δὲ ὅτι μέν ἐστιν ἐπαγωγὴ καὶ περὶ ποῖα ἐπαγωγή,
εἴρηται· ἔστι δὲ οὔτε ὡς μέρος πρὸς ὅλον οὔθ' ὡς ὅλον πρὸς
μέρος οὔθ' ὡς ὅλον πρὸς ὅλον, ἀλλ' ὡς μέρος πρὸς μέρος, ὅμοιον
πρὸς ὅμοιον—ὅταν ἄμφω μὲν ᾖ ὑπὸ τὸ αὐτὸ γένος, γνωριμώτε-
ρον δὲ θάτερον ᾖ θατέρου, παράδειγμά ἐστιν· οἷον ὅτι ἐπ- 30
εβούλευε τυραννίδι Διονύσιος αἰτῶν τὴν φυλακήν· καὶ γὰρ Πεισί-
στρατος πρότερον ἐπιβουλεύων ᾔτει φυλακὴν καὶ λαβὼν ἐτυράν-
νησε, καὶ Θεαγένης ἐν Μεγάροις· καὶ ἄλλοι ὅσους ἴσασι,
παράδειγμα πάντες γίγνονται τοῦ Διονυσίου, ὃν οὐκ ἴσασίν
πω εἰ διὰ τοῦτο αἰτεῖ. πάντα δὲ ταῦτα ὑπὸ τὸ αὐτὸ καθόλου, 35
ὅτι ὁ ἐπιβουλεύων τυραννίδι φυλακὴν αἰτεῖ.

13 σημεῖον ΑΓ: +ἐστιν ΘΠ   ἄλυτον vel αὐτὸν Α¹: λυτέον ΘΑ²ΒΔΓ
δὲ+τὸ εἰρημένον Γ: γὰρ C   15 εἴπειεν CDYZ: εἴποι ΒΕΘ   σημεῖον
+εἶναι C   18 κατὰ om. A   εἴποιε ΒCDYZ: εἴποι ΕΘ   19 δὲ] γὰρ
Γ   21 καὶ²+τί Γ   25 πάντων ci. Spengel   26 περὶ ποῖα] ποῖα
Γ   27–28 οὔθ' . . . μέρος³ ΘΠΓ: om. Α¹: οὔθ' ὡς ὅλον πρὸς μέρος
οὐδ' ἐν ὅλον πρὸς ὅλον(?) ἀλλ' ὡς μέρος πρὸς μέρος Α¹ m.   28 ὅμοιον]
καὶ ὁμοῖον Γ   30 ᾖ θάτερον θατέρου Γ +τοῦτο ᾖ Α¹   ἐπιβουλεύει ΕΓ
32 ἐτυράννευσε ΘΠ   35 τὸ αὐτὸ] τοῦ αὐτοῦ Ε: αὐτοῦ ΒΔΥΖ   36 ὁ
om. ΘΠ

1358ª ἐξ ὧν μὲν οὖν λέγονται αἱ δοκοῦσαι εἶναι πίστεις ἀποδεικτι-
καί, εἴρηται. τῶν δὲ ἐνθυμημάτων μεγίστη διαφορὰ καὶ
μάλιστα λεληθυῖα σχεδὸν παρὰ πᾶσίν ἐστιν ἥπερ καὶ περὶ τὴν
διαλεκτικὴν μέθοδον τῶν συλλογισμῶν· τὰ μὲν γὰρ αὐτῶν
5 ἐστι κατὰ τὴν ῥητορικὴν ὥσπερ καὶ κατὰ τὴν διαλεκτικὴν
μέθοδον τῶν συλλογισμῶν, τὰ δὲ κατ᾽ ἄλλας τέχνας καὶ
δυνάμεις, τὰς μὲν οὔσας τὰς δ᾽ οὔπω κατειλημμένας· διὸ
καὶ λανθάνουσίν τε τοὺς ἀκροατὰς καὶ [μᾶλλον] ἁπτόμενοι
κατὰ τρόπον μεταβαίνουσιν ἐξ αὐτῶν. μᾶλλον δὲ σαφὲς
10 ἔσται τὸ λεγόμενον διὰ πλειόνων ῥηθέν. λέγω γὰρ δια-
λεκτικούς τε καὶ ῥητορικοὺς συλλογισμοὺς εἶναι περὶ ὧν τοὺς
τόπους λέγομεν· οὗτοι δ᾽ εἰσὶν οἱ κοινοὶ περὶ δικαίων καὶ
φυσικῶν καὶ περὶ πολιτικῶν καὶ περὶ πολλῶν διαφερόν-
των εἴδει, οἷον ὁ τοῦ μᾶλλον καὶ ἧττον τόπος· οὐδὲν γὰρ
15 μᾶλλον ἔσται ἐκ τούτου συλλογίσασθαι ἢ ἐνθύμημα εἰπεῖν
περὶ δικαίων ἢ περὶ φυσικῶν ἢ περὶ ὁτουοῦν· καίτοι ταῦτα εἴδει
διαφέρει. ἴδια δὲ ὅσα ἐκ τῶν περὶ ἕκαστον εἶδος καὶ γέ-
νος προτάσεών ἐστιν, οἷον περὶ φυσικῶν εἰσι προτάσεις ἐξ
ὧν οὔτε ἐνθύμημα οὔτε συλλογισμός ἔστι περὶ τῶν ἠθικῶν,
20 καὶ περὶ τούτων ἄλλαι ἐξ ὧν οὐκ ἔσται περὶ τῶν φυσικῶν·
ὁμοίως δὲ τοῦτ᾽ ἔχει ἐπὶ πάντων. κἀκεῖνα μὲν οὐ ποιήσει
περὶ οὐδὲν γένος ἔμφρονα· περὶ οὐδὲν γὰρ ὑποκείμενόν ἐστιν·
ταῦτα δὲ ὅσῳ τις ἂν βέλτιον ἐκλέγηται [τὰς προτάσεις],
λήσει ποιήσας ἄλλην ἐπιστήμην τῆς διαλεκτικῆς καὶ ῥητο-
25 ρικῆς· ἂν γὰρ ἐντύχῃ ἀρχαῖς, οὐκέτι διαλεκτικὴ οὐδὲ ῥη-

1358ª 1 πίστεις εἶναι Γ πίστις Α: +περὶ ἐνθυμημάτων Α m.   2 με-
γίστη ΑΓ: μεγάλη ΘΠ   3 παρὰ πᾶσίν] πάντας ΘΠΓ   5–6 τὴν¹
. . . συλλογισμῶν ADEQΓ: ῥητορικὴν (+μέθοδον τῶν συλλογισμῶν ΒCY)
ὥσπερ καὶ κατὰ τὴν διαλεκτικὴν ΒCΥΖ   8 τοὺς ἀκροατὰς om. Muretus
μᾶλλον seclusi: habent codd. Γ   9 τρόπον ΑΓ: +δεόντως ΘΠ   12 τό-
πους ΘΠΓ: λόγους Α¹   12 οἱ Γ   κοινοὶ ΑСΥ²Γ: κοινῇ cett.   13 περὶ¹
om. ΒCΥΓ   14 εἴδει] τῷ εἴδει ΘΠΑ²Γ   15 ἐκ τούτου ΘΠΑ¹ m.
Γ: om. Α¹   16 περὶ² ΑΓ: om. ΘΠ   καίτοι ταῦτα ΘΠΓ: καὶ τοιαῦτα
Α   17 διαφέρουσι ΕΥ   καὶ] ἢ Γ   21 ποιοῦσι Γ   23 βέλτιον
ΕQΓ: βελτίω cet.   τὰς προτάσεις secl. Muretus

τορικὴ ἀλλ᾽ ἐκείνη ἔσται ἧς ἔχει τὰς ἀρχάς. ἔστι δὲ τὰ
πλεῖστα τῶν ἐνθυμημάτων ἐκ τούτων τῶν εἰδῶν λεγόμενα,
τῶν κατὰ μέρος καὶ ἰδίων, ἐκ δὲ τῶν κοινῶν ἐλάττω.
καθάπερ οὖν καὶ ἐν τοῖς Τοπικοῖς, καὶ ἐνταῦθα διαιρετέον
τῶν ἐνθυμημάτων τά τε εἴδη καὶ τοὺς τόπους ἐξ ὧν ληπτέον. 30
λέγω δ᾽ εἴδη μὲν τὰς καθ᾽ ἕκαστον γένος ἰδίας προτάσεις,
τόπους δὲ τοὺς κοινοὺς ὁμοίως πάντων. πρότερον οὖν εἴπωμεν
περὶ τῶν εἰδῶν· πρῶτον δὲ λάβωμεν τὰ γένη τῆς ῥητορι-
κῆς, ὅπως διελόμενοι πόσα ἐστίν, περὶ τούτων χωρὶς λαμ-
βάνωμεν τὰ στοιχεῖα καὶ τὰς προτάσεις. 35

3   Ἔστιν δὲ τῆς ῥητορικῆς εἴδη τρία τὸν ἀριθμόν· τοσοῦτοι
γὰρ καὶ οἱ ἀκροαταὶ τῶν λόγων ὑπάρχουσιν ὄντες. σύγ-
κειται μὲν γὰρ ἐκ τριῶν ὁ λόγος, ἔκ τε τοῦ λέγοντος καὶ
περὶ οὗ λέγει καὶ πρὸς ὅν, καὶ τὸ τέλος πρὸς τοῦτόν ἐστιν, **1358ᵇ**
λέγω δὲ τὸν ἀκροατήν. ἀνάγκη δὲ τὸν ἀκροατὴν ἢ θεωρὸν
εἶναι ἢ κριτήν, κριτὴν δὲ ἢ τῶν γεγενημένων ἢ τῶν μελ-
λόντων. ἔστιν δ᾽ ὁ μὲν περὶ τῶν μελλόντων κρίνων ὁ ἐκ-
κλησιαστής, ὁ δὲ περὶ τῶν γεγενημένων [οἷον] ὁ δικαστής, ὁ 5
δὲ περὶ τῆς δυνάμεως ὁ θεωρός, ὥστ᾽ ἐξ ἀνάγκης ἂν εἴη
τρία γένη τῶν λόγων τῶν ῥητορικῶν, συμβουλευτικόν, δικα-
νικόν, ἐπιδεικτικόν. 8

συμβουλῆς δὲ τὸ μὲν προτροπή, τὸ 8
δὲ ἀποτροπή· ἀεὶ γὰρ καὶ οἱ ἰδίᾳ συμβουλεύοντες καὶ οἱ
κοινῇ δημηγοροῦντες τούτων θάτερον ποιοῦσιν. δίκης δὲ τὸ μὲν 10
κατηγορία, τὸ δ᾽ ἀπολογία· τούτων γὰρ ὁποτερονοῦν ποιεῖν
ἀνάγκη τοὺς ἀμφισβητοῦντας. ἐπιδεικτικοῦ δὲ τὸ μὲν ἔπ-
αινος τὸ δὲ ψόγος. χρόνοι δὲ ἑκάστου τούτων εἰσὶ τῷ μὲν
συμβουλεύοντι ὁ μέλλων (περὶ γὰρ τῶν ἐσομένων συμβου-
λεύει ἢ προτρέπων ἢ ἀποτρέπων), τῷ δὲ δικαζομένῳ ὁ γε- 15

26 ἐκείνη+ἡ ἐπιστήμη Γ   32 κοινοὺς ΑCDΕΓ: κοινῶς ΘΒ
πρῶτον μὲν οὖν ΓΣ   36 δὴ Σ: quidem G   1358ᵇ 4 ὅ² scripsi: οἷον
codd. (ὁ sup. lin. addito D) Γ: om. Σ   5 οἷον codd. Γ: om. Σ   ὅ²
om. ΒCΥ Greg. Corinth.   6 περὶ ΘΠΓ, Α¹ s.l.: om. Α¹   ὁ θεωρός]
veluti spectator G

νόμενος (περὶ γὰρ τῶν πεπραγμένων ἀεὶ ὁ μὲν κατηγορεῖ,
ὁ δὲ ἀπολογεῖται), τῷ δ' ἐπιδεικτικῷ κυριώτατος μὲν ὁ
παρών (κατὰ γὰρ τὰ ὑπάρχοντα ἐπαινοῦσιν ἢ ψέγουσιν
πάντες), προσχρῶνται δὲ πολλάκις καὶ τὰ γενόμενα ἀνα-
20 μιμνήσκοντες καὶ τὰ μέλλοντα προεικάζοντες.

20   τέλος δὲ
ἑκάστοις τούτων ἕτερόν ἐστι, καὶ τρισὶν οὖσι τρία, τῷ μὲν
συμβουλεύοντι τὸ συμφέρον καὶ βλαβερόν· ὁ μὲν γὰρ
προτρέπων ὡς βέλτιον συμβουλεύει, ὁ δὲ ἀποτρέπων ὡς
χείρονος ἀποτρέπει, τὰ δ' ἄλλα πρὸς τοῦτο συμπαραλαμ-
25 βάνει, ἢ δίκαιον ἢ ἄδικον, ἢ καλὸν ἢ αἰσχρόν· τοῖς δὲ
δικαζομένοις τὸ δίκαιον καὶ τὸ ἄδικον, τὰ δ' ἄλλα καὶ οὗτοι
συμπαραλαμβάνουσι πρὸς ταῦτα· τοῖς δ' ἐπαινοῦσιν καὶ
ψέγουσιν τὸ καλὸν καὶ τὸ αἰσχρόν, τὰ δ' ἄλλα καὶ οὗτοι
29 πρὸς ταῦτα ἐπαναφέρουσιν.

29   σημεῖον δ' ὅτι τὸ εἰρημένον
30 ἑκάστοις τέλος· περὶ μὲν γὰρ τῶν ἄλλων ἐνίοτε οὐκ ἂν
ἀμφισβητήσαιεν, οἷον ὁ δικαζόμενος ὡς οὐ γέγονεν ἢ
οὐκ ἔβλαψεν· ὅτι δ' ἀδικεῖ οὐδέποτ' ἂν ὁμολογήσειεν·
οὐδὲν γὰρ ἂν ἔδει δίκης. ὁμοίως δὲ καὶ οἱ συμβουλεύοντες
τὰ μὲν ἄλλα πολλάκις προΐενται, ὡς δὲ ἀσύμφορα συμ-
35 βουλεύουσιν ἢ ἀπ' ὠφελίμων ἀποτρέπουσιν οὐκ ἂν ὁμολογή-
σαιεν· ὡς δ' [οὐκ] ἄδικον τοὺς ἀστυγείτονας καταδουλοῦσθαι
καὶ τοὺς μηδὲν ἀδικοῦντας, πολλάκις οὐδὲν φροντίζουσιν.
ὁμοίως δὲ καὶ οἱ ἐπαινοῦντες καὶ οἱ ψέγοντες οὐ σκοποῦσιν
1359ᵃ εἰ συμφέροντα ἔπραξεν ἢ βλαβερά, ἀλλὰ καὶ ἐν ἐπαίνῳ
πολλάκις τιθέασιν ὅτι ὀλιγωρήσας τοῦ αὑτῷ λυσιτελοῦντος
ἔπραξεν ὅ τι καλόν, οἷον Ἀχιλλέα ἐπαινοῦσιν ὅτι ἐβοήθησε

16 ἀεὶ ADEQZΓ: om. BCY   19 convertantur G   21 τῷ] τῶν
A�¹   22 μὲν om. Γ   24 χείρονος Kayser: χεῖρον codd. Γ   31 ἢ
+ὡς DEQZΓ   32 οὐδέποτ'] οὐκ Γ   ὁμολογήσειεν . . . 35 ὁμολο-
γήσαιεν om. Z   33 οὐδὲν ACZΓ: οὐδὲ BDEQY   36 δ'] οὐδ'
A�¹ corr. οὐκ secl. F.A. Wolf: οὐδὲν οὐδ' Γ   37 οὐδὲν ΑΓ: οὐδὲ ΘΒD
38 οὐ] οὐδὲν Γ   1359ᵃ 1 ἔπραξαν ZΓ   3 ὅ ΑΓ: om. ΘΠΑ²

τῷ ἑταίρῳ Πατρόκλῳ εἰδὼς ὅτι δεῖ αὐτὸν ἀποθανεῖν ἐξὸν ζῆν.
τούτῳ δὲ ὁ μὲν τοιοῦτος θάνατος κάλλιον, τὸ δὲ ζῆν συμφέρον. 5

φανερὸν δὲ ἐκ τῶν εἰρημένων ὅτι ἀνάγκη περὶ τού-
των ἔχειν πρῶτον τὰς προτάσεις· τὰ γὰρ τεκμήρια καὶ
τὰ εἰκότα καὶ τὰ σημεῖα προτάσεις εἰσὶν ῥητορικαί· ὅλως
μὲν γὰρ συλλογισμὸς ἐκ προτάσεών ἐστιν, τὸ δ' ἐνθύμημα
συλλογισμός ἐστι συνεστηκὼς ἐκ τῶν εἰρημένων προτάσεων. 10

ἐπεὶ δὲ οὔτε πραχθῆναι οἷόν τε οὔτε πεπρᾶχθαι τὰ ἀδύ-
νατα ἀλλὰ τὰ δυνατά, οὐδὲ τὰ μὴ γενόμενα ἢ μὴ ἐσο-
μενα [οὐχ] οἷόν τε τὰ μὲν πεπρᾶχθαι, τὰ δὲ πραχθήσεσθαι,
ἀναγκαῖον καὶ τῷ συμβουλεύοντι καὶ τῷ δικαζομένῳ καὶ
τῷ ἐπιδεικτικῷ ἔχειν προτάσεις περὶ δυνατοῦ καὶ ἀδυνάτου, 15
καὶ εἰ γέγονεν ἢ μή, καὶ εἰ ἔσται ἢ μή. ἔτι δὲ ἐπεὶ ἅπαν-
τες, καὶ ἐπαινοῦντες καὶ ψέγοντες, καὶ προτρέποντες καὶ
ἀποτρέποντες, καὶ κατηγοροῦντες καὶ ἀπολογούμενοι, οὐ μόνον
τὰ εἰρημένα δεικνύναι πειρῶνται, ἀλλὰ καὶ ὅτι μέγα ἢ
μικρὸν τὸ ἀγαθὸν ἢ τὸ κακόν, ἢ τὸ καλὸν ἢ τὸ αἰσχρόν, 20
ἢ τὸ δίκαιον ἢ τὸ ἄδικον, ἢ καθ' αὑτὰ λέγοντες ἢ πρὸς
ἄλληλα ἀντιπαραβάλλοντες, δῆλον ὅτι δέοι ἂν καὶ περὶ
μεγέθους καὶ μικρότητος καὶ τοῦ μείζονος καὶ τοῦ ἐλάττονος
προτάσεις ἔχειν, καὶ καθόλου καὶ περὶ ἑκάστου, οἷον τί μεῖ-
ζον ἀγαθὸν ἢ ἔλαττον ἢ ἀδίκημα ἢ δικαίωμα· ὁμοίως δὲ 25
καὶ περὶ τῶν ἄλλων. 26

περὶ ὧν μὲν οὖν ἐξ ἀνάγκης δεῖ 26
λαβεῖν τὰς προτάσεις, εἴρηται· μετὰ δὲ ταῦτα διαιρετέον
ἰδίᾳ περὶ ἑκάστου τούτων, οἷον περὶ ὧν συμβουλὴ καὶ περὶ
ὧν οἱ ἐπιδεικτικοὶ λόγοι, τρίτον δὲ περὶ ὧν αἱ δίκαι.

---

5 καλλίων Γ   7 τὰς om. ΘBCD   8–9 ὅλως . . . γὰρ] ὁ μὲν γὰρ
ἁπλῶς Σ   8 ὅλως ABCEΓ: ὅλος ΘD   11 πεπρᾶχθαι Σ: πεπράχθαι
ΑΣ: πραχθήσεσθαι ΘΠΓ   12 μὴ² om. ZΓ   13 οὐχ seclusi: habent
codd. Γ   13 πεπρᾶχθαι ABDEQZΓ: πρᾶξαι CYΙ   17 καὶ¹
et καὶ² ADEQZΓ: καὶ οἱ BCY   20 τὸ¹ AΓ: ἢ τὸ ΘΠ   22 ἄλληλα
ἀντιπαραβάλλοντες ΠΑQΥΓ: ἀλλὰ (ἄλλο Σ) ἀντιπαραλλάβοντες ZΙ
24 μεῖζον + ἢ Q

15

30 Πρῶτον μὲν οὖν ληπτέον περὶ ποῖα ἀγαθὰ ἢ κακὰ 4
ὁ συμβουλεύων συμβουλεύει, ἐπειδὴ οὐ περὶ ἅπαντα ἀλλ'
ὅσα ἐνδέχεται καὶ γενέσθαι καὶ μή, ὅσα δὲ ἐξ ἀνάγκης ἢ
ἔστιν ἢ ἔσται, ἢ ἀδύνατον ἢ εἶναι ἢ γενέσθαι, περὶ δὲ τούτων
οὐκ ἔστι συμβουλή. οὐδὲ δὴ περὶ τῶν ἐνδεχομένων ἁπάντων·
35 ἔστιν γὰρ καὶ φύσει ἔνια καὶ ἀπὸ τύχης γινόμενα ἀγαθὰ
τῶν ἐνδεχομένων καὶ γίγνεσθαι καὶ μή, περὶ ὧν οὐδὲν πρὸ
ἔργου τὸ συμβουλεύειν· ἀλλὰ δῆλον ὅτι περὶ ὅσων ἐστὶν τὸ
βουλεύεσθαι. τοιαῦτα δ' ἐστὶν ὅσα πέφυκεν ἀνάγεσθαι εἰς
ἡμᾶς, καὶ ὧν ἡ ἀρχὴ τῆς γενέσεως ἐφ' ἡμῖν ἐστιν· μέχρι γὰρ τού-
1359ᵇ του σκοποῦμεν, ἕως ἂν εὕρωμεν εἰ ἡμῖν δυνατὰ ἢ ἀδύνατα πρᾶξαι.

καθ' ἕκαστον μὲν οὖν ἀκριβῶς διαριθμήσασθαι καὶ
διαλαβεῖν εἰς εἴδη περὶ ὧν εἰώθασι χρηματίζειν, ἔτι
δ' ὅσον ἐνδέχεται περὶ αὐτῶν διορίσαι κατὰ τὴν ἀλή-
5 θειαν, οὐ δεῖ κατὰ τὸν παρόντα καιρὸν ζητεῖν διὰ τὸ
μήτε τῆς ῥητορικῆς εἶναι τέχνης, ἀλλ' ἐμφρονεστέρας καὶ
μᾶλλον ἀληθινῆς, πολλῷ τε πλείω δεδόσθαι καὶ νῦν αὐτῇ
τῶν οἰκείων θεωρημάτων· ὅπερ γὰρ καὶ πρότερον εἰρηκότες
τυγχάνομεν ἀληθές ἐστιν, ὅτι ἡ ῥητορικὴ σύγκειται μὲν
10 ἔκ τε τῆς ἀναλυτικῆς ἐπιστήμης καὶ τῆς περὶ τὰ ἤθη πο-
λιτικῆς, ὁμοία δ' ἐστὶν τὰ μὲν τῇ διαλεκτικῇ τὰ δὲ τοῖς
σοφιστικοῖς λόγοις. ὅσῳ δ' ἄν τις ἢ τὴν διαλεκτικὴν ἢ
ταύτην μὴ καθάπερ ἂν δυνάμεις ἀλλ' ἐπιστήμας πειρᾶται
κατασκευάζειν, λήσεται τὴν φύσιν αὐτῶν ἀφανίσας τῷ μετα-
15 βαίνειν ἐπισκευάζων εἰς ἐπιστήμας ὑποκειμένων τινῶν πρα-
γμάτων, ἀλλὰ μὴ μόνον λόγων. ὅμως δὲ ὅσα πρὸ ἔργου μέν
ἐστι διελεῖν, ἔτι δ' ὑπολείπει σκέψιν τῇ πολιτικῇ ἐπιστήμῃ,
εἴπωμεν καὶ νῦν.

32 ὅσα Α¹ s.l.   καὶ² ... 33 γενέσθαι om. Q   33 ἢ³ ut vid. Α¹: om.
ΘΠΓ   δὲ om. CDEQΓ   34 ἔσται Α(?)   37 ὅσον Ζ   1359ᵇ 1 ἢ
ἀδύνατα om. Γ   2 διορίσασθαι Γ   6 ἐμφανεστέρας ut vid. Γ   7 τε
Α¹ ΣΓ: καὶ Σ: om. Α²: δὲ cett.   9 μὲν ΘΑ¹ s.l., ΒΔΕΓ: om. C
10 ἐκ διαλεκτικῆς ἐπιστήμης ΓΣ   17 ἔτι] εἴ τι Υ   ὑπολείψει Γ

σχεδὸν γάρ, περὶ ὧν βουλεύονται πάντες καὶ περὶ ὧν ἀγο-
ρεύουσιν οἱ συμβουλεύοντες, τὰ μέγιστα τυγχάνει πέντε τὸν 20
ἀριθμὸν ὄντα· ταῦτα δ' ἐστὶν περί τε πόρων, καὶ πολέμου καὶ
εἰρήνης, ἔτι δὲ περὶ φυλακῆς τῆς χώρας, καὶ τῶν εἰσαγομένων
καὶ ἐξαγομένων, καὶ νομοθεσίας· ὥστε περὶ μὲν πόρων τὸν
μέλλοντα συμβουλεύειν δέοι ἂν τὰς προσόδους τῆς πόλεως εἰδέναι
τίνες καὶ πόσαι, ὅπως εἴτε τις παραλείπεται προστεθῇ καὶ 25
εἴ τις ἐλάττων αὐξηθῇ, ἔτι δὲ τὰς δαπάνας τῆς πόλεως
ἁπάσας, ὅπως εἴ τις περίεργος ἀφαιρεθῇ καὶ εἴ τις μείζων
ἐλάττων γένηται· οὐ γὰρ μόνον πρὸς τὰ ὑπάρχοντα προσ-
τιθέντες πλουσιώτεροι γίγνονται, ἀλλὰ καὶ ἀφαιροῦντες τῶν
δαπανημάτων. ταῦτα δ' οὐ μόνον ἐκ τῆς περὶ τὰ ἴδια ἐμ- 30
πειρίας ἐνδέχεται συνορᾶν, ἀλλ' ἀναγκαῖον καὶ τῶν παρὰ τοῖς ἄλ-
λοις εὑρημένων ἱστορικὸν εἶναι πρὸς τὴν περὶ τούτων συμβουλήν.

περὶ δὲ πολέμου καὶ εἰρήνης τὴν δύναμιν εἰδέναι
τῆς πόλεως, ὁπόση τε ὑπάρχει ἤδη καὶ πόσην ἐνδέχε-
ται ὑπάρξαι, καὶ ποία τις ἥ τε ὑπάρχουσά ἐστιν καὶ 35
ἥτις ἐνδέχεται προσγενέσθαι, ἔτι δὲ πολέμους πῶς καὶ τίνας
πεπολέμηκεν. οὐ μόνον δὲ τῆς οἰκείας πόλεως ἀλλὰ
καὶ τῶν ὁμόρων ταῦτα ἀναγκαῖον εἰδέναι, καὶ πρὸς οὓς
ἐπίδοξον πολεμεῖν, ὅπως πρὸς μὲν τοὺς κρείττους εἰρηνεύηται,
πρὸς δὲ τοὺς ἥττους ἐφ' αὑτοῖς ᾖ τὸ πολεμεῖν, καὶ τὰς δυ- 1360ᵃ
νάμεις, πότερον ὅμοιαι ἢ ἀνόμοιαι· ἔστιν γὰρ καὶ ταύτῃ πλεον-
εκτεῖν ἢ ἐλαττοῦσθαι. ἀναγκαῖον δὲ καὶ πρὸς ταῦτα μὴ μόνον τοὺς
οἰκείους πολέμους τεθεωρηκέναι ἀλλὰ καὶ τοὺς τῶν ἄλλων, πῶς
ἀποβαίνουσιν· ἀπὸ γὰρ τῶν ὁμοίων τὰ ὅμοια γίγνεσθαι πέφυκεν. 5

ἔτι δὲ περὶ φυλακῆς τῆς χώρας μὴ λανθάνειν πῶς
φυλάττεται, ἀλλὰ καὶ τὸ πλῆθος εἰδέναι τῆς φυλακῆς καὶ

19 ὧν² Α¹Γ: ἃ Α¹ s.l., cett.   22 δὲ+καὶ Γ Frag.   23 καὶ ἐξαγομένων
ΘΠΑ¹ m., Γ: om. Α¹   καὶ²+περὶ Q(?)Γ   24 συμβουλεύειν ΑΓΔΣ
(cf. 1360ᵇ1): συμβουλεύσειν cett.   26 εἴ ΘΑΒΔΓ: εἴ τε Ε et s.l. Cⁱ
29 πλουσιώτεροι Α   32 τούτου Α² s.l.   35 ὑπάρξαι] advenire G:
ἀρκεῖν Σ   38 καὶ² Spengel: ἢ Α¹ s.l. Frag.: ἢ καὶ ΦΠΓ   39 κρείτ-
τονας ΘΔΕ   1360ᵃ 1 ἐπ' αὐτοῖς ΠQΥ: ἐπ' αὐτῆς Ζ

τὸ εἶδος καὶ τοὺς τόπους τῶν φυλακτηρίων (τοῦτο δ' ἀδύνατον μὴ ἔμπειρον ὄντα τῆς χώρας), ἵν' εἴ τ' ἐλάττων ἡ φυ-
10 λακὴ προστεθῇ καὶ εἴ τις περίεργος ἀφαιρεθῇ καὶ τοὺς ἐπιτηδείους τόπους τηρῶσι μᾶλλον.

ἔτι δὲ περὶ τροφῆς, πόση [δαπάνη] ἱκανὴ τῇ πόλει καὶ ποία, ἥ αὐτοῦ τε γιγνομένη καὶ ⟨ἡ⟩ εἰσαγώγιμος, καὶ τίνων τ' ἐξαγωγῆς δέονται καὶ τίνων ⟨καὶ παρὰ τίνων⟩ εἰσαγωγῆς, ἵνα
15 πρὸς τούτους καὶ συνθῆκαι καὶ συμβολαὶ γίγνωνται· πρὸς δύο γὰρ διαφυλάττειν ἀναγκαῖον ἀνεγκλήτους τοὺς πολίτας, πρός τε τοὺς κρείττους καὶ πρὸς τοὺς εἰς ταῦτα χρησίμους.

εἰς δ' ἀσφάλειαν ἅπαντα μὲν ταῦτα ἀναγκαῖον δύνασθαι θεωρεῖν, οὐκ ἐλάχιστον δὲ περὶ νομοθεσίας ἐπαΐειν· ἐν γὰρ τοῖς νό-
20 μοις ἐστὶν ἡ σωτηρία τῆς πόλεως, ὥστ' ἀναγκαῖον εἰδέναι πόσα τέ ἐστι πολιτειῶν εἴδη, καὶ ποῖα συμφέρει ἑκάστῃ, καὶ ὑπὸ τίνων φθείρεσθαι πέφυκεν καὶ οἰκείων τῆς πολιτείας καὶ ἐναντίων. λέγω δὲ τὸ ὑπὸ οἰκείων φθείρεσθαι, ὅτι ἔξω τῆς βελτίστης πολιτείας αἱ ἄλλαι πᾶσαι καὶ ἀνιέμεναι καὶ
25 ἐπιτεινόμεναι φθείρονται, οἷον δημοκρατία οὐ μόνον ἀνιεμένη ἀσθενεστέρα γίγνεται ὥστε τέλος ἥξει εἰς ὀλιγαρχίαν, ἀλλὰ καὶ ἐπιτεινομένη σφόδρα· ὥσπερ καὶ ἡ γρυπότης καὶ ἡ σιμότης οὐ μόνον ἀνιέμενα ἔρχεται εἰς τὸ μέσον, ἀλλὰ καὶ σφόδρα γρυπὰ γινόμενα ἢ σιμὰ οὕτως διατίθεται ὥστε μηδὲ
30 μυκτῆρα δοκεῖν εἶναι. χρήσιμον δὲ πρὸς τὰς νομοθεσίας τὸ μὴ μόνον ἐπαΐειν τίς πολιτεία συμφέρει, ἐκ τῶν παρεληλυθότων θεωροῦντα, ἀλλὰ καὶ τὰς παρὰ τοῖς ἄλλοις εἰδέναι, αἱ ποῖαι τοῖς ποίοις ἁρμόττουσιν· ὥστε δῆλον ὅτι

---

9 εἴ τ' scripsi: εἴτ' codd.: εἰ Γ   12 δαπάνη seclusi: habent codd.
Γ   ποία . . . 13 καὶ[1]] πόση τε αὐτόθεν (αὐτόθι ΘΠΓ') γινομένη καὶ πόση
ΘΠ Α m., Γ   13 ἤ[2] Γ: om. codd.   τ' om. ΒϹΥΓ   14 καὶ παρὰ τίνων
add. Bywater   15 τούτους Π, corr. Α[1], Υ: τούτοις Α[1]ΖΣ: ταῦτα Γ, fort.
Q   σύμβολα Madvig   16 φυλάττειν ΘΒϹ   τὰς πόλεις Ϲ   18 ἅπαντα
μὲν] μὲν πάντα Ζ   ἀναγκαῖον ΑϹΓ: ἀναγκαῖα ΘΒDE   26 ἥξειν Q
29 διατίθεται+τὴν ῥῖνα ΒϹQΥΓ   31 τίς πολιτεία] ᾶ τῇ πολιτείᾳ Α m., Γ
32 θεωροῦντα Spengel: θεωροῦντι codd. Γ

πρὸς μὲν τὴν νομοθεσίαν αἱ τῆς γῆς περίοδοι χρήσιμοι (ἐν
τεῦθεν γὰρ λαβεῖν ἔστι τοὺς τῶν ἐθνῶν νόμους), πρὸς δὲ τὰς 35
πολιτικὰς συμβουλὰς αἱ τῶν περὶ τὰς πράξεις γραφόντων ἱστο
ρίαι· ἅπαντα δὲ ταῦτα πολιτικῆς ἀλλ᾽ οὐ ῥητορικῆς ἔργον ἐστίν.

περὶ ὧν μὲν οὖν ἔχειν δεῖ ⟨τὰς προτάσεις⟩ τὸν μέλλον
τα συμβουλεύειν, τὰ μέγιστα τοσαῦτά ἐστιν· ἐξ ὧν δὲ δεῖ καὶ **1360ᵇ**
περὶ τούτων καὶ περὶ τῶν ἄλλων προτρέπειν ἢ ἀποτρέπειν
λέγωμεν πάλιν.

5   Σχεδὸν δὲ καὶ ἰδίᾳ ἑκάστῳ καὶ κοινῇ πᾶσι σκοπός
τις ἔστιν οὗ στοχαζόμενοι καὶ αἱροῦνται καὶ φεύγουσιν· καὶ 5
τοῦτ᾽ ἔστιν ἐν κεφαλαίῳ εἰπεῖν ἥ τ᾽ εὐδαιμονία καὶ τὰ μόρια
αὐτῆς· ὥστε παραδείγματος χάριν λάβωμεν τί ἐστιν ὡς
ἁπλῶς εἰπεῖν ἡ εὐδαιμονία, καὶ ἐκ τίνων τὰ μόρια ταύ
της· περὶ γὰρ ταύτης καὶ τῶν εἰς ταύτην συντεινόντων
καὶ τῶν ἐναντίων ταύτῃ αἵ τε προτροπαὶ καὶ αἱ ἀποτροπαὶ 10
πᾶσαί εἰσιν· τὰ μὲν γὰρ παρασκευάζοντα ταύτην ἢ τῶν μορίων
τι, ἢ μεῖζον ἀντ᾽ ἐλάττονος ποιοῦντα, δεῖ πράττειν, τὰ δὲ
φθείροντα ἢ ἐμποδίζοντα ἢ τὰ ἐναντία ποιοῦντα μὴ πράττειν.

ἔστω δὴ εὐδαιμονία εὐπραξία μετ᾽ ἀρετῆς, ἢ αὐτάρκεια
ζωῆς, ἢ ὁ βίος ὁ μετὰ ἀσφαλείας ἥδιστος, ἢ εὐθηνία κτημάτων 15
καὶ σωμάτων μετὰ δυνάμεως φυλακτικῆς τε καὶ πρακτικῆς
τούτων· σχεδὸν γὰρ τούτων ἓν ἢ πλείω τὴν εὐδαιμονίαν
ὁμολογοῦσιν εἶναι ἅπαντες.

εἰ δή ἐστιν ἡ εὐδαιμονία τοιοῦτον, ἀνάγκη αὐτῆς εἶναι μέρη
εὐγένειαν, πολυφιλίαν, χρηστοφιλίαν, πλοῦτον, εὐτεκνίαν, πολυ- 20
τεκνίαν, εὐγηρίαν· ἔτι τὰς τοῦ σώματος ἀρετάς (οἷον ὑγίειαν,

---

36 πολιτικὰς ΘΠΑ s.l. Γ: πολικὰς Α¹   αἱ . . . ἱστορίαι ΘΠΓ: τὰς . . .
ἱστορίας Α   38 τὰς προτάσεις add. Vahlen   1360ᵇ 2 ἢ ἀποτρέπειν
Α¹ m., cett.: om. Α¹: καὶ ἀποτρέπειν Γ   3 λέγωμεν ΠΑΘΥΓ: λέγομεν ΑΖ
5 τις om. Frag.   7 ταύτης C   ὥστε . . . 8 ταύτης om. C   9 ταύτης καὶ
Θ Α¹ m., ΒΔΕΓ: καὶ C: om. Α¹   10 αἱ om. ΘΒC   11 πᾶσαί ΑΓ:
πᾶσιν ΘΠ   12 μείζονα Gaisford   13 τὰ ΑΔΕΘΖΓ: om. ΒCΥ
15 ὁ² om. Z   εὐσθένεια ΘΠ   κτημάτων] χρημάτων Ζ¹   16 φυλακῆς Z
πρακτικοῦ Z   17 τούτων] τι τούτων ἢ ΓΣ   18 εἶναι Α¹ s.l., cett.: om. Α¹

κάλλος, ἰσχύν, μέγεθος, δύναμιν ἀγωνιστικήν), δόξαν, τιμήν,
εὐτυχίαν, ἀρετήν [ἢ καὶ τὰ μέρη αὐτῆς φρόνησιν, ἀνδρείαν,
δικαιοσύνην, σωφροσύνην]· οὕτω γὰρ ἂν αὐταρκέστατός ⟨τις⟩
25 εἴη, εἰ ὑπάρχοι αὐτῷ τά τ᾽ ἐν αὑτῷ καὶ τὰ ἐκτὸς ἀγαθά·
οὐ γὰρ ἔστιν ἄλλα παρὰ ταῦτα. ἔστι δ᾽ ἐν αὑτῷ μὲν τὰ
περὶ ψυχὴν καὶ τὰ ἐν σώματι, ἔξω δὲ εὐγένεια καὶ φίλοι
καὶ χρήματα καὶ τιμή, ἔτι δὲ προσήκειν οἰόμεθα δυνάμεις
ὑπάρχειν καὶ τύχην· οὕτω γὰρ ἀσφαλέστατος ὁ βίος. λάβωμεν
30 τοίνυν ὁμοίως καὶ τούτων ἕκαστον τί ἐστιν.

εὐγένεια μὲν οὖν ἐστιν ἔθνει μὲν καὶ πόλει τὸ αὐτό-
χθονας ἢ ἀρχαίους εἶναι, καὶ ἡγεμόνας τοὺς πρώτους ἐπι-
φανεῖς, καὶ πολλοὺς ἐπιφανεῖς γεγονέναι ἐξ αὐτῶν ἐπὶ
τοῖς ζηλουμένοις· ἰδίᾳ δὲ εὐγένεια ἢ ἀπ᾽ ἀνδρῶν ἢ ἀπὸ
35 γυναικῶν, καὶ γνησιότης ἀπ᾽ ἀμφοῖν, καί, ὥσπερ ἐπὶ πόλεως,
⟨τὸ⟩ τούς τε πρώτους γνωρίμους ἢ ἐπ᾽ ἀρετῇ ἢ πλούτῳ ἢ
ἄλλῳ τῳ τῶν τιμωμένων εἶναι, καὶ πολλοὺς ἐπιφανεῖς ἐκ τοῦ
γένους καὶ ἄνδρας καὶ γυναῖκας καὶ νέους καὶ πρεσβυτέρους.

εὐτεκνία δὲ καὶ πολυτεκνία οὐκ ἄδηλα. ἔστιν δὲ τῷ κοινῷ
1361ᵃ μὲν [εὐτεκνία], νεότης ἂν ᾖ πολλὴ καὶ ἀγαθή, ἀγαθὴ δὲ
κατ᾽ ἀρετὴν σώματος, οἷον μέγεθος, κάλλος, ἰσχύν, δύνα-
μιν ἀγωνιστικήν· ψυχῆς δὲ σωφροσύνη καὶ ἀνδρεία νέου
ἀρεταί· ἰδίᾳ δὲ εὐτεκνία καὶ πολυτεκνία τὸ τὰ ἴδια τέκνα
5 πολλὰ καὶ τοιαῦτα εἶναι, καὶ θήλεα καὶ ἄρρενα· θηλειῶν
δὲ ἀρετὴ σώματος μὲν κάλλος καὶ μέγεθος, ψυχῆς δὲ
σωφροσύνη καὶ φιλεργία ἄνευ ἀνελευθερίας. ὁμοίως δὲ
καὶ ἰδίᾳ καὶ κοινῇ, καὶ κατ᾽ ἄνδρας καὶ κατὰ γυναῖκας, δεῖ

23–24 ἢ καὶ τὰ μέρη (μόρια D) . . . σωφροσύνην BDEQY Frag. Γ: om.
ACZ   24 τις addidi: om. codd. Γ   25 ὑπάρχοι ΑΓ: ὑπάρχει ΘΠ
28 δυνάμεις] δύναμιν Γ: an καὶ δυνάμεις?   29 γὰρ Αᴵ: +ἂν ΘΠ, Αᴵ s.l.
βίος+εἴη ΘΠΑ²Γ   30 ἐστιν ΑQΓ: om. ΠΥΣΣ   36 τὸ add. Bywater
πρώτους om. Z   37 τῳ om. Γ   εἶναι Frag.: om. cett.   1361ᵃ 1 εὐ-
τεκνία secl. Spengel   2 ἀρετὴν+μὲν Γ Frag.   οἷον+ὑγίειαν Spengel
(cf. 1360ᵇ 21)   ἰσχύν om. Ζᴵ   3 inde a σωφροσύνη incipit altera manus
in Z   δὲ νέου ἀρετὴ σωφροσύνη καὶ ἀνδρία Γ   ἀνδρία CDQZ
corr. A   7 φιλοεργία DE   οὕτως δὲ Γ

ζητεῖν ἕκαστον ὑπάρχειν τῶν τοιούτων· ὅσοις γὰρ τὰ κατὰ γυναῖκας φαῦλα ὥσπερ Λακεδαιμονίοις, σχεδὸν κατὰ τὸ 10 ἥμισυ οὐκ εὐδαιμονοῦσιν.

πλούτου δὲ μέρη νομίσματος πλῆθος ⟨καὶ⟩ γῆς, χωρίων κτῆσις πλήθει καὶ μεγέθει καὶ κάλλει διαφερόντων, ἔτι δὲ ἐπίπλων κτῆσις καὶ ἀνδραπόδων καὶ βοσκημάτων πλήθει καὶ κάλλει διαφερόντων, ταῦτα δὲ πάντα ⟨οἰκεῖα⟩ καὶ ἀσφαλῆ 15 καὶ ἐλευθέρια καὶ χρήσιμα. ἔστιν δὲ χρήσιμα μὲν μᾶλλον τὰ κάρπιμα, ἐλευθέρια δὲ τὰ πρὸς ἀπόλαυσιν (κάρπιμα δὲ λέγω ἀφ' ὧν αἱ πρόσοδοι, ἀπολαυστικὰ δὲ ἀφ' ὧν μηδὲν παρὰ τὴν χρῆσιν γίγνεται ὅ τι καὶ ἄξιον). ὅρος δὲ ἀσφαλείας μὲν τὸ ἐνταῦθα καὶ οὕτω κεκτῆσθαι ὥστ' ἐφ' αὑτῷ 20 εἶναι τὴν χρῆσιν αὐτῶν, τοῦ δὲ οἰκεῖα εἶναι ἢ μὴ ὅταν ἐφ' αὑτῷ ᾖ ἀπαλλοτριῶσαι· λέγω δὲ ἀπαλλοτρίωσιν δόσιν καὶ πρᾶσιν. ὅλως δὲ τὸ πλουτεῖν ἐστιν ἐν τῷ χρῆσθαι μᾶλλον ἢ ἐν τῷ κεκτῆσθαι· καὶ γὰρ ἡ ἐνέργειά ἐστι τῶν τοιούτων καὶ ἡ χρῆσις πλοῦτος.

εὐδοξία δ' ἐστὶν τὸ ὑπὸ πάντων σπουδαῖον ὑπολαμβάνε- 25 σθαι ἢ τοιοῦτόν τι ἔχειν οὗ πάντες ἐφίενται ἢ οἱ πολλοὶ ἢ οἱ ἀγαθοὶ ἢ οἱ φρόνιμοι.

τιμὴ δ' ἐστὶν μὲν σημεῖον εὐεργετικῆς εὐδοξίας, τιμῶνται δὲ δικαίως μὲν καὶ μάλιστα οἱ εὐεργετηκότες, οὐ μὴν ἀλλὰ τιμᾶται καὶ ὁ δυνάμενος εὐεργετεῖν· εὐεργεσία δὲ ἢ εἰς σωτηρίαν καὶ ὅσα 30 αἴτια τοῦ εἶναι, ἢ εἰς πλοῦτον, ἢ εἴς τι τῶν ἄλλων ἀγαθῶν, ὧν μὴ ῥαδία ἡ κτῆσις ἢ ὅλως ἢ ἐνταῦθα ἢ τότε· πολλοὶ

---

12 νομίσματος πλῆθος ΑΓ: νομίσματα ΘΠ   καὶ addidi   13 κτῆσις ΑΒΔΓ: κτήσεις ΘCE   ἔτι... 15 διαφερόντων Α¹ m., Frag., Γ: ἔτι δὲ ἐπίπλων κτῆσις (κτῆσις om. ΒCΥ) καὶ βοσκημάτων καὶ ἀνδραπόδων (+καὶ ΒC) πλήθει καὶ μεγέθει καὶ κάλλει διαφερόντων ΘΠ   15 οἰκεῖα Muretus: om. cett.   16 χρήσιμα¹ ΘΑΒCΓ: +χρὴ εἶναι δηλονότι EQ: χρὴ εἶναι δηλονότι D marg.   18 ἀπολαυτικὰ Α   21 τοῦ... εἶναι] ita quod remaneant sibi aut non G   δὲ C: τε ΘΑΒΔΕ   οἰκεῖον ΘΠ   21 ἢ μὴ omittenda aut post ἀπαλλοτριῶσαι (l. 22) transponenda ci. Spengel   22 πολλοτριῶσαι Α¹   24 ᾖ¹ s.l. Α¹   χρήσις ΑΓ: κτῆσις ΘΠ   28 εὐεργετικῆς εὐδοξίας σημεῖον Γ   δόξης ΘΠ   29 καὶ om. Γ Frag.   31 ἄλλων ΑΔΕΘΖΓ: om. ΒCΥ   32 τότε Γ: ποτε codd.

γὰρ διὰ μικρὰ δοκοῦντα τιμῆς τυγχάνουσιν, ἀλλ' οἱ τόποι
καὶ οἱ καιροὶ αἴτιοι. μέρη δὲ τιμῆς θυσίαι, μνῆμαι ἐν
35 μέτροις καὶ ἄνευ μέτρων, γέρα, τεμένη, προεδρίαι, τάφοι,
εἰκόνες, τροφαὶ δημόσιαι, τὰ βαρβαρικά, οἷον προσκυνήσεις
καὶ ἐκστάσεις, δῶρα τὰ παρ' ἑκάστοις τίμια. καὶ γὰρ τὸ
δῶρόν ἐστι κτήματος δόσις καὶ τιμῆς σημεῖον, διὸ καὶ οἱ
φιλοχρήματοι καὶ οἱ φιλότιμοι ἐφίενται αὐτῶν· ἀμφ-
1361ᵇ οτέροις γὰρ ἔχει ὧν δέονται· καὶ γὰρ κτῆμά ἐστιν οὗ ἐφίεν-
ται οἱ φιλοχρήματοι, καὶ τιμὴν ἔχει οὗ οἱ φιλότιμοι.

σώματος δὲ ἀρετὴ ὑγίεια, αὕτη δὲ οὕτως ὥστε ἀνόσους
εἶναι χρωμένους τοῖς σώμασιν· πολλοὶ γὰρ ὑγιαίνουσιν, ὥσπερ
5 Ἡρόδικος λέγεται, οὓς οὐδεὶς ἂν εὐδαιμονίσειε τῆς ὑγιείας
διὰ τὸ πάντων ἀπέχεσθαι τῶν ἀνθρωπίνων ἢ τῶν πλείστων.
κάλλος δὲ ἕτερον καθ' ἑκάστην ἡλικίαν ἐστίν. νέου μὲν οὖν
κάλλος τὸ πρὸς τοὺς πόνους χρήσιμον ἔχειν τὸ σῶμα τούς
τε πρὸς δρόμον καὶ πρὸς βίαν, ἡδὺν ὄντα ἰδεῖν πρὸς ἀπό-
10 λαυσιν· διὸ οἱ πένταθλοι κάλλιστοι, ὅτι πρὸς βίαν καὶ
πρὸς τάχος ἅμα πεφύκασιν· ἀκμάζοντος δὲ πρὸς μὲν
πόνους τοὺς πολεμικούς, ἡδὺν δ' εἶναι δοκεῖν μετὰ φοβερό-
τητος· γέροντος δὲ πρὸς μὲν πόνους τοὺς ἀναγκαίους ἱκανόν,
ἄλυπον δὲ διὰ τὸ μηδὲν ἔχειν ὧν τὸ γῆρας λωβᾶται.
15 ἰσχὺς δ' ἐστὶ μὲν δύναμις τοῦ κινεῖν ἕτερον ὡς βούλεται,
ἀνάγκη δὲ κινεῖν ἕτερον ἢ ἕλκοντα ἢ ὠθοῦντα ἢ αἴροντα
ἢ πιέζοντα ἢ συνθλίβοντα, ὥστε ὁ ἰσχυρὸς ἢ πᾶσιν ἢ τού-
των τισίν ἐστιν ἰσχυρός. μεγέθους δὲ ἀρετὴ τὸ ὑπάρχειν
κατὰ μῆκος καὶ βάθος καὶ πλάτος τῶν πολλῶν τοσούτῳ

33 διὰ ... δοκοῦντα ABCYZΓ: διὰ μικρὰ δοκοῦνται D: καὶ διὰ τὸ μικρὰ
δοῦναι δοκοῦνται D s.l.: διὰ τὸ μικρὰ δοῦναι Q   τρόποι ΘΒΔΕΓ   34 μνῆ-
μαι ἔμμετροι Frag.   37 ἐκστάσεις Frag.   39 ἀμφοτέροις ΠΑQYΓ:
ἀμφότερον Z: ἀμφότερα Frag.   1361ᵇ 1 ἐστιν om. Frag.   ἐφίενται]
δέονται Γ Frag.   3 ἀρεταί Spengel   5 οὓς ABCYΓ: ὂν DEQZ
εὐδαιμονίσειε Γ: εὐδαιμονήσειε cett.   7 οὖν om. Γ Frag.   9 ἰδεῖν+καὶ
Γ   12 φαιδρότητος Q   13 ἱκανόν Aᴵ m., cett.: om. Aᴵ   17 πιεζοῦντα
A   18 ὑπάρχειν Bywater: ὑπερέχειν codd. Γ   19 καὶ ... καὶ ADΓ:
ἢ ... ἢ ΘΒCE   πολλῶν+ἐν Γ   τοσοῦτον ὥστε μὴ ποιεῖν βραδυτέρας C

μεῖζον· ὥστε μὴ βραδυτέρας ποιεῖν τὰς κινήσεις διὰ τὴν 20
ὑπερβολήν. ἀγωνιστικὴ δὲ σώματος ἀρετὴ σύγκειται ἐκ
μεγέθους καὶ ἰσχύος καὶ τάχους (καὶ γὰρ ὁ ταχὺς ἰσχυρός
ἐστιν)· ὁ γὰρ δυνάμενος τὰ σκέλη ῥιπτεῖν πως καὶ κινεῖν
ταχὺ καὶ πόρρω δρομικός, ὁ δὲ θλίβειν καὶ κατέχειν πα-
λαιστικός, ὁ δὲ ὦσαι τῇ πληγῇ πυκτικός, ὁ δ' ἀμφοτέροις 25
τούτοις παγκρατιαστικός, ὁ δὲ πᾶσι πένταθλος.

εὐγηρία δ' ἐστὶ βραδυτὴς γήρως μετ' ἀλυπίας· οὔτε γὰρ
εἰ ταχὺ γηράσκει, εὔγηρως, οὔτ' εἰ μόγις μὲν λυπηρῶς δέ. ἔστιν
δὲ καὶ ἐκ τῶν τοῦ σώματος ἀρετῶν καὶ ⟨ἐκ⟩ τύχης· μὴ ἄνοσος
γὰρ ὢν μηδὲ ἰσχυρὸς οὐκ ἔσται ἀπαθὴς οὐδ' ἄλυπος, καὶ πολυ- 30
χρόνιος οὐκ ἄνευ τύχης διαμείνειεν ἄν. ἔστιν δέ τις καὶ
χωρὶς ἰσχύος καὶ ὑγιείας ἄλλη δύναμις μακροβιότητος·
πολλοὶ γὰρ ἄνευ τῶν τοῦ σώματος ἀρετῶν μακρόβιοί εἰσιν·
ἀλλ' οὐδὲν ἡ ἀκριβολογία χρήσιμος ἡ περὶ τούτων εἰς τὰ νῦν.

πολυφιλία δὲ καὶ χρηστοφιλία οὐκ ἄδηλα, τοῦ φίλου 35
ὡρισμένου, ὅτι ἔστιν ὁ τοιοῦτος φίλος ὅστις ἃ οἴεται ἀγαθὰ
εἶναι ἐκείνῳ, πρακτικός ἐστιν αὐτῶν δι' ἐκεῖνον. ᾧ δὴ πολ-
λοὶ τοιοῦτοι, πολύφιλος, ᾧ δὲ καὶ ἐπιεικεῖς ἄνδρες, χρηστόφιλος.

εὐτυχία δέ ἐστιν, ὧν ἡ τύχη ἀγαθῶν αἰτία, ταῦτα
γίγνεσθαι καὶ ὑπάρχειν ἢ πάντα ἢ τὰ πλεῖστα ἢ τὰ 1362[a]
μέγιστα. αἰτία δ' ἐστὶν ἡ τύχη ἐνίων μὲν καὶ ὧν αἱ τέχναι,
πολλῶν δὲ καὶ ἀτέχνων, οἷον ὅσων ἡ φύσις (ἐνδέχεται δὲ
καὶ παρὰ φύσιν εἶναι)· ὑγιείας μὲν γὰρ τέχνη αἰτία, κάλ-
λους δὲ καὶ μεγέθους φύσις. ὅλως δὲ τὰ τοιαῦτα τῶν ἀγα- 5
θῶν ἐστιν ἀπὸ τύχης ἐφ' οἷς ἐστιν ὁ φθόνος. ἔστιν δὲ καὶ
τῶν παρὰ λόγον ἀγαθῶν αἰτία τύχη, οἷον εἰ οἱ ἄλλοι

20 μεῖζον' Bywater: μείζονα Q(?): fiant tardiores G: μεῖζον cett.
22 ἰσχυρός+τις ΓΣ   25 πυκτικός ΑΓ: ποιητικός ΘΠΣ   27 ἐστὶ+μὲν
Γ   28 μὲν om. Γ   29 ἐκ addidi: ἀπὸ Γ   30 μηδὲ] καὶ Α m.   καὶ]
καὶ οὐ Γ: οὐδὲ Σ   31 οὐκ Spengel: οὔτ' codd. Γ   ἄνευ τύχης
Muretus: ἂν εὐτυχὴς codd.   37 αὐτῶν om. Γ   38 ἄνδρες om. Γ
1362[a] 2 καὶ ὧν ΑΖΣ Frag.: καὶ ὧν καὶ C: ὧν καὶ ΒΔΕQΥΓ   4 τέχνη+ἡ
ΘΔΥ¹   7 παρὰ λόγον ΘΠΓ: παρὰ λόγων Α¹ s.l.: παραλόγων Frag.   εἰ
ΑCEQΓ: om. ΒΔΥΖ

ἀδελφοὶ αἰσχροί, ὁ δὲ καλός, ἢ οἱ ἄλλοι μὴ εἶδον τὸν
θησαυρόν, ὁ δ᾽ εὗρεν, ἢ εἰ τοῦ πλησίον ἔτυχεν τὸ βέλος,
10 τούτου δὲ μή, ἢ εἰ μὴ ἦλθε μόνος, ἀεὶ φοιτῶν, οἱ δὲ ἅπαξ
ἐλθόντες διεφθάρησαν· πάντα γὰρ τὰ τοιαῦτα εὐτυχήματα
δοκεῖ εἶναι.

περὶ δὲ ἀρετῆς ἐπείπερ οἰκειότατος ὁ περὶ τοὺς ἐπαίνους τό-
πος, ὅταν περὶ ἐπαίνου ποιώμεθα τὸν λόγον, τότε διοριστέον.

15 Ὧν μὲν οὖν δεῖ στοχάζεσθαι προτρέποντα ὡς ἐσομέ- 6
νων ἢ ὑπαρχόντων, καὶ ὧν ἀποτρέποντα, φανερόν· τὰ γὰρ
ἐναντία τούτων ἐστίν. ἐπεὶ δὲ πρόκειται τῷ συμβουλεύοντι
σκοπὸς τὸ συμφέρον (βουλεύονται γὰρ οὐ περὶ τοῦ τέλους, ἀλλὰ
περὶ τῶν πρὸς τὸ τέλος, ταῦτα δ᾽ ἐστὶ τὰ συμφέροντα κατὰ
20 τὰς πράξεις, τὸ δὲ συμφέρον ἀγαθόν), ληπτέον ἂν εἴη τὰ στοι-
21 χεῖα περὶ ἀγαθοῦ καὶ συμφέροντος ἁπλῶς.

21
                                        ἔστω δὴ ἀγα-
θὸν ὃ ἂν αὐτὸ ἑαυτοῦ ἕνεκα ᾖ αἱρετόν, καὶ οὗ ἕνεκα ἄλλο
αἱρούμεθα, καὶ οὗ ἐφίεται πάντα, ἢ πάντα τὰ αἴσθησιν
ἔχοντα ἢ νοῦν ἢ εἰ λάβοι νοῦν, καὶ ὅσα ὁ νοῦς ἂν ἑκάστῳ
25 ἀποδοίη, καὶ ὅσα ὁ περὶ ἕκαστον νοῦς ἀποδίδωσιν ἑκάστῳ·
τοῦτό ⟨γάρ⟩ ἐστιν ἑκάστῳ ἀγαθόν, καὶ οὗ παρόντος εὖ διάκει-
ται καὶ αὐτάρκως ἔχει, καὶ τὸ αὔταρκες, καὶ τὸ ποιητικὸν ἢ
φυλακτικὸν τῶν τοιούτων, καὶ ᾧ ἀκολουθεῖ τὰ τοιαῦτα, καὶ
τὰ κωλυτικὰ τῶν ἐναντίων καὶ τὰ φθαρτικά. ἀκολουθεῖ δὲ
30 διχῶς (ἢ γὰρ ἅμα ἢ ὕστερον, οἷον τῷ μὲν μανθάνειν τὸ
ἐπίστασθαι ὕστερον, τῷ δὲ ὑγιαίνειν τὸ ζῆν ἅμα), καὶ τὰ
ποιητικὰ τριχῶς, τὰ μὲν ὡς τὸ ὑγιαίνειν ὑγιείας, τὰ δὲ
ὡς σιτία ὑγιείας, τὰ δὲ ὡς τὸ γυμνάζεσθαι, ὅτι ὡς ἐπὶ
τὸ πολὺ ποιεῖ ὑγίειαν. τούτων δὲ κειμένων ἀνάγκη τάς τε

8 ἀδελφοὶ αἰσχροί Γ: αἰσχροὶ ἀδελφοί codd.   ὅ] εἷς Γ   10 μὴ
ABCEYZΓ: om. DQ   15–16 προτρέποντας . . . ἀποτρέποντας ΠQΥΓ
18 γὰρ Α¹: δὲ ΘΠΑ¹ s.l., Γ   20 τὰ in ras. Α: om. cett.   23 ἐφίεται
πάντα ΘΑ¹CDEΓ: ἐφίενται πάντες Α²Β Frag.   24 ᾖ² ACDEQZΓ: om. ΒΥ
ἂν om. ΘΔΕ   25 ὁ περὶ ἕκαστον om. Γ   ἕκαστα DQ Frag.   ἑκάστου ΕΖ
26 γάρ Γ: om. codd.   28 τούτων ΕΓ Frag.   31 τὰ Α¹ s.l., cett.: om. Α¹

λήψεις τῶν ἀγαθῶν ἀγαθὰς εἶναι καὶ τὰς τῶν κακῶν 35
ἀποβολάς· ἀκολουθεῖ γὰρ τῷ μὲν τὸ μὴ ἔχειν τὸ κακὸν
ἅμα, τῷ δὲ τὸ ἔχειν τὸ ἀγαθὸν ὕστερον. καὶ ἡ ἀντ᾿ ἐλάτ-
τονος ἀγαθοῦ μείζονος λῆψις καὶ ἀντὶ μείζονος κακοῦ ἐλάτ-
τονος· ᾧ γὰρ ὑπερέχει τὸ μεῖζον τοῦ ἐλάττονος, τούτῳ γίνε- **1362**[b]
ται τοῦ μὲν λῆψις τοῦ δ᾿ ἀποβολή. καὶ τὰς ἀρετὰς δὲ
ἀνάγκη ἀγαθὸν εἶναι (κατὰ γὰρ ταύτας εὖ τε διάκεινται
οἱ ἔχοντες, καὶ ποιητικαὶ τῶν ἀγαθῶν εἰσι καὶ πρακτικαί·
περὶ ἑκάστης δὲ καὶ τίς καὶ ποία χωρὶς ῥητέον), καὶ τὴν 5
ἡδονὴν ἀγαθὸν εἶναι· πάντα γὰρ ἐφίεται τὰ ζῷα αὐτῆς τῇ
φύσει· ὥστε καὶ τὰ ἡδέα καὶ τὰ καλὰ ἀνάγκη ἀγαθὰ
εἶναι· τὰ μὲν γὰρ ἡδονῆς ποιητικά, τῶν δὲ καλῶν τὰ μὲν
ἡδέα τὰ δὲ αὐτὰ καθ᾿ ἑαυτὰ αἱρετά ἐστιν.

ὡς δὲ καθ᾿ ἓν εἰπεῖν, ἀνάγκη ἀγαθὰ εἶναι τάδε. εὐδαιμονία· 10
καὶ γὰρ καθ᾿ αὐτὸ αἱρετὸν καὶ αὔταρκες, καὶ ἕνεκα αὐτῆς
τἆλλα αἱρούμεθα. δικαιοσύνη, ἀνδρεία, σωφροσύνη, μεγαλο-
ψυχία, μεγαλοπρέπεια, καὶ αἱ ἄλλαι αἱ τοιαῦται ἕξεις· ἀρεταὶ
γὰρ ψυχῆς. καὶ ὑγίεια καὶ κάλλος καὶ τὰ τοιαῦτα·
ἀρεταὶ γὰρ σώματος καὶ ποιητικὰ πολλῶν, οἷον ὑγίεια 15
καὶ ἡδονῆς καὶ τοῦ ζῆν, διὸ καὶ ἄριστον δοκεῖ εἶναι, ὅτι
δύο τῶν τοῖς πολλοῖς τιμιωτάτων αἴτιόν ἐστιν, ἡδονῆς καὶ
τοῦ ζῆν. πλοῦτος· ἀρετὴ γὰρ κτήσεως καὶ ποιητικὸν πολ-
λῶν. φίλος καὶ φιλία· καὶ γὰρ καθ᾿ αὑτὸν αἱρετὸς ὁ
φίλος καὶ ποιητικὸς πολλῶν. τιμή, δόξα· καὶ γὰρ ἡδέα 20
καὶ ποιητικὰ πολλῶν, καὶ ἀκολουθεῖ αὐταῖς ὡς ἐπὶ τὸ
πολὺ τὸ ὑπάρχειν ἐφ᾿ οἷς τιμῶνται. δύναμις τοῦ λέγειν,

37 ἅμα A[1] s.l., cett.: om. A[1]   τὸ[2] EΖΣ: om. cett.   38–[b]2 καὶ...ἀποβολή
om. Γ   1362[b] 1 τοῦτο ΘΠ: τούτου Muretus   6 τῇ om. C Frag.
10 εὐδαιμονίαν Γ   11 αὐτῆς Frag.: αὐτοῦ cett.   12 τἆλλα Kayser:
πολλὰ codd. Γ: ἄλλα Muretus   ἀνδρία CDQZ   13 αἱ[2] om. CYZ
14–15 καὶ[2]... ὑγίεια om. Q   15 ποιητικὰ scripsi: ποιητικαὶ codd. Γ
15 οἷον+ἡ ACQ   17 τοῖς om. ΘBCE   18 ποιητικὸν ACQΓ:
ποιητικὴ BDEYZ   19–20 αἱρετὸς... ποιητικὸς ACΓ: αἱρετὸν...
ποιητικὸν ΘBDE   21 αὐτοῖς ci. Spengel

25

τοῦ πράττειν· ποιητικὰ γὰρ πάντα τὰ τοιαῦτα ἀγαθῶν. ἔτι
εὐφυΐα, μνήμη, εὐμάθεια, ἀγχίνοια, πάντα τὰ τοιαῦτα·
25 ποιητικαὶ γὰρ αὗται ἀγαθῶν αἱ δυνάμεις εἰσίν. ὁμοίως δὲ
καὶ αἱ ἐπιστῆμαι πᾶσαι καὶ αἱ τέχναι. καὶ τὸ ζῆν· εἰ γὰρ
μηδὲν ἄλλο ἕποιτο ἀγαθόν, καθ' αὑτὸ αἱρετόν ἐστιν. καὶ
τὸ δίκαιον· συμφέρον γάρ τι κοινῇ ἐστιν.

ταῦτα μὲν οὖν σχεδὸν τὰ ὁμολογούμενα ἀγαθά ἐστιν· ἐν δὲ
30 τοῖς ἀμφισβητησίμοις ἐκ τῶνδε οἱ συλλογισμοί. ᾧ τὸ ἐναντίον
κακόν, τοῦτ' ἀγαθόν. καὶ οὗ τὸ ἐναντίον τοῖς ἐχθροῖς συμ-
φέρει· οἷον εἰ τὸ δειλοὺς εἶναι μάλιστα συμφέρει τοῖς ἐχθροῖς,
δῆλον ὅτι ἀνδρεία μάλιστα ὠφέλιμον τοῖς πολίταις. καὶ
ὅλως ὃ οἱ ἐχθροὶ βούλονται ἢ ἐφ' ᾧ χαίρουσι, τοὐναντίον
35 τούτου ὠφέλιμον φαίνεται· διὸ εἴρηται

ἦ κεν γηθήσαι Πρίαμος.

ἔστι δ' οὐκ ἀεὶ τοῦτο, ἀλλ' ὡς ἐπὶ τὸ πολύ· οὐδὲν γὰρ κωλύει
ἐνίοτε ταὐτὸ συμφέρειν τοῖς ἐναντίοις· ὅθεν λέγεται ὡς τὰ
1363ᵃ κακὰ συνάγει τοὺς ἀνθρώπους, ὅταν ᾖ ταὐτὸ βλαβερὸν ἀμφοῖν.
καὶ οὗ μὴ ἔστιν ὑπερβολή, τοῦτο ἀγαθόν, ὃ δ' ἂν ᾖ μεῖζον ἢ
δεῖ, κακόν. καὶ οὗ ἕνεκα πολλὰ πεπόνηται ἢ δεδαπάνηται·
φαινόμενον γὰρ ἀγαθὸν ἤδη, καὶ ὡς τέλος τὸ τοιοῦτον ὑπολαμ-
5 βάνεται, καὶ τέλος πολλῶν, τὸ δὲ τέλος ἀγαθόν. ὅθεν ταῦτ' εἴρηται
" κὰδ δέ κεν εὐχωλὴν Πριάμῳ " καὶ " αἰσχρόν τοι δηρόν τε
μένειν ". καὶ ἡ παροιμία δὲ τὸ ἐπὶ θύραις τὴν ὑδρίαν. καὶ οὗ ⟨οἱ⟩
πολλοὶ ἐφίενται, καὶ τὸ περιμάχητον φαινόμενον· οὗ γὰρ πάντες
ἐφίενται, τοῦτο ἀγαθὸν ἦν, οἱ δὲ πολλοὶ ὥσπερ πάντες φαίνον-
10 ται. καὶ τὸ ἐπαινετόν· οὐδεὶς γὰρ τὸ μὴ ἀγαθὸν ἐπαινεῖ.

24 εὐφυΐαι Γ μνήμη Victorius: μνῆμαι codd. Γ εὐμάθειαι Γ πάντα]
καὶ πάντα Γ 32 εἶναι codd. Γ: +ἡμᾶς Frag. s.l., Σ συμφέρει om.
Γ οἷς in ἐχθροῖς in ras. A 33 ἀνδρία CDEQZ 34 ὅλως] οὕτως
Frag. 35 τούτου ΑΣ: τούτῳ ΘΠΓ διὸ+εἰ ΘΠΓ 36 γηθήσῃ
EZ: γηθεῖ Γ 37 τοῦτο ΠΑΓ: ταῦτα Θ: ταὐτὰ Σ 1363ᵃ 2 οὗ codd.
Γ: ὁ Σ apud Rabe 4 τό] ἤδη τὸ ΘΠΓ Frag. 7 οἳ ci. Spengel: om.
codd. 8 πάντα Frag. 9 τοῦτο ΘΠΑᴵ s.l. Γ: τὸ Αᴵ

καὶ ὃ οἱ ἐχθροὶ καὶ οἱ φαῦλοι ἐπαινοῦσιν· ὥσπερ γὰρ
πάντες ἤδη ὁμολογοῦσιν, εἰ καὶ οἱ κακῶς πεπονθότες· διὰ γὰρ
τὸ φανερὸν ὁμολογοῖεν ἄν, ὥσπερ καὶ φαῦλοι οὓς οἱ φί-
λοι ψέγουσι καὶ [ἀγαθοὶ] οὓς οἱ ἐχθροὶ μὴ ψέγουσιν (διὸ λελοι-
δορῆσθαι ὑπέλαβον Κορίνθιοι ὑπὸ Σιμωνίδου ποιήσαντος 15

Κορινθίοις δ' οὐ μέμφεται τὸ Ἴλιον).

καὶ ὃ τῶν φρονίμων τις ἢ τῶν ἀγαθῶν ἀνδρῶν ἢ γυναι-
κῶν προέκρινεν, οἷον Ὀδυσσέα Ἀθηνᾶ καὶ Ἑλένην Θησεὺς καὶ
Ἀλέξανδρον αἱ θεαὶ καὶ Ἀχιλλέα Ὅμηρος. καὶ ὅλως τὰ προ-
αιρετά· προαιροῦνται δὲ πράττειν τά τε εἰρημένα καὶ τὰ τοῖς 20
ἐχθροῖς κακὰ καὶ τὰ τοῖς φίλοις ἀγαθὰ καὶ τὰ δυνατά· ταῦτα
δὲ διχῶς ἐστιν, τά τε γενόμενα ἂν καὶ τὰ ῥαδίως γιγνό-
μενα· ῥάδια δὲ ὅσα ἢ ἄνευ λύπης ἢ ἐν ὀλίγῳ χρόνῳ· τὸ
γὰρ χαλεπὸν ὁρίζεται ἢ λύπῃ ἢ πλήθει χρόνου. καὶ
ἐὰν ὡς βούλονται· βούλονται δὲ ἢ μηδὲν κακὸν ἢ ἔλαττον 25
τοῦ ἀγαθοῦ (τοῦτο δὲ ἔσται, ἐὰν ἢ λανθάνῃ ἢ ἡ τιμωρία μι-
κρὰ ᾖ). καὶ τὰ ἴδια, καὶ ἃ μηδείς, καὶ τὰ περιττά· τιμὴ
γὰρ οὕτω μᾶλλον. καὶ τὰ ἁρμόττοντα αὐτοῖς· τοιαῦτα δὲ
τά τε προσήκοντα κατὰ γένος καὶ δύναμιν, καὶ ὧν ἐλλείπειν
οἴονται καὶ ἂν μικρὰ ᾖ· οὐδὲν γὰρ ἧττον προαιροῦνται ταῦτα 30
πράττειν καὶ τὰ εὐκατέργαστα. δυνατὰ γὰρ καὶ ῥάδια·
εὐκατέργαστα δὲ ἃ πάντες ἢ οἱ πολλοὶ ἢ οἱ ὅμοιοι ἢ οἱ
ἥττους κατώρθωσαν. καὶ ἃ χαριοῦνται τοῖς φίλοις, ἢ

11 καὶ οἱ φαῦλοι om. Σ: οἱ om. ΘΒCE   ἐπαινοῦσιν ΘΠΑ¹ m., Γ: om. Α¹
12 εἰ καὶ] καὶ ὃ CΣ: εἰ καὶ ὃ Γ: om. Frag.   13 ὁμολογήσαιεν CD:
ὁμολογήσειεν ΘΒΕ   οὓς ... 14 ἀγαθοὶ ΘΠ Α¹ m., Γ: om. Α¹: ἀγαθοὶ del. Α²
13 φίλοι] φαῦλοι γρ. Σ   14 μὴ ψέγουσιν] ἐπαινοῦσιν ΘΠΓ   16 μέμφε-
ται] μανίει schol. Pind.: querelas movebat G   21 ταῦτα] δυνατὰ
Α m., ΓΣ   22 ἂν om. Σ   23 ᾖ¹ om. Γ   24 ἢ πλήθει χρόνου ἢ
λύπης Frag.   καὶ ἐὰν ὡς ΑΓ: ἕως ἂν D: ὡς ἂν cett.   25 ὡς βούλωνται
BDY   26 ἢ ἡ τιμωρία Wolf: ἡ τιμωρία ἢ codd. Γ   27 καὶ ἃ μηδείς
secl. Ussing, sed cf. l. 36   28 γὰρ οὕτω ΑΓ: οὕτω γὰρ ΘΒD   29 καὶ¹
ΘΑΥΖΓ: +κατὰ Q Frag.   30 γὰρ ΘΠΑ¹ s.l. Γ: om. Α¹   31 καὶ²
Α¹: ὡς ΘΠΑ¹ s.l. Γ   32 δὲ ΑΓ: +καὶ ΘΠ   οἱ² om. ΥΖ Frag. Σ

ἃ ἀπεχθήσονται τοῖς ἐχθροῖς. καὶ ὅσα οὓς θαυμάζουσι
35 προαιροῦνται πράττειν. καὶ πρὸς ἃ εὐφυεῖς εἰσιν καὶ ἔμπει-
ροι· ῥᾷον γὰρ κατορθώσειν οἴονται. καὶ ἃ μηδεὶς φαῦλος·
ἐπαινετὰ γὰρ μᾶλλον. καὶ ὧν ἐπιθυμοῦντες τυγχάνουσιν,
οὐ γὰρ μόνον ἡδὺ ἀλλὰ καὶ βέλτιον φαίνεται. καὶ μάλιστα
1363ᵇ ἕκαστοι πρὸς ἃ φιλοτοίουτοι, οἷον οἱ φιλόνικοι εἰ νίκη
ἔσται, οἱ φιλότιμοι εἰ τιμή, οἱ φιλοχρήματοι εἰ χρήματα, καὶ
οἱ ἄλλοι ὡσαύτως. περὶ μὲν οὖν ἀγαθοῦ καὶ τοῦ συμφέρον-
τος ἐκ τούτων ληπτέον τὰς πίστεις.

5 Ἐπεὶ δὲ πολλάκις ὁμολογοῦντες ἄμφω συμφέρειν 7
περὶ τοῦ μᾶλλον ἀμφισβητοῦσιν, ἐφεξῆς ἂν εἴη λεκτέον
περὶ τοῦ μείζονος ἀγαθοῦ καὶ τοῦ μᾶλλον συμφέροντος. ἔστω
δὴ ὑπερέχον μὲν τὸ τοσοῦτον καὶ ἔτι, ὑπερεχόμενον δὲ τὸ
ἐνυπάρχον, καὶ μεῖζον μὲν ἀεὶ καὶ πλεῖον πρὸς ἔλαττον,
10 μέγα δὲ καὶ μικρὸν καὶ πολὺ καὶ ὀλίγον πρὸς τὸ τῶν
πολλῶν μέγεθος, καὶ ὑπερέχον μὲν τὸ μέγα, τὸ δὲ μι-
12 κρὸν ἐλλεῖπον, καὶ πολὺ καὶ ὀλίγον ὡσαύτως.
12   ἐπεὶ οὖν
ἀγαθὸν λέγομεν τό τε αὐτὸ αὑτοῦ ἕνεκα καὶ μὴ ἄλλου
αἱρετόν, καὶ οὗ πάντ' ἐφίεται, καὶ ὃ νοῦν ἂν καὶ φρόνησιν
15 λαβόντα ἕλοιτο, καὶ τὸ ποιητικὸν καὶ τὸ φυλακτικόν, ἢ
ᾧ ἕπεται τὰ τοιαῦτα, [τὸ δ' οὗ ἕνεκα τὸ τέλος ἐστίν,] τέλος
δέ ἐστιν οὗ ἕνεκα τὰ ἄλλα, αὐτῷ δὲ ἀγαθὸν τὸ πρὸς αὐτὸν

34 ἃ om. Frag.   ἀπεχθήσονται] auferuntur G   οὓς ... 35 πράτ-
τειν] ὁ σπουδαῖος πράττειν βούλεται Σ   36 κατορθώσειν ΘΠΑ²:
κατορθῶσαι Α¹Γ· ἂν κατορθῶσαι Bywater   38 καὶ² ΑΓ: +ἃ ΘΒΔΒ
μάλιστα+χαίρουσιν ἐπιθυμοῦντες Frag.   1363ᵇ 1 φιλοτοίουτοι Vahlen:
τοιοῦτοι codd. Γ   φιλόνεικοι ΑΒΥ¹: et φιλόνικοι et φιλόνεικοι Σ   3 οὖν
ΑΣΔΕΓ: om. ΘΒ   τοῦ om. ΒΥ Frag.   6 λεκτέον ΑΒΔΟΥΓ: λέγειν
C: λεκτέον καὶ ΕΖ   8 τὸ¹ Α¹ s.l., Σ: om. cett.   9 μὲν ΑΣΥΓ: +ἂν
ΒΔΟΖ   πλεῖον+οὕτως ἔχει Γ   11–12 μικρὸν ἐλλεῖπον Bywater:
ἐλλεῖπον μικρόν codd. Γ   13 ἀγαθὸν ΘΠΑ¹ s.l., Γ: ἀγαθὰ Α¹   τε αὐτὸ]
τε Α¹: αὐτὸ Α¹ s.l. Γ   14 ὃ] ἃ Α¹ s.l.   15 λαβόντες ΕΓ   ἐλοιτο
Α¹ s.l., ΕΓ   τὸ² om. ΘΠ   16 τὸ ... ἐστίν seclusi: habent codd. Γ: τὸ
δ' αὑτοῦ ἕνεκα τὸ τέλος ἐστίν Susemihl   17 αὐτῷ ΘΠ Α¹ s.l.: αὐτὸ ΓΣ,
fort. Α¹   αὑτὸν Α¹ΕΖ: αὐτὸ cett.

ταῦτα πεπονθός, ἀνάγκη τά γε πλείω τοῦ ἑνὸς καὶ τῶν
ἐλαττόνων, συναριθμουμένου τοῦ ἑνὸς ἢ τῶν ἐλαττόνων, μεῖ-
ζον ἀγαθὸν εἶναι· ὑπερέχει γάρ, τὸ δὲ ἐνυπάρχον ὑπερ- 20
έχεται. καὶ ἐὰν τὸ μέγιστον τοῦ μεγίστου ὑπερέχῃ, καὶ αὐτὰ
αὐτῶν· καὶ ὅσα αὐτὰ αὐτῶν, καὶ τὸ μέγιστον τοῦ μεγίστου·
οἷον εἰ ὁ μέγιστος ἀνὴρ γυναικὸς τῆς μεγίστης μείζων, καὶ
ὅλως οἱ ἄνδρες τῶν γυναικῶν μείζους, καὶ εἰ οἱ ἄνδρες
ὅλως τῶν γυναικῶν μείζους, καὶ ἀνὴρ ὁ μέγιστος τῆς με- 25
γίστης γυναικὸς μείζων· ἀνάλογον γὰρ ἔχουσιν αἱ ὑπερ-
οχαὶ τῶν γενῶν καὶ τῶν μεγίστων ἐν αὐτοῖς. καὶ ὅταν τόδε
μὲν τῷδε ἕπηται, ἐκεῖνο δὲ τούτῳ μή, ἕπηται δὲ ἢ τῷ
ἅμα ἢ τῷ ἐφεξῆς ἢ τῇ δυνάμει· ἐνυπάρχει γὰρ ἡ χρῆ-
σις ἡ τοῦ ἑπομένου ἐν τῇ θατέρου. ἕπεται δὲ ἅμα μὲν τῷ 30
ὑγιαίνειν τὸ ζῆν, τούτῳ δὲ ἐκεῖνο οὔ, ὕστερον δὲ τῷ μανθά-
νειν τὸ ἐπίστασθαι, δυνάμει δὲ τῷ ἱεροσυλεῖν τὸ ἀποστερεῖν·
ὁ γὰρ ἱεροσυλήσας κἂν ἀποστερήσειεν. καὶ τὰ ὑπερέχοντα
τοῦ αὐτοῦ μείζονι μείζω· ἀνάγκη γὰρ ὑπερέχειν καὶ τοῦ
μείονι. καὶ τὰ μείζονος ἀγαθοῦ ποιητικὰ μείζω· τοῦτο 35
γὰρ ἦν τὸ μείζονος ποιητικῷ εἶναι. καὶ οὗ τὸ ποιητικὸν
μεῖζον, ὡσαύτως· εἰ γὰρ τὸ ὑγιεινὸν αἱρετώτερον τοῦ ἡδέος
καὶ μεῖζον ἀγαθόν, καὶ ἡ ὑγίεια τῆς ἡδονῆς μείζων. καὶ
αἱρετώτερον τὸ καθ᾽ αὑτὸ τοῦ μὴ καθ᾽ αὑτό, οἷον ἰσχὺς ὑγιει- **1364**ᵃ
νοῦ· τὸ μὲν γὰρ οὐχ αὑτοῦ ἕνεκα, τὸ δὲ αὑτοῦ, ὅπερ ἦν
τὸ ἀγαθόν. κἂν ᾖ τὸ μὲν τέλος, τὸ δὲ μὴ τέλος· τὸ μὲν
γὰρ ἄλλου ἕνεκα, τὸ δὲ αὑτοῦ, οἷον τὸ γυμνάζεσθαι τοῦ εὖ
ἔχειν τὸ σῶμα. καὶ τὸ ἧττον προσδεόμενον θατέρου [ἢ] ἑ- 5
τέρων· αὐταρκέστερον γάρ· ἧττον δὲ προσδεῖται τὸ ἐλαττόνων

---

18 γε scripsi: τε codd.: om. Γ   20 ἐνυπάρχει γὰρ C   22 αὐτῶν . . .
αὐτῶν Γ: αὐτῶν . . . αὐτῶν codd.   23 εἰ ΑCΓ: om. ΘΒDE   24 ὅλως]
ἁπλῶς Σ   24–25 καὶ . . . μείζους om. Γ   25 τῶν γυναικῶν ὅλως ΘΠ
28 ἕπηται ΘΠΑ¹ s.l.: ἕπεται Α¹   31 τοῦτο CΓ   ἐκεῖνο ΠΑ¹ΒDE:
ἐκείνῳ Α¹ s.l., CΓ   34 τοῦ αὐτοῦ] τινος Σ   35 μείονι scripsi: μείζονος
codd. Γ   36 γὰρ ΑCΓ:+ἂν ΘΒDE   1364ᵃ 1 αἱρετώτερον τὸ
Bywater: τὸ αἱρετώτερον codd. Γ: τὸ αἱρετὸν Σ   5 ἢ seclusi   ἑτέρου Γ

ἢ ῥᾳόνων προσδεόμενον. καὶ ὅταν τόδε μὲν ἄνευ τοῦδε μὴ
ᾖ, ἢ μὴ δυνατὸν ᾖ γενέσθαι, θάτερον δὲ ἄνευ τούτου, αὐταρ-
κέστερον [δὲ] τὸ μὴ δεόμενον, ὥστε φαίνεται μεῖζον ἀγαθόν.
10 κἂν ᾖ ἀρχή, τὸ δὲ μὴ ἀρχή, κἂν ᾖ αἴτιον, τὸ δ' οὐκ
αἴτιον, διὰ τὸ αὐτό· ἄνευ γὰρ αἰτίου καὶ ἀρχῆς ἀδύνατον
εἶναι ἢ γενέσθαι. καὶ δυοῖν ἀρχαῖν τὸ ἀπὸ τῆς μείζονος ἀρχῆς
μεῖζον, καὶ δυοῖν αἰτίοιν τὸ ἀπὸ τοῦ μείζονος αἰτίου μεῖ-
ζον. καὶ ἀνάπαλιν δὲ δυοῖν ἀρχαῖν ἡ τοῦ μείζονος ἀρχὴ
15 μείζων, καὶ δυοῖν αἰτίοιν τὸ τοῦ μείζονος αἴτιον μεῖζον. δῆ-
λον οὖκ ἐκ τῶν εἰρημένων ὅτι ἀμφοτέρως μεῖζον ἔστιν φαίνεσθαι·
καὶ γὰρ εἰ ἀρχή, τὸ δὲ μὴ ἀρχή, δόξει μεῖζον εἶναι, καὶ εἰ
μὴ ἀρχή, τὸ δὲ ἀρχή· τὸ γὰρ τέλος μεῖζον καὶ οὐχ ⟨ἡ⟩ ἀρχή,
ὥσπερ ὁ Λεωδάμας κατηγορῶν ἔφη Καλλιστράτου τὸν βου-
20 λεύσαντα τοῦ πράξαντος μᾶλλον ἀδικεῖν· οὐ γὰρ ἂν πρα-
χθῆναι μὴ βουλεύσαντος· πάλιν δὲ καὶ Χαβρίου, τὸν πρά-
ξαντα τοῦ βουλεύσαντος· οὐ γὰρ ἂν γενέσθαι, εἰ μὴ ἦν ὁ
πράξων· τούτου γὰρ ἕνεκα ἐπιβουλεύειν, ὅπως πράξωσιν. καὶ
τὸ σπανιώτερον τοῦ ἀφθόνου, οἷον χρυσὸς σιδήρου, ἀχρη-
25 στότερος ὤν· μεῖζον γὰρ ἡ κτῆσις διὰ τὸ χαλεπωτέρα
εἶναι. (ἄλλον δὲ τρόπον τὸ ἄφθονον τοῦ σπανίου, ὅτι ἡ χρῆσις
ὑπερέχει· τὸ γὰρ πολλάκις τοῦ ὀλιγάκις ὑπερέχει, ὅθεν λέγεται
ἄριστον μὲν ὕδωρ.)

καὶ ὅλως τὸ χαλεπώτερον τοῦ ῥᾴονος· σπανιώτερον γάρ. ἄλλον
30 δὲ τρόπον τὸ ῥᾷον τοῦ χαλεπωτέρου· ἔχει γὰρ ὡς βουλόμεθα.
καὶ ᾧ τὸ ἐναντίον μεῖζον, καὶ οὗ ἡ στέρησις μείζων. καὶ

9 δὲ seclusi: habent codd. Γ: γὰρ Hermolaus Barbarus   11 καὶ ACQΓ:
ἢ BDEYZ   12 δυεῖν ΒΥ   ἀρχῶν ΘΠ   ἀρχῆς ΘΠΑ¹ s.l. Γ: om. Α¹
13 καὶ ... μεῖζον ΘΠΑ¹ m., Γ: om. Α¹   14 δὲ CΓΣ: δὴ cett.   δυεῖν
ἀρχῶν ΒΥ   15 τὸ+ἀπὸ Α²   16 μεῖζον ἔστιν scripsi: μεῖζόν ἐστιν codd.
φαίνεσθαι Α¹ m., ΓΣ: om. ΘΠ   17 γὰρ ΑΓΣ: om. cett.   18 οὐχ ἡ
Roberts: οὐκ codd.   19 ἔφη καλλιστράτῳ BCEYZ: καλλιστράτῳ ἔφη QΓ
21 βουλεύσαντος scripsi: βουλευσαμένου codd.   καὶ ΘΠΑ¹: om. Γ et ut
vid. Α²   22 συμβουλεύσαντος ΒΟΥ   οὐδὲ ΓΣ   23 συμβουλεύειν C
25 μείζων ΠQΥΓ   χαλεπωτέρα Γ: χαλεπωτέραν ΑΒCΖ: χαλεπώτερον
DEQY

ἀρετὴ μὴ κακίας καὶ κακία μὴ ἀρετῆς μείζων· τὰ μὲν γὰρ
τέλη, τὰ δ' οὐ τέλη. καὶ ὧν τὰ ἔργα καλλίω ἢ αἰσχίω, μείζω
αὐτά, καὶ ὧν αἱ κακίαι καὶ αἱ ἀρεταὶ μείζους, καὶ τὰ ἔργα
μείζω, ἐπείπερ ὡς τὰ αἴτια καὶ αἱ ἀρχαί, καὶ τὰ ἀπο- 35
βαίνοντα, καὶ ὡς τὰ ἀποβαίνοντα, καὶ τὰ αἴτια καὶ αἱ
ἀρχαί. καὶ ὧν ἡ ὑπεροχὴ αἱρετωτέρα ἢ καλλίων, οἷον τὸ
ἀκριβῶς ὁρᾶν αἱρετώτερον τοῦ ὀσφραίνεσθαι (καὶ γὰρ ὄψις
ὀσφρήσεως), καὶ τὸ φιλεταιρώτερον εἶναι τοῦ φιλοχρηματω- **1364ᵇ**
τερον [μᾶλλον] κάλλιον, ὥστε καὶ φιλεταιρία φιλοχρηματίας.
καὶ ἀντικειμένως δὲ τῶν βελτιόνων αἱ ὑπερβολαὶ βελτίους
καὶ ⟨αἱ⟩ καλλιόνων καλλίους. καὶ ὧν αἱ ἐπιθυμίαι καλλίους ἢ
βελτίους· αἱ γὰρ μείζους ὀρέξεις μειζόνων εἰσίν. καὶ τῶν 5
καλλιόνων δὲ ἢ βελτιόνων αἱ ἐπιθυμίαι βελτίους καὶ
καλλίους διὰ τὸ αὐτό. καὶ ὧν αἱ ἐπιστῆμαι καλλίους ἢ
σπουδαιότεραι, καὶ τὰ πράγματα καλλίω καὶ σπουδαιότερα·
ὡς γὰρ ἔχει ἡ ἐπιστήμη, καὶ τὸ ἀληθές· κελεύει δὲ τὸ
αὑτῆς ἑκάστη. καὶ τῶν σπουδαιοτέρων δὲ καὶ καλλιόνων αἱ 10
ἐπιστῆμαι ἀνάλογον διὰ τὸ αὐτό. καὶ ὃ κρίνειαν ἂν ἢ κε-
κρίκασιν οἱ φρόνιμοι ἢ πάντες ἢ οἱ πολλοὶ ἢ οἱ πλείους ἢ
οἱ κράτιστοι ἀγαθὸν μεῖζον, ἀνάγκη οὕτως ἔχειν, ἢ ἁπλῶς
ἢ ᾗ κατὰ τὴν φρόνησιν ἔκριναν. ἔστι δὲ τοῦτο κοινὸν καὶ
κατὰ τῶν ἄλλων· καὶ γὰρ τὶ καὶ ποσὸν καὶ ποιὸν οὕτως 15
ἔχει ὡς ἂν ἡ ἐπιστήμη καὶ ἡ φρόνησις εἴποι. ἀλλ' ἐπ'
ἀγαθῶν εἰρήκαμεν· ὥρισται γὰρ ἀγαθὸν εἶναι ὃ λαβὼν

32 κακίας ... ἀρετῆς Bonitz : ἀρετῆς ... κακίας codd. *Γ* 33 αἰσχίω]
βελτίω *Γ* 34 αἱ² om. *ΘΠ* 37 αἱ ὑπεροχαὶ *Σ* τὸ] εἰ τὸ Vahlen
38 γὰρ secl. Vahlen 1364ᵇ 1 φιλεταιρώτερον ... φιλοχρηματώτερον
scripsi : φιλέταιρον ... φιλοχρήματον codd. *Γ* 2 μᾶλλον seclusi, om. *Γ*
καλλίων A 4 αἱ addidi 6 ἢ] καὶ *Γ* : ἢ καὶ AD 9 ἔχει ΑСΓ : om.
ΘΒDE τὸ ἀληθές] veritas, sic et res G ἀληθεύει δὲ περὶ τὸ Kayser : an
ἀκολουθεῖ δὲ τῷ? 10 δὲ ΑСΓ : om. ΘΒDE 11 τὸ αὐτό Spengel (cf.
l. 7) : ταῦτα codd. : τοῦτο *Γ* : ταὐτὰ Finkh κρίνειαν ΑCQZΓ : κρίνειεν
BDEY 12 ἢ πάντες om. *Γ* 13 μεῖζον *Σ* : ἢ μεῖζον codd. *Γ*
14 ᾗ Isingr. : εἰ codd. *Γ* 16 εἴπῃ *Σ* 17 λαβὼν *Γ* : λαβόντα
codd. *Σ*

[τὰ πράγματα] φρόνησιν ἕλοιτ᾽ ἂν ἕκαστον· δῆλον οὖν ὅτι
καὶ μεῖζον ὃ μᾶλλον ἡ φρόνησις λέγει. καὶ τὸ τοῖς βελ-
20 τίοσιν ὑπάρχον, ἢ ἁπλῶς ἢ ᾗ βελτίους, οἷον ἡ ἀνδρεία ἰσχύος.
καὶ ὃ ἕλοιτ᾽ ἂν ὁ βελτίων, ἢ ἁπλῶς ἢ ᾗ βελτίων, οἷον τὸ
ἀδικεῖσθαι μᾶλλον ἢ ἀδικεῖν· τοῦτο γὰρ ὁ δικαιότερος ἂν
ἕλοιτο. καὶ τὸ ἥδιον τοῦ ἧττον ἡδέος· τὴν γὰρ ἡδονὴν
πάντα διώκει, καὶ αὐτοῦ ἕνεκα τοῦ ἥδεσθαι ὀρέγονται, ὥρι-
25 σται δὲ τούτοις τὸ ἀγαθὸν καὶ τὸ τέλος· ἥδιον δὲ τό τε
ἀλυπότερον καὶ τὸ πολυχρονιώτερον ἡδύ. καὶ τὸ κάλλιον
τοῦ ἧττον καλοῦ· τὸ γὰρ καλόν ἐστιν ἤτοι τὸ ἡδὺ ἢ τὸ
καθ᾽ αὑτὸ αἱρετόν. καὶ ὅσων αὐτοὶ αὑτοῖς ἢ φίλοις βού-
λονται αἴτιοι εἶναι μᾶλλον, ταῦτα μείζω ἀγαθά, ὅσων
30 δὲ ἧττον, μείζω κακά.

30   καὶ τὰ πολυχρονιώτερα τῶν ὀλιγο-
χρονιωτέρων καὶ τὰ βεβαιότερα τῶν ἀβεβαιοτέρων·
ὑπερέχει γὰρ ἡ χρῆσις τῶν μὲν τῷ χρόνῳ τῶν δὲ τῇ
βουλήσει· ὅταν γὰρ βούλωνται, ὑπάρχει μᾶλλον ἡ τοῦ βε-
βαίου. καὶ ὡς ἂν ἐν τῶν συστοίχων καὶ τῶν ὁμοίων πτώ-
35 σεων, καὶ τἆλλ᾽ ἀκολουθεῖ, οἷον εἰ τὸ ἀνδρείως κάλλιον καὶ
αἱρετώτερον τοῦ σωφρόνως, καὶ ἀνδρεία σωφροσύνης αἱρετω-
τέρα καὶ τὸ ἀνδρεῖον εἶναι τοῦ σωφρονεῖν. καὶ ὃ πάντες
αἱροῦνται τοῦ μὴ ὃ πάντες. καὶ ὃ οἱ πλείους ἢ ὃ οἱ ἐλάττους·
1365ᵃ ἀγαθὸν γὰρ ἦν οὗ πάντες ἐφίενται, ὥστε καὶ μεῖζον οὗ
μᾶλλον. καὶ ὃ οἱ ἀμφισβητοῦντες ἢ οἱ ἐχθροί, ἢ οἱ κρίνον-
τες ἢ οὓς οὗτοι κρίνουσιν· τὸ μὲν γὰρ ὡς ἂν εἰ πάντες φαῖέν
ἐστι, τὸ δὲ οἱ κύριοι καὶ οἱ εἰδότες. καὶ ὁτὲ μὲν οὗ πάντες

18 τὰ πράγματα seclusi: ἅπαντα τὰ ἔχοντα schol. anon.: τὰ ὄντα πάντα
Steph.   20 ἥ om. ΘΒΕ   ἀνδρία CDQ   22-23 ἕλοιτ᾽ ἂν ΘΠΓ
24 αὑτοῦ Spengel: ἑαυτῆς C: αὑτοῦ cet.   ὀρέγονται+ἥδεσθαι A m., Γ
26 τὸ¹ om. BDYZ   27 τὸ³ om. ΘΠ   29 αἴτιοι AC: αἴτιον ΘΒΔΕΓ
30 ἧττον scripsi: ἥκιστα codd. Γ   31 ἀβεβαιοτέρων ΑΓΣ: μὴ βεβαιοτέρων
cett.   34 ἂν ἐν Richards: ἂν ἐκ codd. Γ: ἐν ἐκ Kayser   35 εἰ ΑΒCΓ:
om. ΘΔΕ   36 ἀνδρία BCDQZ   αἱρετωτέρα om. Γ: αἱρετώτερον CZ
38 ὃ μὴ ΓΣ   ὃ³ Γ: om. cett.   ἐλάττονες ΘΒΔ

μετέχουσι μεῖζον· ἀτιμία γὰρ τὸ μὴ μετέχειν· ὁτὲ δὲ οὗ 5
μηδεὶς ἢ οὗ ὀλίγοι· σπανιώτερον γάρ. καὶ τὰ ἐπαινετώτερα·
καλλίω γάρ. καὶ ὧν αἱ τιμαὶ μείζους, ὡσαύτως· ἡ γὰρ
τιμὴ ὥσπερ ἀξία τίς ἐστιν. καὶ ὧν αἱ ζημίαι μείζους. καὶ
τὰ τῶν ὁμολογουμένων ἢ φαινομένων μεγάλων μείζω.
καὶ διαιρούμενα δὲ εἰς τὰ μέρη τὰ αὐτὰ μείζω φαίνεται. 10
πλεῖον γὰρ ὑπερέχειν φαίνεται, ὅθεν καὶ ὁ ποιητής φησι
πεῖσαι τὸν Μελέαγρον ἀναστῆναι

> ὅσσα κάκ' ἀνθρώποισι πέλει τῶν ἄστυ ἁλώῃ·
> λαοὶ μὲν φθινύθουσι, πόλιν δέ τε πῦρ ἀμαθύνει,
> τέκνα δέ τ' ἄλλοι ἄγουσιν. 15

καὶ τὸ συντιθέναι δὲ καὶ ἐποικοδομεῖν, ὥσπερ Ἐπίχαρμος,
διά τε τὸ αὐτὸ τῇ διαιρέσει (ἡ γὰρ σύνθεσις ὑπεροχὴν
δείκνυσι πολλήν) καὶ ὅτι ἀρχὴ φαίνεται μεγάλων καὶ αἴ-
τιον. ἐπεὶ δὲ τὸ χαλεπώτερον καὶ σπανιώτερον μεῖζον,
καὶ οἱ καιροὶ καὶ αἱ ἡλικίαι καὶ οἱ τόποι καὶ οἱ χρόνοι καὶ 20
αἱ δυνάμεις ποιοῦσι μεγάλα· εἰ γὰρ παρὰ δύναμιν καὶ
παρὰ ἡλικίαν καὶ παρὰ τοὺς ὁμοίους, καὶ εἰ οὕτως ἢ
ἐνταῦθα ἢ τότε, ἕξει μέγεθος καὶ καλῶν καὶ ἀγαθῶν καὶ
δικαίων καὶ τῶν ἐναντίων, ὅθεν καὶ τὸ ἐπίγραμμα τῷ
ὀλυμπιονίκῃ· 25

> πρόσθε μὲν ἀμφ' ὤμοισιν ἔχων τραχεῖαν ἄσιλλαν
> ἰχθῦς ἐξ Ἄργους εἰς Τεγέαν ἔφερον,

καὶ ὁ Ἰφικράτης αὐτὸν ἐνεκωμίαζε λέγων ἐξ ὧν ὑπῆρξεν
ταῦτα. καὶ τὸ αὐτοφυὲς τοῦ ἐπικτήτου· χαλεπώτερον γάρ.
ὅθεν καὶ ὁ ποιητής φησιν "αὐτοδίδακτος δ' εἰμί." καὶ τὸ 30

1365ᵃ 7 ὡσαύτως om. ΓΣ   10 καὶ+ᾶ Α² τὰ αὐτὰ om. Γ   11 πλεῖον
Bywater: πλειόνων codd.: διὰ πλειόνων Γ   ὑπεροχὴ ΘΠ: ὑπερέχειν η
Α²: ὑπερέχει ἢ Γ   12 πεῖσαι ΑΓ: +λέγουσαν ΘΠ   13 ὅσα ΘΒ
πέλει ΑΔΕΓ: om. ΘΒC   14 λάοι μὲν φθινούθουσι] ἄνδρας μὲν κτείνουσι
βαθυζώνους τε γυναῖκας ΔΕ   φθινούθουσι: permittuntur G   16 δὲ A s.l.
ΓΣ: om. ΘΠ   18 δίδωσι ΓΣ   ὅτι ΘΠΓ: ὁ Α¹: τι Α¹ s.l.   22 ὁμοίους
ΑΓΣ: ἄλλους ΘΠ   23 ἕξει+ἔκαστον Γ   26 πρόσθεν μὲν τραχεῖαν
ἔχων ὤμοισιν ἄσιλλαν A m., Γ   30 δ' ΑΣ: om. ΘΠΓ

μεγάλου μέγιστον μέρος, οἷον Περικλῆς τὸν ἐπιτάφιον
λέγων, τὴν νεότητα ἐκ τῆς πόλεως ἀνῃρῆσθαι ὥσπερ τὸ ἔαρ
ἐκ τοῦ ἐνιαυτοῦ εἰ ἐξαιρεθείη. καὶ τὰ ἐν χρείᾳ μείζονι
χρήσιμα, οἷον τὰ ἐν γήρᾳ καὶ νόσοις. καὶ δυοῖν τὸ ἐγγύ-
35 τερον τοῦ τέλους. καὶ τὸ αὑτῷ τοῦ ἁπλῶς. καὶ τὸ δυνα-
τὸν τοῦ ἀδυνάτου· τὸ μὲν γὰρ αὑτῷ, τὸ δ' οὔ. καὶ τὰ ἐν
τέλει τοῦ βίου· τέλη γὰρ μᾶλλον τὰ πρὸς τῷ τέλει. καὶ
1365ᵇ τὰ πρὸς ἀλήθειαν τῶν πρὸς δόξαν· ὅρος δὲ τοῦ πρὸς δόξαν,
ὃ λανθάνειν μέλλων οὐκ ἂν ἕλοιτο· διὸ καὶ τὸ εὖ πάσχειν
τοῦ εὖ ποιεῖν δόξειεν ἂν αἱρετώτερον εἶναι· τὸ μὲν γὰρ κἂν
λανθάνῃ αἱρήσεται, ποιεῖν δ' εὖ λανθάνων οὐ δοκεῖ ἂν ἑλέ-
5 σθαι. καὶ ὅσα εἶναι μᾶλλον ἢ δοκεῖν βούλονται· πρὸς
ἀλήθειαν γὰρ μᾶλλον· διὸ καὶ τὴν δικαιοσύνην φασὶ μι-
κρὸν εἶναι, ὅτι δοκεῖν ἢ εἶναι αἱρετώτερον· τὸ δὲ ὑγιαίνειν
οὔ. καὶ τὸ πρὸς πολλὰ χρησιμώτερον, οἷον τὸ πρὸς τὸ
ζῆν καὶ εὖ ζῆν καὶ τὴν ἡδονὴν καὶ τὸ πράττειν τὰ καλά·
10 διὸ ὁ πλοῦτος καὶ ἡ ὑγίεια μέγιστα δοκεῖ εἶναι·
ἅπαντα γὰρ ἔχει ταῦτα. καὶ τὸ ἀλυπότερον καὶ μεθ'
ἡδονῆς· πλείω γὰρ ἑνός, ὅτι ὑπάρχει καὶ ἡ ἡδονὴ [ἀγα-
θὸν] καὶ ἡ ἀλυπία. καὶ δυοῖν ὃ τῷ αὐτῷ προστιθέμενον
μεῖζον τὸ ὅλον ποιεῖ. καὶ ἃ μὴ λανθάνει παρόντα ἢ ἃ λαν-
15 θάνει· πρὸς ἀλήθειαν γὰρ τείνει ταῦτα· διὸ τὸ πλουτεῖν
φανείη ἂν μεῖζον ἀγαθὸν τοῦ δοκεῖν. καὶ τὸ ἀγαπητόν,
καὶ τοῖς μὲν μόνον ⟨ὂν⟩ τοῖς δὲ μετ' ἄλλων· διὸ καὶ οὐκ ἴση
ζημία, ἄν τις τὸν ἑτερόφθαλμον τυφλώσῃ καὶ τὸν δύ' ἔχον-
τα· ἀγαπητὸν γὰρ ἀφῄρηται. ἐκ τίνων μὲν οὖν δεῖ τὰς πίστεις
20 φέρειν ἐν τῷ προτρέπειν καὶ ἀποτρέπειν, σχεδὸν εἴρηται.

32 τὸ ΑΓ: καὶ τὸ ΘΠ   33 αι in ἐξαιρεθείη corr. Α·   35 αὑτὸ
ΘCDE   τοῦ Isingr.: καὶ ΘΠΑ¹: ἢ Α¹ s.l.: om. Γ   37 τὰ] ἢ τὰ Σ
1365ᵇ 10 ὁ ΑΓ: καὶ ὁ ΘΠ   11 καὶ² Α¹: καὶ+τὸ ΘΠΑ¹ s.l. Γ   12 ὅτι
Vahlen: ὥστε codd. Γ   12 ὑπερέχει Α¹ s.l., Γ   ἀγαθὸν seclusi: habent
codd. Γ   14 λανθάνη Α   ἂ ΘΠΑ¹ s.l. Γ: om. Α¹   15 τείνει
Α²DEQΓ: τινι Α¹BCYZ   16 τοῦ ΘΑCDEΓ: τοῦ μὴ Β: τῷ Munro
17 καὶ om. CΓΣ   ὂν addidi: om. codd. Γ   οὐκ ἴση] οὐχ ἡ αὐτὴ
γρ. Α   19 ἀγαπητὸν γὰρ ἀφῄρηται om. C   γὰρ] enim singulariter G

8 Μέγιστον δὲ καὶ κυριώτατον ἁπάντων πρὸς τὸ δύνα-
σθαι πείθειν καὶ καλῶς συμβουλεύειν ⟨τὸ⟩ τὰς πολιτείας ἁ-
πάσας λαβεῖν καὶ τὰ ἑκάστης ἤθη καὶ νόμιμα καὶ συμ-
φέροντα διελεῖν. πείθονται γὰρ ἅπαντες τῷ συμφέροντι,
συμφέρει δὲ τὸ σῶζον τὴν πολιτείαν. ἔτι δὲ κυρία μέν 25
ἐστιν ἡ τοῦ κυρίου ἀπόφανσις, τὰ δὲ κύρια διήρηται κατὰ
τὰς πολιτείας· ὅσαι γὰρ αἱ πολιτεῖαι, τοσαῦτα καὶ τὰ
κύριά ἐστιν. εἰσὶν δὲ πολιτεῖαι τέτταρες, δημοκρατία, ὀλι-
γαρχία, ἀριστοκρατία, μοναρχία, ὥστε τὸ μὲν κύριον καὶ τὸ
κρῖνον τούτων τι ἂν εἴη μόριον ἢ ὅλον τούτων. 30

ἔστιν δὲ δημο-
κρατία μὲν πολιτεία ἐν ᾗ κλήρῳ διανέμονται τὰς ἀρχάς,
ὀλιγαρχία δὲ ἐν ᾗ οἱ ἀπὸ τιμημάτων, ἀριστοκρατία δὲ ἐν
ᾗ κατὰ τὴν παιδείαν· παιδείαν δὲ λέγω τὴν ὑπὸ τοῦ νόμου
κειμένην. οἱ γὰρ ἐμμεμενηκότες ἐν τοῖς νομίμοις ἐν τῇ 35
ἀριστοκρατίᾳ ἄρχουσιν. ἀνάγκη δὲ τούτους φαίνεσθαι ἀρίστους,
ὅθεν καὶ τοὔνομα εἴληφεν τοῦτο. μοναρχία δ᾽ ἐστὶν κατὰ
τοὔνομα ἐν ᾗ εἷς ἁπάντων κύριός ἐστιν· τούτων δὲ ἡ μὲν **1366ᵃ**
κατὰ τάξιν τινὰ βασιλεία, ἡ δ᾽ ἀόριστος τυραννίς. τὸ δὴ
τέλος ἑκάστης πολιτείας οὐ δεῖ λανθάνειν· αἱροῦνται γὰρ τὰ
πρὸς τὸ τέλος. ἔστι δὲ δημοκρατίας μὲν τέλος ἐλευθερία,
ὀλιγαρχίας δὲ πλοῦτος, ἀριστοκρατίας δὲ τὰ περὶ παιδείαν 5
καὶ τὰ νόμιμα, τυραννίδος δὲ φυλακή. δῆλον οὖν ὅτι τὰ
πρὸς τὸ τέλος ἑκάστης ἤθη καὶ νόμιμα καὶ συμφέροντα
διαιρετέον, εἴπερ αἱροῦνται πρὸς τοῦτο ἐπαναφέροντες. ἐπεὶ

22 τὸ add. Bywater   23 ἔθη ΘΠΑ corr., ΓΣ   25 πολιτείαν
ΑΒϹΕΓΣ: πόλιν ΘD   ἔτι] ἐπεὶ Spengel   26 ἀπόφανσις ϹDΕΖΓ: ἀπό-
φασις ΑΒQΥ   κατὰ ΑΒϹDΓ: καὶ κατὰ ΘΕ   28 τέσσαρες Θ   30 ἂν
εἴη ΘΠΑ²Γ: ἐστιν ἂν εἰ Α¹   32 πολιτεία om. Σ   κλήρῳ ΘΑΒϹΓ: κλήροι
DΕ   33 οἱ] ἡ Ϲ   34 ᾗ + οἱ Α²ϹDΕQΥΓ: + ἡ ΒΖ   τὴν om. ΘΠ   35 νομί-
μοις ΑΒϹΥΓ: νόμοις DΕQΖ   1366ᵃ 2 κατὰ τάξιν] κατ᾽ ἀξίαν Α m.
δὴ] δὲ ΖΣ: ἂν Γ   5 περὶ ΑΓ: πρὸς cett.   6 νόμιμα + βασιλείας δὲ τὸ
ἐννόμως ἐπιστατεῖν καὶ ὡς πάτερα ἄρχειν τὸν βασιλέα Σ, an recte?   φυλακή
+ βασιλείας δὲ εὐεργεσία ex cod. Dresdenensi ci. Vahlen: an ἑαυτοῦ φυλακή?
7 ἤθη Bywater (cf. ll. 12, 19): ἔθη codd. Γ   8 ἀναφέροντες ΘΒΕ

35

δὲ οὐ μόνον αἱ πίστεις γίνονται δι' ἀποδεικτικοῦ λόγου, ἀλλὰ
10 καὶ δι' ἠθικοῦ (τῷ γὰρ ποιόν τινα φαίνεσθαι τὸν λέγοντα
πιστεύομεν, τοῦτο δ' ἐστὶν ἂν ἀγαθὸς φαίνηται ἢ εὔνους ἢ
ἄμφω), δέοι ἂν τὰ ἤθη τῶν πολιτειῶν ἑκάστης ἔχειν ἡμᾶς·
τὸ μὲν γὰρ ἑκάστης ἦθος πιθανώτατον ἀνάγκη πρὸς ἑκάστην
εἶναι. ταῦτα δὲ ληφθήσεται διὰ τῶν αὐτῶν· τὰ μὲν γὰρ
15 ἤθη φανερὰ κατὰ τὴν προαίρεσιν, ἡ δὲ προαίρεσις ἀνα-
φέρεται πρὸς τὸ τέλος.

ὧν μὲν οὖν δεῖ ὀρέγεσθαι προτρέποντας ὡς ἐσομένων
ἢ ὄντων, καὶ ἐκ τίνων δεῖ τὰς περὶ τοῦ συμφέροντος πίστεις
λαμβάνειν, ἔτι δὲ τῶν περὶ τὰς πολιτείας ἠθῶν καὶ νομίμων
20 διὰ τίνων τε καὶ πῶς εὐπορήσομεν, ἐφ' ὅσον ἦν τῷ παρόντι
καιρῷ σύμμετρον, εἴρηται· διηκρίβωται γὰρ ἐν τοῖς Πολιτι-
κοῖς περὶ τούτων.

μετὰ δὲ ταῦτα λέγωμεν περὶ ἀρετῆς καὶ κακίας καὶ 9
καλοῦ καὶ αἰσχροῦ· οὗτοι γὰρ σκοποὶ τῷ ἐπαινοῦντι καὶ ψέ-
25 .γοντι· συμβήσεται γὰρ ἅμα περὶ τούτων λέγοντας κἀκεῖνα
δηλοῦν ἐξ ὧν ποιοί τινες ὑποληφθησόμεθα κατὰ τὸ ἦθος,
ἥπερ ἦν δευτέρα πίστις· ἐκ τῶν αὐτῶν γὰρ ἡμᾶς τε καὶ ἄλλον
ἀξιόπιστον δυνησόμεθα ποιεῖν πρὸς ἀρετήν. ἐπεὶ δὲ συμβαίνει
καὶ χωρὶς σπουδῆς καὶ μετὰ σπουδῆς ἐπαινεῖν πολλάκις οὐ μόνον
30 ἄνθρωπον ἢ θεὸν ἀλλὰ καὶ ἄψυχα καὶ τῶν ἄλλων ζῴων τὸ τυχόν,
τὸν αὐτὸν τρόπον καὶ περὶ τούτων ληπτέον τὰς προτάσεις,
ὥστε ὅσον παραδείγματος χάριν εἴπωμεν καὶ περὶ τούτων.

καλὸν μὲν οὖν ἐστιν ὃ ἂν δι' αὐτὸ αἱρετὸν ὂν ἐπ-
αινετὸν ᾖ, ἢ ὃ ἂν ἀγαθὸν ὂν ἡδὺ ᾖ, ὅτι ἀγαθόν· εἰ δὲ
35 τοῦτό ἐστι τὸ καλόν, ἀνάγκη τὴν ἀρετὴν καλὸν εἶναι·
ἀγαθὸν γὰρ ὂν ἐπαινετόν ἐστιν. ἀρετὴ δ' ἐστὶ μὲν δύ-
ναμις ὡς δοκεῖ ποριστικὴ ἀγαθῶν καὶ φυλακτική, καὶ
δύναμις εὐεργετικὴ πολλῶν καὶ μεγάλων, καὶ πάντων

13 ἑκάστης ΑΣΣ: ἑκάστου ΘΒDE   14 διὰ] ἐκ Σ   αὐτῶν+τόπων Γ
19 δὲ+περὶ ΑΓ   περὶ] κατὰ Α²Γ   21 εἴπομεν Γ   23 λέγω-
μεν ΑΒDEQΥΓ: λέγομεν CZ   25 γὰρ] δὲ ΓΣ   27 ὅπερ ΘΠΓ
33-34 ὃ . . . ἢ ΑΒCEQΓ: om. DΥΖ   37 καὶ¹ ΑΒCΕΥΓ: om. DQΖ

36

περὶ πάντα· μέρη δὲ ἀρετῆς δικαιοσύνη, ἀνδρεία, σωφρο-
σύνη, μεγαλοπρέπεια, μεγαλοψυχία, ἐλευθεριότης, φρόνησις,
σοφία. ἀνάγκη δὲ μεγίστας εἶναι ἀρετὰς τὰς τοῖς ἄλλοις
χρησιμωτάτας, εἴπερ ἐστὶν ἡ ἀρετὴ δύναμις εὐεργετική,
⟨καὶ⟩ διὰ τοῦτο τοὺς δικαίους καὶ ἀνδρείους μάλιστα τιμῶ- 5
σιν· ἡ μὲν γὰρ ἐν πολέμῳ, ἡ δὲ καὶ ἐν πολέμῳ καὶ ἐν εἰ-
ρήνῃ χρήσιμος ἄλλοις. εἶτα ἐλευθεριότης· προΐενται γὰρ
καὶ οὐκ ἀνταγωνίζονται περὶ τῶν χρημάτων, ὧν μάλιστα
ἐφίενται ἄλλοι. ἔστι δὲ δικαιοσύνη μὲν ἀρετὴ δι’ ἣν τὰ αὑτῶν
ἔκαστοι ἔχουσι, καὶ ὡς ὁ νόμος· ἀδικία δὲ δι’ ἣν τὰ ἀλλό- 10
τρια, οὐχ ὡς ὁ νόμος. ἀνδρεία δὲ δι’ ἣν πρακτικοί εἰσι τῶν
καλῶν ἔργων ἐν τοῖς κινδύνοις, καὶ ὡς ὁ νόμος κελεύει, καὶ
ὑπηρετικοὶ τῷ νόμῳ· δειλία δὲ τοὐναντίον. σωφροσύνη δὲ
ἀρετὴ δι’ ἣν πρὸς τὰς ἡδονὰς τὰς τοῦ σώματος οὕτως ἔχουσιν
ὡς ὁ νόμος κελεύει· ἀκολασία δὲ τοὐναντίον. ἐλευθεριότης 15
δὲ περὶ χρήματα εὐποιητική, ἀνελευθερία δὲ τοὐναντίον.
μεγαλοψυχία δὲ ἀρετὴ μεγάλων ποιητικὴ εὐεργετημάτων
[μικροψυχία δὲ τοὐναντίον], μεγαλοπρέπεια δὲ ἀρετὴ ἐν δαπα-
νήμασι μεγέθους ποιητική, μικροψυχία δὲ καὶ μικρο-
πρέπεια τἀναντία. φρόνησις δ’ ἐστὶν ἀρετὴ διανοίας καθ’ 20
ἣν εὖ βουλεύεσθαι δύνανται περὶ ἀγαθῶν καὶ κακῶν τῶν
εἰρημένων εἰς εὐδαιμονίαν.

περὶ μὲν οὖν ἀρετῆς καὶ κακίας καθόλου καὶ περὶ τῶν μο-

1366ᵇ 1 δὲ αὐτῆς Σ   ἀνδρία ΘCD   2 ἐλευθεριότης Αⁱ : +πρᾳότης
ΘΠΑⁱ s.l., Γ   3 σοφία an omittendum? non definitur in loco sequente
(ll. 9–22), neque est δύναμις εὐεργετική (l. 4)   4 εἴπερ] ἐπεὶ δὲ Σ
5 καὶ addidi: om. codd. Γ   τιμῶσιν ΘΠΓ: τιμῶμεν Αⁱ s.l., Σ   6 ἐν
πολέμῳ καὶ ΓΣ: πολέμῳ καὶ Αⁱ s.l.: om. Αⁱ cett.   7 χρήσιμος ΑGΓ:
+ἐστιν ΠΥΖ   ἄλλοις] αὑτοῖς ΘΠΑⁱ s.l. Γ   εἶτα + ἡ Α   γὰρ] τε γὰρ Σ
9 ἔστι] ἔτι Αⁱ s.l., Γ   μὲν ἀρετὴ om. Σ   11 ἀνδρία ΘCDE   13 ὑπ-
ηρετικὴ BCYZ   σωφροσύνη . . . 15 τοὐναντίον ABCEΘΓ: om. DΥⁱΖⁱ
15 ἀκρασία Αⁱ m., ΓΣ   17–18 μεγαλοψυχία . . . τοὐναντίον om. Υⁱ
18 μικροψυχία δὲ τοὐναντίον om. C   22 Roemerus lacunam hic esse
credit, quia neque vitium φρονήσει oppositum neque σοφία in textu
definitur

ρίων εἴρηται κατὰ τὸν ἐνεστῶτα καιρὸν ἱκανῶς, περὶ δὲ τῶν
25 ἄλλων οὐ χαλεπὸν ἰδεῖν· φανερὸν γὰρ ὅτι ἀνάγκη τά τε ποιη-
τικὰ τῆς ἀρετῆς εἶναι καλά (πρὸς ἀρετὴν γάρ) καὶ τὰ ἀπ᾽ ἀρε-
τῆς γινόμενα, τοιαῦτα δὲ τά τε σημεῖα τῆς ἀρετης καὶ τὰ
ἔργα· ἐπεὶ δὲ τὰ σημεῖα καὶ τὰ τοιαῦτα ἅ ἐστιν ἀγαθοῦ ἔργα
ἢ πάθη καλά, ἀνάγκη ὅσα τε ἀνδρείας ἔργα ἢ σημεῖα ἀν-
30 δρείας ἢ ἀνδρείως πέπρακται καλὰ εἶναι, καὶ τὰ δίκαια
καὶ τὰ δικαίως ἔργα (πάθη δὲ οὔ· ἐν μόνῃ γὰρ ταύτῃ τῶν
ἀρετῶν οὐκ ἀεὶ τὸ δικαίως καλόν, ἀλλ᾽ ἐπὶ τοῦ ζημιοῦ-
σθαι αἰσχρὸν τὸ δικαίως μᾶλλον ἢ τὸ ἀδίκως), καὶ κατὰ
τὰς ἄλλας δὲ ἀρετὰς ὡσαύτως. καὶ ἐφ᾽ ὅσοις τὰ ἆθλα
35 τιμή, καλά. καὶ ἐφ᾽ ὅσοις τιμὴ μᾶλλον ἢ χρήματα.
καὶ ὅσα μὴ αὑτοῦ ἕνεκα πράττει τις τῶν αἱρετῶν, καὶ τὰ
ἁπλῶς ἀγαθά, ὅσα τε ὑπὲρ πατρίδος τις ἐποίησεν παρ-
ιδὼν τὸ αὑτοῦ, καὶ τὰ τῇ φύσει ἀγαθά, καὶ ἃ μὴ αὑτῷ
1367ᵃ ἀγαθά· αὑτοῦ γὰρ ἕνεκα τὰ τοιαῦτα. καὶ ὅσα τεθνεῶτι
ἐνδέχεται ὑπάρχειν μᾶλλον ἢ ζῶντι· τὸ γὰρ αὑτοῦ ἕνεκα
μᾶλλον ἔχει τὰ ζῶντι. καὶ ὅσα ἔργα τῶν ἄλλων ἕνεκα·
ἧττον γὰρ αὑτοῦ. καὶ ὅσαι εὐπραγίαι περὶ ἄλλους ἀλλὰ
5 μὴ περὶ αὑτόν, καὶ ⟨αἱ⟩ περὶ τοὺς εὖ ποιήσαντας· δίκαιον γάρ.
καὶ τὰ εὐεργετήματα· οὐ γὰρ εἰς αὑτόν. καὶ τὰ ἐναντία
ἢ ἐφ᾽ οἷς αἰσχύνονται· τὰ γὰρ αἰσχρὰ αἰσχύνονται καὶ
λέγοντες καὶ ποιοῦντες καὶ μέλλοντες, ὥσπερ καὶ Σαπφὼ
πεποίηκεν, εἰπόντος τοῦ Ἀλκαίου

10   θέλω τι εἰπῆν, ἀλλά με κωλύει
        αἰδώς,

    αἰ δ᾽ ἦχες ἐσθλῶν ἵμερον ἢ καλῶν

28 ἅ ἐστιν corr. A : ὅσα εἰσὶν (ἐστιν C) ΘΠΓ   29 πάθη corr. A   τε ὅσα
ΘΒCE : ὅσα Γ   ἀνδρίας ΘCDE   36 αἱρετῶν ABC m., DEQYΓ, γρ. Σ :
ἀρετῶν γρ. C, Z   37 τε ὑπὲρ Bywater (cf. l. 29): ὑπὲρ τε codd. (ras. C):
ὑπὲρ Γ   τις ἐποίησεν ADZΓ: ἐποίει τις EQ : ἐποίησεν BCY   1367ᵃ 2 γὰρ
+μὴ Γ   3 ζῶντι Victorius: ζῶντα codd.   ἄλλων ΠΑΓ: καλῶν Θ
5 αἱ addidi: om. codd. Γ   10 τι Bekker: τ᾽ codd.   12 ἦχες+ἐς
A corr.: ἵκες BY: εἶχες Q: αἴθ᾽ ἦκες ἐς Σ

καὶ μή τι εἰπῆν γλῶσσ᾽ ἐκύκα κακόν
αἰδώς κέν σε οὐκ εἶχεν ὄμματ᾽,
ἀλλ᾽ ἔλεγες περὶ τῶ δικαίω. 15

καὶ περὶ ὧν ἀγωνιῶσι μὴ φοβούμενοι· περὶ γὰρ τῶν πρὸς
δόξαν φερόντων ἀγαθῶν τοῦτο πάσχουσιν. καὶ αἱ τῶν φύσει
σπουδαιοτέρων ἀρεταὶ καλλίους καὶ τὰ ἔργα, οἷον ἀνδρὸς ἢ
γυναικός. καὶ αἱ ἀπολαυστικαὶ ἄλλοις μᾶλλον ἢ αὐτοῖς·
διὸ τὸ δίκαιον καὶ ἡ δικαιοσύνη καλόν. καὶ τὸ τοὺς 20
ἐχθροὺς τιμωρεῖσθαι καὶ μὴ καταλλάττεσθαι· τό τε γὰρ
ἀνταποδιδόναι δίκαιον, τὸ δὲ δίκαιον καλόν, καὶ ἀνδρείου τὸ μὴ
ἡττᾶσθαι. καὶ νίκη καὶ τιμὴ τῶν καλῶν· αἱρετά
τε γὰρ ἄκαρπα ὄντα, καὶ ὑπεροχὴν ἀρετῆς δηλοῖ. καὶ τὰ
μνημονευτά, καὶ τὰ μᾶλλον μᾶλλον. καὶ ἃ μὴ ζῶντι 25
ἕπεται, καὶ οἷς τιμὴ ἀκολουθεῖ, καὶ τὰ περιττά, καὶ τὰ
μόνῳ ὑπάρχοντα, καλλίω· εὐμνημονευτότερα γάρ. καὶ
κτήματα ἄκαρπα· ἐλευθεριώτερα γάρ. καὶ τὰ παρ᾽ ἑκά-
στοις δὲ ἴδια καλά, καὶ ὅσα σημεῖά ἐστιν τῶν παρ᾽ ἑκάστοις
ἐπαινουμένων, οἷον ἐν Λακεδαίμονι κομᾶν καλόν· ἐλευθέρου 30
γὰρ σημεῖον· οὐ γάρ ἐστιν κομῶντα ῥάδιον οὐδὲν ποιεῖν ἔργον
θητικόν. καὶ τὸ μηδεμίαν ἐργάζεσθαι βάναυσον τέχνην·
ἐλευθέρου γὰρ τὸ μὴ πρὸς ἄλλον ζῆν. ληπτέον δὲ καὶ τὰ
σύνεγγυς τοῖς ὑπάρχουσιν ὡς ταὐτὰ ὄντα καὶ πρὸς ἔπ-
αινον καὶ πρὸς ψόγον, οἷον τὸν εὐλαβῆ ψυχρὸν καὶ ἐπίβου- 35
λον καὶ τὸν ἠλίθιον χρηστὸν ἢ τὸν ἀνάλγητον πρᾶον, καὶ

13 μητειπῆν A: μήτ᾽ εἰπεῖν QY γλῶσσαι κυκᾶι A   14 ὄμματα A
15 τω corr. A: ᾧ QZ   17 τοῦτο+μᾶλλον Γ   20 καλόν] μᾶλλον
καλόν ci. Roemer   21 καὶ] μᾶλλον καὶ ΘΠΓ   22 ἀνδρεῖον DEZΓ
23 καὶ νίκη] νικῆ γὰρ Γ   τῶν] τῶν μᾶλλον ci. Roemer   25 μνημονευτά
CΓΣ: μνημονεύματα cet.   καὶ μᾶλλον τὰ μᾶλλον ACΓΣ   μᾶλλον²+μᾶλλον δὲ
καὶ ἃ ΘΠΓ   καὶ] διὸ καὶ ci. Spengel   26 οἷς D s.l.: ᾧ Yı, supersc. B: om.
ACEQZΓ ἡ τιμῆ A   27 εὐμνημονευτότερα ABCΓ: εὐμνημόνευτα DEQYıZ
30 ἐλευθέρου AΓ: ἐλευθερίας ΘΠΣ   33 ἐλευθέρου AΓΣ: ἐλευθέριον ΘΠ
τὰ om. Aı   34 ὡς AΓ: +καὶ ΘΠ   ταῦτα Γ   καὶ om. Γ   35 πρὸς
om. Γ   τὸν . . . ψυχρὸν] τὸν εὐλαβῆ καὶ εὔψυχον (εὔψυχρον YıZΓ) δειλὸν
ΠQΓΣ   36 ἢ AB: καὶ cett.

39

ἕκαστον δ' ἐκ τῶν παρακολουθούντων ἀεὶ κατὰ τὸ βέλτιστον,
οἷον τὸν ὀργίλον καὶ τὸν μανικὸν ἁπλοῦν καὶ τὸν αὐθάδη
1367ᵇ μεγαλοπρεπῆ καὶ σεμνόν, καὶ τοὺς ἐν ταῖς ὑπερβολαῖς ὡς
ἐν ταῖς ἀρεταῖς ὄντας, οἷον τὸν θρασὺν ἀνδρεῖον καὶ τὸν
ἄσωτον ἐλευθέριον· δόξει τε γὰρ τοῖς πολλοῖς, καὶ ἅμα
παραλογιστικὸν [ἐκ] τῆς αἰτίας. εἰ γὰρ οὗ μὴ ἀνάγκη κιν-
5 δυνευτικός, πολλῷ μᾶλλον ἂν δόξειεν ὅπου καλόν, καὶ εἰ
προετικὸς τοῖς τυχοῦσι, καὶ τοῖς φίλοις· ὑπερβολὴ γὰρ
ἀρετῆς τὸ πάντας εὖ ποιεῖν. σκοπεῖν δὲ καὶ παρ' οἷς ὁ
ἔπαινος· ὥσπερ γὰρ ὁ Σωκράτης ἔλεγεν, οὐ χαλεπὸν Ἀθη-
ναίους ἐν Ἀθηναίοις ἐπαινεῖν. δεῖ δὲ τὸ παρ' ἑκάστοις τίμιον
10 ὂν λέγειν ὡς ὑπάρχει, οἷον ἐν Σκύθαις ἢ Λάκωσιν ἢ φιλοσό-
φοις. καὶ ὅλως δὲ τὸ τίμιον ἄγειν εἰς τὸ καλόν, ἐπείπερ
γε δοκεῖ γειτνιᾶν. καὶ ὅσα κατὰ τὸ προσῆκον, οἷον εἰ ἄξια
τῶν προγόνων καὶ τῶν προϋπηργμένων· εὐδαιμονικὸν γὰρ
καὶ καλὸν καὶ τὸ προσεπικτᾶσθαι τιμήν. καὶ εἰ παρὰ τὸ προσ-
15 ῆκον ἐπὶ δὲ τὸ βέλτιον καὶ τὸ κάλλιον, οἷον εἰ εὐτυχῶν
μὲν μέτριος, ἀτυχῶν δὲ μεγαλόψυχος, ἢ μείζων γιγνό-
μενος βελτίων καὶ καταλλακτικώτερος. τοιοῦτον δὲ τὸ τοῦ
Ἰφικράτους, " ἐξ οἵων εἰς οἷα ", καὶ τὸ τοῦ ὀλυμπιονίκου

πρόσθε μὲν ἀμφ' ὤμοισιν ἔχων τραχεῖαν,

20 καὶ τὸ τοῦ Σιμωνίδου

ἢ πατρός τε καὶ ἀνδρὸς ἀδελφῶν τ' οὖσα τυράννων.

ἐπεὶ δ' ἐκ τῶν πράξεων ὁ ἔπαινος, ἴδιον δὲ τοῦ σπουδαίου
τὸ κατὰ προαίρεσιν, πειρατέον δεικνύναι πράττοντα κατὰ

37 βέλτιον Q   1367ᵇ 3 δοκεῖ Γ   4 ἐκ seclusi: habent codd. Γ
7 δὲ + δεῖ Γ   10 ὂν ΑΓ: om. cett.   ὑπάρχον ut vid. Α², CDΓΣ   12 γε
Α: om. cett.   14 καὶ² om. ΘΠΓ   καὶ³] ἢ ΘΠΓ   εἰ om. Γ
15 ἐπὶ δὲ Kayser: δὲ ἐπὶ ΘΠΑ²: δὲ ἐπεὶ Α¹: ἐπὶ Γ   εὐτυχῶν] ὁ εὐτυχῶν ὁ
ΘΠ   16 ἀτυχῶν δὲ ΑΓ: δ' ἀτυχῶν ΘΠ   γενόμενος ΘΠΓ   17 καταλ-
λακτικώτερος codd., γρ. Σ: πρακτικώτερος Σ: ἐν ἄλλοις πρακτικώτερος Γ
τὸ om. ΘΒCD   21 τ' ΑΓ: om. ΘΠ

προαίρεσιν, χρήσιμον δὲ τὸ πολλάκις φαίνεσθαι πεπρα-
χότα· διὸ καὶ τὰ συμπτώματα καὶ τὰ ἀπὸ τύχης ὡς 25
ἐν προαιρεσει ληπτέον· ἂν γὰρ πολλὰ καὶ ὅμοια προ-
φέρηται, σημεῖον ἀρετῆς εἶναι δόξει καὶ προαιρέσεως.

ἔστιν δ' ἔπαινος λόγος ἐμφανίζων μέγεθος ἀρετῆς. δεῖ οὖν
τὰς πράξεις ἐπιδεικνύναι ὡς τοιαῦται. τὸ δ' ἐγκώμιον τῶν ἔρ-
γων ἐστίν (τὰ δὲ κύκλῳ εἰς πίστιν, οἷον εὐγένεια καὶ παι- 30
δεία· εἰκὸς γὰρ ἐξ ἀγαθῶν ἀγαθοὺς καὶ τὸν οὕτω τραφέντα
τοιοῦτον εἶναι), διὸ καὶ ἐγκωμιάζομεν πράξαντας. τὰ δ'
ἔργα σημεῖα τῆς ἕξεώς ἐστιν, ἐπεὶ ἐπαινοῖμεν ἂν καὶ μὴ πε-
πραγότα, εἰ πιστεύοιμεν εἶναι τοιοῦτον. μακαρισμὸς δὲ καὶ
εὐδαιμονισμὸς αὐτοῖς μὲν ταὐτά, τούτοις δ' οὐ ταὐτά, ἀλλ' ὥσπερ 35
ἡ εὐδαιμονία τὴν ἀρετήν, καὶ ὁ εὐδαιμονισμὸς περιέχει ταῦτα.

ἔχει δὲ κοινὸν εἶδος ὁ ἔπαινος καὶ αἱ συμβουλαί.
ἃ γὰρ ἐν τῷ συμβουλεύειν ὑπόθοιο ἄν, ταῦτα μετατεθέντα
τῇ λέξει ἐγκώμια γίγνεται. ἐπεὶ οὖν ἔχομεν ἃ δεῖ πράτ- **1368ᵃ**
τειν καὶ ποῖόν τινα εἶναι δεῖ, ταῦτα ὡς ὑποθήκας λέγοντας
τῇ λέξει μετατιθέναι δεῖ καὶ στρέφειν, οἷον ὅτι οὐ δεῖ
μέγα φρονεῖν ἐπὶ τοῖς διὰ τύχην ἀλλὰ τοῖς δι' αὐτόν.
οὕτω μὲν οὖν λεχθὲν ὑποθήκην δύναται, ὡδὶ δ' ἔπαινον ''μέγα 5
φρονῶν οὐκ ⟨ἐπὶ⟩ τοῖς διὰ τύχην ὑπάρχουσιν ἀλλὰ τοῖς δι'
αὐτόν''. ὥστε ὅταν ἐπαινεῖν βούλῃ, ὅρα τί ἂν ὑπόθοιο· καὶ ὅταν

---

24 χρήσιμον ... πεπραχότα post ληπτέον (l. 26) transp. Vahlen πεπραχότα
+κατὰ προαίρεσιν Γ   28–1368ᵃ 9 ἔστιν ... μετατεθῇ: haec verba in
codicibus repetita sunt post ἴσασιν (1416ᵇ 29); sectionem totam ne hic
quidem suum locum habere perperam censuit Spengel. Varias lectiones
codicis A in libro tertio sic notavi—A³   30 εὐγένειαν δὲ καὶ εὐείδειαν
γρ. Σ   31 ἀγαθῶν ἀγαθὸν ΒΕΓ   33 ἕξεως ΘΑΒΔΕΓ: πράξεως
C(A³) εἰσίν ΘΠ   ἐπαινοῖμεν ἂν CΓ (A³): ἐπαινοῦμεν DE   πεπραχότας Γ
(35 ταῦτα bis A³)   (36 ὁ om. A³)   37 δὲ ΘΑΒΔΕΓ: δέ τι CΣ   εἰ-
δος om. Σ   38 ἂν post γὰρ ΘΒΔΕ   ταῖς συμβουλαῖς Γ (συμβουλεύοι
A³)   1368ᵃ (1 γίνεται A³)   2 εἶναι δεῖ ΘΑ¹ΒΔΕ: δεῖ εἶναι
CΓΣ (A³): δεῖ A²   λέγοντα CΓ (A³)   3 δεῖ¹ ΑΓΣ: om. ΘΒΔΕ
(4 ἑαυτόν A³)   5–7 οὕτω ... αὐτόν om. C (A³)   6 ἐπὶ addidi:
(cf. l. 4) (7 ὅταν τε ἐπαινεῖν βουλήθῃς A³)

ὑποθέσθαι, ὅρα τί ἂν ἐπαινέσειας. ἡ δὲ λέξις ἔσται ἀντικειμένη
ἐξ ἀνάγκης ὅταν τὸ μὲν κωλῦον τὸ δὲ μὴ κωλῦον μετατεθῇ.
10 χρηστέον δὲ καὶ τῶν αὐξητικῶν πολλοῖς, οἷον εἰ μό-
νος ἢ πρῶτος ἢ μετ' ὀλίγων ἢ καὶ [ὃ] μάλιστα πεποίηκεν·
ἅπαντα γὰρ ταῦτα καλά. καὶ τῷ ἐκ τῶν χρόνων καὶ
τῶν καιρῶν· τούτῳ δ' εἰ παρὰ τὸ προσῆκον. καὶ εἰ πολ-
λάκις τὸ αὐτὸ κατώρθωκεν· μέγα γὰρ καὶ οὐκ ἀπὸ
15 τύχης ἀλλὰ δι' αὐτοῦ ἂν δόξειεν. καὶ εἰ τὰ προτρέποντα
καὶ τιμῶντα διὰ τοῦτον εὕρηται καὶ κατεσκευάσθη, καὶ εἰς
τοῦτον πρῶτον ἐγκώμιον ἐποιήθη, οἷον εἰς Ἱππόλοχον, καὶ ⟨εἰς⟩
Ἁρμόδιον καὶ Ἀριστογείτονα τὸ ἐν ἀγορᾷ σταθῆναι· ὁμοίως δὲ
καὶ ἐπὶ τῶν ἐναντίων. κἂν μὴ καθ' αὑτὸν εὐπορῇς, πρὸς
20 ἄλλους ἀντιπαραβάλλειν, ὅπερ Ἰσοκράτης ἐποίει διὰ τὴν
ἀσυνήθειαν τοῦ δικολογεῖν. δεῖ δὲ πρὸς ἐνδόξους συγκρίνειν·
αὐξητικὸν γὰρ καὶ καλόν, εἰ σπουδαίων βελτίων. πίπτει δ'
εὐλόγως ἡ αὔξησις εἰς τοὺς ἐπαίνους· ἐν ὑπεροχῇ γάρ ἐστιν,
ἡ δ' ὑπεροχὴ τῶν καλῶν· διὸ κἂν μὴ πρὸς τοὺς ἐνδόξους,
25 ἀλλὰ πρὸς τοὺς ἄλλους δεῖ παραβάλλειν, ἐπείπερ ἡ ὑπεροχὴ
δοκεῖ μηνύειν ἀρετήν. ὅλως δὲ τῶν κοινῶν εἰδῶν ἅπασι τοῖς
λόγοις ἡ μὲν αὔξησις ἐπιτηδειοτάτη τοῖς ἐπιδεικτικοῖς (τὰς
γὰρ πράξεις ὁμολογουμένας λαμβάνουσιν, ὥστε λοιπὸν μέ-
γεθος περιθεῖναι καὶ κάλλος)· τὰ δὲ παραδείγματα τοῖς
30 συμβουλευτικοῖς (ἐκ γὰρ τῶν προγεγονότων τὰ μέλλοντα
καταμαντευόμενοι κρίνομεν)· τὰ δ' ἐνθυμήματα τοῖς δικα-

(8 ὑποθῆσθαι A³) ἀντικειμένη ἔσται Γ (A³) 10 οἷον] hic alt. man.
incipit in Y 11 καὶ om. ΘΒCDΓ ὃ secl. F. A. Wolf 12 τῷ Bywater:
τὸ ΘΠ: τὸ vel τὰ A: τὰ Γ 13 τούτῳ scripsi: ταῦτα codd. Γ δ'
εἰ Σ: δὲ codd. Γ 15 αὐτοῦ Bywater: αὐτὸν codd. Γ: πρέποντα Γ
16–17 καὶ³ . . . οἷον] οἷον πρῶτον ἐγκώμιον ἐποιήθη Vahlen 17 τοῦτον
scripsi: ὃν ΑΒCDΓ: ὃ ΘΕ εἰς addidi: om. codd. Γ δι' add. Vater
19 μὴ εἰς αὐτὸν C, Y¹ s.l., Σ: μὴ εἰς τὸν αὐτὸν Γ 20 ἀντιπαραβάλλειν+δεῖ
C m. ὅπερ ΘΠΣ: +ὁ A 20–21 τὴν ἀσυνήθειαν] συνήθειαν ΘΠ: συν-
ήθειαν καὶ ἀσυνήθειαν Γ 21 δικαιολέγειν ΘΒDE δὲ+καὶ Γ 25 τοὺς
πολλοὺς Υ¹ΓΣ 27 ἐπιτηδειοτάτη ΑΓ: ἐπιτηδειοτέρα ΘΠ

νικοῖς (αἰτίαν γὰρ καὶ ἀπόδειξιν μάλιστα δέχεται τὸ γε-
γονὸς διὰ τὸ ἀσαφές).

33

ἐκ τίνων μὲν οὖν οἱ ἔπαινοι καὶ οἱ 33
ψόγοι λέγονται σχεδὸν πάντες, καὶ πρὸς ποῖα δεῖ βλέ-
ποντας ἐπαινεῖν καὶ ψέγειν, καὶ ἐκ τίνων τὰ ἐγκώμια γι- 35
γνεται καὶ τὰ ὀνείδη, ταῦτ᾽ ἐστίν· ἐχομένων γὰρ τούτων τὰ
ἐναντία τούτοις φανερά· ὁ γὰρ ψόγος ἐκ τῶν ἐναντίων ἐστίν.

10 Περὶ δὲ κατηγορίας καὶ ἀπολογίας, ἐκ πόσων καὶ 1368ᵇ
ποίων ποιεῖσθαι δεῖ τοὺς συλλογισμούς, ἐχόμενον ἂν εἴη λέ-
γειν. δεῖ δὴ λαβεῖν τρία, ἓν μὲν τίνων καὶ πόσων ἕνεκα ἀδι-
κοῦσι, δεύτερον δὲ πῶς αὐτοὶ διακείμενοι, τρίτον δὲ τοὺς ποίους
καὶ πῶς ἔχοντας. διορισάμενοι οὖν τὸ ἀδικεῖν λέγωμεν ἑξῆς. 5
ἔστω δὴ τὸ ἀδικεῖν τὸ βλάπτειν ἑκόντα παρὰ τὸν
νόμον. νόμος δ᾽ ἐστὶν ὁ μὲν ἴδιος ὁ δὲ κοινός· λέγω
δὲ ἴδιον μὲν καθ᾽ ὃν γεγραμμένον πολιτεύονται, κοινὸν δὲ
ὅσα ἄγραφα παρὰ πᾶσιν ὁμολογεῖσθαι δοκεῖ. ἑκόντες δὲ
ποιοῦσιν ὅσα εἰδότες καὶ μὴ ἀναγκαζόμενοι. ὅσα μὲν οὖν 10
εἰδότες, οὐ πάντα προαιρούμενοι, ὅσα δὲ προαιρούμενοι, εἰδό-
τες ἅπαντα· οὐδεὶς γὰρ ὃ προαιρεῖται ἀγνοεῖ. δι᾽ ἃ δὲ
προαιροῦνται βλάπτειν καὶ φαῦλα ποιεῖν παρὰ τὸν νόμον
κακία ἐστὶν καὶ ἀκρασία· ἐὰν γάρ τινες ἔχωσιν μοχθηρίαν
ἢ μίαν ἢ πλείους, περὶ τοῦτο ὃ μοχθηροὶ τυγχάνουσιν 15
ὄντες καὶ ἄδικοί εἰσιν· οἷον ὁ μὲν ἀνελεύθερος περὶ χρή-
ματα, ὁ δ᾽ ἀκόλαστος περὶ τὰς τοῦ σώματος ἡδονάς, ὁ δὲ
μαλακὸς περὶ τὰ ῥάθυμα, ὁ δὲ δειλὸς περὶ τοὺς κινδύνους
(τοὺς γὰρ συγκινδυνεύοντας ἐγκαταλιμπάνουσι διὰ τὸν φό-
βον), ὁ δὲ φιλότιμος διὰ τιμήν, ὁ δ᾽ ὀξύθυμος δι᾽ ὀργήν, 20
ὁ δὲ φιλόνικος διὰ νίκην, ὁ δὲ πικρὸς διὰ τιμωρίαν, ὁ δ᾽

32 γενόμενον Α²: γένος Α¹Ε   36 ἐχομένων CDEQΓ: ἐχομένως
ΑΒΥΖ   37 ἐστὶν+περὶ τοῦ δικανικοῦ Α   1368ᵇ 1 δὲ+τῆς ΘΠ
5 λέγομεν ΖΓ   11 εἰδότες¹ Richards: ἑκόντες codd. Γ   εἰδότες²]ἑκόντες
καὶ εἰδότες Σ   15 περὶ Α¹ m., CQΓ: +δὲ Α¹BDEYZ: +γε Richards
ταῦτα Γ   ὃ Α¹ m., ΘΠ: οἱ Α¹: ἃ Γ   16 χρημάτων ΒΥ¹Ζ   19 διὰ]
γὰρ διὰ Α¹   21 φιλόνεικος ΑΒΓ   δὲ πικρὸς ΘΠ: πικρὸς δὲ ΑΣ

ἄφρων διὰ τὸ ἀπατᾶσθαι περὶ τὸ δίκαιον καὶ ἄδικον, ὁ
δ' ἀναίσχυντος δι' ὀλιγωρίαν δόξης· ὁμοίως δὲ καὶ τῶν ἄλλων
ἕκαστος περὶ ἕκαστον τῶν ὑποκειμένων.

25 ἀλλὰ περὶ μὲν τούτων δῆλον, τὰ μὲν ἐκ τῶν περὶ τὰς ἀρετὰς
εἰρημένων, τὰ δ' ἐκ τῶν περὶ τὰ πάθη ῥηθησομένων· λοιπὸν
δ' εἰπεῖν τίνος ἕνεκα καὶ πῶς ἔχοντες ἀδικοῦσι καὶ τίνας.

πρῶτον μὲν οὖν διελώμεθα τίνων ὀρεγόμενοι καὶ ποῖα φεύ-
γοντες ἐγχειροῦσιν ἀδικεῖν· δῆλον γὰρ ὡς τῷ μὲν κατηγο-
30 ροῦντι πόσα καὶ ποῖα τούτων ὑπάρχει τῷ ἀντιδίκῳ σκεπτέον,
ὧν ἐφιέμενοι πάντες τοὺς πλησίον ἀδικοῦσι, τῷ δὲ ἀπο-
λογουμένῳ ποῖα καὶ πόσα τούτων οὐχ ὑπάρχει. πάντες δὴ
πάντα πράττουσι τὰ μὲν οὐ δι' αὑτοὺς τὰ δὲ δι' αὑτούς. τῶν
μὲν οὖν μὴ δι' αὑτοὺς τὰ μὲν διὰ τύχην πράττουσι τὰ δ'
35 ἐξ ἀνάγκης, τῶν δ' ἐξ ἀνάγκης τὰ μὲν βίᾳ τὰ δὲ φύ-
σει, ὥστε πάντα ὅσα μὴ δι' αὑτοὺς πράττουσι, τὰ μὲν ἀπὸ
τύχης τὰ δὲ φύσει τὰ δὲ βίᾳ. ὅσα δὲ δι' αὑτούς, καὶ ὧν
1369ᵃ αὐτοὶ αἴτιοι, τὰ μὲν δι' ἔθος τὰ δὲ δι' ὄρεξιν, τὰ μὲν
διὰ λογιστικὴν ὄρεξιν τὰ δὲ δι' ἄλογον· ἔστιν δ' ἡ μὲν
βούλησις ἀγαθοῦ ὄρεξις (οὐδεὶς γὰρ βούλεται ἀλλ' ἢ ὅταν
οἰηθῇ εἶναι ἀγαθόν), ἄλογοι δ' ὀρέξεις ὀργὴ καὶ ἐπιθυμία·
5 ὥστε πάντα ὅσα πράττουσιν ἀνάγκη πράττειν δι' αἰτίας
ἑπτά, διὰ τύχην, διὰ φύσιν, διὰ βίαν, δι' ἔθος, διὰ λο-
γισμόν, διὰ θυμόν, δι' ἐπιθυμίαν. τὸ δὲ προσδιαιρεῖσθαι

22 τὸ² . . . ἄδικον ΑΓ: δίκαιον καὶ ἀγαθόν Β¹DEZ   ὁ . . . 23 δόξης
ΑΒCΕΓ: om. DQY¹Z   27 ἔχοντες om. Γ: ἔχουσι BDEYZ   ἀδικοῦντες
DE   29 ἐγχειροῦσιν ΑΥ²Γ: ἐγχειροῦμεν ΠQΥ¹Z   30 ποῖα] τίνα Γ
31 ὧν . . . ἀδικοῦσι secl. Vahlen   32 οὐχ ΑCΓ: om. ΘΒD: μὴ Ε   δὴ
ΑΣ: δὲ ΘΠΓ   33 πάντα πράττουσι ΑΓΣ: πράττουσι πάντα ΘΒD   35 τῶν
. . . ἀνάγκης om. Q   37 καὶ ΑCΕΓ: om. ΘΒD   1369ᵃ 1 τὰ μὲν
ΑΓ: καὶ τὰ μὲν ΘΒDE: τῶν δὲ δι' ὄρεξιν τὰ μὲν C   2 ἄλογον Gaisford:
ἄλογον ὅρος βουλήσεως Α: ἀλόγιστον ΘΠ: non rationalem G   μὲν . . .
3 ὄρεξις] βούλησις μετὰ λόγου ὄρεξις Γ, + ἀγαθοῦ ΘΠ   3 ὅταν] ὃ ἂν
Bywater   4 οἰηθῇ ΑCΓ: οἰηθείη ΘΒDE   5 πάντα . . . πράττειν ΑΓ:
ἀνάγκη πάντα ὅσα πράττουσιν ΘDΕ: ἀνάγκη πράττειν πάντα ὅσα πράττουσιν
BC   6 διὰ βίαν, διὰ φύσιν ΘΠΓΣ

καθ' ἡλικίαν ἢ ἕξεις ἢ ἀλλ' ἄττα τὰ πραττόμενα περί-
εργον· εἰ γὰρ συμβέβηκεν τοῖς νέοις ὀργίλοις εἶναι ἢ ἐπι-
θυμητικοῖς, οὐ διὰ τὴν νεότητα πράττουσι τὰ τοιαῦτα ἀλλὰ δι' 10
ὀργὴν καὶ ἐπιθυμίαν. οὐδὲ διὰ πλοῦτον καὶ πενίαν, ἀλλὰ
συμβέβηκε τοῖς μὲν πένησι διὰ τὴν ἔνδειαν ἐπιθυμεῖν χρη-
μάτων, τοῖς δὲ πλουσίοις διὰ τὴν ἐξουσίαν ἐπιθυμεῖν τῶν
μὴ ἀναγκαίων ἡδονῶν· ἀλλὰ πράξουσι καὶ οὗτοι οὐ διὰ
πλοῦτον καὶ πενίαν ἀλλὰ διὰ τὴν ἐπιθυμίαν. ὁμοίως δὲ 15
καὶ οἱ δίκαιοι καὶ οἱ ἄδικοι, καὶ οἱ ἄλλοι οἱ λεγόμενοι κατὰ
τὰς ἕξεις πράττειν, διὰ ταῦτα πράξουσιν· ἢ γὰρ διὰ
λογισμὸν ἢ διὰ πάθος· ἀλλ' οἱ μὲν διὰ ἤθη καὶ πάθη
χρηστά, οἱ δὲ διὰ τἀναντία. συμβαίνει μέντοι ταῖς μὲν
τοιαύταις ἕξεσι τὰ τοιαῦτα ἀκολουθεῖν, ταῖς δὲ τοιαῖσδε 20
τὰ τοιάδε· εὐθὺς γὰρ ἴσως τῷ μὲν σώφρονι διὰ τὸ σώ-
φρονα εἶναι δόξαι τε καὶ ἐπιθυμίαι χρησταὶ ἐπακολουθοῦσι
περὶ τῶν ἡδέων, τῷ δ' ἀκολάστῳ αἱ ἐναντίαι περὶ τῶν
αὐτῶν τούτων· διὸ τὰς μὲν τοιαύτας διαιρέσεις ἐατέον, σκε-
πτέον δὲ ποῖα ποίοις εἴωθεν ἔπεσθαι· εἰ μὲν γὰρ λευκὸς 25
ἢ μέλας, ἢ μέγας ἢ μικρός, οὐδὲν τέτακται τῶν τοιούτων
ἀκολουθεῖν, εἰ δὲ νέος ἢ πρεσβύτης, ἢ δίκαιος ἢ ἄδικος, ἤδη
διαφέρει· καὶ ὅλως ὅσα τῶν συμβαινόντων ποιεῖ διαφέρειν
τὰ ἤθη τῶν ἀνθρώπων, οἷον πλουτεῖν δοκῶν ἑαυτῷ ἢ πένεσθαι
διοίσει τι, καὶ εὐτυχεῖν ἢ ἀτυχεῖν. ταῦτα μὲν οὖν ὕστερον 30
ἐροῦμεν, νῦν δὲ περὶ τῶν λοιπῶν εἴπωμεν πρῶτον.

ἔστι δ' ἀπὸ τύχης μὲν τὰ τοιαῦτα γιγνόμενα, ὅσων ἤ τε
αἰτία ἀόριστος καὶ μὴ ἕνεκά του γίγνεται καὶ μήτε ἀεὶ

8 ἡλικίας ΘΠΓ   περίεργον+ἂν εἴη Γ   11 καὶ] ἢ Γ   οὐδὲ ABCΥΖΓ:
+οἱ πλούσιοι καὶ πένητες EQ, D s.l.   14 πράξουσι ΑΣΓ: πράττουσι
ΘΒDEΣ   17 ταῦτα+πάντα ΘΠΓ   18 πάθη ABCΓ: +καὶ ΘDE
20 τοιαισδὶ . . . τοιαισδὶ ΘΠ   21 σώφρονα εἶναι] σώφρον ΘΠΓ
23 ἡδέων ΑΓ: ἡδονῶν ΘΠ   27 ἀκόλουθον ΠQΥ¹ΖΓ   29 δοκῶν
ἑαυτῷ ABCΓ: δοκείτω DEΥ¹Ζ: δοκεῖ τῳ Q   ἢ . . . 30 τι] οἷον ἐν τῷ δοκεῖν
πλουτεῖν ἢ πένεσθαι διοίσει τις C   30 ἀτυχεῖν ἢ εὐτυχεῖν ΘΠΓ   οὖν
om. Υ¹   33 του] τούτου QΓ

μήτε ὡς ἐπὶ τὸ πολὺ μήτε τεταγμένως (δῆλον δ' ἐκ τοῦ
35 ὁρισμοῦ τῆς τύχης περὶ τούτων), φύσει δὲ ὅσων ἤ τ' αἰτία
1369ᵇ ἐν αὐτοῖς καὶ τεταγμένη· ἢ γὰρ ἀεὶ ἢ ὡς ἐπὶ τὸ πολὺ
ὡσαύτως ἀποβαίνει. τὰ γὰρ παρὰ φύσιν οὐδὲν δεῖ ἀκριβο-
λογεῖσθαι πότερα κατὰ φύσιν ἤ τινα ἄλλην αἰτίαν
γίγνεται· δόξειε δ' ἂν καὶ ἡ τύχη αἰτία εἶναι τῶν τοιού-
5 των. βίᾳ δὲ ὅσα παρ' ἐπιθυμίαν ἢ τοὺς λογισμοὺς γίγνε-
ται [δι'] αὐτῶν τῶν πραττόντων. ἔθει δὲ ὅσα διὰ τὸ πολ-
λάκις πεποιηκέναι ποιοῦσιν. διὰ λογισμὸν δὲ τὰ δοκοῦντα
συμφέρειν ἐκ τῶν εἰρημένων ἀγαθῶν ἢ ὡς τέλος ἢ ὡς
πρὸς τὸ τέλος, ὅταν διὰ τὸ συμφέρειν πράττηται· ἔνια
10 γὰρ καὶ οἱ ἀκόλαστοι συμφέροντα πράττουσιν, ἀλλ' οὐ διὰ
τὸ συμφέρειν ἀλλὰ δι' ἡδονήν. διὰ θυμὸν δὲ καὶ ὀργὴν
τὰ τιμωρητικά. διαφέρει δὲ τιμωρία καὶ κόλασις· ἡ μὲν γὰρ
κόλασις τοῦ πάσχοντος ἔνεκά ἐστιν, ἡ δὲ τιμωρία τοῦ ποιοῦν-
τος, ἵνα πληρωθῇ. τί μὲν οὖν ἐστιν ἡ ὀργή, δῆλον ἔσται
15 ἐν τοῖς περὶ τῶν παθῶν. δι' ἐπιθυμίαν δὲ πράττεται
ὅσα φαίνεται ἡδέα. ἔστιν δὲ καὶ τὸ σύνηθες καὶ τὸ ἐθιστὸν
ἐν τοῖς ἡδέσιν· πολλὰ γὰρ καὶ τῶν φύσει μὴ ἡδέων, ὅταν
συνεθισθῶσιν, ἡδέως ποιοῦσιν· ὥστε συλλαβόντι εἰπεῖν, ὅσα δι'
αὐτοὺς πράττουσιν ἅπαντ' ἐστὶν ἢ ἀγαθὰ ἢ φαινόμενα
20 ἀγαθά, ἢ ἡδέα ἢ φαινόμενα ἡδέα. ἐπεὶ δ' ὅσα δι' αὑτούς
ἑκόντες πράττουσιν, οὐχ ἑκόντες δὲ ὅσα μὴ δι' αὑτούς, πάντ'
ἂν εἴη ὅσα ἑκόντες πράττουσιν ἢ ἀγαθὰ ἢ φαινόμενα
ἀγαθά, ἢ ἡδέα ἢ φαινόμενα ἡδέα· τίθημι γὰρ καὶ τὴν
τῶν κακῶν ἢ φαινομένων κακῶν ἢ ἀπαλλαγὴν ἢ ἀντὶ
25 μείζονος ἐλάττονος μετάληψιν ἐν τοῖς ἀγαθοῖς (αἱρετὰ γάρ

1369ᵇ 1 ἤ¹ ΘΠΑ¹ s.l., Γ: om. Α¹   3 πότερον ΘΠΓ   ἤ τινα C : τινὰ
ἢ ΘΑΒΔΓ   5 παρ' ΑΒCΕΘΓ : περὶ DΥ¹Ζ   6 δι' secl. Vahlen :
μὴ δι' Richards   ὅσα] ὅ τι Α   9 τὸ¹ om. ΘΒD   συμφέρον ΘΠΓ
11 τὸ ΘΑΔΕΓ : +τούτοις ΒC   συμφέρον ΘΠΓ   14 πληρωθῇ ΘΠΓ :
ἀποκληρώθη Α : ἀποπληρώθη Bekker   τί μὲν οὖν] περὶ μὲν οὖν τίνα ΘΠΓ
18 συνεθίσωσιν Α : ἐθισθῶσιν DEΘΥ¹Ζ   20 ἐπεὶ] ἐπί Α   αὐτοὺς+
πράττουσι, πάντα C   21 οὐκ ἔχοντες Α¹   22 ἤ¹ om. ΘΒCΓ

πως), καὶ τὴν τῶν λυπηρῶν ἢ φαινομένων ⟨λυπηρῶν⟩ ἢ ἀπαλ-
λαγὴν ἢ μετάληψιν ἀντὶ μειζόνων ἐλαττόνων ἐν τοῖς ἡδέ-
σιν ὡσαύτως. ληπτέον ἄρα τὰ συμφέροντα καὶ τὰ ἡδέα,
πόσα καὶ ποῖα. περὶ μὲν οὖν τοῦ συμφέροντος ἐν τοῖς
συμβουλευτικοῖς εἴρηται πρότερον, περὶ δὲ τοῦ ἡδέος 30
εἴπωμεν νῦν. δεῖ δὲ νομίζειν ἱκανοὺς εἶναι τοὺς ὅρους ἐὰν
ὦσι περὶ ἑκάστου μήτε ἀσαφεῖς μήτε ἀκριβεῖς.

11 Ὑποκείσθω δὴ ἡμῖν εἶναι τὴν ἡδονὴν κίνησίν τινα τῆς
ψυχῆς καὶ κατάστασιν ἀθρόαν καὶ αἰσθητὴν εἰς τὴν ὑπάρ-
χουσαν φύσιν, λύπην δὲ τοὐναντίον. εἰ δ' ἐστὶν ἡδονὴ τὸ 35
τοιοῦτον, δῆλον ὅτι καὶ ἡδύ ἐστι τὸ ποιητικὸν τῆς εἰρημένης 1370ᵃ
διαθέσεως, τὸ δὲ φθαρτικὸν ἢ τῆς ἐναντίας καταστάσεως
ποιητικὸν λυπηρόν. ἀνάγκη οὖν ἡδὺ εἶναι τό τε εἰς τὸ κατὰ
φύσιν ἰέναι ὡς ἐπὶ τὸ πολύ, καὶ μάλιστα ὅταν ἀπειλη-
φότα ᾖ τὴν ἑαυτῶν φύσιν τὰ κατ' αὐτὴν γιγνόμενα, καὶ τὰ 5
ἔθη (καὶ γὰρ τὸ εἰθισμένον ὥσπερ πεφυκὸς ἤδη γίγνεται·
ὅμοιον γάρ τι τὸ ἔθος τῇ φύσει· ἐγγὺς γὰρ καὶ τὸ πολλάκις
τῷ ἀεί, ἔστιν δ' ἡ μὲν φύσις τοῦ ἀεί, τὸ δὲ ἔθος τοῦ πολ-
λάκις), καὶ τὸ μὴ βίαιον (παρὰ φύσιν γὰρ ἡ βία, διὸ τὸ
ἀναγκαῖον λυπηρόν, καὶ ὀρθῶς εἴρηται   10

πᾶν γὰρ ἀναγκαῖον πρᾶγμ' ἀνιαρὸν ἔφυ),

τὰς δ' ἐπιμελείας καὶ τὰς σπουδὰς καὶ τὰς συντονίας λυπηράς·
ἀναγκαῖα γὰρ καὶ βίαια ταῦτα, ἐὰν μὴ ἐθισθῶσιν· οὕτω δὲ τὸ
ἔθος ποιεῖ ἡδύ. τὰ δ' ἐναντία ἡδέα· διὸ αἱ ῥαθυμίαι καὶ αἱ
ἀπονίαι καὶ αἱ ἀμέλειαι καὶ αἱ παιδιαὶ καὶ αἱ ἀναπαύσεις καὶ 15
ὁ ὕπνος τῶν ἡδέων· οὐδὲν γὰρ πρὸς ἀνάγκην τούτων. καὶ οὗ

26 πώς+ἐστι ΘΠΓ   λυπηρῶν Γ (cf. ll. 23, 24): om. codd.   ἢ om.
ΘΔΕΓ   27–28 ὡσαύτως ἐν τοῖς ἡδέσιν ΘΠΓ   28 τὰ² om. A
31 εἴπομεν A   33 δὴ Spengel: δὲ codd. Γ   35 δ'] δὴ ΘΒΔΕΓΣ
ἐστὶν+ἢ ΘΒΔΕΓ   τὸ om. Υ   1370ᵃ 7 τι om. ΘΒΣΕΓ   γὰρ καὶ om. Ζ:
καὶ om. DEQΥΓ   8 ἀεί² ABCΓ: ἀεί ἐστιν· ἔστι ΘΔΕ   9 βίαιον+δὲ
ΘΠΓ   τὸ ἀναγκαῖον] αἱ ἀνάγκαι ΘΠΓ   15 αἱ¹ om. A   παιδιαὶ ΘΠΑ²Γ:
παιδειαὶ A¹   16 ὁ om. ΘΒΣΕ

ἂν ἡ ἐπιθυμία ἐνῇ, ἅπαν ἡδύ· ἡ γὰρ ἐπιθυμία τοῦ ἡδέος
ἐστὶν ὄρεξις. τῶν δὲ ἐπιθυμιῶν αἱ μὲν ἄλογοί εἰσιν αἱ δὲ
μετὰ λόγου. λέγω δὲ ἀλόγους ὅσας μὴ ἐκ τοῦ ὑπο-
20 λαμβάνειν ἐπιθυμοῦσιν (εἰσὶν δὲ τοιαῦται ὅσαι εἶναι λέ-
γονται φύσει, ὥσπερ αἱ διὰ τοῦ σώματος ὑπάρχουσαι, οἷον
ἡ τροφῆς δίψα καὶ πεῖνα, καὶ καθ' ἕκαστον εἶδος τροφῆς
εἶδος ἐπιθυμίας, καὶ αἱ περὶ τὰ γευστὰ καὶ ἀφροδίσια καὶ
ὅλως τὰ ἁπτά, καὶ περὶ ὀσμὴν [εὐωδίας] καὶ ἀκοὴν καὶ
25 ὄψιν), μετὰ λόγου δὲ ὅσας ἐκ τοῦ πεισθῆναι ἐπιθυμοῦσιν·
πολλὰ γὰρ καὶ θεάσασθαι καὶ κτήσασθαι ἐπιθυμοῦσιν
ἀκούσαντες καὶ πεισθέντες. ἐπεὶ δ' ἐστὶν τὸ ἥδεσθαι ἐν τῷ
αἰσθάνεσθαί τινος πάθους, ἡ δὲ φαντασία ἐστὶν αἴσθησίς τις
ἀσθενής, ἀεὶ ἐν τῷ μεμνημένῳ καὶ τῷ ἐλπίζοντι ἀκολουθοῖ
30 ἂν φαντασία τις οὗ μέμνηται ἢ ἐλπίζει· εἰ δὲ τοῦτο, δῆλον
ὅτι καὶ ἡδοναὶ ἅμα μεμνημένοις καὶ ἐλπίζουσιν, ἐπείπερ
καὶ αἴσθησις· ὥστ' ἀνάγκη πάντα τὰ ἡδέα ἢ ἐν τῷ αἰσθά-
νεσθαι εἶναι παρόντα ἢ ἐν τῷ μεμνῆσθαι γεγενημένα ἢ ἐν
τῷ ἐλπίζειν μέλλοντα· αἰσθάνονται μὲν γὰρ τὰ παρόντα,
35 μέμνηνται δὲ τὰ γεγενημένα, ἐλπίζουσι δὲ τὰ μέλλοντα. τὰ
1370ᵇ μὲν οὖν μνημονευτὰ ἡδέα ἐστὶν οὐ μόνον ὅσα ἐν τῷ παρ-
όντι, ὅτε παρῆν, ἡδέα ἦν, ἀλλ' ἔνια καὶ οὐχ ἡδέα, ἂν ᾖ
ὕστερον καλὸν καὶ ἀγαθὸν τὸ μετὰ τοῦτο· ὅθεν καὶ τοῦτ' εἴρηται,

ἀλλ' ἡδύ τοι σωθέντα μεμνῆσθαι πόνων,

5 καὶ   μετὰ γάρ τε καὶ ἄλγεσι τέρπεται ἀνήρ·

17 ἐνῇ] ἐν ᾗ Α¹   ἅπαν] καὶ ἅπαν Α   19 ἀλόγους+μὲν ΘΠΓ   καθ' ὅσας
C   ὑπολαμβάνειν Α²: +τι ΘΠΓ: λαμβάνειν Α¹   20 λέγονται εἶναι
ΘΠΓ   22 πείνα Α   23 εἶδος ἐπιθυμίας ΑΣ: ἐπιθυμία ΘΠΓ   23 αἱ
om. Α   καὶ+περὶ τὰ ΘΠΓ   24 εὐωδίας om. Muretus   25 ὅσα
Γ (cf. l. 19): ὅσα codd.   ἐπιθυμοῦσιν om. Γ   29 ἀεὶ ἐν] κἂν ΘΠΓΣ: ἀεὶ
δ' ἐν Bywater: κἀεὶ ἐν Susemihl   ἀκολουθοίη ΘΒCDΓ: παρακολουθοίη Σ
30 ἂν om. ΘΒCD   δὴ Q   31 ἅμα] μάλα ΘΠ: μᾶλλον Γ   34–35 αἰ-
σθάνονται . . . μέλλοντα om. C   35 γεγενημένα ΘΒDE: γενόμενα
ΑC   1370ᵇ 4 τοι] τι ΘΠΣ   5 ἄλγεσιν Α

μνημένος ὅστις πολλὰ πάθῃ καὶ πολλὰ ἐόργῃ·

τούτου δ᾽ αἴτιον ὅτι ἡδὺ καὶ τὸ μὴ ἔχειν κακόν· τὰ δ᾽ ἐν
ἐλπίδι ὅσα παρόντα ἢ εὐφραίνειν ἢ ὠφελεῖν φαίνεται μεγάλα,
καὶ ἄνευ λύπης ὠφελεῖν., ὅλως δὲ ὅσα παρόντα εὐφραίνει, καὶ
ἐλπίζοντας καὶ μεμνημένους ὡς ἐπὶ τὸ πολύ· διὸ καὶ τὸ ὀργί- 10
ζεσθαι ἡδύ, ὥσπερ καὶ Ὅμηρος ἐποίησε περὶ τοῦ θυμοῦ

ὅς τε πολὺ γλυκίων μέλιτος καταλειβομένοιο

(οὐθεὶς γὰρ ὀργίζεται τῷ ἀδυνάτῳ φαινομένῳ τιμωρίας τυχεῖν,
τοῖς δὲ πολὺ ὑπὲρ αὑτοὺς τῇ δυνάμει ἢ οὐκ ὀργίζονται ἢ
ἧττον)· καὶ ἐν ταῖς πλείσταις ἐπιθυμίαις ἀκολουθεῖ τις 15
ἡδονή· ἢ γὰρ μεμνημένοι ὡς ἔτυχον ἢ ἐλπίζοντες ὡς τεύξονται
χαίρουσίν τινα ἡδονήν, οἷον οἵ τ᾽ ἐν τοῖς πυρετοῖς ἐχόμενοι
ταῖς δίψαις καὶ μεμνημένοι ὡς ἔπιον καὶ ἐλπίζοντες πιεῖσθαι
χαίρουσιν, καὶ οἱ ἐρῶντες καὶ διαλεγόμενοι καὶ γράφοντες
καὶ ποιοῦντές τι ἀεὶ περὶ τοῦ ἐρωμένου χαίρουσιν· ἐν ἅπασι 20
γὰρ τοῖς τοιούτοις μεμνημένοι οἷον αἰσθάνεσθαι οἴονται τοῦ
ἐρωμένου. καὶ ἀρχὴ δὲ τοῦ ἔρωτος αὕτη γίγνεται πᾶσιν,
ὅταν μὴ μόνον παρόντος χαίρωσιν ἀλλὰ καὶ ἀπόντος
μεμνημένοις [ἐρῶσιν] λύπη προσγένηται τῷ μὴ παρ-
εῖναι, καὶ ἐν πένθεσι καὶ θρήνοις ὡσαύτως ἐπιγίγνεταί τις 25
ἡδονή· ἡ μὲν γὰρ λύπη ἐπὶ τῷ μὴ ὑπάρχειν, ἡδονὴ δ᾽ ἐν
τῷ μεμνῆσθαι καὶ ὁρᾶν πως ἐκεῖνον καὶ ἃ ἔπραττεν καὶ
οἷος ἦν· διὸ καὶ τοῦτ᾽ εἰκότως εἴρηται

ὣς φάτο, τοῖσι δὲ πᾶσιν ὑφ᾽ ἵμερον ὦρσε γόοιο.

6 μνημένος ὅστις ΘΠΓ: μνησάμενος ὅτε A   πάθοι DEQ   ἐόργοι DE:
ἔοργε QZ: ἐόργει Y² 7 ἔχειν + τὸ ΘΠ   9 καὶ] ἢ ΘΒΔΕΓ   ὠφελεῖ Γ
11 καὶ om. ΘΒϹΕΓ   14 τοῖς δὲ scripsi: οὐδὲ τοῖς codd. Γ   ἢ¹] ἀλλ᾽ ἢ
Bekker³   19 καὶ οἱ] γὰρ καὶ A   καὶ² ΑΟΓ: om. ΠΥΖ   20 ἀεί τι ΘΠΓ:
τι αἰεὶ A   22 ἀρχὴ ἔρωτος γίνεται αὕτη ΘΠ: ἀρχὴ ἔρωτος αὕτη γίγνεται
Γ   23 χαίρουσιν A   24 μεμνημένοι ΘΠ   ἐρῶσιν delendum not. A¹
λύπη προσγένηται F. A. Wolf: δ᾽ . . . ὅτ᾽ ἂν καὶ λύπη προσγένηται A¹: διὸ καὶ
λύπη προσγίνεται A²: διὸ καὶ ὅταν (δι᾽ ὃ ἂν ut vid. Γ) λυπηρὸς γένηται ΘΠΓ
25 ἐν + τοῖς ΘΠ   ὡσαύτως ἐπιγίγνεταί] ἐγγίγνεται ΘΠΓ.   27 ἃ] οἷα
Γ   28 εἰκότως om. ΘΠΓ   29 ὑφ᾽] ἐφ᾽ DEQZ

30 καὶ τὸ τιμωρεῖσθαι ἡδύ. οὗ γὰρ τὸ μὴ τυγχάνειν λυπηρόν, τὸ
τυγχάνειν ἡδύ· οἱ δ' ὀργιζόμενοι λυποῦνται ἀνυπερβλήτως μὴ
τιμωρούμενοι, ἐλπίζοντες δὲ χαίρουσιν. καὶ τὸ νικᾶν ἡδύ, οὐ
μόνον τοῖς φιλονίκοις ἀλλὰ πᾶσιν· φαντασία γὰρ ὑπεροχῆς
γίγνεται, οὗ πάντες ἔχουσιν ἐπιθυμίαν ἢ ἠρέμα ἢ μάλα. ἐπεὶ
35 δὲ τὸ νικᾶν ἡδύ, ἀνάγκη καὶ τὰς παιδιὰς ἡδείας εἶναι τὰς
1371ᵃ μαχητικὰς καὶ τὰς ἐριστικάς (πολλάκις γὰρ ἐν ταύταις
γίγνεται τὸ νικᾶν), καὶ ἀστραγαλίσεις καὶ σφαιρίσεις καὶ
κυβείας καὶ πεττείας. καὶ περὶ τὰς ἐσπουδασμένας δὲ
παιδιὰς ὁμοίως· αἱ μὲν γὰρ ἡδεῖαι γίγνονται ἄν τις ᾖ
5 συνήθης, αἱ δ' εὐθὺς ἡδεῖαι, οἷον κυνηγία καὶ πᾶσα θηρευ-
τική· ὅπου γὰρ ἅμιλλα, ἐνταῦθα καὶ νίκη ἔστιν· διὸ
καὶ ἡ δικανικὴ καὶ ἡ ἐριστικὴ ἡδέα τοῖς εἰθισμένοις καὶ
δυναμένοις. καὶ τιμὴ καὶ εὐδοξία τῶν ἡδίστων διὰ τὸ γί-
γνεσθαι φαντασίαν ἑκάστῳ ὅτι τοιοῦτος οἷος ὁ σπουδαῖος,
10 καὶ μᾶλλον ὅταν φῶσιν οὓς οἴεται ἀληθεύειν. τοιοῦτοι δ'
οἱ ἐγγὺς μᾶλλον τῶν πόρρω, καὶ οἱ συνήθεις καὶ οἱ πολῖ-
ται τῶν ἄπωθεν, καὶ οἱ ὄντες τῶν μελλόντων, καὶ οἱ φρό-
νιμοι ἀφρόνων, καὶ πολλοὶ ὀλίγων· μᾶλλον γὰρ εἰκὸς
ἀληθεύειν τοὺς εἰρημένους τῶν ἐναντίων· ἐπεὶ ὧν τις πολὺ
15 καταφρονεῖ, ὥσπερ παιδίων ἢ θηρίων, οὐδὲν μέλει τῆς τού-
των τιμῆς ἢ τῆς δόξης αὐτῆς γε τῆς δόξης χάριν, ἀλλ'
εἴπερ, δι' ἄλλο τι. καὶ ὁ φίλος τῶν ἡδέων· τό τε γὰρ
φιλεῖν ἡδύ (οὐδεὶς γὰρ φίλοινος μὴ χαίρων οἴνῳ) καὶ τὸ
φιλεῖσθαι ἡδύ· φαντασία γὰρ καὶ ἐνταῦθα τοῦ ὑπάρχειν
20 αὐτῷ τὸ ἀγαθὸν εἶναι, οὗ πάντες ἐπιθυμοῦσιν οἱ αἰσθανόμενοι·
τὸ δὲ φιλεῖσθαι ἀγαπᾶσθαί ἐστιν αὐτὸν δι' αὑτόν. καὶ τὸ

31 οἱ ὀργιζόμενοι γὰρ Γ   33 φιλονίκοις ΘΠΑ¹ corr., Γ: φιλονείκοις Α¹
ἀλλὰ ΑΓ: καὶ ΘΠ   34 μάλα ci. Spengel: μᾶλλον codd. Γ   1371ᵃ 1 καὶ]
καὶ (καὶ τὰς ΒC) αὐλητικὰς καὶ ΘΠΓ   ἐρωτικάς Β: ἐργαστικάς C
αὑταῖς ΘΠΓ   7 ἡ δικανικὴ] saltativa G   ἡ² om. A   ἡδέα scripsi:
ἡδῖα A: ἡδεῖα cet.   9 οἷος ὁ] καὶ ΘΠΓ   10 φῶσίν] insinuent G
11 καὶ²+γνώριμοι καὶ ΘΠΓ   12 ἄπωθεν ΘDE   16 ἢ ΘΠΓ: καὶ Α
18 μὴ] ὁ μὴ ΘΠΓ   20 τὸ ΥΖΠ: om. cett.

θαυμάζεσθαι ἡδὺ διὰ ⟨τὸ⟩ αὐτὸ τῷ τιμᾶσθαι. καὶ τὸ κολακεύε-
σθαι καὶ ὁ κόλαξ ἡδέα· φαινόμενος γὰρ θαυμαστὴς καὶ
φαινόμενος φίλος ὁ κόλαξ ἐστίν. καὶ τὸ ταὐτὰ πράττειν
πολλάκις ἡδύ· τὸ γὰρ σύνηθες ἡδὺ ἦν. καὶ τὸ μετα- 25
βάλλειν ἡδύ· εἰς φύσιν γὰρ γίγνεται ⟨τὸ⟩ μεταβάλλειν· τὸ γὰρ
αὐτὸ ἀεὶ ὑπερβολὴν ποιεῖ τῆς καθεστώσης ἕξεως, ὅθεν εἴρηται

μεταβολὴ πάντων γλυκύ.

διὰ τοῦτο γὰρ καὶ τὰ διὰ χρόνου ἡδέα ἐστίν, καὶ ἄνθρωποι καὶ
πράγματα· μεταβολὴ γὰρ ἐκ τοῦ παρόντος ἐστίν, ἅμα δὲ καὶ 30
σπάνιον τὸ διὰ χρόνου. καὶ τὸ μανθάνειν καὶ τὸ θαυμάζειν ἡδὺ
ὡς ἐπὶ τὸ πολύ· ἐν μὲν γὰρ τῷ θαυμάζειν τὸ ἐπιθυμεῖν μα-
θεῖν ἐστιν, ὥστε τὸ θαυμαστὸν ἐπιθυμητόν, ἐν δὲ τῷ μανθάνειν
⟨τὸ⟩ εἰς τὸ κατὰ φύσιν καθίστασθαι. καὶ τὸ εὖ ποιεῖν καὶ τὸ
εὖ πάσχειν τῶν ἡδέων· τὸ μὲν γὰρ εὖ πάσχειν τυγχά- 35
νειν ὧν ἐπιθυμοῦσι, τὸ δὲ εὖ ποιεῖν ἔχειν καὶ ὑπερ- **1371ᵇ**
έχειν, ὧν ἀμφοτέρων ἐφίενται. διὰ δὲ τὸ ἡδὺ εἶναι τὸ
εὐποιητικόν, καὶ τὸ ἐπανορθοῦν ἡδὺ τοῖς ἀνθρώποις ἐστὶν τοὺς
πλησίον, καὶ τὸ τὰ ἐλλιπῆ ἐπιτελεῖν. ἐπεὶ δὲ τὸ μανθά-
νειν τε ἡδὺ καὶ τὸ θαυμάζειν, καὶ τὰ τοιάδε ἀνάγκη 5
ἡδέα εἶναι, οἷον τό τε μιμούμενον, ὥσπερ γραφικὴ καὶ
ἀνδριαντοποιία καὶ ποιητική, καὶ πᾶν ὃ ἂν εὖ μεμιμημέ-
νον ᾖ, κἂν ᾖ μὴ ἡδὺ αὐτὸ τὸ μεμιμημένον· οὐ γὰρ ἐπὶ
τούτῳ χαίρει, ἀλλὰ συλλογισμὸς ἔστιν ὅτι τοῦτο ἐκεῖνο, ὥστε
μανθάνειν τι συμβαίνει. καὶ αἱ περιπέτειαι καὶ τὸ παρὰ 10
μικρὸν σώζεσθαι ἐκ τῶν κινδύνων· πάντα γὰρ θαυμαστὰ
ταῦτα. καὶ ἐπεὶ τὸ κατὰ φύσιν ἡδύ, τὰ συγγενῆ δὲ κατὰ

22 διὰ . . . τῷ Bywater (cf. 1365ᵃ 17, 1371ᵃ 8): δι' αὐτὸ τὸ codd. Γ
23 ἡδέα scripsi: ἡδύς A: ἡδύ cett. Γ   26 τὸ addidi   29 γὰρ ΠΟΥΓ:
om. cett.   31 διὰ+τοῦ ΘBDE   32 μαθεῖν om. E   34 τὸ Bas.³:
om. codd.   1371ᵇ 1 ὧν ΑΓ: ἐστὶν ὧν ΘΠ   καὶ+τὸ δοκεῖν Σ   2 δὲ
ΘΥΖΓ: om. Q, del. ut vid. A   3 καὶ om. ΘΠΓ   5 τὰ τοιαῦτα ΘΠ
6 οἷον om. ΘΠ   μιμούμενον Twining: μεμιμημένον codd.: μιμητικὸν Γ
6–7 ὥσπερ . . . μεμιμημένον om. Z   7 εὖ] ἢ ΠΟΥΓ   8 καὶ ἐὰν
μὴ ᾖ ἡδὺ οὗ τὸ μίμημα ΘΠΓ

φύσιν ἀλλήλοις ἐστίν, πάντα τὰ συγγενῆ καὶ ὅμοια ἡδέα
ὡς ἐπὶ τὸ πολύ, οἷον ἄνθρωπος ἀνθρώπῳ καὶ ἵππος ἵππῳ
15 καὶ νέος νέῳ, ὅθεν καὶ αἱ παροιμίαι εἴρηνται, [ὡς] "ἧλιξ ἥλικα
τέρπει", καὶ "ὡς αἰεὶ τὸν ὅμοιον", καὶ "ἔγνω δὲ θὴρ θῆρα",
"καὶ γὰρ κολοιὸς παρὰ κολοιόν", καὶ ὅσα ἄλλα τοιαῦτα.

ἐπεὶ δὲ τὸ ὅμοιον καὶ τὸ συγγενὲς ἑαυτῷ ἡδὺ ἅπαν, μά-
λιστα δὲ αὐτὸς πρὸς ἑαυτὸν ἕκαστος τοῦτο πέπονθεν, ἀνάγκη
20 πάντας φιλαύτους εἶναι ἢ μᾶλλον ἢ ἧττον· πάντα γὰρ
τὰ τοιαῦτα ὑπάρχει πρὸς αὑτὸν μάλιστα. ἐπεὶ δὲ φίλ-
αυτοι πάντες, καὶ τὰ αὑτῶν ἀνάγκη ἡδέα εἶναι πᾶσιν, οἷον
ἔργα καὶ λόγους· διὸ καὶ φιλοκόλακες ὡς ἐπὶ τὸ πολὺ
καὶ φιλερασταὶ καὶ φιλόμαιμοι καὶ φιλότεκνοι· αὐτῶν γὰρ
25 ἔργον τὰ τέκνα. καὶ τὸ τὰ ἐλλιπῆ ἐπιτελεῖν ἡδύ· αὐτῶν γὰρ
ἔργον ἤδη γίγνεται. καὶ ἐπεὶ τὸ ἄρχειν ἥδιστον, καὶ τὸ
σοφὸν δοκεῖν εἶναι ἡδύ· ἀρχικὸν γὰρ τὸ φρονεῖν, ἔστιν δ'
ἡ σοφία πολλῶν καὶ θαυμαστῶν ἐπιστήμη. ἔτι ἐπεὶ φιλό-
τιμοι ὡς ἐπὶ τὸ πολύ, ἀνάγκη καὶ τὸ ἐπιτιμᾶν τοῖς πέ-
30 λας ἡδὺ εἶναι καὶ τὸ ἄρχειν, καὶ τὸ ἐν ᾧ δοκεῖ βέλτιστος
αὐτὸς αὑτοῦ εἶναι, ἐνταῦθα διατρίβειν, ὥσπερ καὶ ὁ ποιη-
τής φησι κἀπὶ τοῦτ' ἐπείγει,

νέμων ἑκάστης ἡμέρας πλεῖστον μέρος,
ἵν' αὐτὸς αὑτοῦ τυγχάνει βέλτιστος ὤν.

35 ὁμοίως δὲ καὶ ἐπεὶ ἡ παιδιὰ τῶν ἡδέων καὶ πᾶσα ἄνεσις, καὶ

14 καὶ ΘΠΓ: om. A   15 ὡς codd. Γ: secl. Bywater   16 τὸν ΑΕΘΓ:
τὸ BCDYZ   ἐγνώκει ΘΠ   16–17 θὴρ . . . κολοιόν om. Γ   17 γὰρ]
ἀεὶ ΘΠ   18 τὸ² om. ΘΠ   ἑαυτῷ ἡδὺ Richards: ἡδὺ ἑαυτῷ codd. Γ
19 δὲ] unde necesse G   20 παντὶ γὰρ Spengel   22 πᾶσιν] πάντα A²
23 καὶ¹ om. ΘΠΓ   φιλοκόλακες ΑΓ: om. ΘΠ   24 καὶ φιλερασταὶ om. A
φιλόμαιμοι Bywater: φιλότιμοι codd. Γ   25 τὸ ΑΥΖ (cf. l. 4): om. AQ
26 ἔργον ΑΓ: ἔργα ΘΠ   καὶ¹ . . . 28 ἐπιστήμη post 30 ἄρχειν transp.
Spengel   27 δοκεῖν] δίκαιον Α¹   30 καὶ τὸ ἄρχειν Α¹ΓΣ: secl. Α²,
om. ΘΠ   τὸ² om. ΘΠ   βέλτιστος δοκεῖ εἶναι αὐτὸς αὑτοῦ ΘΠ: δοκεῖ
βέλτιστος εἶναι αὐτῷ Γ   32 καὶ ἐπὶ τοῦτο A ἐπείγει scripsi: ἐπείγεται
codd.   33 νέμων τὸ πλεῖστον ἡμέρας τούτῳ μέρος Kock   34 αὐτὸς αὑτὸς
αὑτοῦ A   αὑτῷ Γ   τυγχάνῃ ΘΠΓ   κράτιστος Kock   35 τῶν] διὰ τῶν Α¹

ὁ γέλως τῶν ἡδέων, ἀνάγκη καὶ τὰ γελοῖα ἡδέα εἶναι, καὶ
ἀνθρώπους καὶ λόγους καὶ ἔργα· διώρισται δὲ περὶ γελοίων **1372**ᵃ
χωρὶς ἐν τοῖς περὶ ποιητικῆς. περὶ μὲν οὖν ἡδέων εἰρήσθω
ταῦτα, τὰ δὲ λυπηρὰ ἐκ τῶν ἐναντίων τούτοις φανερά.

12 ῟Ων μὲν οὖν ἕνεκα ἀδικοῦσιν, ταῦτ' ἐστίν· πῶς δὲ ἔχον-
τες καὶ τίνας, λέγωμεν νῦν. αὐτοὶ μὲν οὖν ὅταν οἴωνται 5
δυνατὸν εἶναι τὸ πρᾶγμα πραχθῆναι καὶ αὐτοῖς δυνατόν,
εἶτ' ἂν λαθεῖν πράξαντες, ἢ μὴ λαθόντες μὴ δοῦναι δίκην,
ἢ δοῦναι μὲν ἀλλ' ἐλάττω τὴν ζημίαν εἶναι τοῦ κέρδους
αὐτοῖς ἢ ὧν κήδονται. ποῖα μὲν οὖν δυνατὰ φαίνεται καὶ ποῖα
ἀδύνατα, ἐν τοῖς ὕστερον ῥηθήσεται (κοινὰ γὰρ ταῦτα 10
πάντων τῶν λόγων)· αὐτοὶ δ' οἴονται δυνατοὶ εἶναι μάλιστα
ἀζήμιοι ἀδικεῖν οἱ εἰπεῖν δυνάμενοι καὶ οἱ πρακτικοὶ καὶ
οἱ ἔμπειροι πολλῶν ἀγώνων, κἂν πολύφιλοι ὦσιν, κἂν
πλούσιοι. καὶ μάλιστα μὲν ἂν αὐτοὶ ὦσιν ἐν τοῖς εἰρημένοις
οἴονται δύνασθαι, εἰ δὲ μή, κἂν ὑπάρχωσιν αὐτοῖς τοιοῦτοι 15
φίλοι ἢ ὑπηρέται ἢ κοινωνοί· διὰ γὰρ ταῦτα δύνανται καὶ
πράττειν καὶ λανθάνειν καὶ μὴ δοῦναι δίκην. καὶ ἐὰν φί-
λοι ὦσιν τοῖς ἀδικουμένοις ἢ τοῖς κριταῖς· οἱ μὲν γὰρ φίλοι
ἀφύλακτοί τε πρὸς τὸ ἀδικεῖσθαι καὶ προσκαταλλάττονται
πρὶν ἐπεξελθεῖν, οἱ δὲ κριταὶ χαρίζονται οἷς ἂν φίλοι ὦσι, 20
καὶ ἢ ὅλως ἀφιᾶσιν ἢ μικροῖς ζημιοῦσιν. λαθητικὰ δ' εἰσὶν
οἵ τ' ἐναντίοι τοῖς ἐγκλήμασιν, οἷον ἀσθενεῖς περὶ αἰκίας [καὶ]
ὁ πένης καὶ ὁ αἰσχρὸς περὶ μοιχείας, καὶ τὰ λίαν ἐν φανερῷ
καὶ ἐν ὀφθαλμοῖς· ἀφύλακτα γὰρ διὰ τὸ ὅλως μηδένα ἂν

36 καὶ¹] δὲ καὶ ΘΠΓΕ   1372ᵃ 4 τοσαῦτα Γ   5 αὐτοὶ δ' οἴονται
Γ   7 εἶτ' Spengel: εἴτε codd. Γ   10–11 ταῦτα . . . λόγων ΑΣ:
τῶν μερῶν τῆς ῥητορικῆς ταῦτα ΘΠΓ, + πάντα ΘCD, + πάντων ΒΕΓ   13 οἱ
ΘΠΣ: om. Α   καὶ ἐὰν ΘΠ   καὶ ἐὰν ΘΠ   πολλοὶ φίλοι ΠΥΖΓ
15 αὐτοῖς τοιοῦτοι ΑCΓ: τοιοῦτοι αὐτοῖς ΘΒDΕ   18 ἢ ΑCEQΓ: μηδ'
ΒDΥΖ   19 τε om. Γ: τε + καὶ in ras. Α   προκαταλλάττονται C   20 ἐξ-
ελθεῖν ΘDΕΓ   φιλῶσι Α   21 ἢ¹ om. ΕQΖΓ   λαθητικὰ scripsi
(cf. l. 23): λαθητικοὶ codd. Γ   22 ἀσθενεῖς Α: ἀσθενὴς ΘΠΓ   αἰκίας
ΘΠΑ¹ em.: αἰκείας Α¹   καὶ seclusi   23 ἐν om. Α   φανερὸν Α²
24 ὅλως om. ΘΠΓ   ἂν ΑΓ: om ΘΠ

25 οἴεσθαι. καὶ τὰ τηλικαῦτα καὶ τὰ τοιαῦτα οἷα μηδ' ἂν
εἷς· ἀφύλακτα γὰρ καὶ ταῦτα· πάντες γὰρ τὰ εἰωθότα,
ὥσπερ ἀρρωστήματα, φυλάττονται καὶ τἀδικήματα, ὃ δὲ
μηδείς πω ἠρρώστηκεν, οὐδεὶς εὐλαβεῖται. καὶ οἷς μηδεὶς
ἐχθρὸς ἢ πολλοί· οἱ μὲν γὰρ οἴονται λήσειν διὰ τὸ μὴ φυ-
30 λάττεσθαι, οἱ δὲ λανθάνουσι διὰ τὸ μὴ δοκεῖν ἂν ἐπιχειρῆ-
σαι φυλαττομένοις, καὶ διὰ τὸ ἀπολογίαν ἔχειν ὅτι οὐκ ἂν
ἐνεχείρησαν. καὶ οἷς ὑπάρχει κρύψις ἢ τρόποις ἢ τόποις, ἢ
διαθέσεις εὔποροι. καὶ ὅσοις μὴ λανθάνουσιν ἔστιν δίωσις δίκης
ἢ ἀναβολὴ χρόνου ἢ διαφθοραὶ κριτῶν. καὶ οἷς, ἐὰν γένηται
35 ζημία, ἔστιν δίωσις τῆς ἐκτίσεως ἢ ἀναβολὴ χρόνιος. ἢ ⟨εἰ⟩
δι' ἀπορίαν μηδὲν ἔχει ὅ τι ἀπολέσει. καὶ οἷς τὰ μὲν κέρδη
φανερὰ ἢ μεγάλα ἢ ἐγγύς, αἱ δὲ ζημίαι μικραὶ ἢ ἀφα-
1372ᵇ νεῖς ἢ πόρρω. καὶ ᾧ μὴ ἔστιν τιμωρία ἴση τῇ ὠφελείᾳ, οἷον
δοκεῖ ἡ τυρρανίς. καὶ ὅσοις τὰ μὲν ἀδικήματα λήμματα,
αἱ δὲ ζημίαι ὀνείδη μόνον. καὶ οἷς τοὐναντίον τὰ μὲν ἀδική-
ματα εἰς ἔπαινόν τινα, οἷον εἰ συνέβη ἅμα τιμωρήσασθαι
5 ὑπὲρ πατρὸς ἢ μητρός, ὥσπερ Ζήνωνι, αἱ δὲ ζημίαι εἰς
χρήματα ἢ φυγὴν ἢ τοιοῦτόν τι· δι' ἀμφότερα γὰρ ἀδι-
κοῦσι καὶ ἀμφοτέρως ἔχοντες, πλὴν οὐχ οἱ αὐτοὶ ἀλλ' οἱ
ἐναντίοι τοῖς ἤθεσιν. καὶ οἱ πολλάκις ἢ λεληθότες ἢ μὴ ἐζη-
μιωμένοι, καὶ οἱ πολλάκις ἀποτετυχηκότες (εἰσὶ γάρ τινες
10 καὶ ἐν τοῖς τοιούτοις, ὥσπερ ἐν τοῖς πολεμικοῖς, οἷοι ἀνα-
μάχεσθαι). καὶ οἷς ἂν παραχρῆμα ᾖ τὸ ἡδύ, τὸ δὲ λυπηρὸν

---

25 τοιαῦτα ἃ μηδὲ εἷς ΘΠΓ   27 καὶ τἀδικήματα om. A²   καὶ] οὕτω
καὶ Γ   28 ἠρρώστησεν ΘΠ   30 διὰ ΑΓ: τε διὰ ΘΠ   31 φυλατ-
τομένους ΓΣ   32 ἐπεχείρησεν ΘΒDΕ: ἐπεχείρησαν C   τρόποις A²:
τρόπος ΘΠΓ, ut vid. A¹   33 διαθέσεσιν εὐπόροις Richards   διάθεσις
ΘΠ, A¹ m., Γ   εὔπορος ΘΠΓ   33 λαθοῦσιν ΘΠ   34 χρόνιος
ΘΠΓ   35 ἐκτίσεως] κτήσεως A²DQΓ   εἰ add. Spengel   36 ἔχει
Richards: ἔξει codd.   ἀπολέσει ΘΠA²: ἀπολέσῃ A¹Γ   1372ᵇ 1 ᾧ ΘΠΓ:
ὧν A   2 ᾖ] ἔχειν ἢ ΘΠΓ   4 εἰς ACEQΓ: ὡς BDYZ   6 δι'
ἀμφότερα A¹Σ: καὶ ἀμφότεροι ΘΠA¹ m., Γ   9 οἱ ΘΠA²: om. A¹
1c ὥσπερ+καὶ ΘΠΓ   οἷοι ἀναμάχεσθαι] qui victi penitus volunt vincere
G   οἷοι Victorius: οἷον codd.

ὕστερον, ἢ τὸ κέρδος, ἡ δὲ ζημία ὕστερον· οἱ γὰρ ἀκρατεῖς
τοιοῦτοι, ἔστιν δὲ ἀκρασία περὶ πάντα ὅσων ὀρέγονται. καὶ οἷς
ἂν τοὐναντίον τὸ μὲν λυπηρὸν ἤδη ᾖ ἢ ἡ ζημία, τὸ δὲ ἡδὺ
καὶ ⟨τὸ⟩ ὠφέλιμον ὕστερα καὶ χρονιώτερα· οἱ γὰρ ἐγκρατεῖς καὶ 15
φρονιμώτεροι τὰ τοιαῦτα διώκουσιν. καὶ οἷς ἂν ἐνδέχηται διὰ
τύχην δόξαι πρᾶξαι ἢ δι᾽ ἀνάγκην ἢ διὰ φύσιν ἢ δι᾽ ἔθος,
καὶ ὅλως ἁμαρτεῖν ἀλλὰ μὴ ἀδικεῖν. καὶ οἷς ἂν ᾖ τοῦ ἐπι-
εικοῦς τυχεῖν. καὶ ὅσοι ἂν ἐνδεεῖς ὦσιν· διχῶς δέ εἰσιν ἐνδεεῖς· ἢ
γὰρ ὡς ἀναγκαίου, ὥσπερ οἱ πένητες, ἢ ὡς ὑπερβολῆς, ὥσπερ οἱ 20
πλούσιοι. καὶ οἱ σφόδρα εὐδοκιμοῦντες καὶ οἱ σφόδρα ἀδοξοῦν-
τες, οἱ μὲν ὡς οὐ δόξοντες, οἱ δ᾽ ὡς οὐδὲν μᾶλλον ἀδοξοῦντες.

αὐτοὶ μὲν οὖν οὕτως ἔχοντες ἐπιχειροῦσιν ⟨ἀδικεῖν⟩, ἀδι-
κοῦσι δὲ τοὺς τοιούτους καὶ τὰ τοιαῦτα, τοὺς ἔχοντας ὧν
αὐτοὶ ἐνδεεῖς ἢ εἰς τἀναγκαῖα ἢ εἰς ὑπεροχὴν ἢ εἰς ἀπό- 25
λαυσιν, καὶ τοὺς πόρρω καὶ τοὺς ἐγγύς· τῶν μὲν γὰρ ἡ
λῆψις ταχεῖα, τῶν δ᾽ ἡ τιμωρία βραδεῖα, οἷον οἱ συλῶντες
τοὺς Καρχηδονίους. καὶ τοὺς μὴ εὐλαβεῖς μηδὲ φυλακτικοὺς
ἀλλὰ πιστευτικούς· ῥάδιον γὰρ πάντας λαθεῖν. καὶ τοὺς ῥα-
θύμους· ἐπιμελοῦς γὰρ τὸ ἐπεξελθεῖν. καὶ τοὺς αἰσχυντηλούς· 30
οὐ γὰρ μαχητικοὶ περὶ κέρδους. καὶ τοὺς ὑπὸ πολλῶν ἀδικη-
θέντας καὶ μὴ ἐπεξελθόντας, ὡς ὄντας κατὰ τὴν παροιμίαν
τούτους Μυσῶν λείαν. καὶ τοὺς μηδεπώποτε καὶ τοὺς πολλάκις·
ἀμφότεροι γὰρ ἀφύλακτοι, οἱ μὲν ὡς οὐδέποτε, οἱ δ᾽ ὡς οὐκ ἂν
ἔτι. καὶ τοὺς διαβεβλημένους ἢ εὐδιαβόλους· οἱ τοιοῦτοι γὰρ 35
οὔτε προαιροῦνται, φοβούμενοι τοὺς κριτάς, οὔτε δύνανται
πείθειν, ὡς μισούμενοι καὶ φθονούμενοι. καὶ πρὸς οὓς
ἔχουσι πρόφασιν ἢ προγόνων ἢ αὐτῶν ἢ φίλων ἢ ποιη- 1373ᵃ

12 γὰρ] δὲ ΘΠΓ   14 ᾖ om. ΘΠΓ   ἡ om. Α¹   15 τὸ addidi   16 τὰ
om. ΘΠ   ἀδικοῦσι Σ   22 ἀδοξοῦντες] δόξοντες ΘΠ: glorificantur
G   23 ἀδικεῖν add. Spengel   28 Calcedonios G: καὶ Κηδονίους Σ
apud Rabe: Χαλκηδονίους Gaisford   29 πάντας] αὐτοὺς Richards
ῥαθύμους ΑΓ: ῥαθυμοῦντας ΘΠ   33 τοὺς¹] οὓς ΘΠΣ   τοὺς² Basil.³:
οὓς codd.   35 ἢ] καὶ Γ   36 προαιροῦνται + ἐπεξιέναι Vahlen   37 ὡς
Γ et ut vid. Α¹: ὧν οἱ ΘΠΑ²   φθονούμενοι Α¹Γ: + εἰσιν ΘΠΑ²

σάντων κακῶς ἢ μελλησάντων, ἢ αὐτοὺς ἢ προγόνους ἢ ὧν κή-
δονται· ὥσπερ γὰρ ἡ παροιμία, προφάσεως δεῖται μόνον ἡ
πονηρία. καὶ τοὺς ἐχθροὺς καὶ τοὺς φίλους· τοὺς μὲν γὰρ ῥᾴ-
5 διον, τοὺς δὲ ἡδύ. καὶ τοὺς ἀφίλους, καὶ τοὺς μὴ δεινοὺς εἰ-
πεῖν ἢ πρᾶξαι· ἢ γὰρ οὐκ ἐγχειροῦσιν ἐπεξιέναι, ἢ καταλλάττον-
ται, ἢ οὐδὲν περαίνουσιν. καὶ οἷς μὴ λυσιτελεῖ διατρί-
βειν ἐπιτηροῦσιν ἢ δίκην ἢ ἔκτισιν, οἷον οἱ ξένοι καὶ αὐτουργοί·
ἐπὶ μικρῷ τε γὰρ διαλύονται καὶ ῥᾳδίως καταπαύονται.
10 καὶ τοὺς πολλὰ ἠδικηκότας, ἢ τοιαῦτα οἷα ἀδικοῦνται· ἐγ-
γὺς γὰρ τι δοκεῖ τοῦ μὴ ἀδικεῖν εἶναι ὅταν τι τοιοῦτον
ἀδικηθῇ τις οἷον εἰώθει καὶ αὐτὸς ἀδικεῖν· λέγω δ᾽ οἷον εἴ
τις τὸν εἰωθότα ὑβρίζειν αἰκίσαιτο. καὶ τοὺς ἢ πεποιηκότας
κακῶς ἢ βουληθέντας ἢ βουλομένους ἢ ποιήσοντας· ἔχει γὰρ
15 καὶ τὸ ἡδὺ καὶ τὸ καλόν, καὶ ἐγγὺς τοῦ μὴ ἀδικεῖν φαί-
νεται. καὶ οἷς χαριοῦνται ἢ φίλοις ἢ θαυμαζομένοις ἢ
ἐρωμένοις ἢ κυρίοις ἢ ὅλως πρὸς οὓς ζῶσιν αὐτοί. καὶ πρὸς
οὓς ἔστιν ἐπιεικείας τυχεῖν. καὶ οἷς ἂν ἐγκεκληκότες ὦσιν
καὶ προδιακεχωρηκότες, οἷον Κάλλιππος ἐποίησεν τὰ περὶ
20 Δίωνα· καὶ γὰρ τὰ τοιαῦτα ἐγγὺς τοῦ μὴ ἀδικεῖν φαίνε-
ται. καὶ τοὺς ὑπ᾽ ἄλλων μέλλοντας, ἂν μὴ αὐτοί, ὡς οὐκέτι
ἐνδεχόμενον βουλεύσασθαι, ὥσπερ λέγεται Αἰνεσίδημος Γέ-
λωνι πέμψαι κοττάβια ἀνδραποδισαμένῳ ⟨ ⟩, ὅτι ἔφθασεν,
ὡς καὶ αὐτὸς μέλλων. καὶ οὓς ἀδικήσαντες δυνήσονται
25 πολλὰ δίκαια πράττειν, ὡς ῥᾳδίως ἰασόμενοι, ὥσπερ ἔφη
Ἰάσων ὁ Θετταλὸς δεῖν ἀδικεῖν ἔνια, ὅπως δύνηται καὶ
δίκαια πολλὰ ποιεῖν. καὶ ἃ πάντες ἢ πολλοὶ ἀδικεῖν
εἰώθασιν· συγγνώμης γὰρ οἴονται τεύξεσθαι. καὶ τὰ ῥᾴ-
δια κρύψαι· τοιαῦτα δὲ ὅσα ταχὺ ἀναλίσκεται, οἷον τὰ
30 ἐδώδιμα, ἢ τὰ εὐμετάβλητα σχήμασιν ἢ χρώμασιν ἢ

1373ᵃ 3 δέεται ΘΠ   9 ῥᾳδίως+οἱ τοιοῦτοι ΘΠΓ   12 οἷον] ὅτι
Α   13 αἰκίσοιτο Α   14 ἢ³] καὶ ci. Spengel   15 ἐγγὺς+τοῦτο
ΘΠΓ   φαίνεσθαι Γ   18 ἐγκεκληκότες Α   19 ἐποίησεν ABCQZΓ·
ἐποίει DEYⁱ   23 ante ὅτι populi nomen excidisse vidit Casaubon
28 τεύξασθαι ΑΓ   29 ὅσα+ἢ ΘΠΓ

κράσεσιν, ἢ ἃ πολλαχοῦ ἀφανίσαι εὔπορον· τοιαῦτα δὲ
τὰ εὐβάστακτα καὶ ἐν μικροῖς τόποις ἀφανιζόμενα. καὶ
οἷς ἀδιάφορα καὶ ὅμοια πολλὰ προϋπῆρχεν τῷ ἀδικοῦντι.
καὶ ὅσα αἰσχύνονται οἱ ἀδικηθέντες λέγειν, οἷον γυναικῶν
οἰκείων ὕβρεις ἢ εἰς αὑτοὺς ἢ εἰς υἱεῖς. καὶ ὅσα φιλοδικεῖν 35
δόξειεν ἂν ὁ ἐπεξιών· τοιαῦτα δὲ τὰ μικρὰ καὶ ἐφ᾽
οἷς συγγνώμη. ὡς μὲν οὖν ἔχοντες ἀδικοῦσι, καὶ ποῖα καὶ
ποίους καὶ διὰ τί, σχεδὸν ταῦτ᾽ ἐστίν

13   Τὰ δ᾽ ἀδικήματα πάντα καὶ τὰ δικαιώματα διέλωμεν **1373ᵇ**
ἀρξάμενοι πρῶτον ἐντεῦθεν. ὥρισται δὴ τὰ δίκαια καὶ
τὰ ἄδικα πρός τε νόμους δύο καὶ πρὸς οὕς ἐστι διχῶς.

λέγω δὲ νόμον τὸν μὲν ἴδιον, τὸν δὲ κοινόν, ἴδιον μὲν τὸν
ἑκάστοις ὡρισμένον πρὸς αὑτούς, καὶ τοῦτον τὸν μὲν ἄγρα- 5
φον, τὸν δὲ γεγραμμένον, κοινὸν δὲ τὸν κατὰ φύσιν. ἔστι
γάρ τι ὃ μαντεύονται πάντες, φύσει κοινὸν δίκαιον καὶ
ἄδικον, κἂν μηδεμία κοινωνία πρὸς ἀλλήλους ᾖ μηδὲ συν-
θήκη, οἷον καὶ ἡ Σοφοκλέους Ἀντιγόνη φαίνεται λέγουσα,
ὅτι δίκαιον ἀπειρημένου θάψαι τὸν Πολυνείκη, ὡς φύσει 10
ὂν τοῦτο δίκαιον·

    οὐ γάρ τι νῦν γε κἀχθές, ἀλλ᾽ ἀεί ποτε
    ζῇ τοῦτο, κοὐδεὶς οἶδεν ἐξ ὅτου φάνη·

καὶ ὡς Ἐμπεδοκλῆς λέγει περὶ τοῦ μὴ κτείνειν τὸ ἔμ-
ψυχον· τοῦτο γὰρ οὐ τισὶ μὲν δίκαιον τισὶ δ᾽ οὐ δίκαιον, 15

    ἀλλὰ τὸ μὲν πάντων νόμιμον διά τ᾽ εὐρυμέδοντος
    αἰθέρος ἠνεκέως τέταται διά τ᾽ ἀπλέτου αὐγῆς·

34 λέγειν οἱ ἀδικηθέντες ΘΠΓ   35 εἰς² om. A   36 τὰ ΑΓ : +τε
ΘΠ   1373ᵇ 3 δύο secl. Spengel   7 τι ὃ μαντεύονται scripsi : ὃ
μαντεύονταί τι codd. Γ: ὃ μαντεύονται Σ: ὅτι μαντεύονται Richards   φύσει
κοινὸν ΘΑΒΔΕΓ: φύσει C: φυσικὸν γρ. Β²Υ²   8 μηδεμία κοινωνία
ΘΠΑ²Γ: μηδεμίαν κοινωνίαν Α¹Σ   ᾖ μηδὲ συνθήκη om. Σ   10 ἀπειρη-
μένου scripsi: ἀπειρημένον codd. Γ   Πολυνείκη Bekker: πολυνίκη Α:
πολυνείκην ΘΠ   17 αἰθέρα Α²(?)   ως in ἠνεκέως corr. Α¹   τέταται
ΑΓ: τέτακται ΘΒΕ   αὐγῆς ΑΒΣΕΥΖΓ: αὖ γῆς DQ

καὶ ὡς ἐν τῷ Μεσσηνιακῷ λέγει Ἀλκιδάμας, "ἐλευθέρους ἀφῆκε
18ᵃ πάντας θεός, οὐδένα δοῦλον ἡ φύσις πεποίηκεν". πρὸς οὓς
20 δέ, διώρισται δίχα· ὥρισται γὰρ πρὸς τὸ κοινὸν ἢ πρὸς
ἕνα τῶν κοινωνούντων ἃ δεῖ πράττειν καὶ μὴ πράττειν· διὸ
καὶ τἀδικήματα καὶ τὰ δικαιώματα διχῶς ἔστιν ἀδικεῖν
καὶ δικαιοπραγεῖν· ἢ γὰρ πρὸς ἕνα καὶ ὡρισμένον ἢ πρὸς
τὸ κοινόν· ὁ γὰρ μοιχεύων καὶ τύπτων ἀδικεῖ τινα τῶν ὡρι-
σμένων, ὁ δὲ μὴ στρατευόμενος τὸ κοινόν.

25 ἁπάντων δὴ τῶν ἀδικημάτων διῃρημένων, καὶ τῶν μὲν
ὄντων πρὸς τὸ κοινὸν τῶν δὲ πρὸς ἄλλον ἢ πρὸς ἄλλους,
ἀναλαβόντες τί ἐστιν τὸ ἀδικεῖσθαι λέγωμεν. ἔστι δὴ τὸ
ἀδικεῖσθαι τὸ ὑπὸ ἑκόντος τὰ ἄδικα πάσχειν· τὸ γὰρ ἀδι-
κεῖν ὥρισται πρότερον ἑκούσιον εἶναι. ἐπεὶ δ' ἀνάγκη τὸν
30 ἀδικούμενον βλάπτεσθαι καὶ ἑκουσίως βλάπτεσθαι, αἱ μὲν
βλάβαι ἐκ τῶν πρότερον φανεραί εἰσιν· τὰ γὰρ ἀγαθὰ καὶ
τὰ κακὰ εἴρηται καθ' αὑτὰ πρότερον καὶ τὰ ἑκούσια, ὅτι
ἔστιν ὅσα εἰδότες, ὥστ' ἀνάγκη πάντα τὰ ἐγκλήματα
ἢ πρὸς τὸ κοινὸν ἢ πρὸς τὸ ἴδιον εἶναι, καὶ ἢ ἀγνοοῦντος
35 καὶ ἄκοντος ἢ ἑκόντος καὶ εἰδότος, καὶ τούτων τὰ μὲν
προελομένου τὰ δὲ διὰ πάθος. περὶ μὲν οὖν θυμοῦ ῥηθήσεται
ἐν τοῖς περὶ τὰ πάθη, ποῖα δὲ προαιροῦνται καὶ πῶς
ἔχοντες εἴρηται πρότερον. ἐπεὶ δ' ὁμολογοῦντες πολ-
1374ᵃ λάκις πεπραχέναι ἢ τὸ ἐπίγραμμα οὐχ ὁμολογοῦσιν ἢ
περὶ ὃ τὸ ἐπίγραμμα, οἷον λαβεῖν μὲν ἀλλ' οὐ κλέψαι, καὶ
πατάξαι πρότερον ἀλλ' οὐχ ὑβρίσαι, καὶ συγγενέσθαι ἀλλ' οὐ
μοιχεῦσαι, ἢ κλέψαι μὲν ἀλλ' οὐχ ἱεροσυλῆσαι (οὐ γὰρ θεοῦ

18 λέγει ἐν τῷ μεσσηνιακῷ ἀλκίδαμος ΘΠΓ   post Ἀλκιδάμας lacunam
esse percepit Spengel   ἐλευθέρους . . . πεποίηκεν add. Σ   19 δίχα·
ὥρισται] διχῶς διώρισται (+δίκαιον ἢ ἄδικον Γ) ἢ ΘΠΓ   22 καὶ² om.
ΘΠΓ   26 ἢ scripsi: καὶ codd. Γ   27 λέγωμεν+τὰ λοιπὰ ΘΠΓ
δὲ ΘΒCDΓ   28 ἑκόντων ΘΒΔΕΓ   29 δ' om. Γ   τῶν Α
30 ἑκουσίως Richards (cf. ll. 28, 32): ἀκουσίως codd. Γ   32 διήρηται ΘΠΓ
34 τὸ² om. ΘΒΔΕΣ   καὶ ἢ Σ: ἢ καὶ Π(?)Α: ἢ ΘΓ   1374ᵃ 4 μὲν
om ΘΠΓ

τι), ἢ ἐπεργάσασθαι μὲν ἀλλ' οὐ δημοσίαν, ἢ διειλέχθαι 5
μὲν τοῖς πολεμίοις ἀλλ' οὐ προδοῦναι, διὰ ταῦτα δέοι ἂν
καὶ περὶ τούτων διωρίσθαι, τί κλοπή, τί ὕβρις, τί μοιχεία,
ὅπως ἐάν τε ὑπάρχειν ἐάν τε μὴ ὑπάρχειν βουλώμεθα
δεικνύναι ἔχωμεν ἐμφανίζειν τὸ δίκαιον. ἔστι δὲ πάντα
τὰ τοιαῦτα περὶ τοῦ ἄδικον εἶναι καὶ φαῦλον ἢ μὴ ἄδικον 10
[ἡ] ἀμφισβήτησις· ἐν γὰρ τῇ προαιρέσει ἡ μοχθηρία καὶ τὸ
ἀδικεῖν, τὰ δὲ τοιαῦτα τῶν ὀνομάτων προσσημαίνει τὴν
προαίρεσιν, οἷον ὕβρις καὶ κλοπή· οὐ γὰρ εἰ ἐπάταξεν πάν-
τως ὕβρισεν, ἀλλ' εἰ ἕνεκά του, οἷον τοῦ ἀτιμάσαι ἐκεῖνον ἢ
αὐτὸς ἡσθῆναι. οὐδὲ πάντως, εἰ λάθρᾳ ἔλαβεν, ἔκλεψεν, ἀλλ' 15
εἰ ἐπὶ βλάβῃ ⟨τούτου ἀφ' οὗ ἔλαβε⟩ καὶ σφετερισμῷ ἑαυτοῦ.
ὁμοίως δὲ καὶ περὶ τῶν ἄλλων ἔχει ὥσπερ καὶ περὶ τούτων.

ἐπεὶ δὲ τῶν δικαίων καὶ τῶν ἀδίκων ἦν δύο εἴδη
(τὰ μὲν γὰρ γεγραμμένα τὰ δ' ἄγραφα), περὶ ὧν μὲν οἱ
νόμοι ἀγορεύουσιν εἴρηται, τῶν δ' ἀγράφων δύο ἔστιν εἴδη· 20
ταῦτα δ' ἐστὶν τὰ μὲν καθ' ὑπερβολὴν ἀρετῆς καὶ κα-
κίας, ἐφ' οἷς ὀνείδη καὶ ἔπαινοι καὶ ἀτιμίαι, καὶ τιμαὶ
καὶ δωρεαί (οἷον τὸ χάριν ἔχειν τῷ ποιήσαντι εὖ καὶ
ἀντευποιεῖν τὸν εὖ ποιήσαντα, καὶ βοηθητικὸν εἶναι τοῖς
φίλοις, καὶ ὅσα ἄλλα τοιαῦτα), τὰ δὲ τοῦ ἰδίου νόμου καὶ 25
γεγραμμένου ἔλλειμμα. τὸ γὰρ ἐπιεικὲς δοκεῖ δίκαιον
εἶναι, ἔστιν δὲ ἐπιεικὲς τὸ παρὰ τὸν γεγραμμένον νόμον δί-
καιον. συμβαίνει δὲ τοῦτο τὰ μὲν ἑκόντων τὰ δὲ ἀκόν-
των τῶν νομοθετῶν, ἀκόντων μὲν ὅταν λάθῃ, ἑκόντων δ'
ὅταν μὴ δύνωνται διορίσαι, ἀλλ' ἀναγκαῖον μὲν ᾖ καθ- 30
όλου εἰπεῖν, μὴ ᾖ δέ, ἀλλ' ὡς ἐπὶ τὸ πολύ, καὶ ὅσα μὴ

5 ἢ ΘΠΓ: om. A   δημοσίαν Α¹Σ: δημόσια ΘΠΑ²: publice G   6 προ-
δοῦναι ΠΑΘΓ: προδιδόναι YZ   7 διορίσασθαι ΘΠΓ   9 δίκαιον
+καὶ ἄδικον Σ   11 ἡ¹ secl. Richards: περὶ οὗ ἡ BCEY²   ἡ²] ἐστὶν ἡ
ΘΠΓ   μοχθηρία ABDEQΓ: ἀδικία καὶ μοχθηρία YZ: ἡ ἀδικία C   16 τού-
του ... ἔλαβε Γ: ἔκλεψε codd.   22 καί³ om. ΘΠΓ   24 εἶναι
om. A   26 γεγραμμένου ΑΕΓ: ἐγγεγραμμένου ΘBCD   ἔλλειμα A
27 τὸ om. A   28 ἀκόντων ... ἑκόντων ΘΠΓ

ῥᾴδιον διορίσαι δι' ἀπειρίαν, οἷον τὸ τρῶσαι σιδήρῳ πηλίκῳ
καὶ ποίῳ τινί· ὑπολείποι γὰρ ἂν ὁ αἰὼν διαριθμοῦντα. ἂν
οὖν ᾖ ἀόριστον, δέῃ δὲ νομοθετῆσαι, ἀνάγκη ἁπλῶς εἰπεῖν,
35 ὥστε κἂν δακτύλιον ἔχων ἐπάρηται τὴν χεῖρα ἢ πατάξῃ,
κατὰ μὲν τὸν γεγραμμένον νόμον ἔνοχός ἐστι καὶ ἀδικεῖ,
1374ᵇ κατὰ δὲ τὸ ἀληθὲς οὐκ ἀδικεῖ, καὶ τὸ ἐπιεικὲς τοῦτό ἐστιν.
εἰ δὲ ἐστὶ τὸ εἰρημένον τὸ ἐπιεικές, φανερὸν ποῖά ἐστι τὰ
ἐπιεικῆ καὶ οὐκ ἐπιεικῆ, καὶ ποῖοι οὐκ ἐπιεικεῖς ἄνθρωποι·
ἐφ' οἷς τε γὰρ δεῖ συγγνώμην ἔχειν, ἐπιεικῆ ταῦτα, καὶ τὸ τὰ
5 ἁμαρτήματα καὶ τὰ ἀδικήματα μὴ τοῦ ἴσου ἀξιοῦν, μηδὲ τὰ
ἁμαρτήματα καὶ τὰ ἀτυχήματα· [ἔστιν] ἀτυχήματα μὲν ⟨γὰρ⟩
ὅσα παράλογα καὶ μὴ ἀπὸ μοχθηρίας, ἁμαρτήματα δὲ ὅσα
μὴ παράλογα καὶ μὴ ἀπὸ πονηρίας, ἀδικήματα δὲ
ὅσα μήτε παράλογα ἀπὸ πονηρίας τέ ἐστιν· τὰ γὰρ δι'
10 ἐπιθυμίαν ἀπὸ πονηρίας. καὶ τὸ τοῖς ἀνθρωπίνοις
συγγινώσκειν ἐπιεικές. καὶ τὸ μὴ πρὸς τὸν νόμον
ἀλλὰ πρὸς τὸν νομοθέτην, καὶ μὴ πρὸς τὸν λόγον
ἀλλὰ πρὸς τὴν διάνοιαν τοῦ νομοθέτου σκοπεῖν, καὶ μὴ
πρὸς τὴν πρᾶξιν ἀλλὰ πρὸς τὴν προαίρεσιν, καὶ μὴ πρὸς
15 τὸ μέρος ἀλλὰ πρὸς τὸ ὅλον, μηδὲ ποῖός τις νῦν, ἀλλὰ
ποῖός τις ἦν ἀεὶ ἢ ὡς ἐπὶ τὸ πολύ. καὶ τὸ μνημονεύειν
μᾶλλον ὧν ἔπαθεν ἀγαθῶν ἢ κακῶν, καὶ ἀγαθῶν ὧν
ἔπαθε μᾶλλον ἢ ⟨ὧν⟩ ἐποίησεν. καὶ τὸ ἀνέχεσθαι ἀδικούμενον.
καὶ τὸ μᾶλλον λόγῳ ἐθέλειν κρίνεσθαι ἢ ἔργῳ. καὶ τὸ εἰς
20 δίαιταν μᾶλλον ἢ εἰς δίκην βούλεσθαι ἰέναι· ὁ γὰρ

---

32 σιδήρῳ ΑΓ: +καὶ ΘΠ   33 ὑπολείποι ΠΑΖΓ: ὑπολείπει QY¹
ἂν ΑΓ: δὴ ΘΠ   διαριθμοῦντας Α(?)ΔΕΓ   34 ἀδιόριστον ΘΠΑ²
δέῃ] δὲ ᾗ Α   36 ἔσται Α   1374ᵇ 1 δὴ ci. Spengel   τὸ² om.
ΕQΥ¹Ζ   2 τὸ² om. ΘΠ   ὁποῖά ΘΠ   3-4 καὶ¹ . . . ἐπιεικῆ
om. DQΥ¹ΖΓ   5-6 τὰ ἁμαρτήματα καὶ ΘΔΕΥ¹Γ: om. ΑΒCΥ²
6 ἀτυχήματα μὲν γὰρ scripsi: τὰ μὲν γὰρ Α¹: ἔστιν ἀτυχήματα μὲν ΘΠ: ἔστι
δ' ἀτυχήματα μὲν Γ   9-10 τὰ . . . πονηρίας om. ΑΓ   12 ἀλλὰ
. . . λόγον om. C   καὶ+τὸ ΘΠ   νομοθέτην+σκοπεῖν ΘΠΓ
16 ἦν om. ΠΥΖΓ   18 ὧν addidi

διαιτητὴς τὸ ἐπιεικὲς ὁρᾷ, ὁ δὲ δικαστὴς τὸν νόμον· καὶ
τούτου ἕνεκα διαιτητὴς εὑρέθη, ὅπως τὸ ἐπιεικὲς ἰσχύῃ.

περὶ μὲν οὖν τῶν ἐπιεικῶν διωρίσθω τὸν τρόπον τοῦτον.

14 Ἀδίκημα δὲ μεῖζον, ὅσῳ ἂν ἀπὸ μείζονος ᾖ ἀδι-
κίας· διὸ τὰ ἐλάχιστα μέγιστα, οἷον ὁ Μελανώπου 25
Καλλίστρατος κατηγόρει, ὅτι παρελογίσατο τρία ἡμιωβέλια
ἱερὰ τοὺς ναοποιούς· ἐπὶ δικαιοσύνης δὲ τοὐναντίον. ἔστιν
δὲ ταῦτα ἐκ τοῦ ἐνυπάρχειν τῇ δυνάμει· ὁ γὰρ τρία ἡμιω-
βέλια ἱερὰ κλέψας κἂν ὁτιοῦν ἀδικήσειεν. ὁτὲ μὲν δὴ οὕτω
τὸ μεῖζον, ὁτὲ δ' ἐκ τοῦ βλάβους κρίνεται. καὶ οὗ μὴ ἔστιν 30
ἴση τιμωρία, ἀλλὰ πᾶσα ἐλάττων. καὶ οὗ μὴ ἔστιν ἴασις·
χαλεπὸν γὰρ †καὶ ἀδύνατον†. καὶ οὗ μὴ ἔστιν δίκην λαβεῖν
τὸν παθόντα· ἀνίατον γάρ· ἡ γὰρ δίκη καὶ κόλασις καὶ ἴασις.
καὶ εἰ ὁ παθὼν καὶ ἀδικηθεὶς αὐτὸς αὑτὸν μεγάλως ἐκο-
λασεν· ἔτι γὰρ μείζονι ὁ ποιήσας δίκαιος κολασθῆναι, 35
οἷον Σοφοκλῆς ὑπὲρ Εὐκτήμονος συνηγορῶν, ἐπεὶ ἀπέσφα-
ξεν ἑαυτὸν ὑβρισθείς, οὐ τιμήσειν ἔφη ἐλάττονος ἢ ὁ πα- **1375**ᵃ
θὼν ἑαυτῷ ἐτίμησεν. καὶ ὁ μόνος ἢ πρῶτος ἢ μετ' ὀλίγων
πεποίηκεν. καὶ τὸ πολλάκις τὸ αὐτὸ ἁμαρτάνειν [μέγα].
καὶ δι' ὃ ἂν ζητηθῇ καὶ εὑρεθῇ τὰ κωλύοντα καὶ ζημιοῦντα,
οἷον ἐν Ἄργει ζημιοῦται δι' ὃν ἂν νόμος τεθῇ καὶ δι' οὓς τὸ 5
δεσμωτήριον ᾠκοδομήθη. καὶ τὸ θηριωδέστερον ἀδίκημα
μεῖζον. καὶ ὁ ἐκ προνοίας μᾶλλον. καὶ ὃ οἱ ἀκούοντες

21–22 τὸ . . . διαιτητὴς om. Υ¹   22 ἡρέθη QΥ¹ΖΓ   24 ἀδική-
ματα δὲ μείζονα ὅσα ἀπὸ ΘΠΓΣ   25 διὸ ΑΓΣ: +καὶ ΘΠ   ὃ om. DEΓ
28 ὑπερέχειν ΘΠΑ¹ s.l., Γ   28–29 ἱερὰ ἡμιωβέλια ΘΠ: ἡμιωβέλια Γ
31 τιμωρία . . . ἔστιν ΘΠΓ: om. A   32 καὶ ἀδύνατον corruptum:
πᾶν ἀνίατον Muretus: τὸ ἀδύνατον F. Portus: καὶ τὸ ἀδύνατον Thurot
33 καὶ² A: om. ΘΠΓ   34 καὶ² ΑΓ: +εἰ ὁ ΘΠ   35 μείζονι] μεῖζον ἢ
A²   1375ᵃ 1 τιμητέον Γ   ἢ+οὗ ΘΠΓ   2 ἐτίμησεν ἑαυτὸν ΘΠΓ
3 μέγα codd. Γ: secl. Spengel   4 ὃ ΑDEΓ: ὃν ΘΒC   ζητηθῇ καὶ
εὑρεθῇ ΘΒDEΓ: ζητηθείη καὶ εὑρεθείη Α¹: ζητηθῇ καὶ εὑρεθείη Α²: ζητηθῇ
καὶ αὐξηθῇ καὶ εὑρεθῇ C: ἐξητήθη καὶ εὑρέθη Σ   5 ζημιοῦσι BDEΥ²ΖΓ
οὓς] ὃν BCΥ²: οὓς ἂν Γ   6 οἰκοδομηθῇ Γ   7 δ¹ ΑΓ: τὸ
ΘΠΣ

φοβοῦνται μᾶλλον ἢ ἐλεοῦσιν. καὶ τὰ μὲν ῥητορικά ἐστι
τοιαῦτα, ὅτι πολλὰ ἀνήρηκεν ἢ ὑπερβέβηκεν, οἷον
10 ὅρκους, δεξιάς, πίστεις, ἐπιγαμίας· πολλῶν γὰρ ἀδικημάτων
ὑπεροχή. καὶ τὸ ἐνταῦθα οὗ κολάζονται οἱ ἀδικοῦντες, ὅπερ
ποιοῦσιν οἱ ψευδομαρτυροῦντες· ποῦ γὰρ οὐκ ἂν ἀδικήσαιεν,
εἴ γε καὶ ἐν τῷ δικαστηρίῳ; καὶ ἐφ' οἷς αἰσχύνη μάλιστα.
καὶ εἰ τοῦτον ὑφ' οὗ εὖ πέπονθεν· πλείω γὰρ ἀδικεῖ, ὅτι τε
15 κακῶς ποιεῖ καὶ ὅτι οὐκ εὖ. καὶ ὃ παρὰ τὰ ἄγραφα δί-
καια· ἀμείνονος γὰρ μὴ δι' ἀνάγκην δίκαιον εἶναι· τὰ μὲν
οὖν γεγραμμένα ἐξ ἀνάγκης, τὰ δ' ἄγραφα οὔ. ἄλλον
δὲ τρόπον, εἰ παρὰ τὰ γεγραμμένα· ὁ γὰρ τὰ φο-
βερὰ ἀδικῶν καὶ τὰ ἐπιζήμια καὶ τὰ ἀζήμια ἀδι-
20 κήσειεν ἄν. περὶ μὲν οὖν ἀδικήματος μείζονος καὶ ἐλάτ-
τονος εἴρηται.

Περὶ δὲ τῶν ἀτέχνων καλουμένων πίστεων ἐχόμενόν 15
ἐστι τῶν εἰρημένων ἐπιδραμεῖν· ἴδιαι γὰρ αὗται τῶν δικα-
νικῶν. εἰσὶν δὲ πέντε τὸν ἀριθμόν, νόμοι, μάρτυρες, συνθῆκαι,
25 βάσανοι, ὅρκοι. πρῶτον μὲν οὖν περὶ νόμων εἴπωμεν, πῶς
χρηστέον καὶ προτρέποντα καὶ ἀποτρέποντα καὶ κατηγο-
ροῦντα καὶ ἀπολογούμενον. φανερὸν γὰρ ὅτι, ἐὰν μὲν ἐναν-
τίος ᾖ ὁ γεγραμμένος τῷ πράγματι, τῷ κοινῷ χρηστέον
καὶ τοῖς ἐπιεικεστέροις καὶ δικαιοτέροις. καὶ ὅτι τὸ " γνώμῃ
30 τῇ ἀρίστῃ " τοῦτ' ἐστίν, τὸ μὴ παντελῶς χρῆσθαι τοῖς γεγραμ-
μένοις. καὶ ὅτι τὸ μὲν ἐπιεικὲς ἀεὶ μένει καὶ οὐδέποτε

9 ἂν εἴρηκεν A: ἀνήρηκε δίκαια ΘΠΓ   10 ἐπιγαμείας A   11 ὑπεροχὴ
ΘΠΑ²Γ: ὑπερέχει Α¹   12 ψευδομάρτυρες ΘΠΓΣ   ἀδικήσαιεν ΠΥΓ:
ἀδικήσειεν A: ἀδικήσειαν Γ: ἀδικήσαιαν Z   14 τοῦτον] ἐν τούτῳ Γ
ὑφ' ΘΠΓ: ἐφ' A   15 καὶ ὅτι] ὅτε τε ΘΑCΕ   περὶ ΘΑΓΣ   ἄγραφα
ΑΒϹΓ: γραφόμενα ΘΔΕ   δίκαια ΑΒϹΓ: δίκαιος ΘΔΕΣ   19 ἀζήμια]
μὴ ἐπιζήμια ΘΠ   24 δὲ ΑΔΖ²Γ: om. ΒϹΕΟΥΖ¹   25 ὅρκοι ci.
Roemer: ὅρκος codd.   εἴπωμεν περὶ νόμων ΠΥΓ: εἴπωμεν πῶς
τοῖς νόμοις Q: εἴπωμεν περὶ νόμων πως Ζ   26 καὶ . . . ἀποτρέποντα
om. A²   27 γὰρ ΑΒϹΔΟΥΓ: μὲν γὰρ ΕΖ   μὲν ΑΒΔΕΟΥΓ: om. ϹΖ
28 κοινῷ + νόμῳ ΘΠΓΣ   29 ἐπιεικέσιν ὡς δικαιοτέροις ΘΠΓΣ   ὅτι τῇ
γνώμῃ τῇ ἀρίστῃ χρωμένους τοῦτ' ἐστι τὸ μὴ πάντως χρῆσθαι ΘΠΓΣ

μεταβάλλει, οὐδ' ὁ κοινός (κατὰ φύσιν γάρ ἐστιν), οἱ δὲ
γεγραμμένοι πολλάκις, ὅθεν εἴρηται τὰ ἐν τῇ Σοφοκλέους
Ἀντιγόνῃ· ἀπολογεῖται γὰρ ὅτι ἔθαψε παρὰ τὸν τοῦ Κρέοντος
νόμον, ἀλλ' οὐ παρὰ τὸν ἄγραφον,   35

      οὐ γάρ τι νῦν γε κἀχθές, ἀλλ' ἀεί ποτε . . .   **1375ᵇ**
      ταῦτ' οὖν ἐγὼ οὐκ ἔμελλον ἀνδρὸς οὐδενός . . ..

καὶ ὅτι τὸ δίκαιόν ἐστιν ἀληθές τε καὶ συμφέρον, ἀλλ' οὐ
τὸ δοκοῦν, ὥστ' οὐ νόμος ὁ γεγραμμένος· οὐ γὰρ ποιεῖ τὸ
ἔργον τὸ τοῦ νόμου. καὶ ὅτι ὥσπερ ἀργυρογνώμων ὁ κριτής 5
ἐστιν, ὅπως διακρίνῃ τὸ κίβδηλον δίκαιον καὶ τὸ ἀληθές.
καὶ ὅτι βελτίονος ἀνδρὸς τὸ τοῖς ἀγράφοις ἢ τοῖς γεγραμ-
μένοις χρῆσθαι καὶ ἐμμένειν. καὶ εἴ που ἐναντίος νόμῳ
εὐδοκιμοῦντι ἢ καὶ αὐτὸς αὑτῷ, οἷον ἐνίοτε ὁ μὲν κελεύει
κύρια εἶναι ἅττ' ἂν συνθῶνται, ὁ δ' ἀπαγορεύει μὴ συν- 10
τίθεσθαι παρὰ τὸν νόμον. καὶ εἰ ἀμφίβολος, ὥστε στρέφειν
καὶ ὁρᾶν ἐπὶ ποτέραν [τὴν] ἀγωγὴν ἢ τὸ δίκαιον ἐφαρμό-
σει ἢ τὸ συμφέρον, εἶτα τούτῳ χρῆσθαι. καὶ εἰ τὰ μὲν
πράγματα ἐφ' οἷς ἐτέθη ὁ νόμος μηκέτι μένει, ὁ δὲ νόμος,
πειρατέον τοῦτο δηλοῦν καὶ μάχεσθαι ταύτῃ πρὸς τὸν νόμον. 15
ἐὰν δὲ ὁ γεγραμμένος ᾖ πρὸς τὸ πρᾶγμα, τό τε " γνώμῃ
τῇ ἀρίστῃ " λεκτέον ὅτι οὐ τοῦ παρὰ τὸν νόμον ἕνεκα δικάζειν
ἐστίν, ἀλλ' ἵνα, ἐὰν ἀγνοήσῃ τί λέγει ὁ νόμος, μὴ ἐπιορκῇ.
καὶ ὅτι οὐ τὸ ἁπλῶς ἀγαθὸν αἱρεῖται οὐδείς, ἀλλὰ τὸ αὑτῷ.
καὶ ὅτι οὐδὲν διαφέρει ἢ μὴ κεῖσθαι ἢ μὴ χρῆσθαι. καὶ 20
ὅτι ἐν ταῖς ἄλλαις τέχναις οὐ λυσιτελεῖ παρασοφίζεσθαι τὸν
ἰατρόν· οὐ γὰρ τοσοῦτο βλάπτει ἡ ἁμαρτία τοῦ ἰατροῦ ὅσον

---

33 τὰ om. ΘΠΓ   34 ἀπολογεῖσθαι ΘΒDE: responderunt G
ἔπραξε ΘΠΓ   τὸν om. ΥΖ   τοῦ Κρέοντος om. Α   1375ᵇ 1 τι] τὸν
Α¹: τοι vel το Α²: om. Γ   2 ἤμελλον Α   3 τε] τι ΘΠΓ   8 νόμῳ
εὐδοκιμοῦντι] lege probante G   9 ἦι Α   καὶ om. ΘΠΓ   ὁ μὲν ἐνίοτε
ΘΠΓ   11 στρέφειν] an στρέφειν δεῖ?   12 ἐπὶ ποτέραν Α²: ἐφ'
ὁπότεραν ΘΠ   τὴν seclusi   15 τὸν νόμον ΑΣ: αὐτὸν ΘΠΓ   16 τό
τε] τότε ΘΠΓ   17 λεκτέον+ἐστὶν ΘΠΓ   18 τί] ὅτι ΘΠΓ: τι ὧν Σ
ἐπιορκῇ ΑΓ: ἐπιορκεῖν ΘΠ   21 τὸν] παρὰ τὸν ΘΔΕΓ: οἷον τὸν ΒΥ²Σ(?)

τὸ ἐθίζεσθαι ἀπειθεῖν τῷ ἄρχοντι. καὶ ὅτι τὸ τῶν νόμων
σοφώτερον ζητεῖν εἶναι, τοῦτ' ἐστὶν ὃ ἐν τοῖς ἐπαινουμένοις νό-
25 μοις ἀπαγορεύεται. καὶ περὶ μὲν τῶν νόμων οὕτως διωρίσθω·
περὶ δὲ μαρτύρων, μάρτυρές εἰσιν διττοί, οἱ μὲν παλαιοὶ
οἱ δὲ πρόσφατοι, καὶ τούτων οἱ μὲν μετέχοντες τοῦ κινδύνου
οἱ δ' ἐκτός. λέγω δὲ παλαιοὺς μὲν τούς τε ποιητὰς καὶ
ὅσων ἄλλων γνωρίμων εἰσὶν κρίσεις φανεραί, οἷον Ἀθηναῖοι
30 Ὁμήρῳ μάρτυρι ἐχρήσαντο περὶ Σαλαμῖνος, καὶ Τενέδιοι
ἔναγχος Περιάνδρῳ τῷ Κορινθίῳ πρὸς Σιγειεῖς, καὶ Κλεοφῶν
κατὰ Κριτίου τοῖς Σόλωνος ἐλεγείοις ἐχρήσατο, λέγων ὅτι
πάλαι ἀσελγὴς ἡ οἰκία· οὐ γὰρ ἄν ποτε ἐποίησε Σόλων

   εἰπεῖν μοι Κριτίᾳ πυρρότριχι πατρὸς ἀκούειν.

35 περὶ μὲν οὖν τῶν γενομένων οἱ τοιοῦτοι μάρτυρες, περὶ δὲ
1376ᵃ τῶν ἐσομένων καὶ οἱ χρησμολόγοι, οἷον Θεμιστοκλῆς ὅτι
ναυμαχητέον, τὸ ξύλινον τεῖχος λέγων. ἔτι καὶ αἱ παροιμίαι,
ὥσπερ εἴρηται, μαρτύριά εἰσιν, οἷον εἴ τις συμβουλεύει μὴ
ποιεῖσθαι φίλον γέροντα, τούτῳ μαρτυρεῖ ἡ παροιμία,

5   μήποτ' εὖ ἔρδειν γέροντα,

καὶ τὸ τοὺς υἱοὺς ἀναιρεῖν ὧν καὶ τοὺς πατέρας,

  νήπιος ὃς πατέρα κτείνας υἱοὺς καταλείπει.

πρόσφατοι δὲ ὅσοι γνώριμοί τι κεκρίκασιν· χρήσιμοι γὰρ αἱ τού-
των κρίσεις τοῖς περὶ τῶν αὐτῶν ἀμφισβητοῦσιν, οἷον Εὔβου-
10 λος ἐν τοῖς δικαστηρίοις ἐχρήσατο κατὰ Χάρητος ὃ Πλάτων
εἶπε πρὸς Ἀρχίβιον, ὅτι ἐπιδέδωκεν ἐν τῇ πόλει τὸ ὁμολογεῖν

---

23 ἀπειθεῖν ΘΠ corr. Α¹, Γ: ἀπιθεῖν Α¹ 26 διπλοῖ ΘΠ 28 μὲν
om. ΘΠΓ 30 τενέδειοι Α 31 σιγιεῖς ΘΑΒΕ λεόφρων ΘΠ:
κλεοφρῶν Γ 34 μοι] τῶ Σ πυρότριχι ΘΒΔΕΣ 1376ᵃ 1 καὶ om.
Γ 2 τεῖχος λέγων] λέγει τεῖχος ΘΠΓ 3 εἴρηται om. C εἰσίν C:
ἐστίν cett. συμβουλεύοι ΘΠΓ 7 πατέρα Α υἱούς] παῖδας ΘΠ
καταλείπει ΑΓ: καταλείποι ΘΠ 8 γνώριμοι καὶ κεκρικασί τι ΘΠΓ
γὰρ ΑΓ: +καὶ ΘΠ 9 τῶν αὐτῶν] τούτων Α 10 ὃ] ᾧ ΠΥΖ
11 ἀρτίβιον Α: Ἀρχῖνον Meineke

πονηρούς εἶναι. καὶ οἱ μετέχοντες τοῦ κινδύνου, ἂν δόξωσι
ψεύδεσθαι. οἱ μὲν οὖν τοιοῦτοι τούτων μόνον μάρτυρές εἰσιν,
εἰ γέγονεν ἢ μή, εἰ ἔστιν ἢ μή, περὶ δὲ τοῦ ποῖον οὐ μάρ-
τυρες, οἷον εἰ δίκαιον ἢ ἄδικον, εἰ συμφέρον ἢ ἀσύμφορον· 15
οἱ δ᾽ ἄπωθεν περὶ τούτων πιστότεροι, πιστότατοι δ᾽ οἱ
παλαιοί· ἀδιάφθοροι γάρ.   17

                πιστώματα δὲ περὶ μαρτυριῶν 17
μάρτυρας μὲν μὴ ἔχοντι, ὅτι ἐκ τῶν εἰκότων δεῖ κρίνειν
καὶ τοῦτ᾽ ἐστὶ τὸ "γνώμῃ τῇ ἀρίστῃ", καὶ ὅτι οὐκ ἔστιν ἐξαπ-
ατῆσαι τὰ εἰκότα ἐπὶ ἀργυρίῳ, καὶ ὅτι οὐχ ἁλίσκεται τὰ 20
εἰκότα ψευδομαρτυριῶν· ἔχοντι δὲ πρὸς μὴ ἔχοντα, ὅτι
οὐχ ὑπόδικα τὰ εἰκότα, καὶ ὅτι οὐδὲν ἂν ἔδει μαρτυριῶν,
εἰ ἐκ τῶν λόγων ἱκανὸν ἦν θεωρῆσαι.   23

                εἰσὶ δὲ αἱ μαρτυρίαι 23
αἱ μὲν περὶ αὑτοῦ αἱ δὲ περὶ τοῦ ἀμφισβητοῦντος, καὶ αἱ
μὲν περὶ τοῦ πράγματος αἱ δὲ περὶ τοῦ ἤθους, ὥστε φανερὸν 25
ὅτι οὐδέποτ᾽ ἔστιν ἀπορῆσαι μαρτυρίας χρησίμης· εἰ μὴ γὰρ
κατὰ τοῦ πράγματος ἢ αὑτῷ ὁμολογουμένης ἢ τῷ ἀμφισ-
βητοῦντι ἐναντίας, ἀλλὰ περὶ τοῦ ἤθους ἢ αὑτοῦ εἰς ἐπιεί-
κειαν ἢ τοῦ ἀμφισβητοῦντος εἰς φαυλότητα. τὰ δ᾽ ἄλλα περὶ
μάρτυρος, ἢ φίλου ἢ ἐχθροῦ ἢ μεταξύ, ἢ εὐδοκιμοῦντος ἢ ἀδο- 30
ξοῦντος ἢ μεταξύ, καὶ ὅσαι ἄλλαι τοιαῦται διαφοραί, ἐκ τῶν
αὐτῶν τόπων λεκτέον ἐξ οἵων περ καὶ τὰ ἐνθυμήματα λέγομεν.

περὶ δὲ τῶν συνθηκῶν τοσαύτη τῶν λόγων χρῆσίς ἐστιν
ὅσον αὔξειν ἢ καθαιρεῖν, ἢ πιστὰς ποιεῖν ἢ ἀπίστους—ἐὰν

---

13 τούτων] τῶν τοιούτων ΘΠΓΣ   μόνων QΓ   14 εἰ¹ om. ΘΠΓ
ἢ μή¹ om. A   15 εἰ¹ A²: ἢ A¹: om. ΘΠΓ   ἢ ... εἰ] εἰ ... ἢ ΘΓ
16 ἄπωθεν ΘDE   περὶ Γ: καὶ περὶ codd.   τούτων ΘΠΑ¹Γ: τοιούτων
A²   πιστότεροι scripsi: πιστότατοι ΘΠ: ἀπιστότατοι Γ: ἂν ἀπιστότατοι A
δ᾽ AΓ: γὰρ ΘΒDE   17 δὲ ACΓ: om. Q: γὰρ BDEYZ   περὶ ABCEQΓ:
παρὰ DYZ   19 οὐκ ἔστιν ACEΓ: om. ΘBD   20 καὶ+οὐχ A¹
20–21 ψευδομαρτυριῶν τὰ εἰκότα ΘΠΓ   21 πρὸς+τὸν C   22 οὐκ
ἀποδεικτικὰ Γ   μαρτύρων ΘΒΓ   25 ὥστε] ὅτι A   27 ὁμολογουμένης
ACDQΓ: ὁμολογουμένως BEYZ   28 ἢ om. ΘBCDΓ   αὑτοῦ scripsi:
αὐτοῦ codd. Γ   33 τοῦ λόγου ΘΠΓ   34 πιστὰ A¹

1376^b μὲν αὐτῷ ὑπάρχωσι, πιστὰς καὶ κυρίας, ἐπὶ δὲ τοῦ ἀμφισ-
βητοῦντος τοὐναντίον. πρὸς μὲν οὖν τὸ πιστὰς ἢ ἀπί-
στους κατασκευάζειν οὐδὲν διαφέρει τῆς περὶ τοὺς μάρ-
τυρας πραγματείας· ὁποῖοι γὰρ ἄν τινες ὦσιν οἱ ἐπι-
5 γεγραμμένοι ἢ φυλάττοντες, τοιούτως αἱ συνθῆκαι πισταί εἰσιν.
ὁμολογουμένης δ' εἶναι τῆς συνθήκης, οἰκείας μὲν οὔσης
αὐξητέον· ἡ γὰρ συνθήκη νόμος ἐστὶν ἴδιος καὶ κατὰ μέ-
ρος, καὶ αἱ μὲν συνθῆκαι οὐ ποιοῦσι τὸν νόμον κύριον, οἱ δὲ
νόμοι τὰς κατὰ νόμους συνθήκας, καὶ ὅλως αὐτὸς ὁ
10 νόμος συνθήκη τίς ἐστιν, ὥστε ὅστις ἀπιστεῖ ἢ ἀναιρεῖ συν-
θήκην τοὺς νόμους ἀναιρεῖ. ἔτι δὲ πράττεται τὰ πολλὰ τῶν
συναλλαγμάτων καὶ τὰ ἑκούσια κατὰ συνθήκας, ὥστε ἀκύ-
ρων γιγνομένων ἀναιρεῖται ἡ πρὸς ἀλλήλους χρεία τῶν ἀν-
θρώπων. καὶ τἆλλα δὲ ὅσα ἁρμόττει ἐπιπολῆς ἰδεῖν ἔστιν.
15 ἂν δ' ἐναντία ᾖ, καὶ μετὰ τῶν ἀμφισβητούντων, πρῶτον
μέν, ἅπερ ἄν τις πρὸς νόμον ἐναντίον μαχέσαιτο, ταῦτα
ἁρμόττει· ἄτοπον γὰρ εἰ τοῖς μὲν νόμοις, ἂν μὴ ὀρθῶς
κείμενοι ὦσιν ἀλλ' ἐξαμάρτωσιν οἱ τιθέμενοι, οὐκ οἰόμεθα
δεῖν πείθεσθαι, ταῖς δὲ συνθήκαις ἀναγκαῖον. εἶτα ὅτι τοῦ
20 δικαίου ἐστὶ βραβευτὴς ὁ δικαστής· οὔκουν τοῦτο σκεπτέον,
ἀλλ' ὡς δικαιότερον· καὶ τὸ μὲν δίκαιον οὐκ ἔστιν μετα-
στρέψαι οὔτ' ἀπάτῃ οὔτ' ἀνάγκῃ (πεφυκὸς γὰρ ἐστιν), συν-
θῆκαι δὲ γίγνονται καὶ ἐξαπατηθέντων καὶ ἀναγκασθέντων.
πρὸς δὲ τούτοις σκοπεῖν εἰ ἐναντία ἐστί τινι τῶν γεγραμ-
25 μένων νόμων ἢ τῶν κοινῶν, καὶ τῶν γεγραμμένων ἢ τοῖς
οἰκείοις ἢ τοῖς ἀλλοτρίοις, ἔπειτα εἰ ἢ ἄλλαις συνθήκαις ὑστέ-

---

1376^b 1 ὑπάρχωσι ΘΠΓ: ὑπάρχῃ A   5 τοιούτως scripsi: τούτοις codd. Γ
9 νόμον ΘΠΓ   10 ἢ] καὶ ΘΠΓ   12 κατὰ+τὰς ΘΒ   13 ἀναιρεῖται
ΑΓ: ἀνήρηται ΘΠ   14 ἔστιν ἰδεῖν Σ   16 ἐναντίον ΑΓ: ἐναντιούμενον
ΘΠ   18 ἐξαπατῶσιν ΘΠΓ   20 βραβευτής ἐστιν ΘΠΓ   οὔκουν A¹
24 ταύτας ci. Spengel   σκοπεῖν om. Γ: σκοπεῖν δεῖ C¹ marg.   τινί ἐστιν
ἢ τῶν ΘΠ: τινὶ ἢ τῶν Γ   25–26 τῶν² . . . ἀλλοτρίοις A: τοῖς καλοῖς ἢ
δικαίοις Θ(?): καὶ τοῖς δικαίοις ἢ καλοῖς Π(?), Γ   26 ἔπειτα εἰ ἢ Roemer:
ἔπειτα ἢ ἢ A: ἔτι τε εἰ ΘΠΓ

ραις ἢ προτέραις· ἢ γὰρ αἱ ὕστεραι κύριαι, ἄκυροι δ᾽ αἱ πρότεραι,
ἢ αἱ πρότεραι ὀρθαί, αἱ δ᾽ ὕστεραι ἠπατήκασιν, ὁποτέρως ἂν ᾖ
χρήσιμον. ἔτι δὲ τὸ συμφέρον ὁρᾶν, εἴ που ἐναντιοῦται τοῖς
κριταῖς, καὶ ὅσα ἄλλα τοιαῦτα· καὶ γὰρ ταῦτα εὐθεώρητα ὁμοίως. 30

αἱ δὲ βάσανοι μαρτυρίαι τινές εἰσιν, ἔχειν δὲ δοκοῦσι
τὸ πιστόν, ὅτι ἀνάγκη τις πρόσεστιν. οὔκουν χαλεπὸν οὐδὲ
περὶ τούτων εἰπεῖν τὰ ἐνδεχόμενα, ἐξ ὧν ἐάν τε ὑπάρχωσιν
οἰκεῖαι αὔξειν ἔστιν, ὅτι ἀληθεῖς μόναι τῶν μαρτυριῶν εἰσιν
αὗται, ἐάν τε ὑπεναντίαι ὦσι καὶ μετὰ τοῦ ἀμφισβητοῦν- **1377**[a]
τος, διαλύοι ἄν τις τἀληθῆ λέγων καθ᾽ ὅλου τοῦ γένους τῶν
βασάνων· οὐδὲν γὰρ ἧττον ἀναγκαζόμενοι τὰ ψευδῆ λέγουσιν
ἢ τἀληθῆ, καὶ διακαρτεροῦντες μὴ λέγειν τἀληθῆ, καὶ ῥᾳδίως κατα-
ψευδόμενοι ὡς παυσόμενοι θᾶττον. δεῖ δὲ ἔχειν ἐπαναφέρειν 5
ἐπὶ τοιαῦτα γεγενημένα παραδείγματα ἃ ἴσασιν οἱ κρίνοντες. δεῖ
δὲ λέγειν ὡς οὐκ εἰσὶν ἀληθεῖς αἱ βάσανοι· πολλοὶ μὲν γὰρ παχύ-
φρονες [οἳ] καὶ λιθόδερμοι καὶ ταῖς ψυχαῖς ὄντες δυνατοὶ γενναίως 7[a]
ἐγκαρτεροῦσι ταῖς ἀνάγκαις, οἱ δὲ δειλοὶ καὶ εὐλαβεῖς πρὸ τοῦ τὰς 7[b]
ἀνάγκας ἰδεῖν αὐτῶν καταθαρροῦσιν, ὥστε οὐδὲν ἔστι πιστὸν ἐν 7[c]
βασάνοις. 7[d]

περὶ δ᾽ ὅρκων τετραχῶς ἔστι διελεῖν· ἢ γὰρ δίδωσι καὶ λαμ-
βάνει, ἢ οὐδέτερον, ἢ τὸ μὲν τὸ δ᾽ οὔ, καὶ τούτων ἢ δίδωσιν
μὲν οὐ λαμβάνει δέ, ἢ λαμβάνει μὲν δίδωσιν δὲ οὔ, ἔτι ἄλλως 10
παρὰ ταῦτα, εἰ ὀμώμοσται οὗτος ὑπ᾽ αὐτοῦ ἢ ὑπ᾽ ἐκείνου. 11

οὐ 11

δίδωσιν μὲν οὖν, ὅτι ῥᾳδίως ἐπιορκοῦσιν, καὶ ὅτι ὁ μὲν ὀμόσας

---

27 ἢ . . . πρότεραι ΘΠΓ: αἱ γὰρ ὕστεραι κύριαι Α   29 πῃ ΘΠΓ
ἐναντιοῦται ΑΒCΖΓ: ἐναντιοῦνται DEQY[1]   32 τὸ πιστόν ΑΣ: πίστιν
ΘΠΓ   πρόσεστιν ΘΠΑ[1] m.: ἔστιν Α[1]   οὐδὲ . . . 33 ἐνδεχόμενα] οὐδὲν
περὶ αὐτῶν ἰδεῖν καὶ τὰ ἐνδεχόμενα εἰπεῖν ΘΠΓ   32 οὐδὲν Α[1]   1377[a] 1 αὗ-
ται om. ΘΠΓ   6 γεγραμμένα Γ   δεῖ . . . 7[d] βασάνοις om. DEQY[1]ΖΓ
7 παχύδερμοι Σ: παχύφρονες ες Α[2]   7a οἳ secl. Richards   10 μὲν
om. ΑQΖΓ   ἔτι ΘΠΑ[2]Γ: prima lectio cod. Α incerta   δίδωσιν δὲ οὔ] οὐ
δίδωσι δέ ΠQΖ: οὐ δίδωσι δ᾽ οὐ Υ[1]   ἄλλως om. Γ   11 περὶ ΘDE   οὗτος secl.
Buhle: καὶ οὗτος ΘΠΓ: ὅρκος ci. Roemer   ὑπ᾽ αὐτοῦ ἢ scripsi: ἢ ὑπ᾽ αὐτοῦ
codd: ἢ ὑπ᾽ αὐτοῦ ἢ Γ   12 δίδωσι χρήματα μέν ΘBD   ὅτι[2] ΘCDEΣ: διότι ΑΒ

67

οὐκ ἀποδίδωσιν, τοὺς δὲ μὴ ὀμόσαντος οἴεται καταδικάσειν,
καὶ [ὡς] οὗτος ὁ κίνδυνος κρείττων, ὁ ἐν τοῖς δικασταῖς· τοῖς
15 μὲν γὰρ πιστεύει τῷ δ' οὔ.

15   οὐ λαμβάνει δ', ὅτι ἀντὶ χρημά-
των ὅρκος, καὶ ὅτι εἰ ἦν φαῦλος, κατωμόσατο ἄν· κρεῖττον γὰρ
ἂν ⟨ἦν⟩ ἕνεκά του φαῦλον εἶναι ἢ μηδενός· ὀμόσας μὲν οὖν ἕξει,
μὴ ὀμόσας δ' οὔ· οὕτως δὲ δι' ἀρετὴν ἂν εἴη, ἀλλ' οὐ δι' ἐπι-
ορκίαν, τὸ μή. καὶ τὸ τοῦ Ξενοφάνους ἁρμόττει, ὅτι " οὐκ
20 ἴση πρόκλησις αὕτη τἀσεβεῖ πρὸς εὐσεβῆ ", ἀλλ' ὁμοία καὶ
21 εἰ ἰσχυρὸς ἀσθενῆ πατάξαι ἢ πληγῆναι προκαλέσαιτο.

21   εἰ
δὲ λαμβάνει, ὅτι πιστεύει αὐτῷ, ἐκείνῳ δ' οὔ. καὶ τὸ τοῦ
Ξενοφάνους μεταστρέψαντα φατέον οὕτως ἴσον εἶναι ἂν ὁ μὲν
ἀσεβὴς διδῷ, ὁ δ' εὐσεβὴς ὀμνύῃ· δεινόν τε τὸ ·μὴ θέλειν
25 αὐτόν, ὑπὲρ ὧν ἐκείνους ἀξιοῖ ὀμόσαντας δικάζειν.

25
δίδωσιν, ὅτι εὐσεβὲς τὸ θέλειν τοῖς θεοῖς ἐπιτρέπειν, καὶ
ὅτι· οὐδὲν δεῖ αὐτὸν ἄλλων δικαστῶν δεῖσθαι (αὐτοῖς γὰρ
δίδωσι κρίσιν), καὶ ὅτι ἄτοπον τὸ μὴ θέλειν ὀμνύναι περὶ
29 ὧν ἄλλους ἀξιοῦσιν ὀμνύναι.

29   ἐπεὶ δὲ καθ' ἕκαστον δῆλον ὅπως
30 λεκτέον, καὶ συνδυαζομένων πῶς λεκτέον δῆλον, οἷον εἰ
αὐτὸς μὲν θέλει λαμβάνειν διδόναι δὲ μή, καὶ εἰ δίδωσι
μὲν λαμβάνειν δὲ μὴ θέλει, καὶ εἰ λαμβάνειν καὶ διδό-
1377ᵇ ναι θέλει εἴτε μηδέτερον· ἐκ γὰρ τῶν εἰρημένων ἀνάγκη

13 ὀμόσαντος Σ: ὀμόσαντας codd.   14 ὡς seclusi: habent codd.   15 πι-
στεύειν Α¹Σ   17 ἂν om. ΘΠΓ   ἦν add. Richards   οὖν] γὰρ ΘΠΓ
18 οὕτως ΑΓ: ὥστε ΘΠΣ   δὲ ΘΠΓ: δ' οὐ Α¹   19 ἁρμόττει ΑΣΕΓ:
ἁρμόττειν ΘΒD   20 πρόκλησις ΑΒDΓ: πρόσκλησις ΘCΕ   τἀσεβεῖ
Bywater: ἀσεβεῖ codd.   21 προκαλέσαιτο ΑDΓ: προσκαλέσαιτο
ΘΒCΕ   23 ἐὰν μὲν ὁ ἀσεβὴς διδῷ ὁ εὐσεβὴς δ'. ΘΠ   24 ἐθέ-
λειν ΘDΕΣ   27 δικαστῶν] κριτῶν ΘΠΣΓ   αὐτοῖς ΓΣ: τούτῳ Α:
αὐτῷ ΘΠ   28 κρίσιν ΑΓΣ: κρίνειν ΘΠ   29 ἀξιοῖ ΘΗΓ   πῶς
ΘΠ   30 συνδυαζομένων Bonitz: συνδυαζόμενον codd.   1377ᵇ 1
ἐθέλει Α(?)

συγκεῖσθαι, ὥστε καὶ τοὺς λόγους συγκεῖσθαι ἐκ τῶν
εἰρημένων.
                                                          3
        ἐὰν δὲ ᾖ γεγενημένος ὑφ' αὐτοῦ καὶ ἐναντίος, 3
ὅτι οὐκ ἐπιορκία· ἑκούσιον γὰρ τὸ ἀδικεῖν, τὸ δ' ἐπιορκεῖν
ἀδικεῖν ἐστι, τὰ δὲ βίᾳ καὶ ἀπάτῃ ἀκούσια. ἐνταῦθα οὖν 5
συνακτέον καὶ τὸ ἐπιορκεῖν, ὅτι ἔστι τὸ τῇ διανοίᾳ ἀλλ' οὐ
τῷ στόματι. ἐὰν δὲ τῷ ἀντιδίκῳ ᾖ ὑπεναντίος καὶ ὀμωμοσμένος,
ὅτι πάντα ἀναιρεῖ μὴ ἐμμένων οἷς ὤμοσεν· διὰ γὰρ τοῦτο
καὶ τοῖς νόμοις χρῶνται ὀμόσαντες. καὶ " ὑμᾶς μὲν ἀξιοῦσιν
ἐμμένειν οἷς ὀμόσαντες δικάζετε, αὐτοὶ δὲ οὐκ ἐμμένουσιν ". 10
καὶ ὅσα ἂν ἄλλα αὔξων τις εἴπειεν. περὶ μὲν οὖν τῶν ἀτέχνων
πίστεων εἰρήσθω τοσαῦτα.

B

1   Ἐκ τίνων μὲν οὖν δεῖ καὶ προτρέπειν καὶ ἀποτρέπειν, καὶ 1377ᵇ
ἐπαινεῖν καὶ ψέγειν, καὶ κατηγορεῖν καὶ ἀπολογεῖσθαι, καὶ
ποῖαι δόξαι καὶ προτάσεις χρήσιμοι πρὸς τὰς τούτων πίστεις,
ταῦτ' ἐστίν· περὶ γὰρ τούτων καὶ ἐκ τούτων τὰ ἐνθυμήματα,
ὡς περὶ ἔκαστον εἰπεῖν ἰδίᾳ τὸ γένος τῶν λόγων.   20

                                        ἐπεὶ δὲ ἔνεκα 20
κρίνεώς ἐστιν ἡ ῥητορική (καὶ γὰρ τὰς συμβουλὰς κρίνουσι
καὶ ἡ δίκη κρίσις ἐστίν), ἀνάγκη μὴ μόνον πρὸς τὸν λόγον
ὁρᾶν, ὅπως ἀποδεικτικὸς ἔσται καὶ πιστός, ἀλλὰ καὶ αὑτὸν
ποιόν τινα καὶ τὸν κριτὴν κατασκευάζειν· πολὺ γὰρ διαφέρει
πρὸς πίστιν, μάλιστα μὲν ἐν ταῖς συμβουλαῖς, εἶτα καὶ ἐν 25
ταῖς δίκαις, τό τε ποιόν τινα φαίνεσθαι τὸν λέγοντα καὶ τὸ

2 λόγους+ἀνάγκη ΘΠΓ   3 ἐὰν . . . ἐναντίος ΑΓ: δῆλον δὲ ἂν ᾖ·
ἠπατημένος ὑπ' αὐτοῦ ὁ ἐναντίος ΘΠ   4 ἐπιορκία ΘΠΓ: ἐπιορκήσῃ
Α(?)   7 ὑπεναντίος καὶ ΑΣ: om. ΘΠΓ   καὶ ὀμωμοσμένος secludendum
ci. Spengel   ὀμωσμένος ΑΣ   8 μή] ὁ μή ΘΠΓ   9 ἀξιοῦμεν ΘΠΓ
10 οἷς+ἂν ΘΠ   δικάσητε . . . ἐμμενοῦμεν ΘΠΓ   11–12 περὶ . . . τοσαῦτα
om. Α   17 ψέγειν καὶ ἐπαινεῖν ΘΠΓ   19 ἐνθυμήματα+λέγεται ΘΠΓ
20 ὡς codd. Γ: ὥστε Richards   εἰπεῖν ἰδίᾳ] ἔστιν εἰπεῖν διὰ Γ.   25 εἶτα
+δὲ ΘΠΓ   26 τε ΑΣ: om. ΘΠΓ

πρὸς αὐτοὺς ὑπολαμβάνειν πως διακεῖσθαι αὐτόν, πρὸς δὲ
τούτοις ἐὰν καὶ αὐτοὶ διακείμενοί πως τυγχάνωσιν. τὸ μὲν
οὖν ποιόν τινα φαίνεσθαι τὸν λέγοντα χρησιμώτερον εἰς τὰς
30 συμβουλάς ἐστιν, τὸ δὲ διακεῖσθαί πως τὸν ἀκροατὴν εἰς τὰς
δίκας· οὐ γὰρ ταὐτὰ φαίνεται φιλοῦσι καὶ μισοῦσιν, οὐδ'
ὀργιζομένοις καὶ πράως ἔχουσιν, ἀλλ' ἢ τὸ παράπαν ἕτερα ἢ
1378[a] κατὰ μέγεθος ἕτερα· τῷ μὲν γὰρ φιλοῦντι περὶ οὗ ποιεῖται
τὴν κρίσιν ἢ οὐκ ἀδικεῖν ἢ μικρὰ δοκεῖ ἀδικεῖν, τῷ δὲ μισοῦντι
τοὐναντίον· καὶ τῷ μὲν ἐπιθυμοῦντι καὶ εὐέλπιδι ὄντι, ἐὰν ᾖ
τὸ ἐσόμενον ἡδύ, καὶ ἔσεσθαι καὶ ἀγαθὸν ἔσεσθαι φαίνεται, τῷ
5 δ' ἀπαθεῖ ⟨ἢ⟩ καὶ δυσχεραίνοντι τοὐναντίον.

τοῦ μὲν οὖν αὐτοὺς εἶναι πιστοὺς τοὺς λέγοντας τρία ἐστὶ
τὰ αἴτια· τοσαῦτα γάρ ἐστι δι' ἃ πιστεύομεν ἔξω τῶν ἀπο-
δείξεων. ἔστι δὲ ταῦτα φρόνησις καὶ ἀρετὴ καὶ εὔνοια·
διαψεύδονται γὰρ περὶ ὧν λέγουσιν ἢ συμβουλεύουσιν ἢ δι'
10 ἅπαντα ταῦτα ἢ διὰ τούτων τι· ἢ γὰρ δι' ἀφροσύνην οὐκ ὀρθῶς
δοξάζουσιν, ἢ δοξάζοντες ὀρθῶς διὰ μοχθηρίαν οὐ τὰ δοκοῦντα
λέγουσιν, ἢ φρόνιμοι μὲν καὶ ἐπιεικεῖς εἰσιν ἀλλ' οὐκ εὖνοι,
διόπερ ἐνδέχεται μὴ τὰ βέλτιστα συμβουλεύειν γιγνώσκοντας,
καὶ παρὰ ταῦτα οὐδέν. ἀνάγκη ἄρα τὸν ἅπαντα δοκοῦντα
15 ταῦτ' ἔχειν εἶναι τοῖς ἀκρωμένοις πιστόν. ὅθεν μὲν οὖν
φρόνιμοι καὶ σπουδαῖοι φανεῖεν ἄν, ἐκ τῶν περὶ τὰς ἀρετὰς
διῃρημένων ληπτέον· ἐκ γὰρ τῶν αὐτῶν κἂν ἕτερόν τις κἂν
ἑαυτὸν κατασκευάσειε τοιοῦτον· περὶ δ' εὐνοίας καὶ φιλίας ἐν
19 τοῖς περὶ τὰ πάθη λεκτέον.

19   ἔστι δὲ τὰ πάθη δι' ὅσα μεταβάλ-
20 λοντες διαφέρουσι πρὸς τὰς κρίσεις οἷς ἕπεται λύπη καὶ

---

27 ὑπολαμβάνειν+ἐκείνους Bywater   πως διακεῖσθαι] ἔχειν πως ΘΠΓΣ
28 δια in διακείμενοί corr. A   1378[a] 1 κατὰ+τὸ ΘΒΕ   2 δοκεῖν Α
3–6 μέν. . . τοῦ om. Q   3 ὄντι om. ΠΥΖΓ   4 ἔσεσθαι[2] ΘΑΔΕΓ:
om. ΒC   5 ἀπειθεῖ ΒDΕΖΣ: despecto Γ   ἢ καὶ (vel ἢ) Richards: καὶ
codd.   6 τρία εἰσὶ ΘCD   9 λέγουσιν ἢ susp. Spengel   διὰ πάντα
ΘΠ   11 ὀρθῶς+τοῦτο ΘΠΓ   15 οὖν] τοίνυν ΘΒDE   17 τῶν
αὐτῶν γὰρ ΘΒDE   19 λεκτέον+οὖν ΘΠ: νῦν λεκτέον Γ

ἡδονή, οἷον ὀργὴ ἔλεος φόβος καὶ ὅσα ἄλλα τοιαῦτα, καὶ τὰ
τούτοις ἐναντία. δεῖ δὲ διαιρεῖν περὶ ἕκαστον εἰς τρία, λέγω
δ' οἷον περὶ ὀργῆς πῶς τε διακείμενοι ὀργίλοι εἰσί, καὶ τίσιν
εἰώθασιν ὀργίζεσθαι, καὶ ἐπὶ ποίοις· εἰ γὰρ τὸ μὲν ἓν ἢ τὰ
δύο ἔχοιμεν τούτων, ἅπαντα δὲ μή, ἀδύνατον ἂν εἴη τὴν 25
ὀργὴν ἐμποιεῖν· ὁμοίως δὲ καὶ ἐπὶ τῶν ἄλλων. ὥσπερ οὖν
καὶ ἐπὶ τῶν προειρημένων διεγράψαμεν τὰς προτάσεις, οὕτω
καὶ περὶ τούτων ποιήσωμεν καὶ διέλωμεν τὸν εἰρημένον
τρόπον.

2   Ἔστω δὴ ὀργὴ ὄρεξις μετὰ λύπης τιμωρίας [φαινομένης] 30
διὰ φαινομένην ὀλιγωρίαν εἰς αὐτὸν ἢ ⟨τι⟩ τῶν αὐτοῦ,
τοῦ ὀλιγωρεῖν μὴ προσήκοντος. εἰ δὴ τοῦτ' ἐστὶν ἡ ὀργή,
ἀνάγκη τὸν ὀργιζόμενον ὀργίζεσθαι ἀεὶ τῶν καθ' ἕκαστόν τινι,
οἷον Κλέωνι ἀλλ' οὐκ ἀνθρώπῳ, καὶ ὅτι αὐτὸν ἢ τῶν αὑτοῦ τί
πεποίηκεν ἢ ἤμελλεν, καὶ πάσῃ ὀργῇ ἕπεσθαί τινα ἡδονήν, 1378ᵇ
τὴν ἀπὸ τῆς ἐλπίδος τοῦ τιμωρήσασθαι· ἡδὺ μὲν γὰρ τὸ οἴεσθαι
τεύξεσθαι ὧν ἐφίεται, οὐδεὶς δὲ τῶν φαινομένων ἀδυνάτων
ἐφίεται αὑτῷ, ὁ δὲ ὀργιζόμενος ἐφίεται δυνατῶν αὑτῷ. διὸ
καλῶς εἴρηται περὶ θυμοῦ·   5

    ὅς τε πολὺ γλυκίων μέλιτος καταλειβομένοιο
    ἀνδρῶν ἐν στήθεσσιν ἀέξεται·

ἀκολουθεῖ γὰρ καὶ ἡδονή τις διά τε τοῦτο καὶ διότι δια-
τρίβουσιν ἐν τῷ τιμωρεῖσθαι τῇ διανοίᾳ· ἡ οὖν τότε γινομένη
φαντασία ἡδονὴν ἐμποιεῖ, ὥσπερ ἡ τῶν ἐνυπνίων.   10

                                                        ἐπεὶ δὲ 10

ἡ ὀλιγωρία ἐστὶν ἐνέργεια δόξης περὶ τὸ μηδενὸς ἄξιον φαι-
νόμενον (καὶ γὰρ τὰ κακὰ καὶ τἀγαθὰ ἄξια οἰόμεθα σπουδῆς
εἶναι, καὶ τὰ συντείνοντα πρὸς αὐτά· ὅσα δὲ μηδέν τι ἢ μικρόν,
οὐδενὸς ἄξια ὑπολαμβάνομεν), τρία ἐστὶν εἴδη ὀλιγωρίας,
15 καταφρόνησίς τε καὶ ἐπηρεασμὸς καὶ ὕβρις· ὅ τε γὰρ κατα-
φρονῶν ὀλιγωρεῖ (ὅσα γὰρ οἴονται μηδενὸς ἄξια, τούτων
καταφρονοῦσιν, τῶν δὲ μηδενὸς ἀξίων ὀλιγωροῦσιν), καὶ ὁ
ἐπηρεάζων φαίνεται ὀλιγωρεῖν. ἔστι γὰρ ὁ ἐπηρεασμὸς
ἐμποδισμὸς ταῖς βουλήσεσιν μὴ ἵνα τι αὐτῷ ἀλλ' ἵνα μὴ
20 ἐκείνῳ· ἐπεὶ οὖν οὐχ ἵνα αὐτῷ τι, ὀλιγωρεῖ· δῆλον γὰρ ὅτι οὔτε
βλάψειν ὑπολαμβάνει, ἐφοβεῖτο γὰρ ἂν καὶ οὐκ ὠλιγώρει, οὔτ'
ὠφελῆσαι ἂν οὐδὲν ἄξιον λόγου, ἐφρόντιζε γὰρ ἂν ὥστε
φίλος εἶναι· καὶ ὁ ὑβρίζων δὲ ὀλιγωρεῖ· ἔστι γὰρ ὕβρις τὸ
πράττειν καὶ λέγειν ἐφ' οἷς αἰσχύνη ἔστι τῷ πάσχοντι, μὴ
25 ἵνα τι γίγνηται αὐτῷ ἄλλο ἢ ὅ τι ἐγένετο, ἀλλ' ὅπως ἡσθῇ· οἱ
γὰρ ἀντιποιοῦντες οὐχ ὑβρίζουσιν ἀλλὰ τιμωροῦνται. αἴτιον
δὲ τῆς ἡδονῆς τοῖς ὑβρίζουσιν, ὅτι οἴονται κακῶς δρῶντες
αὐτοὶ ὑπερέχειν μᾶλλον (διὸ οἱ νέοι καὶ οἱ πλούσιοι ὑβρισταί·
ὑπερέχειν γὰρ οἴονται ὑβρίζοντες)· ὕβρεως δὲ ἀτιμία, ὁ δ'
30 ἀτιμάζων ὀλιγωρεῖ· τὸ γὰρ μηδενὸς ἄξιον οὐδεμίαν ἔχει τιμήν,
οὔτε ἀγαθοῦ οὔτε κακοῦ· διὸ λέγει ὀργιζόμενος ὁ Ἀχιλλεύς

ἠτίμησεν· ἑλὼν γὰρ ἔχει γέρας αὐτὸς
καὶ
ὡς εἴ τιν' ἀτίμητον μετανάστην,

35 ὡς διὰ ταῦτα ὀργιζόμενος. προσήκειν δὲ οἴονται πολυωρεῖ-
σθαι ὑπὸ τῶν ἡττόνων κατὰ γένος, κατὰ δύναμιν, κατ' ἀρετήν,

13 πρὸς αὐτά om. Γ: πρὸς ταῦτα ΘΠ   τι om. ΘΒΔΕΓ   ἢ πάνυ μικρά
ΘΠΓΣ   14 τρία+δ' ΑΕΓ   16 ὅσα] ἃ ΘΠ: ὁ Γ   ἄξια+εἶναι ΘΠΓ
18 ὀλιγωρεῖν Ε: καταφρονεῖν ΘΑΒCDΓ   19 μὴ] οὐχ ΘΠΣ   αὐτῷ scripsi:
αὐτῷ codd.   21 ἂν om. ΘΒΔΕ   24 βλάπτειν καὶ λυπεῖν ΘΠΓ
25 γένηται ΘΠΓ   αὐτῷ Γ: αὐτῷ codd.   ἢ ὅ τι ἐγένετο scripsi: ἢ ὅτι ἐγένετο
codd.: om. Γ   28 αὐτοὶ Γ: αὐτοὺς codd.   29 δ'] γὰρ Γ   31 κακοῦ
οὔτε ἀγαθοῦ ΘΠΓ   32 αὐτὸς+ἀπούρας ΘΠΓ   35 πολυωρῆσθαι Α

καὶ ὅλως ἐν ᾧ ἂν αὐτὸς ὑπερέχῃ πολύ, οἷον ἐν χρήμασιν ὁ **1379ᵃ**
πλούσιος πένητος καὶ ἐν τῷ λέγειν ῥητορικὸς ἀδυνάτου εἰπεῖν
καὶ ἄρχων ἀρχομένου καὶ ἄρχειν ἄξιος [οἰόμενος] τοῦ ἄρχε-
σθαι ἀξίου· διὸ εἴρηται

> θυμὸς δὲ μέγας ἐστὶ διοτρεφέων βασιλήων   5

καὶ   ἀλλά τε καὶ μετόπισθεν ἔχει κότον·

ἀγανακτοῦσι γὰρ διὰ τὴν ὑπεροχήν. ἔτι ὑφ' ὧν τις οἴεται
εὖ πάσχειν δεῖν· οὗτοι δ' εἰσὶν οὓς εὖ πεποίηκεν ἢ ποιεῖ,
αὐτὸς ἢ δι' αὐτόν τις ἢ τῶν αὐτοῦ τις, ἢ βούλεται ἢ ἐβουλήθη.
φανερὸν οὖν ἐκ τούτων ἤδη πῶς τε ἔχοντες ὀργίζονται 10
αὐτοὶ καὶ τίσιν καὶ διὰ ποῖα. αὐτοὶ μὲν γάρ, ὅταν λυπῶνται·
ἐφίεται γάρ τινος ὁ λυπούμενος· ἐάν τε οὖν κατ' εὐθυωρίαν
ὁτιοῦν ἀντικρούσῃ τις, οἷον τῷ διψῶντι πρὸς τὸ πιεῖν, ἐάν τε
μή, ὁμοίως ταὐτὸ φαίνεται ποιεῖν· καὶ ἐάν τε ἀντιπράττῃ
τις ἐάν τε μὴ συμπράττῃ ἐάν τε ἄλλο τι ἐνοχλῇ οὕτως 15
ἔχοντα, πᾶσιν ὀργίζεται· διὸ κάμνοντες, πενόμενοι, ⟨πολε-
μοῦντες,⟩ ἐρῶντες, διψῶντες, ὅλως ἐπιθυμοῦντες καὶ μὴ
κατορθοῦντες ὀργίλοι εἰσὶ καὶ εὐπαρόρμητοι, μάλιστα μὲν πρὸς
τοὺς τοῦ παρόντος ὀλιγωροῦντας, οἷον κάμνων μὲν τοῖς πρὸς
τὴν νόσον, πενόμενος δὲ τοῖς πρὸς τὴν πενίαν, πολεμῶν δὲ 20
τοῖς πρὸς τὸν πόλεμον, ἐρῶν δὲ τοῖς πρὸς τὸν ἔρωτα, ὁμοίως
δὲ καὶ τοῖς ἄλλοις ⟨εἰ δὲ μή, κἂν ὁτιοῦν ἄλλο ὀλιγωρῇ τις⟩·
προοδοποιεῖται γὰρ ἕκαστος πρὸς τὴν ἑκάστου ὀργὴν ὑπὸ τοῦ
ὑπάρχοντος πάθους· ἔτι δ' ἐὰν τἀναντία τύχῃ προσδεχόμενος·

1379ᵃ 1 αὐτὸς C: ταῦτα A: ταὐτὸ BY: ταὐτῷ DEQZ: om. Γ: ἕκαστος
Muretus: τις Spengel   ὑπερέχει A: ὑπερέχωσι Γ   3 οἰόμενος seclusi
6 ἄλλος Γ   δὲ ΑΥΖΓ: γε ΠΟ   καὶ om. Γ   κότον ΑΒCDΥΖΓ: +ὄφρα
τελέσσῃ EQΣ   7 ἀφ' ΕΥ¹Γ: ἐφ' Z   9 ἦ¹ om. A   δι'...αὐτοῦ] τῶν
αὐτοῦ τις ἢ δι' αὐτοῦ (αὐτὸν Γ) ΘΠΓ   12 ἐάν τε κατ' εὐθυωρίαν (+οὖν
ΘΠ) ἀντικρούῃ ΘΠΓ   14 ὁμοίως om. Γ   15 ἐνοχλῇ, οὕτως ἔχων τούτοις
πᾶσι ὀργίζεται Spengel   16 ἔχον ΠΥΖΣ: ἔχων Q   τοῖς πᾶσιν ΘΠ: πᾶσι
τούτοις Σ   πολεμοῦντες add. Bekker (cf. l. 20)   17 καὶ] τι καὶ A: τε
καὶ ci. Spengel   18 μὲν om. A   19 τοῦ om. A   22 εἰ...τις Γ:
om. codd.   23 προοδοποιεῖται ΠQΓ: προωδοποίηται A: προοδοποίηται YZ

25 λυπεῖ γὰρ μᾶλλον τὸ πολὺ παρὰ δόξαν, ὥσπερ καὶ τέρπει τὸ
πολὺ παρὰ δόξαν, ἐὰν γένηται ὃ βούλεται· διὸ καὶ ὧραι καὶ
χρόνοι καὶ διαθέσεις καὶ ἡλικίαι ἐκ τούτων φανεραί, ποῖαι
εὐκίνητοι πρὸς ὀργὴν καὶ ποῦ καὶ πότε, καὶ ὅτε μᾶλλον ἐν
τούτοις εἰσί, μᾶλλον καὶ εὐκίνητοι.

30 αὐτοὶ μὲν οὖν οὕτως ἔχοντες εὐκίνητοι πρὸς ὀργήν, ὀργί-
ζονται δὲ τοῖς τε καταγελῶσι καὶ χλευάζουσιν καὶ σκώ-
πτουσιν (ὑβρίζουσι γάρ), καὶ τοῖς τὰ τοιαῦτα βλάπτουσιν ὅσα
ὕβρεως σημεῖα· ἀνάγκη δὲ τοιαῦτα εἶναι ἃ μήτε ἀντί τινος
μήτ' ὠφέλιμα τοῖς ποιοῦσιν· ἤδη γὰρ δοκεῖ δι' ὕβριν. καὶ
35 τοῖς κακῶς λέγουσι καὶ καταφρονοῦσι περὶ ὧν αὐτοὶ μάλιστα
σπουδάζουσιν, οἷον οἱ ἐπὶ φιλοσοφίᾳ φιλοτιμούμενοι ἐάν τις
εἰς τὴν φιλοσοφίαν, οἱ δ' ἐπὶ τῇ ἰδέᾳ ἐάν τις εἰς τὴν ἰδέαν,
ὁμοίως δὲ καὶ ἐπὶ τῶν ἄλλων· ταῦτα δὲ πολλῷ μᾶλλον, ἐὰν
ὑποπτεύσωσι μὴ ὑπάρχειν αὐτοῖς, ἢ ὅλως ἢ μὴ ἰσχυρῶς, ἢ
1379ᵇ μὴ δοκεῖν· ἐπειδὰν γὰρ σφόδρα οἴωνται ὑπερέχειν ἐν τού-
τοις ἐν οἷς σκώπτονται, οὐ φροντίζουσιν. καὶ τοῖς φίλοις
μᾶλλον ἢ τοῖς μὴ φίλοις· οἴονται γὰρ προσήκειν μᾶλλον
πάσχειν εὖ ὑπ' αὐτῶν ἢ μή. καὶ τοῖς εἰθισμένοις τιμᾶν ἢ
5 φροντίζειν, ἐὰν πάλιν μὴ οὕτως ὁμιλῶσιν· καὶ γὰρ ὑπὸ
τούτων οἴονται καταφρονεῖσθαι· ταὐτὰ γὰρ ἂν ποιεῖν. καὶ
τοῖς μὴ ἀντιποιοῦσιν εὖ μηδὲ τὴν ἴσην ἀνταποδιδοῦσιν. καὶ
τοῖς τἀναντία ποιοῦσιν αὐτοῖς, ἐὰν ἥττους ὦσιν. καταφρονεῖν
γὰρ πάντες οἱ τοιοῦτοι φαίνονται, καὶ οἱ μὲν ὡς ἡττόνων οἱ
10 δ' ὡς παρὰ ἡττόνων. καὶ τοῖς ἐν μηδενὶ λόγῳ οὖσιν, ἄν τι
ὀλιγωρῶσι, μᾶλλον· ὑπόκειται γὰρ ἡ ὀργὴ τῆς ὀλιγωρίας
πρὸς τοὺς μὴ προσήκοντας, προσήκει δὲ τοῖς ἥττοσι μὴ ὀλι-

25 et 26 πολὺ ΑΓ: +καὶ ΘΠ   26 ἐὰν ΑΒϹΓΣ: +γὰρ ΘDE   26–27 χρό-
νοι καὶ ὧραι Γ   28 καὶ πότε καὶ ποῦ ΠΥΖΓ   καὶ ὅτι ὅτε ΘΠΓ   35 ὦν]
ἃ ΘΓΣ   39 αὐτοῖς scripsi: αὐτοῖς codd. Γ   1379ᵇ 1 γὰρ] δὲ
ΘΠΓ οἴωνται Α¹Ζ¹   ὑπερέχειν Roemer: ὑπάρχειν codd. Γ   2 ἐφ' ci.
Welldon   4 ὑπ' αὐτῶν εὖ πάσχειν ΘΠΓ   6 ταὐτὰ ΑΒϹΓ: ταὐτὸν
DEQ: τοῦτο ΥΖ¹   ἂν ΘΑΒDEΓ: +ἔδει ϹΣ   7 ἀποδιδοῦσι ΘDΓ
12 μὴ¹ ΑQΓ: om. ΠΥΖΣ

γωρεῖν· τοῖς δὲ φίλοις, ἐάν τε μὴ εὖ λέγωσιν ἢ ποιῶσιν, καὶ
ἔτι μᾶλλον ἐὰν τἀναντία, καὶ ἐὰν μὴ αἰσθάνωνται δεομένων,
ὥσπερ ὁ Ἀντιφῶντος Πλήξιππος τῷ Μελεάγρῳ· ὀλιγωρίας 15
γὰρ τὸ μὴ αἰσθάνεσθαι σημεῖον· ὧν γὰρ φροντίζομεν οὐ
λανθάνει. καὶ τοῖς ἐπιχαίρουσι ταῖς ἀτυχίαις καὶ ὅλως
εὐθυμουμένοις ἐν ταῖς αὐτῶν ἀτυχίαις· ἢ γὰρ ἐχθροῦ ἢ ὀλι-
γωροῦντος σημεῖον. καὶ τοῖς μὴ φροντίζουσιν ἐὰν λυπήσωσιν·
διὸ καὶ τοῖς κακὰ ἀγγέλλουσιν ὀργίζονται. καὶ τοῖς ἢ ἀκούουσι 20
περὶ αὐτῶν ἢ θεωμένοις τὰ αὐτῶν φαῦλα· ὅμοιοι γάρ εἰσιν ἢ
ὀλιγωροῦσιν ἢ ἐχθροῖς· οἱ γὰρ φίλοι συναλγοῦσιν, θεώμενοι δὲ
τὰ οἰκεῖα φαῦλα πάντες ἀλγοῦσιν. ἔτι τοῖς ὀλιγωροῦσι πρὸς
πέντε, πρὸς οὓς φιλοτιμοῦνται, [πρὸς] οὓς θαυμάζουσιν, ὑφ'
ὧν βούλονται θαυμάζεσθαι, ἢ οὓς αἰσχύνονται, ἢ ἐν τοῖς 25
αἰσχυνομένοις αὐτούς· ἄν τις ἐν τούτοις ὀλιγωρῇ, ὀργίζονται
μᾶλλον. καὶ τοῖς εἰς τὰ τοιαῦτα ὀλιγωροῦσιν ὑπὲρ ὧν αὐτοῖς
αἰσχρὸν μὴ βοηθεῖν, οἷον γονεῖς, τέκνα, γυναῖκας, ἀρχομένους.
καὶ τοῖς χάριν μὴ ἀποδιδοῦσιν· παρὰ τὸ προσῆκον γὰρ ἡ
ὀλιγωρία. καὶ τοῖς εἰρωνευομένοις πρὸς σπουδάζοντας· 30
καταφρονητικὸν γὰρ ἡ εἰρωνεία. καὶ τοῖς τῶν ἄλλων εὐποιη-
τικοῖς, ἐὰν μὴ καὶ αὐτῶν· καὶ γὰρ τοῦτο καταφρονητικόν,
τὸ μὴ ἀξιοῦν, ὧν πάντας, καὶ αὐτόν. ποιητικὸν δ' ὀργῆς καὶ
ἡ λήθη, οἷον καὶ ἡ τῶν ὀνομάτων, οὕτως οὖσα περὶ μικρόν·
ὀλιγωρίας γὰρ δοκεῖ καὶ ἡ λήθη σημεῖον εἶναι· δι' ἀμέλειαν 35
μὲν γὰρ ἡ λήθη γίγνεται, ἡ δ' ἀμέλεια ὀλιγωρία τίς
ἐστιν.

οἷς μὲν οὖν ὀργίζονται καὶ ὡς ἔχοντες καὶ διὰ ποῖα, **1380**[a]

18 ἐνθυμουμένοις Α[1]   ἑαυτῶν ΘΠ   20 καὶ[1] om. Γ   22 θεόμενοι Α
24 πρὸς del. Spengel   25 ἢ[1] +πρὸς ΘΠΓ   26 ἐν τούτοις ἐάν τις ΘΠΓ
27 τὰ τοιαῦτα ΘΑΒΔΕΓ: ταῦτα ΒC   28 βοηθεῖν ΑΓΣ: βοηθοῦσιν ΘΒD
29 χάριν] χαίρειν Roemer   30 εἰρηνευομένοις Α[1]   πρὸς+τοὺς ΘΠΣ
34 ἢ[1] ΑΣ: om. ΘΠ   τῶν . . . οὕτως] nominum G   οὕτως ΑΣ: om. ΘΠ: an
καίπερ οὕτως?   περὶ Α[1]CDEYZΓ: παρὰ Α[2]ΒQΣ   35–36 δι' . . . γὰρ
ΑCDΓ: μὲν γὰρ ἀμέλειαν ΘΒΕ   36 τίς om. Θ(?)ΠΓ   1380[a] 2 ἅμα om.
ΘΔΕΓ   ὅτι] ὡς ΘΠΓΣ   ἂν+αὐτὸν ΘΠΓ

ἅμα εἴρηται· δῆλον δ' ὅτι δέοι ἂν κατασκευάζειν τῷ λόγῳ
τοιούτους οἷοι ὄντες ὀργίλως ἔχουσιν, καὶ τοὺς ἐναντίους
τούτοις ἐνόχους ὄντας ἐφ' οἷς ὀργίζονται, καὶ τοιούτους οἷοις
5 ὀργίζονται.

3

Ἐπεὶ δὲ τὸ ὀργίζεσθαι ἐναντίον τῷ πραΰνεσθαι καὶ
ὀργὴ πραότητι, ληπτέον πῶς ἔχοντες πρᾶοί εἰσι καὶ πρὸς
τίνας πράως ἔχουσι καὶ διὰ τίνων πραΰνονται. ἔστω δὴ
πράϋνσις κατάστασις καὶ ἠρέμησις ὀργῆς. εἰ οὖν ὀργίζονται
10 τοῖς ὀλιγωροῦσιν, ὀλιγωρία δ' ἑκούσιον, φανερὸν ὅτι καὶ τοῖς
μηδὲν τούτων ποιοῦσιν ἢ ἀκουσίως ποιοῦσιν ἢ φαινομένοις
τοιούτοις πρᾶοί εἰσιν. καὶ τοῖς τἀναντία ὧν ἐποίησαν βουλο-
μένοις. καὶ ὅσοι καὶ αὐτοὶ εἰς αὐτοὺς τοιοῦτοι· οὐδεὶς γὰρ
αὐτὸς αὑτοῦ δοκεῖ ὀλιγωρεῖν. καὶ τοῖς ὁμολογοῦσι καὶ μετα-
15 μελομένοις· ὡς γὰρ ἔχοντες δίκην τὸ λυπεῖσθαι ἐπὶ τοῖς
πεποιημένοις παύονται τῆς ὀργῆς· σημεῖον δὲ ἐπὶ τῆς τῶν
οἰκετῶν κολάσεως· τοὺς μὲν γὰρ ἀντιλέγοντας καὶ ἀρνουμέ-
νους μᾶλλον κολάζομεν, πρὸς δὲ τοὺς ὁμολογοῦντας δικαίως
κολάζεσθαι παυόμεθα θυμούμενοι· αἴτιον δ' ὅτι ἀναισχυντία
20 τὸ τὰ φανερὰ ἀρνεῖσθαι, ἡ δ' ἀναισχυντία ὀλιγωρία καὶ
καταφρόνησις· ὧν γοῦν πολὺ καταφρονοῦμεν, οὐκ αἰσχυνόμεθα.
καὶ τοῖς ταπεινουμένοις πρὸς αὐτοὺς καὶ μὴ ἀντιλέγουσιν·
φαίνονται γὰρ ὁμολογεῖν ἥττους εἶναι, οἱ δ' ἥττους φοβοῦνται,
φοβούμενος δὲ οὐδεὶς ὀλιγωρεῖ· ὅτι δὲ πρὸς τοὺς ταπεινου-
25 μένους παύεται ἡ ὀργή, καὶ οἱ κύνες δηλοῦσιν οὐ δάκνοντες
τοὺς καθίζοντας. καὶ τοῖς σπουδάζουσι πρὸς [τοὺς] σπουδάζον-
τας· δοκεῖ γὰρ σπουδάζεσθαι ἀλλ' οὐ καταφρονεῖσθαι. καὶ τοῖς
μείζω κεχαρισμένοις. καὶ τοῖς δεομένοις καὶ παραιτουμένοις·
ταπεινότεροι γάρ. καὶ τοῖς μὴ ὑβρισταῖς μηδὲ χλευασταῖς

3 ὀλιγώρως Α   6 τὸ ... τῷ ΘΠΓ: τῷ ... τὸ Α   7 πραότητι
ABCYZΓ: πραότητος DEQ   πῶς ABEQZΓ: +τε BCDY   10 δ'
+ἐστιν ΘΠΓ   13 αὐτοὶ om. ΘΠΓ   17 ἀρνουμένους καὶ ἀντιλέγοντας
ΘΠΓ   26 τοὺς secludendum (cf. 1379ᵇ30) vel αὑτοὺς legendum ci.
Bonitz   27-28 καὶ ... κεχαρισμένοις om. Γ

μηδ' ὀλιγώροις εἰς μηδένα ἢ μὴ εἰς χρηστοὺς μηδ' εἰς τοιού- 30
τους οἷοί περ αὐτοί· ὅλως δ' ἐκ τῶν ἐναντίων δεῖ σκοπεῖν
τὰ πραΰνοντα. καὶ οὓς φοβοῦνται ἢ αἰσχύνονται, ἕως ἂν
οὕτως ἔχωσιν, οὐκ ὀργίζονται· ἀδύνατον γὰρ ἅμα φοβεῖσθαι
καὶ ὀργίζεσθαι. καὶ τοῖς δι' ὀργὴν ποιήσασιν ἢ οὐκ ὀργίζονται
ἢ ἧττον ὀργίζονται· οὐ γὰρ δι' ὀλιγωρίαν φαίνονται πρᾶξαι· 35
οὐδεὶς γὰρ ὀργιζόμενος ὀλιγωρεῖ· ἡ μὲν γὰρ ὀλιγωρία ἄλυπον,
ἡ δ' ὀργὴ μετὰ λύπης. καὶ τοῖς αἰσχυνομένοις αὐτούς.   **1380ᵇ**

καὶ ἔχοντες δὲ ἐναντίως τῷ ὀργίζεσθαι δῆλον ὅτι πρᾶοί
εἰσιν, οἷον ἐν παιδιᾷ, ἐν γέλωτι, ἐν ἑορτῇ, ἐν εὐημερίᾳ, ἐν
κατορθώσει, ἐν πληρώσει, ὅλως ἐν ἀλυπίᾳ καὶ ἡδονῇ μὴ
ὑβριστικῇ καὶ ἐν ἐλπίδι ἐπιεικεῖ. ἔτι κεχρονικότες καὶ μὴ 5
ὑπόγυιοι τῇ ὀργῇ ὄντες· παύει γὰρ ὀργὴν ὁ χρόνος· παύει δὲ
καὶ ἑτέρου ὀργὴν μείζω ἢ παρ' ἄλλου ληφθεῖσα τιμωρία
πρότερον· διὸ εὖ Φιλοκράτης, εἰπόντος τινός, ὀργιζομένου τοῦ
δήμου, " Τί οὐκ ἀπολογεῖ; ", " Οὔπω γε ", ἔφη. " Ἀλλὰ πότε; "
" Ὅταν ἴδω ἄλλον διαβεβλημένον "· πρᾶοι γὰρ γίγνονται ὅταν 10
εἰς ἄλλον τὴν ὀργὴν ἀναλώσωσιν, ὃ συνέβη ἐπὶ Ἐργοφίλου·
μᾶλλον γὰρ χαλεπαίνοντες ἢ Καλλισθένει ἀφεῖσαν διὰ τὸ
Καλλισθένους τῇ προτεραίᾳ καταγνῶναι θάνατον. καὶ ἐὰν
ἕλωσιν. καὶ ἐὰν μεῖζον κακὸν πεπονθότες ὦσιν ἢ ὃ ὀργιζό-
μενοι ἂν ἔδρασαν· ὥσπερ εἰληφέναι γὰρ οἴονται τιμωρίαν. 15
καὶ ἐὰν ἀδικεῖν οἴωνται αὐτοὶ καὶ δικαίως πάσχειν, οὐ
γίγνεται [ἡ] ὀργὴ πρὸς τὸ δίκαιον· οὐ γὰρ ἔτι παρὰ τὸ προσ-
ῆκον νομίζουσι πάσχειν, ἡ δ' ὀργὴ τοῦτο ἦν· διὸ δεῖ τῷ

λόγῳ προκολάζειν· ἀγανακτοῦσιν γὰρ ἧττον κολαζόμενοι καὶ
20 οἱ δοῦλοι. καὶ ἐὰν μὴ αἰσθήσεσθαι οἴωνται ὅτι δι' αὐτοὺς καὶ
ἀνθ' ὧν ἔπαθον· ἡ γὰρ ὀργὴ πρὸς τὸν καθ' ἕκαστόν ἐστιν·
δῆλον δ' ἐκ τοῦ ὁρισμοῦ· διὸ ὀρθῶς πεποίηται

φάσθαι Ὀδυσσῆα πτολιπόρθιον,

ὡς οὐ τετιμωρημένος εἰ μὴ ᾔσθετο καὶ ὑφ' ὅτου καὶ ἀνθ'
25 ὅτου· ὥστε οὔτε τοῖς ἄλλοις ὅσοι μὴ αἰσθάνονται ὀργίζονται,
οὔτε τοῖς τεθνεῶσιν ἔτι, ὡς πεπονθόσι τε τὸ ἔσχατον καὶ
οὐκ ἀλγήσουσιν οὐδ' αἰσθησομένοις, οὗ οἱ ὀργιζόμενοι ἐφίεν-
ται· διὸ εὖ περὶ τοῦ Ἕκτορος ὁ ποιητής, παῦσαι βουλόμενος
τὸν Ἀχιλλέα τῆς ὀργῆς τεθνεῶτος,

30   κωφὴν γὰρ δὴ γαῖαν ἀεικίζει μενεαίνων.

δῆλον οὖν ὅτι τοῖς καταπραΰνειν βουλομένοις ἐκ τούτων
τῶν τόπων λεκτέον, αὐτοὺς μὲν παρασκευάζουσι τοιούτους,
οἷς δ' ὀργίζονται ἢ φοβεροὺς ἢ αἰσχύνης ἀξίους ἢ κεχαρισμέ-
νους ἢ ἄκοντας ἢ ὑπεραλγοῦντας τοῖς πεποιημένοις.
35 Τίνας δὲ φιλοῦσι καὶ μισοῦσι, καὶ διὰ τί, τὴν φιλίαν καὶ 4
τὸ φιλεῖν ὁρισάμενοι λέγωμεν. ἔστω δὴ τὸ φιλεῖν τὸ βούλε-
σθαί τινι ἃ οἴεται ἀγαθά, ἐκείνου ἕνεκα ἀλλὰ μὴ αὑτοῦ, καὶ τὸ
1381ᵃ κατὰ δύναμιν πρακτικὸν εἶναι τούτων. φίλος δέ ἐστιν ὁ φιλῶν
καὶ ἀντιφιλούμενος· οἴονται δὲ φίλοι εἶναι οἱ οὕτως ἔχειν
οἰόμενοι πρὸς ἀλλήλους. τούτων δὲ ὑποκειμένων ἀνάγκη φίλον
εἶναι τὸν συνηδόμενον τοῖς ἀγαθοῖς καὶ συναλγοῦντα τοῖς
5 λυπηροῖς μὴ διά τι ἕτερον ἀλλὰ δι' ἐκεῖνον· γιγνομένων γὰρ
ὧν βούλονται χαίρουσιν πάντες, τῶν ἐναντίων δὲ λυποῦνται,
ὥστε τῆς βουλήσεως σημεῖον αἱ λῦπαι καὶ αἱ ἡδοναί. καὶ οἷς

19 κολαζόμενοι] οὕτως κολαζόμενοι Muretus   21 πρὸς τὸν] τῶν ΘΠΓ
23 πτολίπορθον ΘΠ   24 ὅτου] οὗ ΘΠΓΣ   30 αἰκίζει A¹Γ: αἰκίζεις A²
31 πραΰνειν ΘDE   32 αὐτοὺς Bekker: αὑτοὺς ΘABDEΓ: τοὺς C
36 λέγωμεν A   37 ἃ om. A¹ ἀγαθὰ ADEQZΓ: +εἶναι BCY m.
1381ᵃ 1 ἐστιν] καὶ Γ   2 δὲ] γὰρ Spengel

δὴ ταὐτὰ ἀγαθὰ καὶ κακά, καὶ οἱ τοῖς αὐτοῖς φίλοι καὶ οἱ τοῖς
αὐτοῖς ἐχθροί· ταὐτὰ γὰρ τούτοις βούλεσθαι ἀνάγκη, ὥστε
ἅπερ αὑτῷ καὶ ἄλλῳ βουλόμενος τούτῳ φαίνεται φίλος εἶναι. 10
καὶ τοὺς πεποιηκότας εὖ φιλοῦσιν, ἢ αὐτοὺς ἢ ὧν κήδονται,
ἢ εἰ μεγάλα, ἢ εἰ προθύμως, ἢ εἰ ἐν τοιούτοις καιροῖς, καὶ
αὐτῶν ἕνεκα, ἢ οὓς ἂν οἴωνται βούλεσθαι ποιεῖν εὖ. καὶ τοὺς
τῶν φίλων φίλους καὶ φιλοῦντας οὓς αὐτοὶ φιλοῦσιν. καὶ τοὺς
φιλουμένους ὑπὸ τῶν φιλουμένων αὐτοῖς. καὶ τοὺς τοῖς 15
αὐτοῖς ἐχθροὺς καὶ μισοῦντας οὓς αὐτοὶ μισοῦσιν, καὶ τοὺς
μισουμένους ὑπὸ τῶν αὐτοῖς μισουμένων· πᾶσιν γὰρ τούτοις
τὰ αὐτὰ ἀγαθὰ φαίνεται εἶναι καὶ αὐτοῖς, ὥστε βούλεσθαι τὰ
αὐτοῖς ἀγαθά, ὅπερ ἦν τοῦ φίλου. ἔτι τοὺς εὐποιητικοὺς εἰς
χρήματα καὶ εἰς σωτηρίαν· διὸ τοὺς ἐλευθερίους καὶ ἀνδρείους 20
τιμῶσι καὶ τοὺς δικαίους· τοιούτους δ' ὑπολαμβάνουσι τοὺς
μὴ ἀφ' ἑτέρων ζῶντας· τοιοῦτοι δ' οἱ ἀπὸ τοῦ ἐργάζεσθαι, καὶ
τούτων οἱ ἀπὸ γεωργίας, καὶ τῶν ἄλλων οἱ αὐτουργοὶ μάλιστα.
καὶ τοὺς σώφρονας, ὅτι οὐκ ἄδικοι. καὶ τοὺς ἀπράγμονας
διὰ τὸ αὐτό. καὶ οἷς βουλόμεθα φίλοι εἶναι, ἂν φαίνωνται 25
βουλόμενοι· εἰσὶ δὲ τοιοῦτοι οἵ τ' ἀγαθοὶ κατ' ἀρετὴν καὶ οἱ
εὐδόκιμοι ἢ ἐν ἅπασιν ἢ ἐν τοῖς βελτίστοις ἢ ἐν τοῖς θαυ-
μαζομένοις ὑφ' αὑτῶν ἢ ἐν τοῖς θαυμάζουσιν αὐτούς. ἔτι
τοὺς ἡδεῖς συνδιαγαγεῖν καὶ συνδιημερεῦσαι· τοιοῦτοι δ'
οἱ εὔκολοι καὶ μὴ ἐλεγκτικοὶ τῶν ἁμαρτανομένων καὶ μὴ 30
φιλόνικοι μηδὲ δυσέριδες (πάντες γὰρ οἱ τοιοῦτοι μαχη-
τικοί, οἱ δὲ μαχόμενοι τἀναντία φαίνονται βούλεσθαι), καὶ
οἱ ἐπιδέξιοι καὶ τῷ τωθάσαι καὶ τῷ ὑπομεῖναι· ἐπὶ ταὐτὸ γὰρ

---

8 δὴ] ἤδη ΘΠΓ   οἵ¹ et οἵ²] οἱ Spengel   12 εἰ³ ΘΑΒΔΓ: om. CEΣ
13 ἢ] καὶ ΓΣ   14 καὶ¹ +τοὺς ΘΠ   17 ἑαυτοῖς ΘΠΓ   μισουμένοις Α
20 εἰς om. ΘΒCEΓΣ   καὶ+τοὺς ΘD   22 ἑτέρων ΑΒCΥΓ: ἑτέρου
DEQZ   25 τὸ αὐτό] ταῦτα Α   26 βουλόμενοι Α   27 πᾶσιν
ΘΠ   28 ὑπ' αὐτῶν ΘΠΓΣ   ἢ ΑΓ: om. cett.   τοῖς Victorius: οἷς
codd. Γ   αὐτούς ΘΠΓ: αὐτοί Α   29 συνδιάγειν ΘΠΣ   31 φιλόνικοι
Dufour: φιλόνεικοι codd. Γ   33 τῷ τωθάσαι scripsi: τωθάσαι ΘΒ¹CD:
τῷ παῖσαι ΑΕΣ: deridere G   ταῦτὰ ΘΠΓΣ

ἀμφοτέρως σπεύδουσι τῷ πλησίον, δυνάμενοί τε σκώπτεσθαι
35 καὶ ἐμμελῶς σκώπτοντες. καὶ τοὺς ἐπαινοῦντας τὰ ὑπ-
άρχοντα ἀγαθά, καὶ τούτων μάλιστα ἃ φοβοῦνται μὴ ὑπ-
1381ᵇ άρχειν αὐτοῖς. καὶ τοὺς καθαρείους περὶ ὄψιν, περὶ ἀμπεχόνην,
περὶ ὅλον τὸν βίον. καὶ τοὺς μὴ ὀνειδιστὰς μήτε τῶν ἁμαρ-
τημάτων μήτε τῶν εὐεργετημάτων· ἀμφότεροι γὰρ ἐλεγ-
κτικοί. καὶ τοὺς μὴ μνησικακοῦντας, μηδὲ φυλακτικοὺς τῶν
5 ἐγκλημάτων, ἀλλ' εὐκαταλλάκτους· οἵους γὰρ ἂν ὑπολαμ-
βάνωσιν εἶναι πρὸς τοὺς ἄλλους, καὶ πρὸς αὐτοὺς οἴονται.
καὶ τοὺς μὴ κακολόγους μηδὲ εἰδότας μήτε τὰ τῶν πλησίον
κακὰ μήτε τὰ αὐτῶν, ἀλλὰ τἀγαθά· ὁ γὰρ ἀγαθὸς ταῦτα
δρᾷ. καὶ τοὺς μὴ ἀντιτείνοντας τοῖς ὀργιζομένοις ἢ σπουδά-
10 ζουσιν· μαχητικοὶ γὰρ οἱ τοιοῦτοι. καὶ τοὺς πρὸς αὐτοὺς
σπουδαίως πως ἔχοντας, οἷον θαυμάζοντας αὐτοὺς καὶ σπου-
δαίους ὑπολαμβάνοντας καὶ χαίροντας αὐτοῖς, καὶ ταῦτα
μάλιστα πεπονθότας περὶ ἃ μάλιστα βούλονται αὐτοὶ ἢ
θαυμάζεσθαι ἢ σπουδαῖοι δοκεῖν εἶναι ἢ ἡδεῖς. καὶ τοὺς
15 ὁμοίους καὶ ταὐτὰ ἐπιτηδεύοντας, ἐὰν μὴ παρενοχλῶσι μηδ'
ἀπὸ ταὐτοῦ ᾖ ὁ βίος· γίγνεται γὰρ οὕτω τὸ "κεραμεὺς κεραμεῖ".
καὶ τοὺς τῶν αὐτῶν ἐπιθυμοῦντας, ὧν ἐνδέχεται ἅμα μετ-
έχειν αὐτούς· εἰ δὲ μή, ταὐτὸ καὶ οὕτω συμβαίνει. καὶ
πρὸς οὓς οὕτως ἔχουσιν ὥστε μὴ αἰσχύνεσθαι τὰ πρὸς
20 δόξαν, μὴ καταφρονοῦντες. καὶ πρὸς οὓς αἰσχύνονται τὰ
πρὸς ἀλήθειαν. καὶ πρὸς οὓς φιλοτιμοῦνται, ἢ ὑφ' ὧν
ζηλοῦσθαι βούλονται καὶ μὴ φθονεῖσθαι, τούτους ἢ φιλοῦσιν
ἢ βούλονται φίλοι εἶναι. καὶ οἷς ἂν τἀγαθὰ συμπράττωσιν,
ἐὰν μὴ μέλλῃ αὐτοῖς ἔσεσθαι μείζω κακά. καὶ οἳ ὁμοίως

34 ἀμφοτέτως ci. Roemer : ἀμφότεροι codd. 35 ἐνυπάρχοντα ΓΣ 36 μάλι-
στα ἃ ΘΠΓ : ἃ μάλιστα Α μὴ οὐχ ὑπάρχει ci. Richards. 1381ᵇ 1 καθα-
ρίους CD 4 μνησικάκους ΘΒΔΕΓ 5 ὑπολάβωσι ΘΠΓΣ
8 τοῦτο ΘΠΓ 9 ἢ+τοῖς ΘΠΣ 10 et 11 ἑαυτοὺς Α¹ 11 σπου-
δαίως πως] ὡσαύτως ΘΠΓΣ 16 τὸ ΘΒΔΕΓ : καὶ ΑC 20 μὴ om.
Q καταφρονοῦντας Α 22 ἢ] καὶ ΠΥΓ 23 συμπρακτῶσιν Α¹
24 οἱ ed. Basil. : τοῖς codd.

καὶ τοὺς ἀπόντας καὶ τοὺς παρόντας φιλοῦσιν· διὸ καὶ τοὺς 25
περὶ τοὺς τεθνεῶτας τοιούτους πάντες φιλοῦσιν. καὶ ὅλως
τοὺς σφόδρα φιλοφίλους καὶ μὴ ἐγκαταλείποντας· μάλιστα
γὰρ φιλοῦσι τῶν ἀγαθῶν τοὺς φιλεῖν ἀγαθούς. καὶ τοὺς μὴ
πλαττομένους πρὸς αὐτούς· τοιοῦτοι δὲ οἱ καὶ τὰ φαῦλα τὰ
ἑαυτῶν λέγοντες· εἴρηται γὰρ ὅτι πρὸς τοὺς φίλους τὰ πρὸς 30
δόξαν οὐκ αἰσχυνόμεθα· εἰ οὖν ὁ αἰσχυνόμενος μὴ φιλεῖ,
ὁ μὴ αἰσχυνόμενος φιλοῦντι ἔοικεν. καὶ τοὺς μὴ φοβερούς,
καὶ οὓς θαρροῦμεν· οὐδεὶς γὰρ ὃν φοβεῖται φιλεῖ.

εἴδη δὲ φιλίας ἑταιρεία οἰκειότης συγγένεια καὶ ὅσα τοιαῦτα.
ποιητικὰ δὲ φιλίας χάρις καὶ τὸ μὴ δεηθέντος ποιῆσαι καὶ 35
τὸ ποιήσαντα μὴ δηλῶσαι· αὑτοῦ γὰρ οὕτως ἕνεκα φαίνεται
καὶ οὐ διά τι ἕτερον.

περὶ δ' ἔχθρας καὶ τοῦ μισεῖν φανερὸν ὡς ἐκ τῶν ἐναν- **1382ᵃ**
τίων ἔστι θεωρεῖν. ποιητικὰ δὲ ἔχθρας ὀργή, ἐπηρεασμός, δια-
βολή. ὀργὴ μὲν οὖν ἐστιν ἐκ τῶν πρὸς αὐτόν, ἔχθρα δὲ καὶ
ἄνευ τοῦ πρὸς αὐτόν· ἂν γὰρ ὑπολαμβάνωμεν εἶναι τοιόνδε,
μισοῦμεν. καὶ ἡ μὲν ὀργὴ ἀεὶ περὶ τὰ καθ' ἕκαστα, οἷον Καλ- 5
λίᾳ ἢ Σωκράτει, τὸ δὲ μῖσος καὶ πρὸς τὰ γένη· τὸν γὰρ κλέ-
πτην μισεῖ καὶ τὸν συκοφάντην ἅπας. καὶ τὸ μὲν ἰατὸν
χρόνῳ, τὸ δ' ἀνίατον. καὶ τὸ μὲν λύπης ἔφεσις, τὸ δὲ κακοῦ·
αἰσθέσθαι γὰρ βούλεται ὁ ὀργιζόμενος, τῷ δ' οὐδὲν διαφέρει.
ἔστι δὲ τὰ μὲν λυπηρὰ αἰσθητὰ πάντα, τὰ δὲ μάλιστα κακὰ 10
ἥκιστα αἰσθητά, ἀδικία καὶ ἀφροσύνη· οὐδὲν γὰρ λυπεῖ ἡ
παρουσία τῆς κακίας. καὶ τὸ μὲν μετὰ λύπης, τὸ δ' οὐ

25 καὶ¹ AQZΓ: om. ΠΥ   27 ἐγκαταλιπόντας A   28 γὰρ] δὲ A
φιλεῖν ἀγαθούς ΠΥΖΓ: φίλους ἀγαθούς Q: φιλαγάθους A   29 αὑτούς
Bonitz: ἑαυτούς codd.   30 αὐτῶν A   33 οὓς ΑΓ: οἷς ΘΠ   34 ἑταιρία
ΠΥΖΣ   καὶ οἰκειότης καὶ συγγένεια ΘΠΓ   37 τι ΑΣ: om. ΘΠΓ
1382ᵃ 2 ἐστὶ A: δεῖ ΘΠΓΣ   3–4 αὐτόν . . . αὐτὸν A   4 τοῦ] τῶν
ΘΠΓΣ   ὑπολάβωμεν ΘΠ   5 Καλλίαν CDEΥΓ   6 ἢ ΑΓ: om.
ΘΠ   Σωκράτει Bekker: Σωκράτηι A: Σωκράτην ΘΠΓ   7 ἅπας]
ἕκαστος ΘΠΓ   τὸν μὲν ἰατρὸν A¹   8 καὶ ἡ μὲν τοῦ λυπῆσαι ἐφίεται, ἡ
δὲ τοῦ κακῶσαι μᾶλλον ΘΠΓ et μᾶλλον omisso Σ   9 · αἰσθάνεσθαι
ΘΠ

μετὰ λύπης· ὁ μὲν γὰρ ὀργιζόμενος λυπεῖται, ὁ δὲ μισῶν οὔ.
καὶ ὁ μὲν πολλῶν ἂν γενομένων ἐλεήσειεν, ὁ δ' οὐδενός· ὁ μὲν
15 γὰρ ἀντιπαθεῖν βούλεται ᾧ ὀργίζεται, ὁ δὲ μὴ εἶναι.

φανερὸν οὖν ἐκ τούτων ὅτι ἐνδέχεται ἐχθροὺς καὶ φίλους
καὶ ὄντας ἀποδεικνύναι καὶ μὴ ὄντας ποιεῖν καὶ φάσκοντας
διαλύειν, καὶ δι' ὀργὴν ἢ δι' ἔχθραν ἀμφισβητοῦντας ἐφ' ὁπο-
τέραν ἂν προαιρῆταί τις ἄγειν.

20   Ποῖα δὲ φοβοῦνται καὶ τίνας καὶ πῶς ἔχοντες, ὧδ' ἔσται 5
φανερόν. ἔστω δὴ ὁ φόβος λύπη τις ἢ ταραχὴ ἐκ φαντασίας
μέλλοντος κακοῦ φθαρτικοῦ ἢ λυπηροῦ· οὐ γὰρ πάντα τὰ
κακὰ φοβοῦνται, οἷον εἰ ἔσται ἄδικος ἢ βραδύς, ἀλλ' ὅσα
λύπας μεγάλας ἢ φθορὰς δύναται, καὶ ταῦτα ἐὰν μὴ πόρρω
25 ἀλλὰ σύνεγγυς φαίνηται ὥστε μέλλειν. τὰ γὰρ πόρρω σφόδρα
οὐ φοβοῦνται· ἴσασι γὰρ πάντες ὅτι ἀποθανοῦνται, ἀλλ' ὅτι
οὐκ ἐγγύς, οὐδὲν φροντίζουσιν. εἰ δὴ ὁ φόβος τοῦτ' ἐστίν,
ἀνάγκη τὰ τοιαῦτα φοβερὰ εἶναι ὅσα φαίνεται δύναμιν ἔχειν
μεγάλην τοῦ φθείρειν ἢ βλάπτειν βλάβας εἰς λύπην μεγάλην
30 συντεινούσας· διὸ καὶ τὰ σημεῖα τῶν τοιούτων φοβερά· ἐγγὺς
γὰρ φαίνεται τὸ φοβερόν· τοῦτο γάρ ἐστι κίνδυνος, φοβεροῦ
πλησιασμός.

τοιαῦτα δὲ ἔχθρα τε καὶ ὀργὴ δυναμένων ποιεῖν
τι (δῆλον γὰρ ὅτι βούλονταί τε καὶ δύνανται, ὥστε ἐγγύς εἰσιν
35 τοῦ ποιεῖν), καὶ ἀδικία δύναμιν ἔχουσα· τῷ προαιρεῖσθαι γὰρ ὁ
1382ᵇ ἄδικος ἄδικος. καὶ ἀρετὴ ὑβριζομένη δύναμιν ἔχουσα (δῆλον
γὰρ ὅτι προαιρεῖται μὲν ὅταν ὑβρίζηται, ἀεί, δύναται δὲ νῦν),
καὶ φόβος τῶν δυναμένων τι ποιῆσαι· ἐν παρασκευῇ γὰρ ἀνάγκη
εἶναι καὶ τὸν τοιοῦτον· ἐπεὶ δ' οἱ πολλοὶ χείρους καὶ ἥττους τοῦ

13 γὰρ] οὖν Γ   14 οὐδενός] οὔ vel οὐδαμῶς Spengel   17 φασκόν-
των Richards   18 καὶ +ἢ ΘΠΓ   ἀμφισβητοῦντος Α   ὁποτέραν
Roberts: ὁπότερ' codd.: ὁπότερον Γ   20 τίνας ACDEΓ: τίνα ΘΒ
ἔχοντας ΘΒDE   21 ἐστὶ BCYZΓ   ὁ ΑΣ: om. cett.   22 κακοῦ+ἢ
ΘΠΓ   23 φοβοῦνται ΑΓ: φοβεῖται ΘΠ   ὅσα+ἢ ΘΠΓ   24 δύνανται
ΘΠΣ   ἐὰν . . . 25 φαίνηται ΑΕΓ: ἃ ἐὰν . . . φαίνεται ΘΒCDΣ   33 τε
om. ΘΠΓΣ   34 τε καὶ δύνανται ΘΠΓΣ: om. Α

κερδαίνειν καὶ δειλοὶ ἐν τοῖς κινδύνοις, φοβερὸν ὡς ἐπὶ τὸ 5
πολὺ τὸ ἐπ' ἄλλῳ αὐτὸν εἶναι, ὥστε οἱ συνειδότες πεποιηκότι
τι δεινὸν φοβεροὶ ἢ κατειπεῖν ἢ ἐγκαταλιπεῖν. καὶ οἱ δυνάμενοι
ἀδικεῖν τοῖς δυναμένοις ἀδικεῖσθαι· ὡς γὰρ ἐπὶ τὸ πολὺ
ἀδικοῦσιν οἱ ἄνθρωποι ὅταν δύνωνται. καὶ οἱ ἠδικημένοι ἢ
νομίζοντες ἀδικεῖσθαι· ἀεὶ γὰρ τηροῦσι καιρόν. καὶ οἱ ἠδικη- 10
κότες, ἂν δύναμιν ἔχωσι, φοβεροί, δεδιότες τὸ ἀντιπαθεῖν·
ὑπέκειτο γὰρ τὸ τοιοῦτο φοβερόν. καὶ οἱ τῶν αὐτῶν ἀνταγω-
νισταί, ὅσα μὴ ἐνδέχεται ἅμα ὑπάρχειν ἀμφοῖν· ἀεὶ γὰρ
πολεμοῦσι πρὸς τοὺς τοιούτους. καὶ οἱ τοῖς κρείττοσιν αὐτῶν
φοβεροί· μᾶλλον γὰρ ἂν δύναιντο βλάπτειν αὐτούς, εἰ καὶ τοὺς 15
κρείττους. καὶ οὓς φοβοῦνται οἱ κρείττους αὐτῶν, διὰ ταὐτό.
καὶ οἱ τοὺς κρείττους αὐτῶν ἀνῃρηκότες, καὶ οἱ τοῖς ἥττοσιν
αὐτῶν ἐπιτιθέμενοι· ἢ γὰρ ἤδη φοβεροὶ ἢ αὐξηθέντες. καὶ
τῶν ἠδικημένων καὶ ἐχθρῶν ἢ ἀντιπάλων οὐχ οἱ ὀξύθυμοι καὶ
παρρησιαστικοί, ἀλλὰ οἱ πρᾶοι καὶ εἴρωνες καὶ πανοῦργοι· 20
ἄδηλοι γὰρ εἰ ἐγγύς, ὥστε οὐδέποτε φανεροὶ ὅτι πόρρω. πάντα
δὲ τὰ φοβερὰ φοβερώτερα ὅσα ἁμαρτάνουσιν ἐπανορθώσασθαι
μὴ ἐνδέχεται, ἀλλ' ἢ ὅλως ἀδύνατα, ἢ μὴ ἐπ' αὐτοῖς ἀλλ' ἐπὶ
τοῖς ἐναντίοις. καὶ ὧν βοήθειαι μή εἰσιν ἢ μὴ ῥάδιαι. ὡς δ'
ἁπλῶς εἰπεῖν, φοβερά ἐστιν ὅσα ἐφ' ἑτέρων γιγνόμενα ἢ μέλ- 25
λοντα ἐλεεινά ἐστιν.

τὰ μὲν οὖν φοβερὰ καὶ ἃ φοβοῦνται σχεδὸν ὡς εἰπεῖν τὰ
μέγιστα ταῦτ' ἐστίν, ὡς δὲ διακείμενοι αὐτοὶ φοβοῦνται, νῦν
λέγωμεν. εἰ δή ἐστιν ὁ φόβος μετὰ προσδοκίας τινὸς τοῦ πεί-
σεσθαί τι φθαρτικὸν πάθος, φανερὸν ὅτι οὐδεὶς φοβεῖται τῶν 30
οἰομένων μηδὲν ἂν παθεῖν, οὐδὲ ταῦτα ἃ μὴ οἴονται ⟨ἂν⟩ παθεῖν

1382ᵇ 7 τι ΘΠΓ : om. A   8 τοῖς] ἀεὶ τοῖς ΘΠΓΣ   9 ἢ + οἱ Σ   14 τοὺς
om. ΘΠ   κρείττοσι φοβεροί καὶ αὐτοῖς φοβεροί ΘΠΓΣ   15 εἰ καὶ]
ἢ ΘΠΓ   17 ἥττοσιν] κρείττοσιν ΓΣ   19 ἀντιπολέμων A   21 εἰ
Mon. : ἢ ΑΓ : οἱ ΘΠ : ἡ Σ   φανεροὶ ΑΓ : φοβερόν ΘΠ   22 ὅσα ἂν ἁμαρτάνωσιν
Α²ΣΓ : ἂν ἁμάρτωσιν ΘΒΔΕΣ   23 ἐπ' αὐτοῖς ΑΣ : ἐφ' ἑαυτοῖς ΘΠΓ
29 δέ Γ   τινὸς A : om. ΘΠΓ   31 μηδὲν ἀντιπαθεῖν ΘΒCΕΓ   οὐδὲ] μηδὲ
A : ἢ BCY marg.   ἂν παθεῖν scripsi : παθεῖν codd.   Γ : susp. Spengel

οὐδὲ τούτους ὑφ᾽ ὧν μὴ οἴονται, οὐδὲ τότε ὅτε μὴ οἴονται.
ἀνάγκη τοίνυν φοβεῖσθαι τοὺς οἰομένους τι παθεῖν ἄν, καὶ
τοὺς ὑπὸ τούτων καὶ ταῦτα καὶ τότε. οὐκ οἴονται δὲ παθεῖν
1383ᵃ ἂν οὔτε οἱ ἐν εὐτυχίαις μεγάλαις ὄντες καὶ δοκοῦντες (διὸ
ὑβρισταὶ καὶ ὀλίγωροι καὶ θρασεῖς, ποιεῖ δὲ τοιούτους πλοῦ-
τος ἰσχὺς πολυφιλία δύναμις), οὔτε οἱ ἤδη πεπονθέναι πάντα
νομίζοντες τὰ δεινὰ καὶ ἀπεψυγμένοι πρὸς τὸ μέλλον, ὥσπερ
5 οἱ ἀποτυμπανιζόμενοι ἤδη· ἀλλὰ δεῖ τινα ἐλπίδα ὑπεῖναι
σωτηρίας, περὶ οὗ ἀγωνιῶσιν. σημεῖον δέ· ὁ γὰρ φόβος
βουλευτικοὺς ποιεῖ, καίτοι οὐδεὶς βουλεύεται περὶ τῶν ἀνελ-
πίστων· ὥστε δεῖ τοιούτους παρασκευάζειν, ὅταν ᾖ βέλτιον
τὸ φοβεῖσθαι αὐτούς, ὅτι τοιοῦτοί εἰσιν οἷοι παθεῖν (καὶ γὰρ
10 ἄλλοι μείζους ἔπαθον), καὶ τοὺς τοιούτους δεικνύναι πάσχον-
τας ἢ πεπονθότας, καὶ ὑπὸ τοιούτων ὑφ᾽ ὧν οὐκ ᾤοντο, καὶ
ταῦτα ⟨ἃ⟩ καὶ τότε ὅτε οὐκ ᾤοντο.

ἐπεὶ δὲ περὶ φόβου φανερὸν τί ἐστιν, καὶ τῶν φοβερῶν,
καὶ ὡς ἕκαστοι ἔχοντες δεδίασι, φανερὸν ἐκ τούτων καὶ τὸ
15 θαρρεῖν τί ἐστι, καὶ περὶ ποῖα θαρραλέοι εἰσὶ καὶ πῶς διακεί-
μενοι θαρραλέοι εἰσίν· τό τε γὰρ θάρσος τὸ ἐναντίον τῷ
⟨φόβῳ, καὶ τὸ θαρραλέον τῷ⟩ φοβερῷ, ὥστε μετὰ φαντασίας ἡ
ἐλπὶς τῶν σωτηρίων ὡς ἐγγὺς ὄντων, τῶν δὲ φοβερῶν ⟨ὡς⟩ ἢ
μὴ ὄντων ἢ πόρρω ὄντων. ἔστι δὲ θαρραλέα τά τε δεινὰ πόρρω
20 ὄντα καὶ τὰ σωτήρια ἐγγύς, καὶ ἐπανορθώσεις ἂν ὦσι καὶ βοή-
θειαι πολλαὶ ἢ μεγάλαι ἢ ἄμφω, καὶ μήτε ἠδικημένοι μήτε
ἠδικηκότες ὦσιν, ἀνταγωνισταί τε ἢ μὴ ὦσιν ὅλως, ἢ μὴ
ἔχωσιν δύναμιν, ἢ δύναμιν ἔχοντες ὦσι φίλοι ἢ πεποιηκότες
εὖ ἢ πεπονθότες, ἢ ἂν πλείους ὦσιν οἷς ταῦτα συμφέρει,

1383ᵃ 1 καὶ δοκοῦντες ΑΓΣ: om. ΘDE   5 ἀποτυπανιζόμενοι Α¹
10 τοὺς ὁμοίους ΘΒΓΣ   12 ἃ . . . ᾤοντο] tunc G   ἃ addidi   14 δε-
δείασιν Α¹   15 εἰσὶ om. ΘΠΓ   16 γὰρ θαρραλέον Γ   τὸ om. BDEGY
17 φόβῳ . . . τῷ ed. Veneta: om. codd. Γ   17 ὥστε] ὡς Α   18 ὡς
ΑΕΓ: ἐστὶν ὡς ΘBCD   ὡς add. Richards   20 καὶ] ἢ C marg.   σωτή-
ρια C marg.: θαρραλέα cet. Γ   21 πολλαὶ] ἢ πολλαὶ ΘΠΓ   24 εὖ] ὦσιν
εὖ ΘΠ   ἢ + οὗτοι Γ   ὦσιν εἰς ταὐτὰ συμφερόμενοι DEQ, Z(?)   ταῦτα ΑΓ

ἢ κρείττους, ἢ ἄμφω. 25

αὐτοὶ δ' οὕτως ἔχοντες θαρραλέοι 25
εἰσίν, ἂν πολλὰ κατωρθωκέναι οἴωνται καὶ μὴ πεπονθέναι, ἢ
ἐὰν πολλάκις ἐληλυθότες εἰς τὰ δεινὰ καὶ διαπεφευγότες
ὦσι· διχῶς γὰρ ἀπαθεῖς γίγνονται οἱ ἄνθρωποι, ἢ τῷ μὴ
πεπειρᾶσθαι ἢ τῷ βοηθείας ἔχειν, ὥσπερ ἐν τοῖς κατὰ
θάλατταν κινδύνοις οἵ τε ἄπειροι χειμῶνος θαρροῦσι τὰ 30
μέλλοντα καὶ οἱ βοηθείας ἔχοντες διὰ τὴν ἐμπειρίαν. καὶ
ὅταν τοῖς ὁμοίοις φοβερὸν μὴ ᾖ, μηδὲ τοῖς ἥττοσι καὶ ὧν
κρείττους οἴονται εἶναι· οἴονται δὲ ὧν κεκρατήκασιν ἢ αὐτῶν
ἢ τῶν κρειττόνων ἢ τῶν ὁμοίων. καὶ ἂν ὑπάρχειν αὐτοῖς
οἴωνται πλείω καὶ μείζω, οἷς ὑπερέχοντες φοβεροί εἰσιν· 35
ταῦτα δέ ἐστι πλῆθος χρημάτων καὶ ἰσχὺς σωμάτων καὶ **1383**[b]
φίλων καὶ χώρας καὶ τῶν πρὸς πόλεμον παρασκευῶν, ἢ πασῶν
ἢ τῶν μεγίστων. καὶ ἐὰν μὴ ἠδικηκότες ὦσιν μηδένα ἢ μὴ
πολλοὺς ἢ μὴ τούτους παρ' ὧν φοβοῦνται, καὶ ὅλως ἂν τὰ πρὸς
τοὺς θεοὺς αὐτοῖς καλῶς ἔχῃ, τά τε ἄλλα καὶ τὰ ἀπὸ σημείων 5
καὶ λογίων· θαρραλέον γὰρ ἡ ὀργή, τὸ δὲ μὴ ἀδικεῖν ἀλλ' ἀδι-
κεῖσθαι ὀργῆς ποιητικόν, τὸ δὲ θεῖον ὑπολαμβάνεται βοηθεῖν
τοῖς ἀδικουμένοις. καὶ ὅταν ἐπιχειροῦντες ἢ μηδὲν ἂν παθεῖν
[μηδὲ πείσεσθαι] ἢ κατορθώσειν οἴωνται. καὶ περὶ μὲν τῶν
φοβερῶν καὶ θαρραλέων εἴρηται. 10

6   Ποῖα δ' αἰσχύνονται καὶ ἀναισχυντοῦσιν, καὶ πρὸς τίνας
καὶ πῶς ἔχοντες, ἐκ τῶνδε δῆλον. ἔστω δὴ αἰσχύνη λύπη
τις ἢ ταραχὴ περὶ τὰ εἰς ἀδοξίαν φαινόμενα φέρειν τῶν
κακῶν, ἢ παρόντων ἢ γεγονότων ἢ μελλόντων, ἡ δ' ἀναισχυν-
τία ὀλιγωρία τις καὶ ἀπάθεια περὶ τὰ αὐτὰ ταῦτα. εἰ δή 15

26 ἢ] καὶ Γ   27 εἰς] ὦσιν εἰς ΘΠ, omisso 28 ὦσι   32 φοβερὸν
μὴ ᾖ ΑΣ: μὴ ᾖ φοβερόν ΘΠΓ   1383[b] 2 φίλων καὶ χώρας ΑΓ: χώρας καὶ
φίλων ΘΠ   3 ὦσιν+ἢ ΘΠΓ   4 τοιούτους ΘΠΓ   παρ' Σ: περὶ
ΘΠΓ: ἢ περὶ Α   τὰ ΘΠΓΣ: om. Α   6 λογίων ΘΠΓ: λόγων Α¹
8 προεπιχειροῦντες ΘΠΓΣ   ἂν om. Σ   9 μηδὲ πείσεσθαι codd. Γ:
om. Σ   13 ἢ] καὶ ΘΠΓΣ   15 περὶ ταῦτα αὐτὰ Γ   τὰ om. ΘΠ   δή
ΑΕΓ: δ' ΘΒCD

ἐστιν αἰσχύνη ἡ ὁρισθεῖσα, ἀνάγκη αἰσχύνεσθαι ἐπὶ τοῖς
τοιούτοις τῶν κακῶν ὅσα αἰσχρὰ δοκεῖ εἶναι ἢ αὐτῷ ἢ ὧν
φροντίζει· τοιαῦτα δ' ἐστὶν ὅσα ἀπὸ κακίας ἔργα ἐστίν, οἷον
τὸ ἀποβαλεῖν ἀσπίδα ἢ φυγεῖν· ἀπὸ δειλίας γάρ. καὶ τὸ
20 ἀποστερῆσαι παρακαταθήκην [ἢ ἀδικῆσαι]· ἀπὸ ἀδικίας γάρ.
καὶ τὸ συγγενέσθαι αἷς οὐ δεῖ ἢ οὗ οὐ δεῖ ἢ ὅτε οὐ δεῖ· ἀπὸ
ἀκολασίας γάρ. καὶ τὸ κερδαίνειν ἀπὸ μικρῶν ἢ αἰσχρῶν ἢ
ἀπὸ ἀδυνάτων, οἷον πενήτων ἢ τεθνεώτων, ὅθεν καὶ ἡ
παροιμία τὸ ἀπὸ νεκροῦ φέρειν· ἀπὸ αἰσχροκερδείας γὰρ καὶ
25 ἀνελευθερίας. καὶ τὸ μὴ βοηθεῖν, δυνάμενον, εἰς χρήματα, ἢ
ἧττον βοηθεῖν. καὶ τὸ βοηθεῖσθαι παρὰ τῶν ἧττον εὐπόρων,
καὶ δανείζεσθαι ὅτε δόξει αἰτεῖν, καὶ αἰτεῖν ὅτε ἀπαιτεῖν,
καὶ ἀπαιτεῖν ὅτε αἰτεῖν, καὶ ἐπαινεῖν ἃ δόξει αἰτεῖν, καὶ τὸ
ἀποτετυχηκότα μηδὲν ἧττον· πάντα γὰρ ἀνελευθερίας ταῦτα
30 σημεῖα, τὸ δ' ἐπαινεῖν παρόντας κολακείας, καὶ τὸ τἀγαθὰ
μὲν ὑπερεπαινεῖν τὰ δὲ φαῦλα συναλείφειν, καὶ τὸ ὑπεραλγεῖν
ἀλγοῦντι παρόντα, καὶ τἆλλα πάντα ὅσα τοιαῦτα· κολακείας
γὰρ σημεῖα. καὶ τὸ μὴ ὑπομένειν πόνους οὓς οἱ πρεσβύτεροι
1384ᵃ ἢ τρυφῶντες ἢ ἐν ἐξουσίᾳ μᾶλλον ὄντες ἢ ὅλως οἱ ἀδυνατώ-
τεροι· πάντα γὰρ μαλακίας σημεῖα. καὶ τὸ ὑφ' ἑτέρου εὖ
πάσχειν, καὶ τὸ πολλάκις, καὶ ὃ εὖ ἐποίησεν ὀνειδίζειν·
μικροψυχίας γὰρ πάντα καὶ ταπεινότητος σημεῖα. καὶ τὸ
5 περὶ αὑτοῦ πάντα λέγειν καὶ ἐπαγγέλλεσθαι, καὶ τὸ τἀλλότρια
αὑτοῦ φάσκειν· ἀλαζονείας γάρ. ὁμοίως δὲ καὶ ἀπὸ τῶν
ἄλλων ἑκάστης τῶν τοῦ ἤθους κακιῶν τὰ ἔργα καὶ τὰ σημεῖα

16 ἐπὶ] μὲν ἐπὶ ΘΠΓ   17 ὅσα . . . ἢ¹] ἃ δοκεῖ αἰσχρὰ εἶναι ΘΠΓ
ὧν] ὧι Α   18 οἷον ἀποβάλλειν ΘΠ   20 ἢ ἀδικῆσαι om. ΘΠΓ: ἢ
πλεονεκτῆσαι ci. Richards   21 αἷς scripsi: οἷς codd.   οὗ] ὅπου ΘΠΣ
ἢ . . . δεῖ om. Α   οὗ³ scripsi: μὴ ΘΠ   22 ἢ¹ + ἀπ' ΘΠΓΣ   24 τὸ ΑΓ:
τὸ κἂν ΘΠΣ   αἰσχροκερδίας ADEZ   28 αἰτεῖν] ἀπιστεῖν ci. Richards
ἃ δόξει Bywater: ἵνα δόξῃ codd.: καὶ δοκεῖ Γ: ἵνα μὴ δόξῃ Richards
30 παρόντα ΘΠΓ   32 ἀλγοῦντι παρόντα ΑΣ: ἐπ' ἀλγοῦντι ΘΠΓ   1384ᵃ
1 ἢ¹ + οἱ ΘΠ   ἢ² + οἱ ΠΥΣ   ὄντες ΑΣΓ: om. ΘΒΔΕΣ   3 δ] ἃ ΘΠΓ
5 πάντα om. ΘΠΓΣ   6 ἀλαζονεία ΘΠΓ   ἐπὶ ΘΠΓ   7 τῶν ἠθικῶν
κακιῶν ΓΣ

καὶ τὰ ὅμοια· αἰσχρὰ γὰρ καὶ ἀναίσχυντα. καὶ ἐπὶ τούτοις τὸ τῶν
καλῶν ὧν πάντες μετέχουσιν, ἢ οἱ ὅμοιοι πάντες ἢ οἱ πλεῖστοι,
μὴ μετέχειν—ὁμοίους δὲ λέγω ὁμοεθνεῖς, πολίτας, ἡλικιώ- 10
τας, συγγενεῖς, ὅλως τοὺς ἐξ ἴσου—αἰσχρὸν γὰρ ἤδη τὸ μὴ
μετέχειν οἷον παιδεύσεως ἐπὶ τοσοῦτον, καὶ τῶν ἄλλων ὁμοίως.
πάντα δὲ ταῦτα μᾶλλον, ἂν δι᾽ ἑαυτὸν φαίνηται· οὕτω γὰρ
ἤδη ἀπὸ κακίας μᾶλλον, ἂν αὐτὸς ᾖ αἴτιος τῶν ὑπαρξάντων
ἢ ὑπαρχόντων ἢ μελλόντων. πάσχοντες δὲ ἢ πεπονθότες 15
ἢ πεισόμενοι τὰ τοιαῦτα αἰσχύνονται ὅσα εἰς ἀτιμίαν φέρει
καὶ ὀνείδη· ταῦτα δ᾽ ἐστὶ τὰ εἰς ὑπηρετήσεις ἢ σώματος ἢ
ἔργων αἰσχρῶν, ὧν ἐστιν τὸ ὑβρίζεσθαι. καὶ τὰ μὲν εἰς ἀκολα-
σίαν καὶ ἑκόντα καὶ ἄκοντα, τὰ δ᾽ εἰς βίαν ἄκοντα· ἀπὸ
ἀνανδρίας γὰρ ἢ δειλίας ἡ ὑπομονὴ καὶ τὸ μὴ ἀμύνεσθαι. 20

ἃ μὲν οὖν αἰσχύνονται, ταῦτ᾽ ἐστὶ καὶ τὰ τοιαῦτα· ἐπεὶ
δὲ περὶ ἀδοξίας φαντασία ἐστὶν ἡ αἰσχύνη, καὶ ταύτης
αὐτῆς χάριν ἀλλὰ μὴ τῶν ἀποβαινόντων, οὐδεὶς δὲ τῆς δόξης
φροντίζει ἀλλ᾽ ἢ διὰ τοὺς δοξάζοντας, ἀνάγκη τούτους
αἰσχύνεσθαι ὧν λόγον ἔχει· λόγον δὲ ἔχει τῶν θαυμαζόντων, 25
καὶ οὓς θαυμάζει, καὶ ὑφ᾽ ὧν βούλεται θαυμάζεσθαι, καὶ
πρὸς οὓς φιλοτιμεῖται, καὶ ὧν μὴ καταφρονεῖ τῆς δόξης·
θαυμάζεσθαι μὲν οὖν βούλονται ὑπὸ τούτων καὶ θαυμάζουσι
τούτους ὅσοι τι ἔχουσιν ἀγαθὸν τῶν τιμίων, ἢ παρ᾽ ὧν τυγχά-
νουσιν δεόμενοι σφόδρα τινὸς ὧν ἐκεῖνοι κύριοι, οἷον οἱ 30
ἐρῶντες· φιλοτιμοῦνται δὲ πρὸς τοὺς ὁμοίους· φροντίζουσι δ᾽
ὡς ἀληθευόντων τῶν φρονίμων, τοιοῦτοι δ᾽ οἵ τε πρεσβύτεροι
καὶ οἱ πεπαιδευμένοι. καὶ τὰ ἐν ὀφθαλμοῖς καὶ τὰ ἐν φανερῷ
μᾶλλον (ὅθεν καὶ ἡ παροιμία τὸ ἐν ὀφθαλμοῖς εἶναι αἰδῶ)· διὰ
τοῦτο τοὺς ἀεὶ παρεσομένους μᾶλλον αἰσχύνονται καὶ τοὺς 35

8 γὰρ om. Σ   ἀναίσχυντα ΑΣ: αἰσχυντικά ΘΒC: αἰσχύντηλα DE
10–12 ὁμοίους . . . μετέχειν ΑΒDΕQΥΓ: om. CZ   10 ἥλικας ΘΠ
13–14 ἄν . . . μᾶλλον om. ΘΠΓ   14 ἂν ΘΠΑ¹ s.l. Γ: om. Α¹   οὗτος ᾖ Α
17 τὰ] ὅσα ΘΠΓ   24 ἢ ΘΒDΕΓ: om. ΑC   δόξαντας Α   29 οἳ ἔχουσί
τι ΘΠΓΣ   31 ἔρωτες Α¹   34 μᾶλλον om. ΘΠΓΣ   καὶ ΘΠΓΣ:
om. Α

1384ᵇ προσέχοντας αὐτοῖς, διὰ τὸ ἐν ὀφθαλμοῖς ἀμφότερα. καὶ τοὺς
μὴ περὶ ταῦτα ἐνόχους· δῆλον γὰρ ὅτι τἀναντία δοκεῖ τούτοις.
καὶ τοὺς μὴ συγγνωμονικοὺς τοῖς φαινομένοις ἁμαρτάνειν· ἃ
γάρ τις αὐτὸς ποιεῖ, ταῦτα λέγεται τοῖς πέλας οὐ νεμεσᾶν,
5 ὥστε ἃ μὴ ποιεῖ, δῆλον ὅτι νεμεσᾷ. καὶ τοὺς ἐξαγγελτικοὺς
πολλοῖς· οὐδὲν γὰρ διαφέρει μὴ δοκεῖν ἢ μὴ ἐξαγγέλλειν·
ἐξαγγελτικοὶ δὲ οἵ τε ἠδικημένοι, διὰ τὸ παρατηρεῖν, καὶ οἱ
κακολόγοι· εἴπερ γὰρ καὶ τοὺς μὴ ἁμαρτάνοντας, ἔτι μᾶλλον
τοὺς ἁμαρτάνοντας. καὶ οἷς ἡ διατριβὴ ἐπὶ ταῖς τῶν πέλας
10 ἁμαρτίαις, οἷον χλευασταῖς καὶ κωμῳδοποιοῖς· κακολόγοι γάρ
πως οὗτοι καὶ ἐξαγγελτικοί. καὶ ἐν οἷς μηδὲν ἀποτετυχή-
κασιν· ὥσπερ γὰρ θαυμαζόμενοι διάκεινται· διὸ καὶ τοὺς
πρῶτον δεηθέντας τι αἰσχύνονται ὡς οὐδέν πω ἠδοξηκότες
ἐν αὐτοῖς· τοιοῦτοι δὲ οἱ ἄρτι βουλόμενοι φίλοι εἶναι (τὰ γὰρ
15 βέλτιστα τεθέανται· διὸ εὖ ἔχει ἡ τοῦ Εὐριπίδου ἀπόκρισις
πρὸς τοὺς Συρακοσίους), καὶ τῶν πάλαι γνωρίμων οἱ μηδὲν
συνειδότες. αἰσχύνονται δὲ οὐ μόνον αὐτὰ τὰ ῥηθέντα
αἰσχυντηλὰ ἀλλὰ καὶ τὰ σημεῖα, οἷον οὐ μόνον ἀφροδισιά-
ζοντες ἀλλὰ καὶ τὰ σημεῖα αὐτοῦ, καὶ οὐ μόνον ποιοῦντες
20 τὰ αἰσχρά, ἀλλὰ καὶ λέγοντες. ὁμοίως δὲ οὐ τοὺς εἰρημένους
μόνον αἰσχύνονται, ἀλλὰ καὶ τοὺς δηλώσοντας αὐτοῖς, οἷον
θεράποντας καὶ φίλους τούτων. ὅλως δὲ οὐκ αἰσχύνονται
οὔθ' ὧν πολὺ καταφρονοῦσι τῆς δόξης τοῦ ἀληθεύειν (οὐδεὶς
γὰρ παιδία καὶ θηρία αἰσχύνεται), οὔτε ταὐτὰ τοὺς γνωρίμους

1384ᵇ 1 ἀμφοτέρους C   2–3 ὅτι . . . ἁμαρτάνειν ABCΓ:
τοῖς φαινομένοις ἁμαρτάνειν τἀναντία δοκεῖν (δοκεῖ DE) τούτοις
καὶ τοὺς μὴ συγγνωμονικοὺς ΘDE   5 ἃν μὴ ποιῇ ΘCDEΓ
6 δοκεῖν] ἰδεῖν Bonitz: εἰδέναι Richards   ἐξαγγέλλειν codd. Γ: an
ἐξαγγέλλεσθαι?   8 καὶ om. Γ   13 τι δεηθέντας ΘΠΓ   ἠδοξη-
κότες Θ(?) ACE, γρ. Σ: ἠξιωκότες BDΓ   14 οἷ] οἵ τε
ΘΠΓ   15 τίθενται Σ   Ὑπερίδου ci. Ruhnken   19 αὐτῶν
ΘΠΓ   20 οὐδὲ ΘΠΓ   21 μόνον αἰσχύνονται ΑΓ: αἰσχύ-
νονται μόνον ΘΠ: μόνους ΒΓ   αὐτοῖς ΑΥΖΓ: αὐτοὺς ΠΘ   23 πολλοὶ
ΘΠΓ   τοῦ ἀληθεύειν om. Muretus   24 θηρία καὶ παιδία ΘΠΓ
ταῦτα A

καὶ τοὺς ἀγνῶτας, ἀλλὰ τοὺς μὲν γνωρίμους τὰ πρὸς ἀλήθειαν 25
δοκοῦντα τοὺς δ' ἄπωθεν τὰ πρὸς τὸν νόμον.

αὐτοὶ δὲ ὧδε διακείμενοι αἰσχυνθεῖεν ἄν, πρῶτον μὲν εἰ
ὑπάρχοιεν πρὸς αὐτοὺς ἔχοντες οὕτως τινὲς οἵους ἔφαμεν
εἶναι οὓς αἰσχύνονται. ἦσαν δ' οὗτοι ἢ ⟨οἱ⟩ θαυμαζόμενοι ἢ
θαυμάζοντες ἢ ὑφ' ὧν βούλονται θαυμάζεσθαι, ἢ ὧν δέονταί 30
τινα χρείαν ἧς μὴ τεύξονται ἄδοξοι ὄντες, καὶ οὗτοι ἢ
ὁρῶντες (ὥσπερ Κυδίας περὶ τῆς Σάμου κληρουχίας ἐδημηγό-
ρησεν· ἠξίου γὰρ ὑπολαβεῖν τοὺς Ἀθηναίους περιεστάναι
κύκλῳ τοὺς Ἕλληνας, ὡς ὁρῶντας καὶ μὴ μόνον ἀκουσομένους
ἃ ἂν ψηφίσωνται), ἢ ἂν πλησίον ὦσιν οἱ τοιοῦτοι, ἢ μέλλωσιν 35
αἰσθήσεσθαι· διὸ καὶ ὁρᾶσθαι ἀτυχοῦντες ὑπὸ τῶν ζηλούντων
ποτὲ οὐ βούλονται· θαυμασταὶ γὰρ οἱ ζηλωταί. καὶ ὅταν **1385ᵃ**
ἔχωσιν ἃ καταισχύνουσιν ἔργα καὶ πράγματα ἢ αὑτῶν ἢ προ-
γόνων ἢ ἄλλων τινῶν πρὸς οὓς ὑπάρχει αὐτοῖς ἀγχιστεία τις.
καὶ ὅλως ὑπὲρ ὧν αἰσχύνονται αὐτοί· εἰσὶ δ' οὗτοι οἱ εἰρημέ-
νοι καὶ οἱ εἰς αὐτοὺς ἀναφερόμενοι, ἢ ὧν διδάσκαλοι ἢ 5
σύμβουλοι γεγόνασιν, ἢ ἐὰν ὦσιν ἕτεροι ὅμοιοι πρὸς οὓς
φιλοτιμοῦνται· πολλὰ γὰρ αἰσχυνόμενοι διὰ τοὺς τοιούτους
καὶ ποιοῦσι καὶ οὐ ποιοῦσιν. καὶ μέλλοντες ὁρᾶσθαι καὶ
ἐν φανερῷ ἀναστρέφεσθαι τοῖς συνειδόσιν αἰσχυντηλοὶ
μᾶλλον εἰσίν· ὅθεν καὶ Ἀντιφῶν ὁ ποιητής, μέλλων ἀποτυμ- 10
πανίζεσθαι ὑπὸ Διονυσίου, εἶπεν, ἰδὼν τοὺς συναποθνῄσκειν
μέλλοντας ἐγκαλυπτομένους ὡς ᾔεσαν διὰ τῶν πυλῶν, "τί
ἐγκαλύπτεσθε;" ἔφη. "ἢ μὴ αὔριόν τις ὑμᾶς ἴδῃ τούτων;"

περὶ μὲν οὖν αἰσχύνης ταῦτα· περὶ δὲ ἀναισχυντίας δῆλον
ὡς ἐκ τῶν ἐναντίων εὐπορήσομεν. 15

26 τὸν νόμον] δόξαν μόνον Ε, γρ. Σ: δόξαν Γ   29 οἱ addidi:
om. codd. Γ   31 ἧς Γ: ὧν codd.   35 ἂν² om. A   1385ᵃ 1 ποτὲ
οὐ om. Α: οὔποτε οὐ Γ   2 καταισχύνουσι Γ: καταισχυνοῦσι
ΘΠΣ: καταισχύνωσι Α   3 τις αὐτοῖς ἀγχιστεία ΘΠ: αὐτοῖς τις
ἀγχιστεία Γ   4 αἰσχυνοῦνται Α   5 ἢ¹ om. ΘΠΓΣ   ἢ²] καὶ ΘΠΓ
9 αἰσχυντηροὶ Α   10 ἀποτυπανίζεσθαι Α   13 ἐγκαλύπτεσθαι Α   ἔφη
ΘΑΔΕΓ: om. ΒC   ἢ scripsi: ἦ codd.   ἡμᾶς ΒΘΥΓ   15 εὑρήσομεν Α

Τίσιν δὲ χάριν ἔχουσι καὶ ἐπὶ τίσιν καὶ πῶς αὐτοὶ ἔχοντες, 7
ὁρισαμένοις τὴν χάριν δῆλον ἔσται. ἔστω δὴ χάρις, καθ' ἣν ὁ
ἔχων λέγεται χάριν ἔχειν, ὑπουργία τῷ δεομένῳ μὴ ἀντί τινος,
μηδ' ἵνα τι αὐτῷ τῷ ὑπουργοῦντι ἀλλ' ἵνα τι ἐκείνῳ· μεγάλη δὲ
20 ἂν ᾖ σφόδρα δεόμενος, ἢ μεγάλων καὶ χαλεπῶν, ἢ ἐν καιροῖς
τοιούτοις, ἢ μόνος ἢ πρῶτος ἢ μάλιστα. δεήσεις δέ εἰσιν αἱ
ὀρέξεις, καὶ τούτων μάλιστα αἱ μετὰ λύπης τοῦ μὴ γιγνομέ-
νου. τοιαῦται δὲ αἱ ἐπιθυμίαι, οἷον ἔρως, καὶ αἱ ἐν ταῖς τοῦ
σώματος κακώσεσιν καὶ ἐν κινδύνοις· καὶ γὰρ ὁ κινδυνεύων
25 ἐπιθυμεῖ καὶ ὁ λυπούμενος· διὸ οἱ ἐν πενίᾳ παριστάμενοι καὶ
φυγαῖς, κἂν μικρὰ ὑπηρετήσωσιν, διὰ τὸ μέγεθος τῆς δεήσεως
καὶ τὸν καιρὸν κεχαρισμένοι, οἷον ὁ ἐν Λυκείῳ τὸν φορμὸν
δούς. ἀνάγκη οὖν μάλιστα μὲν εἰς ταὐτὰ ἔχειν τὴν ὑπουρ-
γίαν, εἰ δὲ μή, εἰς ἴσα ἢ μείζω· ὥστε ἐπεὶ φανερὸν καὶ οἷς
30 καὶ ἐφ' οἷς γίγνεται χάρις καὶ πῶς ἔχουσι, δῆλον ὅτι ἐκ
τούτων παρασκευαστέον, τοὺς μὲν δεικνύντας ἢ ὄντας ἢ
γεγενημένους ἐν τοιαύτῃ λύπῃ καὶ δεήσει, τοὺς δὲ ὑπηρετη-
κότας ἐν τοιαύτῃ χρείᾳ τοιοῦτόν τι ἢ ὑπηρετοῦντας. φανε-
ρὸν δὲ καὶ ὅθεν ἀφαιρεῖσθαι ἐνδέχεται τὴν χάριν καὶ ποιεῖν
1385ᵇ ἀχαρίστους· ἢ γὰρ ὅτι αὐτῶν ἕνεκα ὑπηρετοῦσιν ἢ ὑπηρέτη-
σαν (τοῦτο δ' οὐκ ἦν χάρις), ἢ ὅτι ἀπὸ τύχης συνέπεσεν ἢ
συνηναγκάσθησαν, ἢ ὅτι ἀπέδωκαν ἀλλ' οὐκ ἔδωκαν, εἴτε
εἰδότες εἴτε μή· ἀμφοτέρως γὰρ τὸ ἀντί τινος, ὥστε οὐδ'
5 οὕτως ἂν εἴη χάρις. καὶ περὶ ἁπάσας τὰς κατηγορίας σκε-

16 καὶ² Γ (cod. M): ἢ codd.   18 ὑπουργία Α¹: ὑπουργεῖν ΘΠΑ²ΓΣ
τῷ δεομένῳ Α²ΒΣΣ: δεομένῳ Α¹: δεομένῳ ΘΔΕ   19 τῷ om.
Α   ἐκείνῳ τι ΘΠΓ   20 δεόμενος Bywater: δεομένῳ Α: δεομένων
ΘΒΕΓΣ   21 εἰσὶν διορέξεις Α   22 μὴ γιγνομένῳ ΑΥΓ:
μεταγιγνομένου DEQZ   23 οἷον+ὁ ΘΠ   αἱ om. ΘΠΣ
26 δεήσεως ΑΓ: αἰτήσεως ΘΒΔ: αἰσθήσεως ΕΣ   27 κεχαρισμένον·Α¹
28 ταὐτὰ Bekker: ταυτα Α: τοιαυτα ΘΠΣΓ   29 οἷς] ὅτε ΘΠΓ
31 δεικνύοντας ΘΒΣ   32 ἐν+τῇ Α   λύπῃ καὶ δεήσει ΑΓ: δεήσει
καὶ λύπῃ ΘΠ   ὑπηρετηκότας ΑΓ: ὑπηρετῆσαι ΘΠ   33 ἢ Γ (cod.
M): om. cett.   1385ᵇ 3 ἠναγκάσθησαν ΘΠΓΣ   ἀλλ' ΑΓ: om. ΘΠ
4 εἰδότες εἴτε μή ΘΠΓΣ: εἰδὼς εἴτε μὴ εἰδώς Α   τὸ] τι ΘΠΓΣ

πτέον· ἡ γὰρ χάρις ἐστὶν ἢ ὅτι τοδὶ ἢ τοσόνδε ἢ τοιόνδε ἢ
πότε ἢ ποῦ. σημεῖον δὲ εἰ ἔλαττον μὴ ὑπηρέτησαν, καὶ εἰ
τοῖς ἐχθροῖς ἢ ταὐτὰ ἢ ἴσα ἢ μείζω· δῆλον γὰρ ὅτι οὐδὲ
ταῦτα ἡμῶν ἕνεκα. ἢ εἰ φαῦλα εἰδώς· οὐδεὶς γὰρ ὁμολογεῖ
δεῖσθαι φαύλων.   10

8   Καὶ περὶ μὲν τοῦ χαρίζεσθαι καὶ ἀχαριστεῖν εἴρηται· ποῖα
δ' ἐλεεινὰ καὶ τίνας ἐλεοῦσι, καὶ πῶς αὐτοὶ ἔχοντες, λέγωμεν.
ἔστω δὴ ἔλεος λύπη τις ἐπὶ φαινομένῳ κακῷ φθαρτικῷ ἢ
λυπηρῷ τοῦ ἀναξίου τυγχάνειν, ὃ κἂν αὐτὸς προσδοκήσειεν
ἂν παθεῖν ἢ τῶν αὑτοῦ τινα, καὶ τοῦτο ὅταν πλησίον φαίνη-   15
ται· δῆλον γὰρ ὅτι ἀνάγκη τὸν μέλλοντα ἐλεήσειν ὑπάρχειν
τοιοῦτον οἷον οἴεσθαι παθεῖν ἄν τι κακὸν ἢ αὐτὸν ἢ τῶν
αὑτοῦ τινα, καὶ τοιοῦτο κακὸν οἷον εἴρηται ἐν τῷ ὅρῳ ἢ
ὅμοιον ἢ παραπλήσιον· διὸ οὔτε οἱ παντελῶς ἀπολωλότες
ἐλεοῦσιν (οὐδὲν γὰρ ἂν ἔτι παθεῖν οἴονται· πεπόνθασι γάρ),   20
οὔτε οἱ ὑπερευδαιμονεῖν οἰόμενοι, ἀλλ' ὑβρίζουσιν· εἰ γὰρ
ἅπαντα οἴονται ὑπάρχειν τἀγαθά, δῆλον ὅτι καὶ τὸ μὴ ἐν-
δέχεσθαι παθεῖν μηδὲν κακόν· καὶ γὰρ τοῦτο τῶν ἀγαθῶν. εἰ-
σὶ δὲ τοιοῦτοι οἷοι νομίζειν παθεῖν ἄν, οἵ τε πεπονθότες ἤδη
καὶ διαπεφευγότες, καὶ οἱ πρεσβύτεροι καὶ διὰ τὸ φρονεῖν καὶ 25
δι' ἐμπειρίαν, καὶ οἱ ἀσθενεῖς, καὶ οἱ δειλότεροι μᾶλλον, καὶ
οἱ πεπαιδευμένοι· εὐλόγιστοι γάρ. καὶ οἷς ὑπάρχουσι γονεῖς
ἢ τέκνα ἢ γυναῖκες· αὑτοῦ τε γὰρ ταῦτα, καὶ οἷα παθεῖν τὰ
εἰρημένα. καὶ οἱ μήτε ἐν ἀνδρείας πάθει ὄντες, οἷον ἐν ὀργῇ
ἢ θάρρει (ἀλόγιστα γὰρ τοῦ ἐσομένου ταῦτα), μήτε ἐν ὑβρι- 30
στικῇ διαθέσει (καὶ γὰρ οὗτοι ἀλόγιστοι τοῦ πείσεσθαί τι), ἀλλ'
οἱ μεταξὺ τούτων, μήτ' αὖ φοβούμενοι σφόδρα· οὐ γὰρ ἐλεοῦ-

6 τοσονδὶ ἢ τοιονδὶ ΘΠ   7 ὑπηρέτησαν ΑΒΓ: ὑπηρέτησε ΘCDEΣ
13 φαρτικῶι Α   ἢ ΑΓ: καὶ ΘΠΣ   15 ἂν om. ΘΠ   τοῦτο ΘΠΑ²:
τούτων Α¹Γ   17 οἴεσθαι ΑΓ: οἰήσεσθαι ΘΠ   20 οἴονται ΑDEΓ:
οἴωνται ΘΒC   21 εἰ] ἐπειδὴ vel ἐπεὶ Σ   23 μηδὲν ΑΓ: τι ΘΠΣ
24 τε ΑDΓ: om. ΘΒCEΣ   26 οἱ² om. DQY¹Z   28 ἢ¹ ΑΓ: καὶ ΘΠ
τε om. ΘΒΕΓ   τὰ ΑΣ: διὰ τὰ ΘΒDEΓ   29 οἱ om. Α   ἀνδρίας ΘΠ
32 οἱ ΑΒCQΥΓ: ἀεὶ ΘDEZ¹

σιν οἱ ἐκπεπληγμένοι, διὰ τὸ εἶναι πρὸς τῷ οἰκείῳ πάθει.
κἂν οἴωνταί τινας εἶναι τῶν ἐπιεικῶν· ὁ γὰρ μηδένα οἰόμενος
1386ᵃ πάντας οἰήσεται ἀξίους εἶναι κακοῦ. καὶ ὅλως δὴ ὅταν ἔχῃ
οὕτως ὥστ᾽ ἀναμνησθῆναι τοιαῦτα συμβεβηκότα ἢ αὑτῷ ἢ ⟨τῳ⟩
τῶν αὑτοῦ, ἢ ἐλπίσαι γενέσθαι αὑτῷ ἢ τῳ τῶν αὑτοῦ.

ὡς μὲν οὖν ἔχοντες ἐλεοῦσιν εἴρηται, ἃ δ᾽ ἐλεοῦσιν ἐκ
5 τοῦ ὁρισμοῦ δῆλον· ὅσα τε γὰρ τῶν λυπηρῶν καὶ ὀδυνηρῶν
φθαρτικά, πάντα ἐλεεινά, καὶ ὅσα ἀναιρετικά, καὶ ὅσων ἡ
τύχη αἰτία κακῶν μέγεθος ἐχόντων. ἔστι δὲ ὀδυνηρὰ μὲν καὶ
φθαρτικὰ θάνατοι καὶ αἰκίαι σωμάτων καὶ κακώσεις καὶ γῆρας
καὶ νόσοι καὶ τροφῆς ἔνδεια, ὧν δ᾽ ἡ τύχη αἰτία κακῶν
10 ἀφιλία, ὀλιγοφιλία (διὸ καὶ τὸ διασπᾶσθαι ἀπὸ φίλων καὶ
συνήθων ἐλεεινόν), αἶσχος, ἀσθένεια, ἀναπηρία, καὶ τὸ ὅθεν
προσῆκεν ἀγαθόν τι ὑπάρξαι κακόν τι συμβῆναι, καὶ τὸ
πολλάκις τοιοῦτον, καὶ τὸ πεπονθότος γενέσθαι τι ἀγαθόν,
οἷον Διοπείθει τὰ παρὰ βασιλέως τεθνεῶτι κατεπέμφθη,
15 καὶ τὸ ἢ μηδὲν γεγενῆσθαι ἀγαθόν ἢ γενομένων μὴ εἶναι
ἀπόλαυσιν.

ἐφ᾽ οἷς μὲν οὖν ἐλεοῦσι, ταῦτα καὶ τὰ τοιαῦτά ἐστιν·
ἐλεοῦσι δὲ τούς τε γνωρίμους, ἂν μὴ σφόδρα ἐγγὺς ὦσιν
οἰκειότητι (περὶ δὲ τούτους ὥσπερ περὶ αὑτοὺς μέλλοντας
20 ἔχουσιν· διὸ καὶ ὁ Ἀμάσιος ἐπὶ μὲν τῷ υἱεῖ ἀγομένῳ ἐπὶ τὸ
ἀποθανεῖν οὐκ ἐδάκρυσεν, ὥς φασιν, ἐπὶ δὲ τῷ φίλῳ προσ-
αιτοῦντι· τοῦτο μὲν γὰρ ἐλεεινόν, ἐκεῖνο δὲ δεινόν· τὸ γὰρ δεινὸν
ἕτερον τοῦ ἐλεεινοῦ καὶ ἐκκρουστικὸν τοῦ ἐλέου καὶ πολλάκις

34 εἶναι ἐπιεικεῖς ΘΠΓ   1386ᵃ 1 δὴ ΘΑΣΓ: δὲ BDE   ἔχῃ ΑΓ:
om. ΘΠ   2 τῳ add. Spengel   3 γενήσεσθαι Richards   ἢ om. Α
τῳ Γ: om. codd.   5 τῶν ΑΓ: ἐκ τῶν ΘΠ   6 φαρτικά Α
7 μεγέθους Α¹   8 αἰκείαι Α   σωμάτων καὶ ΑΓ: καὶ σωμάτων ΘΠ
10 διὸ om. Α   διασπᾶσθαι ΑΓ: διεσπᾶσθαι ΘΠ   11 ἀναπειρία Α
12 ὑπάρξαι Vahlen: πρᾶξαι codd. Γ   13 πεπονθὸς Α: κακῶς πεπονθότος
Richards   τι] τὸ Α   14 βασιλέως ΑΓ: +ὅτι ΘΠ   15 ἢ¹ ΑΓ:
om. ΘΠ   19 οἰκειότητι ΑΒΔΕΓ: οἰκειότητος ΘC   20 ὁ om. ΘΠ
Ἀμάσιος Spengel (cf. Hdt. 3. 14): Ἄμασις codd. Γ   22 γὰρ²] δὲ Γ
23 ἐλέου] ἐλέους Α¹ (ς in ras. ut vid.)

τῷ ἐναντίῳ χρήσιμον· ⟨οὐ γὰρ⟩ ἔτι ἐλεοῦσιν ἐγγὺς αὐτοῖς τοῦ
δεινοῦ ὄντος), καὶ τοὺς ὁμοίους ἐλεοῦσιν κατὰ ἡλικίαν, κατὰ 25
ἤθη, κατὰ ἕξεις, κατὰ ἀξιώματα, κατὰ γένη· ἐν πᾶσι γὰρ
τούτοις μᾶλλον φαίνεται καὶ αὐτῷ ἂν ὑπάρξαι· ὅλως γὰρ καὶ
ἐνταῦθα δεῖ λαβεῖν ὅτι ὅσα ἐφ' αὑτῶν φοβοῦνται, ταῦτα ἐπ'
ἄλλων γιγνόμενα ἐλεοῦσιν. ἐπεὶ δ' ἐγγὺς φαινόμενα τὰ πάθη
ἐλεεινά ἐστιν, τὰ δὲ μυριοστὸν ἔτος γενόμενα ἢ ἐσόμενα 30
οὔτε ἐλπίζοντες οὔτε μεμνημένοι ἢ ὅλως οὐκ ἐλεοῦσιν ἢ οὐχ
ὁμοίως, ἀνάγκη τοὺς συναπεργαζομένους σχήμασι καὶ φωναῖς
καὶ ἐσθῆσι καὶ ὅλως ὑποκρίσει ἐλεεινοτέρους εἶναι (ἐγγὺς
γὰρ ποιοῦσι φαίνεσθαι τὸ κακόν, πρὸ ὀμμάτων ποιοῦντες ἢ
ὡς μέλλοντα ἢ ὡς γεγονότα· καὶ τὰ γεγονότα ἄρτι ἢ μέλλοντα 35
διὰ ταχέων ἐλεεινότερα), ⟨καὶ⟩ διὰ τοῦτο καὶ τὰ σημεῖα, οἷον **1386ᵇ**
ἐσθῆτάς τε τῶν πεπονθότων καὶ ὅσα τοιαῦτα, καὶ τὰς
πράξεις καὶ λόγους καὶ ὅσα ἄλλα τῶν ἐν τῷ πάθει ὄντων,
οἷον ἤδη τελευτώντων. καὶ μάλιστα τὸ σπουδαίους εἶναι ἐν
τοῖς τοιούτοις καιροῖς ὄντας ἐλεεινόν· ἅπαντα γὰρ ταῦτα διὰ 5
τὸ ἐγγὺς φαίνεσθαι μᾶλλον ποιεῖ τὸν ἔλεον, καὶ ὡς ἀναξίου
ὄντος καὶ ἐν ὀφθαλμοῖς φαινομένου τοῦ πάθους.

9   Ἀντίκειται δὲ τῷ ἐλεεῖν μάλιστα μὲν ὃ καλοῦσι νεμεσᾶν·
τῷ γὰρ λυπεῖσθαι ἐπὶ ταῖς ἀναξίαις κακοπραγίαις ἀντι-
κείμενόν ἐστι τρόπον τινὰ καὶ ἀπὸ τοῦ αὐτοῦ ἤθους τὸ λυπεῖ- 10
σθαι ἐπὶ ταῖς ἀναξίαις εὐπραγίαις. καὶ ἄμφω τὰ πάθη ἤθους
χρηστοῦ· δεῖ γὰρ ἐπὶ μὲν τοῖς ἀναξίως πράττουσι κακῶς

24 οὐ γὰρ add. Vahlen   ἐγγὺς . . . 25 δεινοῦ] αὐτοῦ τοῦ δεινοῦ
ἐγγὺς ΒCΥΓ   αὐτοῖς] αὐτοῦ DEQZΓ   25 ἡλικίαν ΑCDEΓ:
ἡλικίας ΘΒ   κατὰ ΑΒCΓ: καὶ τὰ ΘDE   26 κατα³ ΑΒCΓ: καὶ τὰ
ΘDE   27 καὶ ἐνταῦθα ΑΓ: om. ΘΠ   28 ἐπ' αὐτῶν ΘΠΓ   30 εἰσι
ΠΥΖ   33 ἐσθῆσι Spengel: αἰσθήσει Α: ἐσθῆτι ΘΠΓ (cod. Μ): + ἐν Α
34 τὸ κακόν secl. Roemer   35 μέλλον ΘΠΓ   γεγονότα Α¹ corr.: γεγονότος
Α¹: γεγονός ΘΠΓ   τὰ om. Α   1386ᵇ 1 καὶ addidi   τὸ αὐτὸ ΘΠΓ   2 τε
om. ΘCDE   2–3 καὶ²...ἀλλὰ om. Γ   καὶ τὰς πράξεις hoc loco Thurot:
post σημεῖα (l. 1) codd. Γ   3 ὅσα ἄλλα om. ΘΠ   5 ἐλεεινόν ΑDEΓ:
om. ΘΒC   6 ἀναξίου ὄντος ΑΓ: ἀναξίους τε ὄντας ΥΖ, pr. DEQ, Σ
9–10 τῷ . . . τὸ] τὸ . . . τῷ ΖΓ   12 μὲν ΑΓ: om. ΘΠ

συνάχθεσθαι καὶ ἐλεεῖν, τοῖς δὲ εὖ νεμεσᾶν· ἄδικον γὰρ τὸ
παρὰ τὴν ἀξίαν γιγνόμενον· διὸ καὶ τοῖς θεοῖς ἀποδίδομεν τὸ
15 νεμεσᾶν.

δόξειε δ' ἂν καὶ ὁ φθόνος τῷ ἐλεεῖν τὸν αὐτὸν
ἀντικεῖσθαι τρόπον, ὡς σύνεγγυς ὢν καὶ ταὐτὸν τῷ νεμεσᾶν,
ἔστι δ' ἕτερον· λύπη μὲν γὰρ ταραχώδης καὶ ὁ φθόνος ἐστὶν
καὶ ἐπὶ εὐπραγίᾳ, ἀλλ' οὐ τοῦ ἀναξίου ἀλλὰ τοῦ ἴσου καὶ
20 ὁμοίου. τὸ δὲ μὴ ὅτι αὑτῷ τι συμβήσεται ἕτερον, ἀλλὰ δι'
αὐτὸν τὸν πλησίον, ἅπασιν ὁμοίως δεῖ ὑπάρχειν· οὐ γὰρ ἔτι
ἔσται τὸ μὲν φθόνος, τὸ δὲ νέμεσις, ἀλλὰ φόβος, ἐὰν διὰ
τοῦτο ἡ λύπη ὑπάρχῃ καὶ ἡ ταραχή, ὅτι αὑτῷ τι ἔσται φαῦλον
ἀπὸ τῆς ἐκείνου εὐπραξίας.

25   φανερὸν δ' ὅτι ἀκολουθήσει καὶ
τὰ ἐναντία πάθη τούτοις· ὁ μὲν γὰρ λυπούμενος ἐπὶ τοῖς
ἀναξίως κακοπραγοῦσιν ἡσθήσεται ἢ ἄλυπος ἔσται ἐπὶ τοῖς
ἐναντίως κακοπραγοῦσιν, οἷον τοὺς πατραλοίας καὶ μιαι-
φόνους, ὅταν τύχωσι τιμωρίας, οὐδεὶς ἂν λυπηθείη χρηστός·
30 δεῖ γὰρ χαίρειν ἐπὶ τοῖς τοιούτοις, ὡς δ' αὕτως καὶ ἐπὶ τοῖς
εὖ πράττουσι κατ' ἀξίαν· ἄμφω γὰρ δίκαια, καὶ ποιεῖ χαίρειν
τὸν ἐπιεικῆ· ἀνάγκη γὰρ ἐλπίζειν ὑπάρξαι ἂν ἅπερ τῷ ὁμοίῳ,
καὶ αὑτῷ. καὶ ἔστιν τοῦ αὐτοῦ ἤθους ἅπαντα ταῦτα, τὰ δ'
ἐναντία τοῦ ἐναντίου· ὁ γὰρ αὐτός ἐστιν ἐπιχαιρέκακος καὶ
1387ᵃ φθονερός· ἐφ' ᾧ γάρ τις λυπεῖται γιγομένῳ καὶ ὑπάρχοντι,
ἀναγκαῖον τοῦτον ἐπὶ τῇ στερήσει καὶ τῇ φθορᾷ τῇ τούτου
χαίρειν· διὸ κωλυτικὰ μὲν ἐλέου πάντα ταῦτ' ἐστί, διαφέρει
δὲ διὰ τὰς εἰρημένας αἰτίας, ὥστε πρὸς τὸ μὴ ἐλεεινὰ ποιεῖν
5 ἅπαντα ὁμοίως χρήσιμα.

13 καὶ ἐλεεῖν ΑΥΖΓ: om. ΠΩ   εὖ Α¹: om. Θ, Α¹ corr., Γ   16 τῷ
ἐλεεῖν om. Ζ   17 ὢν ... ταὐτὸν ΑΓ: τε καὶ ταὐτὸν ὂν ΘΠ   18 γὰρ
ΠΑΓ: om. ΩΥ¹Ζ   19 εἰς εὐπραγίαν ΘΠΑ¹ΓΣ   ἴσου] ἀξίου Α²
21 πᾶσιν ΘΠ   22 φθόνος ... νέμεσις ΑΓ: νέμεσις ... φθόνος ΘΠ
διὰ τοῦτο ΑΓ: δι' αὐτὸ ΘΠΣ   23 ἡ λύπη ὑπάρχῃ ΑΓ: ὑπάρχῃ ἡ λύπη ΘΠ
24 εὐπραγίας ΘΠ   27–28 ἀναξίοις ... ἐναντίοις ΘΠΓ   1387ᵃ 2 τῇ²
om. ΘΠ   3 ἐλέου om. Γ: ἐλέους ΘΠ

πρῶτον μὲν οὖν περὶ τοῦ νεμεσᾶν λέγωμεν, τίσιν τε νεμε-
σῶσι καὶ ἐπὶ τίσι καὶ πῶς ἔχοντες αὐτοί, εἶτα μετὰ ταῦτα
περὶ τῶν ἄλλων. φανερὸν δ' ἐκ τῶν εἰρημένων· εἰ γάρ ἐστι τὸ
νεμεσᾶν λυπεῖσθαι ἐπὶ τῷ φαινομένῳ ἀναξίως εὐπραγεῖν,
πρῶτον μὲν δῆλον ὅτι οὐχ οἷόν τ' ἐπὶ πᾶσι τοῖς ἀγαθοῖς 10
νεμεσᾶν· οὐ γὰρ εἰ δίκαιος ἢ ἀνδρεῖος, ἢ εἰ ἀρετὴν λήψεται,
νεμεσήσει τούτῳ (οὐδὲ γὰρ ἔλεοι ἐπὶ τοῖς ἐναντίοις τούτων
εἰσίν), ἀλλὰ ἐπὶ πλούτῳ καὶ δυνάμει καὶ τοῖς τοιούτοις, ὅσων
ὡς ἁπλῶς εἰπεῖν ἄξιοί εἰσιν οἱ ἀγαθοὶ καὶ οἱ τὰ φύσει ἔχοντες
ἀγαθά, οἷον εὐγένειαν καὶ κάλλος καὶ ὅσα τοιαῦτα. ἐπεὶ δὲ 15
τὸ ἀρχαῖον ἐγγύς τι φαίνεται τοῦ φύσει, ἀνάγκη τοῖς ταὐτὸ
ἔχουσιν ἀγαθόν, ἐὰν νεωστὶ ἔχοντες τυγχάνωσι καὶ διὰ τοῦτο
εὐπραγῶσι, μᾶλλον νεμεσᾶν· μᾶλλον γὰρ λυποῦσιν οἱ νεωστὶ
πλουτοῦντες τῶν πάλαι καὶ διὰ γένος· ὁμοίως δὲ καὶ ἄρχοντες
καὶ δυνάμενοι καὶ πολύφιλοι καὶ εὔτεκνοι καὶ ὁτιοῦν τῶν 20
τοιούτων. καὶ ἂν διὰ ταῦτα ἄλλο τι ἀγαθὸν γίγνηται αὐτοῖς,
ὡσαύτως· καὶ γὰρ ἐνταῦθα μᾶλλον λυποῦσιν οἱ νεόπλουτοι
ἄρχοντες διὰ τὸν πλοῦτον ἢ οἱ ἀρχαιόπλουτοι. ὁμοίως δὲ καὶ
ἐπὶ τῶν ἄλλων. αἴτιον δ' ὅτι οἱ μὲν δοκοῦσι τὰ αὑτῶν ἔχειν
οἱ δ' οὔ· τὸ γὰρ ἀεὶ οὕτω φαινόμενον ἔχειν ἀληθὲς δοκεῖ, ὥστε 25
οἱ ἕτεροι οὐ τὰ αὑτῶν ἔχειν. καὶ ἐπεὶ ἕκαστον τῶν ἀγαθῶν οὐ
τοῦ τυχόντος ἄξιον, ἀλλά τις ἐστιν ἀναλογία καί τι ἁρμόττον,
οἷον ὅπλων κάλλος οὐ τῷ δικαίῳ ἁρμόττει ἀλλὰ τῷ ἀνδρείῳ,
καὶ γάμοι διαφέροντες οὐ τοῖς νεωστὶ πλουσίοις ἀλλὰ τοῖς
εὐγενέσιν· ἂν οὖν ἀγαθὸς ὢν μὴ τοῦ ἁρμόττοντος τυγχάνῃ, 30

6 τε ΑΓ: om. ΘΠ   7 ὅπως ΘΔΕ   11 οὐ] οὐδεὶς ΘΠΓ   ἢ¹] καὶ Α
εἰ om. Α¹   αν λήξεται; cf. Pol. 1335ᵇ16 εἰληχότων τιμήν   12 νεμεσήσει ΑΓ:
νεμεσᾷ ΘΠΣ   ἔλεοι] οἱ ἔλεοι ΘΠ: ἔλεοι εοι Α²   13 ὅσων] οἷς ΔΕQΖ:
quorum bonorum G   14 ὡς ΑΒΓΕQΥΓ: οὐχ DΖ   ἄξιοί ΑΒΓΕΥΖΓ:
ἀνάξιοί DQ   οἱ om. ΘΒΓ   ἀγαθοῖς Q   καὶ οἱ (εἰ Q, εἰ οἱ Ε) τὰ φύσει
ἔχοντες codd. Γ: οὐδ' εἰ τὰ φύσει ἔχουσιν Roemer   15 ἐπειδὴ δὲ ΘΠ   19
καὶ] ἢ Α   γένους ΑΒΓDΥΖΣ   21 καὶ ἂν] κἂν ΘΠΣ   23 διὰ ΑΒΓDΓ:
καὶ διὰ ΘΕ   25 ἀεὶ οὕτω] μὴ οὕτω ἀεὶ Γ   φαινόμενον οὕτως ἔχον Σ
27 τι Richards: τὸ codd.   28 ὅπλων ΘΠΓ: ὅπλα ὢν Α   29 διαφέροντες]
ἁρμόττοντες Α: λαμπροὶ ἁρμόττοντες Vahlen   πλουτοῦσι· ΘΠΓ

νεμεσητόν. καὶ ⟨τὸ⟩ τὸν ἥττω τῷ κρείττονι ἀμφισβητεῖν,
μάλιστα μὲν οὖν τοὺς ἐν τῷ αὐτῷ, ὅθεν καὶ τοῦτ' εἴρηται,

Αἴαντος δ' ἀλέεινε μάχην Τελαμωνιάδαο·
Ζεὺς γάρ οἱ νεμέσασχ', ὅτ' ἀμείνονι φωτὶ μάχοιτο·

1387ᵇ εἰ δὲ μή, κἂν ὁπωσοῦν ὁ ἥττων τῷ κρείττονι, οἷον εἰ ὁ
μουσικὸς τῷ δικαίῳ· βέλτιον γὰρ ἡ δικαιοσύνη τῆς μου-
σικῆς.

οἷς μὲν οὖν νεμεσῶσι καὶ διὰ τί, ἐκ τούτων δῆλον· ταῦτα
5 γὰρ καὶ τὰ τοιαῦτά ἐστιν. αὐτοὶ δὲ νεμεσητικοί εἰσιν, ἐὰν
ἄξιοι τυγχάνωσιν ὄντες τῶν μεγίστων ἀγαθῶν καὶ ταῦτα
κεκτημένοι· τὸ γὰρ τῶν ὁμοίων ἠξιῶσθαι τοὺς μὴ ὁμοίους οὐ
δίκαιον. δεύτερον δέ, ἂν ὄντες ἀγαθοὶ καὶ σπουδαῖοι τυγχά-
νωσιν· κρίνουσί τε γὰρ εὖ, καὶ τὰ ἄδικα μισοῦσι. καὶ ἐὰν
10 φιλότιμοι καὶ ὀρεγόμενοί τινων πραγμάτων, καὶ μάλιστ' ⟨ἂν⟩
περὶ ταῦτα φιλότιμοι ὦσιν ὧν ἕτεροι ἀνάξιοι ὄντες τυγχάνουσιν.
καὶ ὅλως οἱ ἀξιοῦντες αὐτοὶ αὑτοὺς ὧν ἑτέρους μὴ ἀξιοῦσι,
νεμεσητικοὶ τούτοις καὶ τούτων· διὸ καὶ οἱ ἀνδραποδώδεις
καὶ φαῦλοι καὶ ἀφιλότιμοι οὐ νεμεσητικοί· οὐδὲν γὰρ ἔστιν οὗ
15 ἑαυτοὺς οἴονται ἀξίους εἶναι.

φανερὸν δ' ἐκ τούτων ἐπὶ ποίοις ἀτυχοῦσι καὶ κακο-
πραγοῦσιν ἢ μὴ τυγχάνουσι χαίρειν ἢ ἀλύπως ἔχειν δεῖ· ἐκ γὰρ
τῶν εἰρημένων τὰ ἀντικείμενά ἐστι δῆλα, ὥστ' ἐὰν τούς τε
κριτὰς τοιούτους παρασκευάσῃ ὁ λόγος, καὶ τοὺς ἀξιοῦντας
20 ἐλεεῖσθαι, καὶ ἐφ' οἷς ἐλεεῖσθαι, δείξῃ ἀναξίους ὄντας τυγ-
χάνειν ἀξίους δὲ μὴ τυγχάνειν, ἀδύνατον ἐλεεῖν.

Δῆλον δὲ καὶ ἐπὶ τίσι φθονοῦσι καὶ τίσι καὶ πῶς ἔχοντες, 10

31 καὶ om. Θ   τὸ addidi   τῷ om. ΘDE   32 οὖν ΑΒΓ: om. ΘDE
34 νεμέσασκε Α: νεμέσησ' ΘD   1387ᵇ 2 βελτίων ΘΠΓ   4 νεμε-
σήσουσι Γ   διὰ τί ΑΓ: δι' ἃ ΘΠ   4 οἷς ras. Α   5 γὰρ ΑΒDΖΓ:
τε γὰρ CEQY   6 ὄντες ΑΓ: om. ΘΠ   9 τε om. DEQYⁱZΓ   εὖ
... ἄδικα] καὶ δίκαια Γ   τὸ ἄδικον ΘDE   10 πράξεων ΘΒDEΓΣ
ἂν add. Richards   13 καὶ² ΑΓ: om. ΘΠ   14 ἔστι τοιούτου οὗ
ΘDEΓ   18 ἐστι δῆλα ΑΓ: δῆλά ἐστιν ΘΠ   20 ὄντας] μὲν ὄντας ΘΠΓ

εἴπερ ἐστὶν ὁ φθόνος λύπη τις ἐπὶ εὐπραγίᾳ φαινομένη τῶν
εἰρημένων ἀγαθῶν περὶ τοὺς ὁμοίους, μὴ ἵνα τι αὑτῷ, ἀλλὰ
δι' ἐκείνους· φθονήσουσι μὲν γὰρ οἱ τοιοῦτοι οἷς εἰσί τινες 25
ὅμοιοι ἢ φαίνονται· ὁμοίους δὲ λέγω κατὰ γένος, κατὰ συγ-
γένειαν, καθ' ἡλικίας, κατὰ ἕξεις, κατὰ δόξαν, κατὰ τὰ ὑπάρ-
χοντα. καὶ οἷς μικρὸν ἐλλείπει τοῦ μὴ πάντα ὑπάρχειν (διὸ
οἱ μεγάλα πράττοντες καὶ οἱ εὐτυχοῦντες φθονεροί εἰσιν·
πάντας γὰρ οἴονται τὰ αὑτῶν φέρειν. καὶ οἱ τιμώμενοι ἐπί 30
τινι διαφερόντως, καὶ μάλιστα ἐπὶ σοφίᾳ ἢ εὐδαιμονίᾳ. καὶ
οἱ φιλότιμοι φθονερώτεροι τῶν ἀφιλοτίμων. καὶ οἱ δοξόσοφοι·
φιλότιμοι γὰρ ἐπὶ σοφίᾳ. καὶ ὅλως οἱ φιλόδοξοι περί τι φθο-
νεροὶ περὶ τοῦτο. καὶ οἱ μικρόψυχοι· πάντα γὰρ μεγάλα δοκεῖ
αὐτοῖς εἶναι. ἐφ' οἷς δὲ φθονοῦσι, τὰ μὲν ἀγαθὰ εἴρηται· 35
ἐφ' οἷς γὰρ φιλοδοξοῦσι καὶ φιλοτιμοῦνται ἔργοις ἢ κτήμασι 1388ᵃ
καὶ ὀρέγονται δόξης, καὶ ὅσα εὐτυχήματά ἐστιν, σχεδὸν περὶ
πάντα φθόνος ἔστι, καὶ μάλιστα ὧν αὐτοὶ ἢ ὀρέγονται ἢ
οἴονται δεῖν αὐτοὺς ἔχειν, ἢ ὧν τῇ κτήσει μικρῷ ὑπερέχουσιν
ἢ μικρῷ ἐλλείπουσιν. φανερὸν δὲ καὶ οἷς φθονοῦσιν· ἅμα γὰρ 5
εἴρηται· τοῖς γὰρ ἐγγὺς καὶ χρόνῳ καὶ τόπῳ καὶ ἡλικίᾳ καὶ
δόξῃ φθονοῦσιν· ὅθεν εἴρηται

τὸ συγγενὲς γὰρ καὶ φθονεῖν ἐπίσταται.

καὶ πρὸς οὓς φιλοτιμοῦνται· φιλοτιμοῦνται γὰρ πρὸς τοὺς
εἰρημένους, πρὸς δὲ τοὺς μυριοστὸν ἔτος ὄντας ἢ πρὸς τοὺς 10
ἐσομένους ἢ τεθνεῶτας οὐδείς, οὐδὲ πρὸς τοὺς ἐφ' Ἡρα-
κλείαις στήλαις. οὐδ' ὧν πολὺ οἴονται παρ' αὑτοῖς ἢ παρὰ
τοῖς ἄλλοις λείπεσθαι, οὐδ' ὧν πολὺ ὑπερέχειν, ὡσαύτως καὶ

24 μὴ ἵνα] οὐχ ὅτι ut vid. Σ   26 γένη C   27 καθ' ἡλικίαν, καθ' ἕξιν
ΘΠΓ   28 μικρὸν ἐλλείπει τοῦ ed. Bas.: μικροῦ ἐλλείπει τὸ codd.   μικρὸν]
in modico G   29 οἷ² om. ΘΠ   33 οἱ ὅλως ΘΒCDΓ   34 οἱ om. A
34–35 μεγάλα ... αὐτοῖς ΑΓ: αὐτοῖς δοκεῖ μεγάλα ΘΠ   35 δὲ ΑΓ: γὰρ Θ,
ῖ Π   1388ᵃ 1 ἢ κτήμασι om. ΘΠΓ   4 ὧν+αὐτοὶ ΘΠΓ   κτήσει+ῆΕ
7 δόξῃ+καὶ γένει Roemer   8 γὰρ] καὶ γὰρ A   9 φιλοτιμοῦνται¹ ACDEZΓ:
φιλοτιμεῖται BQY   γὰρ ΑΓ: μὲν γὰρ ΘΠ   12 ἢ] καὶ A   παρὰ om. Γ

πρὸς τούτους καὶ περὶ τὰ τοιαῦτα. ἐπεὶ δὲ πρὸς τοὺς ἀνταγω-
15 νιστὰς καὶ ἀντεραστὰς καὶ ὅλως τοὺς τῶν αὐτῶν ἐφιεμένους
φιλοτιμοῦνται, ἀνάγκη μάλιστα τούτοις φθονεῖν, διόπερ εἴρηται

κ α ὶ   κ ε ρ α μ ε ὺ ς   κ ε ρ α μ ε ῖ.

καὶ ὧν ἢ κεκτημένων ἢ κατορθούντων ὄνειδος αὐτοῖς (εἰσὶν
δὲ καὶ οὗτοι ⟨οἱ⟩ ἐγγὺς καὶ ὅμοιοι)· δῆλον γὰρ ὅτι παρ' αὐτοὺς
20 οὐ τυγχάνουσι τοῦ ἀγαθοῦ, ὥστε τοῦτο λυποῦν ποιεῖ τὸν
φθόνον. καὶ τοῖς ἢ ἔχουσι ταῦτα ἢ κεκτημένοις ὅσα αὐτοῖς
προσῆκεν ἢ ἐκέκτηντό ποτε· διὸ πρεσβύτεροί τε νεωτέροις καὶ
οἱ πολλὰ δαπανήσαντες εἰς ταὐτὸ τοῖς ὀλίγα φθονοῦσιν. καὶ
τοῖς ταχὺ οἱ ἢ μόλις τυχόντες ἢ μὴ τυχόντες φθονοῦσιν. δῆλον
25 δὲ καὶ ἐφ' οἷς χαίρουσιν οἱ τοιοῦτοι καὶ ἐπὶ τίσι καὶ πῶς
ἔχοντες· ὡς γὰρ ἔχοντες λυποῦνται, οὕτως ἔχοντες ἐπὶ τοῖς
ἐναντίοις ἡσθήσονται. ὥστε ἂν αὐτοὶ μὲν παρασκευασθῶσιν
οὕτως ἔχειν, οἱ δ' ἐλεεῖσθαι ἢ τυγχάνειν τινὸς ἀγαθοῦ ἀξιοῦν-
τες ὦσιν οἷοι οἱ εἰρημένοι, δῆλον ὡς οὐ τεύξονται ἐλέου
30 παρὰ τῶν κυρίων.

Πῶς δὲ ἔχοντες ζηλοῦσι καὶ τὰ ποῖα καὶ ἐπὶ τίσιν, ἐνθένδ' 11
ἐστὶ δῆλον· εἰ γάρ ἐστιν ζῆλος λύπη τις ἐπὶ φαινομένῃ
παρουσίᾳ ἀγαθῶν ἐντίμων καὶ ἐνδεχομένων αὐτῷ λαβεῖν περὶ
τοὺς ὁμοίους τῇ φύσει, οὐχ ὅτι ἄλλῳ ἀλλ' ὅτι οὐχὶ καὶ αὐτῷ
35 ἔστιν (διὸ καὶ ἐπιεικές ἐστιν ὁ ζῆλος καὶ ἐπιεικῶν, τὸ δὲ
φθονεῖν φαῦλον καὶ φαύλων· ὁ μὲν γὰρ αὐτὸν παρασκευάζει

14 τούτους καί] τοὺς Α   16 μάλιστα τούτοις ΑΓ: τούτοις μάλιστα
ΘΠ   διόπερ ΑΓ: ὅθεν ΘΠ   17 κεραμεῖ+τοῖς ταχὺ οἱ ἢ μήπω τυχόν-
τες ἢ μὴ τυχόντες φθονοῦσιν (cf. ll. 23–24) ΘΠ: +τοῖς ταχὺ ἢ τοῖς ἢ
μόλις ἢ μὴ τυχοῦσι Γ   18 ἢ¹ Γ: om. ΘΠ(?)Α   19 οἱ add. Vater
καὶ Α¹ΓΣ: om. ΘΠΑ²   21 ὅσα] ἃ ΘΠΓ   22 κέκτηντό Α   τε] γε
Α: om. Γ   23–24 καὶ . . . φθονοῦσιν hoc loco Α, post κεραμεῖ (l. 17)
ΘΠ   24 ἢ μόλις] μήπω Α   26 γὰρ Β Monac.: +οὐκ ΑΓ: +μὴ
cett.   27 ἐναντίοις om. Γ: ἐναντίως Α   28 ἀξιοῦντες Bonitz (cf.
1387ᵇ 19): ἀξιούμενοι codd. Γ   29 οἷοι om. Α: οἷον Γ   31 ἔχοντες
ζηλοῦσι ΑΓ: ἔχουσιν οἱ ζηλοῦντες ΘΠ   32 ἐστὶ om. Γ   35 ἐπιεικής
ἐστιν Α

διὰ τὸν ζῆλον τυγχάνειν τῶν ἀγαθῶν, ὁ δὲ τὸν πλησίον μὴ
ἔχειν διὰ τὸν φθόνον), ἀνάγκη δὴ ζηλωτικοὺς μὲν εἶναι τοὺς
ἀξιοῦντας αὑτοὺς ἀγαθῶν ὧν μὴ ἔχουσιν, ⟨ἐνδεχομένων αὑ- **1388ᵇ**
τοῖς λαβεῖν⟩· οὐδεὶς γὰρ ἀξιοῖ τὰ φαινόμενα ἀδύνατα (διὸ οἱ
νέοι καὶ οἱ μεγαλόψυχοι τοιοῦτοι). καὶ οἷς ὑπάρχει τοιαῦτα
ἀγαθὰ ἃ τῶν ἐντίμων ἄξιά ἐστιν ἀνδρῶν· ἔστι δὲ ταῦτα
πλοῦτος καὶ πολυφιλία καὶ ἀρχαὶ καὶ ὅσα τοιαῦτα· ὡς γὰρ 5
προσῆκον αὐτοῖς ἀγαθοῖς εἶναι, οἷα προσήκει τοῖς ἀγαθῶς
ἔχουσι, ζηλοῦσι τὰ τοιαῦτα τῶν ἀγαθῶν. καὶ οὓς οἱ ἄλλοι
ἀξιοῦσιν. καὶ ὧν πρόγονοι ἢ συγγενεῖς ἢ οἰκεῖοι ἢ τὸ ἔθνος ἢ
ἡ πόλις ἔντιμοι, ζηλωτικοὶ περὶ ταῦτα· οἰκεῖα γὰρ οἴονται
αὑτοῖς εἶναι, καὶ ἄξιοι ⟨εἶναι⟩ τούτων. εἰ δ' ἐστὶν ζηλωτὰ τὰ 10
ἔντιμα ἀγαθά, ἀνάγκη τάς τε ἀρετὰς εἶναι τοιαύτας, καὶ ὅσα τοῖς
ἄλλοις ὠφέλιμα καὶ εὐεργετικά (τιμῶσι γὰρ τοὺς εὐεργετοῦν-
τας καὶ τοὺς ἀγαθούς), καὶ ὅσων ἀγαθῶν ἀπόλαυσις τοῖς πλη-
σίον ἔστιν, οἷον πλοῦτος καὶ κάλλος μᾶλλον ὑγιείας. φανερὸν
δὲ καὶ οἱ ζηλωτοὶ τίνες· οἱ γὰρ ταῦτα καὶ τὰ τοιαῦτα κεκτη- 15
μένοι ζηλωτοί· ἔστι δὲ ταῦτα τὰ εἰρημένα, οἷον ἀνδρεία
σοφία ἀρχή (οἱ γὰρ ἄρχοντες πολλοὺς δύνανται εὖ ποιεῖν),
στρατηγοί, ῥήτορες, πάντες οἱ τὰ τοιαῦτα δυνάμενοι. καὶ οἷς
πολλοὶ ὅμοιοι βούλονται εἶναι, ἢ πολλοὶ γνώριμοι, ἢ φίλοι
πολλοί, ἢ οὓς πολλοὶ θαυμάζουσιν, ἢ οὓς αὐτοὶ θαυμάζουσιν. 20
καὶ ὧν ἔπαινοι καὶ ἐγκώμια λέγονται ἢ ὑπὸ ποιητῶν ἢ ὑπὸ λογο-
γράφων. καταφρονοῦσιν δὲ τῶν ἐναντίων· ἐναντίον γὰρ ζήλῳ
καταφρόνησίς ἐστι, καὶ τῷ ζηλοῦν τὸ καταφρονεῖν. ἀνάγκη
δὲ τοὺς οὕτως ἔχοντας ὥστε ζηλῶσαί τινας ἢ ζηλοῦσθαι
καταφρονητικοὺς εἶναι τούτων τε καὶ ἐπὶ τούτοις ὅσοι τὰ 25
ἐναντία κακὰ ἔχουσι τῶν ἀγαθῶν τῶν ζηλωτῶν· διὸ πολλάκις

37 μὴ ἔχειν ABCEDΓ: om. DYZ: κωλύει Q   38 δὴ A²BCYΓ: δὲ
A¹DEQZ   1388ᵇ 1–2 ἐνδεχομένων . . . λαβεῖν addenda esse ex ᵃ33 ci.
Roemer   4 δὲ Γ: γὰρ cett.   τοιαῦτα Γ   6 οἷα scripsi: ὅτι codd. Γ:
ὅτι ἃ Σ: ἃ Vahlen   προσήκει Σ: προσῆκε codd. Γ   10 εἶναι addidi: om.
codd. Γ   21 ἢ² Γ: om. codd.   22 γὰρ] δὲ Γ   23 τῷ . . . τὸ
Γ: τὸ . . . τῷ codd.   24 ζηλῶσαί τινας ἢ om. Γ

καταφρονοῦσιν τῶν εὐτυχούντων, ὅταν ἄνευ τῶν ἐντίμων ἀγαθῶν ὑπάρχῃ αὐτοῖς ἡ τύχη.

δι' ὧν μὲν οὖν τὰ πάθη ἐγγίγνεται καὶ διαλύεται, ἐξ ὧν αἱ 30 πίστεις γίγνονται περὶ αὐτῶν, εἴρηται.

τὰ δὲ ἤθη ποῖοί τινες κατὰ τὰ πάθη καὶ τὰς ἕξεις καὶ τὰς 12 ἡλικίας καὶ τὰς τύχας, διέλθωμεν μετὰ ταῦτα. λέγω δὲ πάθη μὲν ὀργὴν ἐπιθυμίαν καὶ τὰ τοιαῦτα περὶ ὧν εἰρήκαμεν [πρότερον], ἕξεις δὲ ἀρετὰς καὶ κακίας, εἴρηται δὲ περὶ τούτων 35 πρότερον, καὶ ποῖα προαιροῦνται ἕκαστοι, καὶ ποίων πρακτικοί. ἡλικίαι δέ εἰσι νεότης καὶ ἀκμὴ καὶ γῆρας. τύχην δὲ 1389ᵃ λέγω εὐγένειαν καὶ πλοῦτον καὶ δυνάμεις καὶ τἀναντία τούτοις καὶ ὅλως εὐτυχίαν καὶ δυστυχίαν.

οἱ μὲν οὖν νέοι τὰ ἤθη εἰσὶν ἐπιθυμητικοί, καὶ οἷοι ποιεῖν ὧν ἂν ἐπιθυμήσωσι. καὶ τῶν περὶ τὸ σῶμα ἐπιθυμιῶν μάλιστα 5 ἀκολουθητικοί εἰσι τῇ περὶ τὰ ἀφροδίσια καὶ ἀκρατεῖς ταύτης, εὐμετάβολοι δὲ καὶ ἀψίκοροι πρὸς τὰς ἐπιθυμίας, καὶ σφόδρα μὲν ἐπιθυμοῦσι ταχέως δὲ παύονται (ὀξεῖαι γὰρ αἱ βουλήσεις καὶ οὐ μεγάλαι, ὥσπερ αἱ τῶν καμνόντων δίψαι καὶ πεῖναι), καὶ θυμικοὶ καὶ ὀξύθυμοι καὶ οἷοι ἀκολουθεῖν τῇ ὀργῇ. 10 καὶ ἥττους εἰσὶ τοῦ θυμοῦ· διὰ γὰρ φιλοτιμίαν οὐκ ἀνέχονται ὀλιγωρούμενοι, ἀλλ' ἀγανακτοῦσιν ἂν οἴωνται ἀδικεῖσθαι. καὶ φιλότιμοι μέν εἰσιν, μᾶλλον δὲ φιλόνικοι (ὑπεροχῆς γὰρ ἐπιθυμεῖ ἡ νεότης, ἡ δὲ νίκη ὑπεροχή τις), καὶ ἄμφω ταῦτα μᾶλλον ἢ φιλοχρήματοι (φιλοχρήματοι δὲ ἥκιστα διὰ τὸ μήπω 15 ἐνδείας πεπειρᾶσθαι, ὥσπερ τὸ Πιττακοῦ ἔχει ἀπόφθεγμα εἰς Ἀμφιάραον), καὶ οὐ κακοήθεις ἀλλ' εὐήθεις διὰ τὸ μήπω τεθεωρηκέναι πολλὰς πονηρίας, καὶ εὔπιστοι διὰ τὸ μήπω πολλὰ ἐξηπατῆσθαι, καὶ εὐέλπιδες· ὥσπερ γὰρ οἱ οἰνωμένοι,

29 καὶ ΥΓ: om. cett.   31 κατὰ ABCDYΓ: καὶ EQZΣ   33 πρότερον vel περὶ . . . πρότερον secludendum esse ci. Spengel   34 δὲ²] καὶ ΘDE: δὲ καὶ ΒCΓ   36 τύχην ΘΑDΓ: τύχας BCE   1389ᵃ 1 καὶ¹ et καὶ² ΑΓ: om. ΘΠ   δύναμιν Muretus   4 ὧν] ἃ Α   5 τῇ Victorius: ταῖς AQΓ: τῆς Π(?)YZ   7 μὲν+αὐτοὶ Υ¹   ταχὺ ΘΠ   9 ὁρμῇ ΘΠΓΕ   12 μάλιστα Γ   φιλόνικοι ACDQΓ: φιλόνεικοι ΒΕΥΖ

100

οὕτω διάθερμοί εἰσιν οἱ νέοι ὑπὸ τῆς φύσεως· ἅμα δὲ καὶ διὰ
τὸ μὴ πολλὰ ἀποτετυχηκέναι. καὶ ζῶσι τὰ πλεῖστα ἐλπίδι· ἡ 20
μὲν γὰρ ἐλπὶς τοῦ μέλλοντός ἐστιν ἡ δὲ μνήμη τοῦ παροιχο-
μένου, τοῖς δὲ νέοις τὸ μὲν μέλλον πολὺ τὸ δὲ παρεληλυθὸς
βραχύ· τῇ γὰρ πρώτῃ ἡμέρᾳ μεμνῆσθαι μὲν οὐδὲν οἷόν τε,
ἐλπίζειν δὲ πάντα. καὶ εὐεξαπάτητοί εἰσι διὰ τὸ εἰρημένον
(ἐλπίζουσι γὰρ ῥᾳδίως), καὶ ἀνδρειότεροι (θυμώδεις γὰρ καὶ 25
εὐέλπιδες, ὧν τὸ μὲν μὴ φοβεῖσθαι τὸ δὲ θαρρεῖν ποιεῖ· οὔτε
γὰρ ὀργιζόμενος οὐδεὶς φοβεῖται, τό τε ἐλπίζειν ἀγαθόν τι
θαρραλέον ἐστίν), καὶ αἰσχυντηλοί (οὐ γάρ πω καλὰ ἕτερα ὑπο-
λαμβάνουσιν, ἀλλὰ πεπαίδευνται ὑπὸ τοῦ νόμου μόνον), καὶ
μεγαλόψυχοι (οὐ γὰρ ὑπὸ τοῦ βίου πω τεταπείνωνται, ἀλλὰ 30
τῶν ἀναγκαίων ἄπειροί εἰσιν, καὶ τὸ ἀξιοῦν αὑτὸν μεγάλων
μεγαλοψυχία· τοῦτο δ' εὐέλπιδος). καὶ μᾶλλον αἱροῦνται πράτ-
τειν τὰ καλὰ τῶν συμφερόντων· τῷ γὰρ ἤθει ζῶσι μᾶλλον ἢ
τῷ λογισμῷ, ἔστι δὲ ὁ μὲν λογισμὸς τοῦ συμφέροντος ἡ δὲ
ἀρετὴ τοῦ καλοῦ. καὶ φιλόφιλοι καὶ φιλέταιροι μᾶλλον τῶν 35
ἄλλων ἡλικιῶν διὰ τὸ χαίρειν τῷ συζῆν καὶ μήπω πρὸς τὸ **1389ᵇ**
συμφέρον κρίνειν μηδέν, ὥστε μηδὲ τοὺς φίλους. καὶ ἅπαντα
ἐπὶ τὸ μᾶλλον καὶ σφοδρότερον ἁμαρτάνουσι, παρὰ τὸ Χιλώ-
νειον (πάντα γὰρ ἄγαν πράττουσιν· φιλοῦσι γὰρ ἄγαν καὶ
μισοῦσιν ἄγαν καὶ τἆλλα πάντα ὁμοίως), καὶ εἰδέναι ἅπαντα 5
οἴονται καὶ διισχυρίζονται (τοῦτο γὰρ αἴτιόν ἐστιν καὶ τοῦ
πάντα ἄγαν), καὶ τὰ ἀδικήματα ἀδικοῦσιν εἰς ὕβριν, οὐ
κακουργίαν. καὶ ἐλεητικοὶ διὰ τὸ πάντας χρηστοὺς καὶ βελ-
τίους ὑπολαμβάνειν (τῇ γὰρ αὑτῶν ἀκακίᾳ τοὺς πέλας με-

20 μὴ ΑΓ: μήπω ΘΠ   23 οἷόν τε Bekker: οἴονται codd.: puta-
bantur G   30 οὐ scripsi; οὔτε codd. Γ   πω D: οὔπω ABCU Υ²Γ:
ποτε EQZ   τεταπείνωνται ABCDΥΓ: ταπεινοῦνται EQZ   31 μεγάλων
αὑτὸν ΘΠ: se autem malignis G   34 ἔστι ABCDΥΓ: ἔτι EQZ
35 καὶ²] καὶ φίλοι καὶ ΑΓ: καὶ φιλοίκειοι καὶ Vahlen: καὶ φιλερασταὶ καὶ ci.
Spengel   1389ᵇ 3 χειλώνειον Α   4 γὰρ² ΑΓ: τε γὰρ ΘΠ   5 καὶ²
ΑΣΓ: ὁ καὶ Θ: οἱ καὶ BDE   πάντα ΘΠ   7 οὐ ΑΓ: καὶ οὐ ΘΠ
8 ἐλεητικοὶ ΑСΕΓ: ἐλεκτικοὶ Υ¹Ζ: ἐλεγκτικοὶ BDQ

10 τροῦσιν, ὥστε ἀνάξια πάσχειν ὑπολαμβάνουσιν αὐτούς), καὶ
φιλογέλωτες, διὸ καὶ φιλευτράπελοι· ἡ γὰρ εὐτραπελία πεπαι-
δευμένη ὕβρις ἐστίν.

Τὸ μὲν οὖν τῶν νέων τοιοῦτόν ἐστιν ἦθος, οἱ δὲ πρεσβύ- 13
τεροι καὶ παρηκμακότες σχεδὸν ἐκ τῶν ἐναντίων τούτοις τὰ
15 πλεῖστα ἔχουσιν ἤθη· διὰ γὰρ τὸ πολλὰ ἔτη βεβιωκέναι καὶ
πλείω ἐξηπατῆσθαι καὶ ἐξημαρτηκέναι, καὶ τὰ πλείω φαῦλα
εἶναι τῶν πραγμάτων, οὔτε διαβεβαιοῦνται οὐδέν, ἧττόν τε
ἄγανται πάντα ἢ δεῖ. καὶ οἴονται, ἴσασι δ' οὐδέν, καὶ ἀμφι-
δοξοῦντες προστιθέασιν ἀεὶ τὸ ἴσως καὶ τάχα, καὶ πάντα
20 λέγουσιν οὕτως, παγίως δ' οὐδέν. καὶ κακοήθεις εἰσίν· ἔστι
γὰρ κακοήθεια τὸ ἐπὶ τὸ χεῖρον ὑπολαμβάνειν πάντα. ἔτι δὲ
καχύποπτοί εἰσι διὰ τὴν ἀπιστίαν, ἄπιστοι δὲ δι' ἐμπειρίαν.
καὶ οὔτε φιλοῦσιν σφόδρα οὔτε μισοῦσι διὰ ταῦτα, ἀλλὰ κατὰ
τὴν Βίαντος ὑποθήκην καὶ φιλοῦσιν ὡς μισήσοντες καὶ μισοῦ-
25 σιν ὡς φιλήσοντες. καὶ μικρόψυχοι διὰ τὸ τεταπεινῶσθαι
ὑπὸ τοῦ βίου· οὐδενὸς γὰρ μεγάλου οὐδὲ περιττοῦ ἀλλὰ τῶν
πρὸς τὸν βίον ἐπιθυμοῦσι. καὶ ἀνελεύθεροι· ἓν γάρ τι τῶν
ἀναγκαίων ἡ οὐσία, ἅμα δὲ καὶ διὰ τὴν ἐμπειρίαν ἴσασιν ὡς
χαλεπὸν τὸ κτήσασθαι καὶ ῥᾴδιον τὸ ἀποβαλεῖν. καὶ δειλοὶ
30 καὶ πάντα προφοβητικοί· ἐναντίως γὰρ διάκεινται τοῖς νέοις·
κατεψυγμένοι γάρ εἰσιν, οἱ δὲ θερμοί, ὥστε προωδοπεποίηκε
τὸ γῆρας τῇ δειλίᾳ· καὶ γὰρ ὁ φόβος κατάψυξίς τίς ἐστιν. καὶ
φιλόζωοι, καὶ μᾶλλον ἐπὶ τῇ τελευταίᾳ ἡμέρᾳ διὰ τὸ τοῦ
ἀπόντος εἶναι τὴν ἐπιθυμίαν, καὶ οὗ ἐνδεεῖς, τούτου
35 μάλιστα ἐπιθυμεῖν. καὶ φίλαυτοι μᾶλλον ἢ δεῖ· μικροψυχία

---

11 εὐτράπελοι ΘΠΓ   13 τό... ἦθος om. Γ   ἦθός ἐστιν ΘΠ   16 ἡμαρ-
τηκέναι ΘDE   17 τε] δὲ Γ   18 ἄγανται πάντα Zeller: ἄγαν
ἄπαντα codd. Γ   ἀμφιδοξοῦντες ΑΓ: ἀμφισβητοῦντες cett.   19 ἀεὶ
ADEQΖΓ: om. BCY   21 ἅπαντα ΘΠ   22 καχύποπτοι ABCD¹ΥΖΓ:
ταχύποπτοι EQ   27 πρὸς ΑCΕΥΓ: περὶ BDQΖ   31 προωδο-
πεποίηκε Α¹ s.l.: προωδοποίηκε cett.   32 φόβος om. Γ   τίς ΘΠΓ: om. Α
33 μᾶλλον ΑΓ: μάλιστα ΘΠΣ   34 οὗ ΘCDEΓΣ: +δὲ ΑΒ   35 ἐπι
θυμοῦσι ΘΠΓΣ   φίλαυτοι ΑCDΓΣ: φιλαίτιοι ΘΒΕ

γάρ τις καὶ αὕτη. καὶ πρὸς τὸ συμφέρον ζῶσιν, ἀλλ' οὐ πρὸς
τὸ καλόν, μᾶλλον ἢ δεῖ, διὰ τὸ φίλαυτοι εἶναι· τὸ μὲν γὰρ
συμφέρον αὐτῷ ἀγαθόν ἐστι, τὸ δὲ καλὸν ἁπλῶς. καὶ ἀν- 1390ᵃ
αίσχυντοι μᾶλλον ἢ αἰσχυντηλοί· διὰ γὰρ τὸ μὴ φροντίζειν
ὁμοίως τοῦ καλοῦ καὶ τοῦ συμφέροντος ὀλιγωροῦσι τοῦ δοκεῖν.
καὶ δυσέλπιδες διὰ τὴν ἐμπειρίαν (τὰ γὰρ πλείω τῶν γιγνο-
μένων φαῦλά ἐστιν· ἀποβαίνει γὰρ τὰ πολλὰ ἐπὶ τὸ χεῖρον), 5
καὶ ἔτι διὰ τὴν δειλίαν. καὶ ζῶσι τῇ μνήμῃ μᾶλλον ἢ τῇ
ἐλπίδι· τοῦ γὰρ βίου τὸ μὲν λοιπὸν ὀλίγον τὸ δὲ παρεληλυθὸς
πολύ, ἔστι δὲ ἡ μὲν ἐλπὶς τοῦ μέλλοντος ἡ δὲ μνήμη τῶν
παροιχομένων· ὅπερ αἴτιον καὶ τῆς ἀδολεσχίας αὐτοῖς·
διατελοῦσι γὰρ τὰ γενόμενα λέγοντες· ἀναμιμνησκόμενοι γὰρ 10
ἥδονται. καὶ οἱ θυμοὶ ὀξεῖς μὲν ἀσθενεῖς δέ εἰσιν, καὶ αἱ ἐπι-
θυμίαι αἱ μὲν ἐκλελοίπασιν αἱ δὲ ἀσθενεῖς εἰσιν, ὥστε οὔτ'
ἐπιθυμητικοὶ οὔτε πρακτικοὶ κατὰ τὰς ἐπιθυμίας, ἀλλὰ κατὰ
τὸ κέρδος· διὸ σωφρονικοὶ φαίνονται οἱ τηλικοῦτοι· αἵ τε γὰρ
ἐπιθυμίαι ἀνείκασι καὶ δουλεύουσι τῷ κέρδει. καὶ μᾶλλον 15
ζῶσι κατὰ λογισμὸν ἢ κατὰ τὸ ἦθος· ὁ μὲν γὰρ λογισμὸς τοῦ
συμφέροντος τὸ δ' ἦθος τῆς ἀρετῆς ἐστιν. καὶ τἀδικήματα
ἀδικοῦσιν εἰς κακουργίαν, οὐκ εἰς ὕβριν. ἐλεητικοὶ δὲ καὶ οἱ
γέροντές εἰσιν, ἀλλ' οὐ διὰ ταὐτὰ τοῖς νέοις· οἱ μὲν γὰρ διὰ
φιλανθρωπίαν, οἱ δὲ δι' ἀσθένειαν· πάντα γὰρ οἴονται ἐγγὺς 20
εἶναι αὐτοῖς παθεῖν, τοῦτο δ' ἦν ἐλεητικόν· ὅθεν ὀδυρτικοί
εἰσι, καὶ οὐκ εὐτράπελοι οὐδὲ φιλογέλοιοι· ἐναντίον γὰρ τὸ
ὀδυρτικὸν τῷ φιλογέλωτι.

τῶν μὲν οὖν νέων καὶ τῶν πρεσβυτέρων τὰ ἤθη τοιαῦτα,

1390ᵃ 1 αὐτῷ ΘΠΓ: αὐτῶν Α   3 τοῦ² om. Α   τὸ Α   4 διὰ
ΑΒΣΓ: +τε ΘΔΕ   πλείω ΑΓ: πλεῖστα ΘΠ   γιγνομένων ΑΣΓ: πρα-
γμάτων ΘΒΔΕ   5 γὰρ ΑΓ: γοῦν ΘΠ   7 λοιπὸν ΑΓ: μέλλον ΘΠ
11 ἀσθενεῖς δέ εἰσιν ΑΓ: εἰσιν ἀσθενεῖς δὲ ΘΠ   αἱ om. Α   12 εἰσιν
om. ΘΠΓ   12-13 οὔτε πρακτικοὶ οὔτ' ἐπιθυμητικοὶ ΑΓ   14-15 διὸ
. . . κέρδει om. C   14 διὸ ΑΣΓ: +καὶ ΘΒΔΕ   18 κακουργίαν
ΑΓ: ἀδικίαν ΘΠ   οὐκ εἰς ΘΒΔΕΓ: οὐχ Α: ἀλλ' οὐκ εἰς C   19 ταὐτὰ
ΑΓ: ταὐτό cet.   21 ἐλεητικὸν ΑGΖΓ: ἐλεητικοῦ DE: ἐλεητικοὶ ΒΣΥ
22 φιλόγελοι Α

25 ὥστ' ἐπεὶ ἀποδέχονται πάντες τοὺς τῷ σφετέρῳ ἤθει
λεγομένους λόγους καὶ τοὺς ὁμοίους, οὐκ ἄδηλον πῶς χρώμενοι
τοῖς λόγοις τοιοῦτοι φανοῦνται καὶ αὐτοὶ καὶ οἱ λόγοι.

Οἱ δ' ἀκμάζοντες φανερὸν ὅτι μεταξὺ τούτων τὸ ἦθος ἔσον- 14
ται ἑκατέρων, ἀφαιροῦντες τὴν ὑπερβολήν, καὶ οὔτε σφόδρα
30 θαρροῦντες (θρασύτης γὰρ τὸ τοιοῦτον) οὔτε λίαν φοβούμενοι,
καλῶς δὲ πρὸς ἄμφω ἔχοντες, οὔτε πᾶσι πιστεύοντες οὔτε
πᾶσιν ἀπιστοῦντες, ἀλλὰ κατὰ τὸ ἀληθὲς κρίνοντες μᾶλλον,
καὶ οὔτε πρὸς τὸ καλὸν ζῶντες μόνον οὔτε πρὸς τὸ συμφέρον
1390ᵇ ἀλλὰ πρὸς ἄμφω, καὶ οὔτε πρὸς φειδὼ οὔτε πρὸς ἀσωτίαν
ἀλλὰ πρὸς τὸ ἁρμόττον, ὁμοίως δὲ καὶ πρὸς θυμὸν καὶ πρὸς
ἐπιθυμίαν, καὶ σώφρονες μετ' ἀνδρείας καὶ ἀνδρεῖοι μετὰ
σωφροσύνης. ἐν γὰρ τοῖς νέοις καὶ τοῖς γέρουσι διήρηται
5 ταῦτα· εἰσὶν γὰρ οἱ μὲν νέοι ἀνδρεῖοι καὶ ἀκόλαστοι, οἱ δὲ
πρεσβύτεροι σώφρονες καὶ δειλοί. ὡς δὲ καθόλου εἰπεῖν,
ὅσα μὲν διήρηνται ἡ νεότης καὶ τὸ γῆρας τῶν ὠφελίμων,
ταῦτα ἄμφω ἔχουσιν, ὅσα δὲ ὑπερβάλλουσιν ἢ ἐλλείπουσιν,
τούτων τὸ μέτριον καὶ τὸ ἁρμόττον. ἀκμάζει δὲ τὸ μὲν σῶμα
10 ἀπὸ τῶν τριάκοντα ἐτῶν μέχρι τῶν πέντε καὶ τριάκοντα, ἡ δὲ
ψυχὴ περὶ τὰ ἑνὸς δεῖν πεντήκοντα.

περὶ μὲν οὖν νεότητος καὶ γήρως καὶ ἀκμῆς, ποίων ἠθῶν
ἕκαστόν ἐστιν, εἰρήσθω τοσαῦτα.

Περὶ δὲ τῶν ἀπὸ τύχης γιγνομένων ἀγαθῶν, δι' ὅσα αὐτῶν 15
15 καὶ τὰ ἤθη ποιὰ ἄττα συμβαίνει τοῖς ἀνθρώποις, λέγωμεν
ἐφεξῆς. εὐγενείας μὲν οὖν ἦθός ἐστι τὸ φιλοτιμότερον εἶναι
τὸν κεκτημένον αὐτήν· ἅπαντες γάρ, ὅταν ὑπάρχῃ τι, πρὸς

---

26 λεγομένους codd. Γ (cf. Pl. *Gorg.* 513 c 1): ὁμολογουμένους Cope
27 φαίνονται ΘΠΓ   30 θρασύτης ΘΑΒϹΓ: θρασύτητος DE   31 ἄλ-
λως Α   δὲ om. ΘΓ   οὔτε ... πιστεύοντες ΑΒϹΟΥΓ: om. DEZ
32 μᾶλλον ΑΒϹΓ: μόνον ΘDE   33–ᵇ 1 καὶ ... ἄμφω ΑΒϹΓ: om.
DEϘΥͥΖ   1390ᵇ 2 τὸ om. DEΥͥΖ   3 ἀνδρείας scripsi (cf.
1362ᵇ 12, 1366ᵇ 11, 29): ἀνδρίας codd.   7 διήρηνται Richards: δι-
ήρηται codd.   8 ἄμφω ΑΒϹΓΣ: om. DEϘΥͥΖ   10 τῶν² ΑΒϹΕΓ:
καὶ ΘD   11 περὶ τὰ om. ΑͥΓ   δεῖ ΑͥΓ   13 ἕκαστόν ἐστιν ΑΓ:
ἐστιν ἕκαστον ΘΠΣ   15 καὶ] δι' Α²   17 πάντες ΘΠΣ

τοῦτο σωρεύειν εἰώθασιν, ἡ δ' εὐγένεια ἐντιμότης προγόνων
ἐστίν. καὶ καταφρονητικὸν καὶ τῶν ὁμοίων ἐστὶν τοῖς προ-
γόνοις αὐτῶν, διότι πόρρω ταὐτὰ μᾶλλον ἢ ἐγγὺς γιγνόμενα 20
ἐντιμότερα καὶ εὐαλαζόνευτα. ἔστι δὲ εὐγενὲς μὲν κατὰ τὴν
τοῦ γένους ἀρετήν, γενναῖον δὲ κατὰ τὸ μὴ ἐξίστασθαι τῆς
φύσεως· ὅπερ ὡς ἐπὶ τὸ πολὺ οὐ συμβαίνει τοῖς εὐγενέσιν,
ἀλλ' εἰσὶν οἱ πολλοὶ εὐτελεῖς· φορὰ γὰρ τίς ἐστιν ἐν τοῖς
γένεσιν ἀνδρῶν ὥσπερ ἐν τοῖς κατὰ τὰς χώρας γιγνομένοις, 25
καὶ ἐνίοτε ἂν ᾖ ἀγαθὸν τὸ γένος, ἐγγίνονται διά τινος χρόνου
ἄνδρες περιττοί, κἄπειτα πάλιν ἀναδιδωσιν. ἐξίσταται δὲ
τὰ μὲν εὐφυᾶ γένη εἰς μανικώτερα ἤθη, οἷον οἱ ἀπ' Ἀλκιβιά-
δου καὶ οἱ ἀπὸ Διονυσίου τοῦ προτέρου, τὰ δὲ στάσιμα εἰς
ἀβελτερίαν καὶ νωθρότητα, οἷον οἱ ἀπὸ Κίμωνος καὶ Περι- 30
κλέους καὶ Σωκράτους.

16   Τῷ δὲ πλούτῳ ἃ ἕπεται ἤθη, ἐπιπολῆς ἔστιν ἰδεῖν ἅπασιν·
ὑβρισταὶ γὰρ καὶ ὑπερήφανοι, πάσχοντές τι ὑπὸ τῆς κτήσεως
τοῦ πλούτου (ὥσπερ γὰρ ἔχοντες ἅπαντα τἀγαθὰ οὕτω διά-
κεινται· ὁ δὲ πλοῦτος οἷον τιμή τις τῆς ἀξίας τῶν ἄλλων, διὸ **1391**ᵃ
φαίνεται ὤνια ἅπαντα εἶναι αὐτοῦ), καὶ τρυφεροὶ καὶ σαλά-
κωνες, τρυφεροὶ μὲν διὰ τὴν τροφὴν καὶ τὴν ἔνδειξιν τῆς
εὐδαιμονίας, σαλάκωνες δὲ καὶ σόλοικοι διὰ τὸ πάντας εἰωθέ-
ναι διατρίβειν περὶ τὸ ἐρώμενον καὶ θαυμαζόμενον ὑπ' αὐτῶν. 5
καὶ τὸ οἴεσθαι ζηλοῦν τοὺς ἄλλους ἃ καὶ αὐτοί. ἅμα δὲ καὶ
εἰκότως τοῦτο πάσχουσιν (πολλοὶ γάρ εἰσιν οἱ δεόμενοι τῶν

18 ἐντιμότης ADΓΣ: +τις cett.   19 καταφρονητικοὶ QY²: καταφρον-
ητικῇ Z   ἐστὶν om. ΘΠΓ   προγόνοις+τοῖς ΘΠ   20 διὰ τὸ ταῦτα πόρρω
ΘΠ   ταῦτα Γ   21 καὶ ΑΓ: εἶναι καὶ ΘΠ   22 τῆς] ἐκ τῆς ΘΠΓΣ
23 ὡς ΑΓ: om. ΘΠ   24 τίς ΑΒΣΓ: om. DEQY¹Z   ἐν ΑΓ: καὶ ἐν ΘΠ
25 ἐπὶ τοῖς κατὰ χώραν γινομένοις Σ   26 καὶ ΑΒΓ: om. ΘCDE   27 ἐξ-
ίστανται BDQZ   28 εὐφυᾶ ΘBDE   30 ἀβελτερίαν καὶ ΑΒCEΓ
om. ΘD   οἱ om. A   33 τι ADΓ: om. ΘBCE   1391ᵃ 1 δὲ ΑΥΖΓ:
γὰρ ΠQ   τίς+ἐστι ΘΠΓ   ἄλλων διαφαίνεται ὤνια (vel οὔνια) A¹   2 πάντα
ὤνια ΘΠΓ   3 τρυφεροί] καὶ τρυφεροὶ Γ   διὰ ΑQΓ: +τε ΠΥΖ   τροφὴν
scripsi: τρυφὴν codd.   5 ἐράσμιον C   6 τὸ] τῷ DEGZΓ   7 τοῦτο
ΑΓ: ταῦτα ΘΠΣ   εἰσιν ΑΓ: om. ΘΠ

ἐχόντων· ὅθεν καὶ τὸ Σιμωνίδου εἴρηται περὶ τῶν σοφῶν καὶ
πλουσίων πρὸς τὴν γυναῖκα τὴν Ἱέρωνος ἐρομένην πότερον
10 γενέσθαι κρεῖττον πλούσιον ἢ σοφόν· "πλούσιον" εἰπεῖν· τοὺς
σοφοὺς γὰρ ἔφη ὁρᾶν ἐπὶ ταῖς τῶν πλουσίων θύραις δια-
τρίβοντας), καὶ τὸ οἴεσθαι ἀξίους εἶναι ἄρχειν· ἔχειν γὰρ
οἴονται ὧν ἕνεκεν ἄρχειν ἄξιον. καὶ ὡς ἐν κεφαλαίῳ, ἀνοήτου
εὐδαίμονος ἦθος ⟨ἦθος⟩ πλούτου ἐστίν. διαφέρει δὲ τοῖς
15 νεωστὶ κεκτημένοις καὶ τοῖς πάλαι τὰ ἤθη τῷ ἅπαντα μᾶλλον
καὶ φαυλότερα τὰ κακὰ ἔχειν τοὺς νεοπλούτους (ὥσπερ γὰρ
ἀπαιδευσία πλούτου ἐστὶ τὸ νεόπλουτον εἶναι), καὶ ἀδικήματα
ἀδικοῦσιν οὐ κακουργικά, ἀλλὰ τὰ μὲν ὑβριστικὰ τὰ δὲ ἀκρα-
τευτικά, οἷον εἰς αἰκίαν καὶ μοιχείαν.

20 Ὁμοίως δὲ καὶ περὶ δυνάμεως σχεδὸν τὰ πλεῖστα φανερά 17
ἐστιν ἤθη. τὰ μὲν γὰρ τὰ αὐτὰ ἔχει δύναμις τῷ πλούτῳ
τὰ δὲ βελτίω· φιλοτιμότεροι γὰρ καὶ ἀνδρωδέστεροί εἰσιν τὰ
ἤθη οἱ δυνάμενοι τῶν πλουσίων διὰ τὸ ἐφίεσθαι ἔργων ὅσα
ἐξουσία αὐτοῖς πράττειν διὰ τὴν δύναμιν, καὶ σπουδαστικώ-
25 τεροι διὰ τὸ ἐν ἐπιμελείᾳ εἶναι, ἀναγκαζόμενοι σκοπεῖν τὰ
περὶ τὴν δύναμιν, καὶ σεμνότεροι ἢ βαρύτεροι· ποιεῖ γὰρ σε-
μνοτέρους τὸ ἀξίωμα, διὸ μετριάζουσιν, ἔστι δὲ ἡ σεμνότης
μαλακὴ καὶ εὐσχήμων βαρύτης· κἂν ἀδικῶσιν, οὐ μικρα-
δικηταί εἰσιν ἀλλὰ μεγαλάδικοι.

30 ἡ δ' εὐτυχία κατὰ μόριά τε τῶν εἰρημένων ἔχει τὰ ἤθη

---

9 τήν²] τοῦ ΘΒϹΕ   10 πλούσιον εἰπεῖν om. DEQY¹ΖΓ   τούς
. . . 11 ὁρᾶν] πλουσίου γὰρ, ἔφη, ἐστὶν ὁρᾶσθαι Γ   11 γὰρ σοφούς ΘΠ
ἔφη post θύραις ΘΠ   11 διατρίβοντας ΑΒϹΓ: om. ΘΔΕ   13 ἕνε-
κεν . . . ἄξιον ΑΓ: ἕνεκα ἄξιον ἄρχειν ΘΠ   14 ἦθος ἦθος πλούτου scripsi:
ἦθος πλούτου Α¹Γ: ἦθος πλοῦτος Α²: ἤθους ὁ πλοῦτος ΘΠ   τοῖς ΑΔΕQΓ:
+τε ΒϹΥΖ   16 φαυλότερον Α¹   20 καὶ ΑΒϹΓ: om. ΘΔΕ   21 τὰ²
. . . πλούτῳ] τῷ πλούτῳ τὰ αὐτὰ ἔχει δυνάμει Γ   τὰς αὐτὰς ἔχει δυνά-
μεις Α¹   22 δὲ ΑΖΓ: +καὶ ΠQΥ   φιλοτιμότεροι ΑΔΓ: φιλότιμοι cett.
φιλανδρωδέστεροι ΑΓ   εἰσιν ΑΓ: om. ΘΠ   23 ἔργων+μεγάλων Σ
24 ἔξουσι Αᵇ   26 σεμνοτέρους ΑΓ: ἐμφανεστέρους ΘΠΣ   28 μι-
κραδικηταί ΑΓ: μικραδικητικοί ΘΠ   30 κατὰ Α¹Γ: τὰ ΘΠΑ²
τε] μὲν Γ   τῶν . . . ἔχει ΑΓ: ἔχει τῶν εἰρημένων ΘΠ

(εἰς γὰρ ταῦτα συντείνουσιν αἱ μέγισται δοκοῦσαι εἶναι εὐτυ-
χίαι), καὶ ἔτι εἰς εὐτεκνίαν καὶ τὰ κατὰ τὸ σῶμα ἀγαθὰ παρα-
σκευάζει ἡ εὐτυχία πλεονεκτεῖν. ὑπερηφανώτεροι μὲν οὖν καὶ
ἀλογιστότεροι διὰ τὴν εὐτυχίαν εἰσίν, ἓν δὲ ἀκολουθεῖ βέλτι-   **1391**[b]
στον ἦθος τῇ εὐτυχίᾳ, ὅτι φιλόθεοί εἰσι καὶ ἔχουσιν πρὸς τὸ
θεῖόν πως, πιστεύοντες διὰ τὰ γιγνόμενα ἀπὸ τῆς τύχης.

περὶ μὲν οὖν τῶν καθ' ἡλικίαν καὶ τύχην ἠθῶν εἴρηται· τὰ
γὰρ ἐναντία τῶν εἰρημένων ἐκ τῶν ἐναντίων φανερά ἐστιν, 5
οἷον πένητος καὶ ἀτυχοῦς ἦθος καὶ ἀδυνάτου.

18   Ἐπεὶ δὲ ἡ τῶν πιθανῶν λόγων χρῆσις πρὸς κρίσιν ἐστί (περὶ
ὧν γὰρ ἴσμεν καὶ κεκρίκαμεν οὐδὲν ἔτι δεῖ λόγου), ἔστι δ' ἐάν
τε πρὸς ἕνα τις τῷ λόγῳ χρώμενος προτρέπῃ ἢ ἀποτρέπῃ,
οἷον οἱ νουθετοῦντες ποιοῦσιν ἢ πείθοντες (οὐδὲν γὰρ ἧττον 10
κριτὴς ὁ εἷς· ὃν γὰρ δεῖ πεῖσαι, οὗτός ἐστιν ὡς εἰπεῖν ἁπλῶς
κριτής), ἐάν τε πρὸς ἀμφισβητοῦντας, ἐάν τε πρὸς ὑπόθεσιν
λέγῃ τις, ὁμοίως (τῷ γὰρ λόγῳ ἀνάγκη χρῆσθαι καὶ ἀναιρεῖν
τὰ ἐναντία, πρὸς ἃ ὥσπερ ἀμφισβητοῦντα τὸν λόγον ποιεῖται),
ὡσαύτως δὲ καὶ ἐν τοῖς ἐπιδεικτικοῖς (ὥσπερ γὰρ πρὸς κριτὴν 15
τὸν θεωρὸν ὁ λόγος συνέστηκεν, ὅλως δὲ μόνος ἐστὶν ἁπλῶς
κριτὴς ἐν τοῖς πολιτικοῖς ἀγῶσιν ὁ τὰ ζητούμενα κρίνων· τά
τε γὰρ ἀμφισβητούμενα ζητεῖται πῶς ἔχει, καὶ περὶ ὧν βου-
λεύονται), περὶ δὲ τῶν κατὰ τὰς πολιτείας ἠθῶν ἐν τοῖς συμ-
βουλευτικοῖς εἴρηται πρότερον—ὥστε διωρισμένον ἂν εἴη πῶς 20
τε καὶ διὰ τίνων τοὺς λόγους ἠθικοὺς ποιητέον.

ἐπεὶ δὲ περὶ ἕκαστον μὲν γένος τῶν λόγων ἕτερον ἦν τὸ

---

31 μέγισται ΑΓΣ: om. ΘΠ   32 τὰ Α¹ s.l., BC: om. DEY¹Z
1391[b] 1 βέλτιστον ΑΓ: βέλτιον ΘΠ   3 πως ΘΠΓ: πῶς Α   γιγνόμενα
+ἀγαθὰ ΘΠ   8 δεῖ ΑΓ: δεῖται ΘΓ   τοῦ λόγου DEYZ   9 τῷ λόγῳ
χρώμενος ΑΓ: χρώμενος τῷ λόγῳ ΘΠΣ   ἢ ἀποτρέπῃ om. DQY¹Z : ἢ om.
Γ   11 ὃ] ἐστὶν ΘBDE   γὰρ ΘΠΓ: om. Α¹   ἁπλῶς εἰπεῖν ΘΠΓ
12 πρὸς] εἰς Α(?)   ἀμφισβητοῦντας scripsi: ἀμφισβητοῦντα codd. Γ
16 μόνος ΑΓ: +ὡς ΘΠ   ἐστιν . . . 17 ὁ Α et (ὁ ante ἐν posito) Γ:
ἁπλῶς ἐστι κριτὴς ὁ ἐν τοῖς πολιτικοῖς ἀγῶσι ΘΠ   21 τε ΘΠΓ: om. Α
λόγους+τοὺς ΘΠ   ποιητέον ΑΓ: ποιήσομεν ΘΠ   22 ἦν τὸ τέλος] τι
τὸ τέλος ἦν ΘΠ: τι ἦν τὸ τέλος Γ

τέλος, περὶ ἁπάντων δ' αὐτῶν εἰλημμέναι δόξαι καὶ προτά-
σεις εἰσὶν ἐξ ὧν τὰς πίστεις φέρουσιν καὶ συμβουλεύοντες καὶ
25 ἐπιδεικνύμενοι καὶ ἀμφισβητοῦντες, ἔτι δὲ ἐξ ὧν ἠθικοὺς
τοὺς λόγους ἐνδέχεται ποιεῖν, καὶ περὶ τούτων διώρισται,
λοιπὸν ἡμῖν διελθεῖν περὶ τῶν κοινῶν. πᾶσι γὰρ ἀναγκαῖον
τῷ περὶ τοῦ δυνατοῦ καὶ ἀδυνάτου προσχρῆσθαι ἐν τοῖς λόγοις,
καὶ τοὺς μὲν ὡς ἔσται τοὺς δὲ ὡς γέγονε πειρᾶσθαι δεικνύναι.
30 ἔτι δὲ ⟨τὸ⟩ περὶ μεγέθους κοινὸν ἁπάντων ἐστὶ τῶν λόγων·
χρῶνται γὰρ πάντες τῷ μειοῦν καὶ αὔξειν καὶ συμβουλεύοντες
καὶ ἐπαινοῦντες ἢ ψέγοντες καὶ κατηγοροῦντες ἢ ἀπολογού-
1392a μενοι. τούτων δὲ διορισθέντων περὶ τῶν ἐνθυμημάτων κοινῇ
πειραθῶμεν εἰπεῖν, εἴ τι ἔχομεν, καὶ περὶ παραδειγμάτων,
ὅπως τὰ λοιπὰ προσθέντες ἀποδῶμεν τὴν ἐξ ἀρχῆς πρό-
θεσιν. ἔστιν δὲ τῶν κοινῶν τὸ μὲν αὔξειν οἰκειότατον τοῖς
5 ἐπιδεικτικοῖς, ὥσπερ εἴρηται, τὸ δὲ γεγονὸς τοῖς δικανικοῖς
(περὶ τούτων γὰρ ἡ κρίσις), τὸ δὲ δυνατὸν καὶ ἐσόμενον τοῖς
συμβουλευτικοῖς.

Πρῶτον μὲν οὖν περὶ δυνατοῦ καὶ ἀδυνάτου λέγωμεν. ἂν 19
δὴ τὸ ἐναντίον ᾖ δυνατὸν ἢ εἶναι ἢ γενέσθαι, καὶ τὸ ἐναντίον
10 δόξειεν ἂν εἶναι δυνατόν, οἷον εἰ δυνατὸν ἄνθρωπον ὑγιασθῆ-
ναι, καὶ νοσῆσαι· ἡ γὰρ αὐτὴ δύναμις τῶν ἐναντίων ᾗ ἐναν-
τία. καὶ εἰ τὸ ὅμοιον δυνατόν, καὶ τὸ ὅμοιον· καὶ εἰ τὸ χαλε-
πώτερον δυνατόν, καὶ τὸ ῥᾶον· καὶ εἰ τὸ σπουδαῖον καὶ καλὸν
γενέσθαι δυνατόν, καὶ ὅλως δυνατὸν γενέσθαι· χαλεπώτερον
15 γὰρ καλὴν οἰκίαν ἢ οἰκίαν εἶναι. καὶ οὗ ἡ ἀρχὴ δύναται γενέ-

23 καὶ om. ΑΓ . 25 ἐπιδεικνύοντες ΘΒΔΕ : ἐπιδείκνυντες C 27 περὶ
ΑΓ : τὰ περὶ ΘΠ 28 τῷ Bywater : τὸ codd. 30 τὸ add.
Bywater πάντων ΘΠ 32 ᾖ[1] Α : καὶ Γ : καὶ προτρέποντες καὶ ΘΠ ᾖ[2]]
καὶ Γ 1392a 1 τῶν ΑΓ : τε ΘΒΔΕ : τε τῶν C 2 εἴ τι ἔχομεν ΑΓ :
om. ΘΠ 3 ἀποτελέσωμεν ΘΠΓ 5 γεγονὸς ΘΠΓ : γένος Α 8 δυ-
νατῶν καὶ ἀδυνάτων ΘΠΓ 10 ἂν δόξειεν ΘΒCΕ ἄνθρωπον
ὑγιασθῆναι ΑΓ : ὑγιασθῆναι ἄνθρωπον ΘΠ 11 νοσῆσαι ΑΓ : +δυνατὸν
ΘΠ 12 ὅμοιον[2] ΑΒCΔΥΖΓ : ἀνόμοιον ΕQ 13 εἰ σπουδαῖον ἢ
καλὸν ΘΠΓ 14 δυνατὸν γενέσθαι ΑΓ : γενέσθαι δυνατὸν ΘΠ 15 εἶ-
ναι ΑΓ : γενέσθαι ΘΠ δύναται ΑΓ : δυνατὴ ΘΒΕΣ

σθαι, καὶ τὸ τέλος· οὐδὲν γὰρ γίγνεται οὐδ' ἄρχεται γίγνεσθαι
τῶν ἀδυνάτων, οἷον τὸ σύμμετρον τὴν διάμετρον εἶναι οὔτ' ἂν
ἄρξαιτο γίγνεσθαι οὔτε γίγνεται. καὶ οὗ τὸ τέλος, καὶ ἡ ἀρχὴ
δυνατή· ἅπαντα γὰρ ἐξ ἀρχῆς γίγνεται. καὶ εἰ τὸ ὕστερον τῇ
οὐσίᾳ ἢ τῇ γενέσει δυνατὸν γενέσθαι, καὶ τὸ πρότερον, οἷον 20
εἰ ἄνδρα γενέσθαι δυνατόν, καὶ παῖδα (πρότερον γὰρ ἐκεῖνο
γίγνεται), καὶ εἰ παῖδα, καὶ ἄνδρα (καὶ ἀρχὴ γὰρ ἐκείνη). καὶ
ὧν ἢ ἔρως ἢ ἐπιθυμία φύσει ἐστίν· οὐδεὶς γὰρ ἀδυνάτων ἐρᾷ
οὐδὲ ἐπιθυμεῖ ὡς ἐπὶ τὸ πολύ. καὶ ὧν ἐπιστῆμαί εἰσι καὶ
τέχναι, δυνατὸν ταῦτα καὶ εἶναι καὶ γίγνεσθαι. καὶ ὅσων ἡ 25
ἀρχὴ τῆς γενέσεως ἐν τούτοις ἐστὶν ἃ ἡμεῖς ἀναγκάσαιμεν ἂν
ἢ πείσαιμεν· ταῦτα δ' ἐστὶν ὧν κρείττους ἢ κύριοι ἢ φίλοι. καὶ
ὧν τὰ μέρη δυνατά, καὶ τὸ ὅλον, καὶ ὧν τὸ ὅλον δυνατόν, καὶ
τὰ μέρη ὡς ἐπὶ τὸ πολύ· εἰ γὰρ πρόσχισμα καὶ κεφαλὶς καὶ
χιτὼν δύναται γενέσθαι, καὶ ὑποδήματα δυνατὸν γενέσθαι, καὶ 30
εἰ ὑποδήματα, καὶ πρόσχισμα καὶ κεφαλίς καὶ χιτών. καὶ εἰ τὸ
γένος ὅλον τῶν δυνατῶν γενέσθαι, καὶ τὸ εἶδος, καὶ εἰ τὸ εἶδος, καὶ **1392**b
τὸ γένος, οἷον εἰ πλοῖον γενέσθαι δυνατόν, καὶ τριήρη, καὶ
εἰ τριήρη, καὶ πλοῖον. καὶ εἰ θάτερον τῶν πρὸς ἄλληλα πεφυ-
κότων, καὶ θάτερον, οἷον εἰ διπλάσιον, καὶ ἥμισυ, καὶ εἰ
ἥμισυ, διπλάσιον. καὶ εἰ ἄνευ τέχνης καὶ παρασκευῆς δυνα- 5
τὸν γίγνεσθαι, μᾶλλον διὰ τέχνης καὶ ἐπιμελείας δυνατόν, ὅθεν
καὶ Ἀγάθωνι εἴρηται

    καὶ μὴν τὰ μέν γε τῆς τέχνης πράσσειν, τὰ δὲ
    ἡμῖν ἀνάγκη καὶ τύχη προσγίγνεται.

18 ἄρξειτο A   19 ὕστερον ACΓ : ἕτερον BDYZ : δεύτερον EQ   21 κἀ-
κεῖνο A(?)   22 καὶ³ om. ΘΠΓ   23 ἢ¹ om. ΘΠΓ   γὰρ + τῶν ΘΠ   25 δυ-
νατὸν ... γενέσθαι ΘΠΓ : δυνατὰ ταῦτα καὶ ἔστι καὶ γίγνεται A   26 ἃ AΓ :
+ καὶ ΘΒC   27 ἢ AΓ : καὶ ΘΠ   28 ὅλον AΓ : + δυνατόν ΘΠ   29 εἰ
AΓ : + τε ΘΠ   πρόσχημα E   30 δύναται γενέσθαι ΘAΓ : γενέσθαι δύναται
Π   ὑπενδύματα codd. aliqui : indumentum G   31 πρόσχισμα ΘΠΓ : προσ-
χίσματα vel προσχήματα A   καὶ χιτών om. ABCYΓ   1392b 1 καὶ εἰ τὸ εἶδος
ΘΠΓ : om. A   4 εἰ¹ + καὶ ΘΠΓ   5 ἥμισύ, καὶ διπλάσιον ΘΠΓ   καὶ²
AΓ : ἢ ΘΠ   6 γίγνεσθαι] γενέσθαι τι ΘΠ   8 τῆς τέχνης πράσσειν
Richards : τῇ τέχνῃ πράσσει EQ : τῇ τύχῃ πράσσειν BCDYZΓ : τῇ τύχηι
πράσσει A : χρὴ τέχνῃ πράσσειν Porson   δ' AC   9 ἀνάγκη καὶ τύχῃ A

10 καὶ εἰ τοῖς χείροσι καὶ ἥττοσι καὶ ἀφρονεστέροις δυνατόν, καὶ
τοῖς ἐναντίοις μᾶλλον, ὥσπερ καὶ Ἰσοκράτης ἔφη δεινὸν εἶναι
εἰ ὁ μὲν Εὔθυνος ἔμαθεν, αὐτὸς δὲ μὴ δυνήσεται εὑρεῖν. περὶ
δὲ ἀδυνάτου δῆλον ὅτι ἐκ τῶν ἐναντίων τοῖς εἰρημένοις
ὑπάρχει.

15 εἰ δὲ γέγονεν, ἐκ τῶνδε σκεπτέον. πρῶτον μὲν γάρ, εἰ τὸ
ἧττον γίγνεσθαι πεφυκὸς γέγονεν, γεγονὸς ἂν εἴη καὶ τὸ μᾶλ-
λον. καὶ εἰ τὸ ὕστερον εἰωθὸς γίγνεσθαι γέγονεν, καὶ τὸ πρό-
τερον γέγονεν, οἷον εἰ ἐπιλέλησται, καὶ ἔμαθέ ποτε τοῦτο.
καὶ εἰ ἐδύνατο καὶ ἐβούλετο, πέπραχε· πάντες γάρ, ὅταν
20 δυνάμενοι βουληθῶσι, πράττουσιν· ἐμποδὼν γὰρ οὐδέν. ἔτι
εἰ ἐβούλετο καὶ μηδὲν τῶν ἔξω ἐκώλυεν, καὶ εἰ ἐδύνατο καὶ
ὠργίζετο, καὶ εἰ ἐδύνατο καὶ ἐπεθύμει· ὡς γὰρ ἐπὶ τὸ πολὺ
ὧν ὀρέγονται, ἂν δύνωνται, ποιοῦσιν, οἱ μὲν φαῦλοι δι' ἀκρα-
σίαν, οἱ δ' ἐπιεικεῖς ὅτι τῶν ἐπιεικῶν ἐπιθυμοῦσιν. καὶ εἰ
25 ἔμελλε [γίγνεσθαι], καὶ ποιεῖν· εἰκὸς γὰρ τὸν μέλλοντα καὶ
ποιῆσαι. καὶ εἰ γέγονεν ὅσα ἢ πέφυκε πρὸ ἐκείνου ἢ ἕνεκα
ἐκείνου, οἷον εἰ ἤστραψε, καὶ ἐβρόντησεν, καὶ εἰ ἐπείρασε,
καὶ ἔπραξεν. καὶ εἰ ὅσα ὕστερον πέφυκε γίγνεσθαι ἢ οὗ
ἕνεκα γίγνεται γέγονε, καὶ τὸ πρότερον καὶ τὸ τούτου ἕνεκα
30 γέγονεν, οἷον εἰ ἐβρόντησε, καὶ ἤστραψεν, καὶ εἰ ἔπραξεν,
ἐπείρασεν. ἔστι δὲ τούτων ἁπάντων τὰ μὲν ἐξ ἀνάγκης τὰ
δ' ὡς ἐπὶ τὸ πολὺ οὕτως ἔχοντα. περὶ δὲ τοῦ μὴ γεγονέναι
φανερὸν ὅτι ἐκ τῶν ἐναντίων τοῖς εἰρημένοις.

1393ᵃ καὶ περὶ τοῦ ἐσομένου ἐκ τῶν αὐτῶν δῆλον· τό τε γὰρ ἐν

10 εἰ ΑΓ: τὸ ΘΠ   καὶ ἥττοσι καὶ ΑΓ: ἢ ἥττοσι ἢ ΘΠ   12 Εὔθυμος Θ:
Εὐθύνους Σ   13 ἀδυνάτων ΘΠΓ   15 γέγονεν + ἢ μὴ γέγονεν ΘΠΓ
γάρ ΑΒΔΕΓ: om. ΘΒC   16 γεγονὸς ... μᾶλλον] καὶ τὸ μᾶλλον πεφυκὸς
γεγονὸς ἂν εἴη ΘΠΓ   19 καὶ² ΘΠΓ: + εἰ Α   πέπραχε ΘΠ   20 ἔτι
ΑΒCΓ: καὶ ΘΔΕ   21–22 καὶ² ... ἐδύνατο om. Ζ   21 δυνατὸν
ΑΒΓ   23 ποιοῦσιν ΑΓ: καὶ ποιοῦσιν ΘΠ   25 γίγνεσθαι seclusi:
γίγνεσθαι καὶ secl. Spengel   26 γέγονεν ΑΓ: προγέγονεν ΘΠ   ἢ om.
ΘΠΓ   πέφυκε scripsi: πεφύκει codd. Γ   28 πεφύκει ΑΓ   29 καὶ
εἰ τὸ πρότερον καὶ τούτου ἕνεκα πρότερον τούτου γέγονεν ΘΠΓ   31 καὶ
ἐπείρασεν ΘΠΓ   33 ὅτι ΑΓ: om. ΘΠ   1393ᵃ 1 ἐκ] μὲν ἐκ Γ

δυνάμει καὶ ἐν βουλήσει ὃν ἔσται, καὶ τὰ ἐν ἐπιθυμίᾳ καὶ
ὀργῇ καὶ λογισμῷ μετὰ δυνάμεως ὄντα, ταῦτα καὶ ἐν ὁρμῇ τοῦ
ποιεῖν ἢ μελλήσει ἔσται· ὡς γὰρ ἐπὶ τὸ πολὺ γίγνεται μᾶλλον
τὰ μέλλοντα ἢ τὰ μὴ μέλλοντα. καὶ εἰ προγέγονε ὅσα πρό- 5
τερον πέφυκε γίγνεσθαι, οἷον εἰ συννεφεῖ, εἰκὸς ὗσαι. καὶ εἰ τὸ
ἕνεκα τούτου γέγονε, καὶ τοῦτο εἰκὸς γενέσθαι, οἷον εἰ θεμέ-
λιος, καὶ οἰκία.

περὶ δὲ μεγέθους καὶ μικρότητος τῶν πραγμάτων καὶ μεί-
ζονός τε καὶ ἐλάττονος καὶ ὅλως μεγάλων καὶ μικρῶν ἐκ τῶν 10
προειρημένων ἡμῖν ἐστιν φανερόν. εἴρηται γὰρ ἐν τοῖς συμ-
βουλευτικοῖς περί τε μεγέθους ἀγαθῶν καὶ περὶ τοῦ μείζονος
ἁπλῶς καὶ ἐλάττονος, ὥστε ἐπεὶ καθ᾽ ἕκαστον τῶν λόγων τὸ
προκείμενον τέλος ἀγαθόν ἐστιν, οἷον τὸ συμφέρον καὶ τὸ
καλὸν καὶ τὸ δίκαιον, φανερὸν ὅτι δι᾽ ἐκείνων ληπτέον τὰς 15
αὐξήσεις πᾶσιν. τὸ δὲ παρὰ ταῦτα ἔτι ζητεῖν περὶ μεγέθους
ἁπλῶς καὶ ὑπεροχῆς κενολογεῖν ἐστιν· κυριώτερα γάρ ἐστιν
πρὸς τὴν χρείαν τῶν καθόλου τὰ καθ᾽ ἕκαστα τῶν πρα-
γμάτων.

περὶ μὲν οὖν δυνατοῦ καὶ ἀδυνάτου, καὶ πότερον γέγονεν 20
ἢ οὐ γέγονεν καὶ ἔσται ἢ οὐκ ἔσται, ἔτι δὲ περὶ μεγέθους καὶ
μικρότητος τῶν πραγμάτων, εἰρήσθω ταῦτα.

20 Λοιπὸν δὲ περὶ τῶν κοινῶν πίστεων ἅπασιν εἰπεῖν, ἐπείπερ
εἴρηται περὶ τῶν ἰδίων. εἰσὶ δ᾽ αἱ κοιναὶ πίστεις δύο τῷ γένει,
παράδειγμα καὶ ἐνθύμημα· ἡ γὰρ γνώμη μέρος ἐνθυμήματός 25
ἐστιν. πρῶτον μὲν οὖν περὶ παραδείγματος λέγωμεν· ὅμοιον
γὰρ ἐπαγωγῇ τὸ παράδειγμα, ἡ δ᾽ ἐπαγωγὴ ἀρχή.

2 βουλήσει ABCΓΣ: βουλῇ ΘDE   τὰ ΑΕΓ: τὸ ΘBCD   3 καὶ
λογισμῷ om. D   ὄντα ΑΓ: ὃν ΘBCD   ταῦτα καὶ] διὰ ταῦτα καὶ ΘΠ:
διὰ ταῦτα εἰ Γ: καὶ τὰ ci. Spengel   4 μελλήσει ut vid. Α¹, Σ   5 τὰ
μέλλοντα ΘΠΑ²Γ: om. Α¹   μέλλοντα om. Γ   6 πέφυκε ΑΓ
7 γέγονε ABCDΓ: γεγονός ΘΕ   8 καὶ ΑΓ: om. ΘΠ   9 καὶ² ΑΓ:
om. ΘΠ   13 ὥστε καθ᾽ ἕκαστον λόγον Γ: ἐπὶ τὸ καθ᾽ ἕκαστον τῶν λόγων
τῶν προκειμένων Α   14 οἷον ΑΓ: +εἰ ΘΠ   15 τὸ om. ΘΠ
16 ἔτι] τι ΘΠ: om. Γ   17 ἐστιν² om. Γ   18 ἕκαστον ΘDE   26 μὲν
ABDEΓ: om. ΘC

παραδειγμάτων δὲ εἴδη δύο· ἓν μὲν γάρ ἐστιν παραδείγμα-
τος εἶδος τὸ λέγειν πράγματα προγενομένα, ἓν δὲ τὸ αὐτὸν
30 ποιεῖν. τούτου δὲ ἓν μὲν παραβολὴ ἓν δὲ λόγοι, οἷον οἱ Αἰσώ-
πειοι καὶ Λιβυκοί.

ἔστιν δὲ τὸ μὲν πράγματα λέγειν τοιόνδε
τι, ὥσπερ εἴ τις λέγοι ὅτι δεῖ πρὸς βασιλέα παρασκευάζεσθαι
καὶ μὴ ἐᾶν Αἴγυπτον χειρώσασθαι· καὶ γὰρ πρότερον Δαρεῖος
1393ᵇ οὐ πρότερον διέβη πρὶν Αἴγυπτον ἔλαβεν, λαβὼν δὲ διέβη, καὶ
πάλιν Ξέρξης οὐ πρότερον ἐπεχείρησεν πρὶν ἔλαβεν, λαβὼν
δὲ διέβη, ὥστε καὶ οὗτος ἐὰν λάβῃ, διαβήσεται, διὸ οὐκ ἐπι-
4 τρεπτέον.

4   παραβολὴ δὲ τὰ Σωκρατικά, οἷον εἴ τις λέγοι ὅτι οὐ
5 δεῖ κληρωτοὺς ἄρχειν· ὅμοιον γὰρ ὥσπερ ἂν εἴ τις τοὺς
ἀθλητὰς κληροίη μὴ οἳ δύνανται ἀγωνίζεσθαι ἀλλ᾽ οἳ ἂν
λάχωσιν, ἢ τῶν πλωτήρων ὅντινα δεῖ κυβερνᾶν κληρώσειεν,
8 ὡς δέον τὸν λαχόντα ἀλλὰ μὴ τὸν ἐπιστάμενον.

8   λόγος δέ, οἷος
ὁ Στησιχόρου περὶ Φαλάριδος καὶ ⟨ὁ⟩ Αἰσώπου ὑπὲρ τοῦ δημα-
10 γωγοῦ. Στησίχορος μὲν γὰρ ἑλομένων στρατηγὸν αὐτοκράτορα
τῶν Ἱμεραίων Φάλαριν καὶ μελλόντων φυλακὴν διδόναι τοῦ
σώματος, τἆλλα διαλεχθεὶς εἶπεν αὐτοῖς λόγον ὡς ἵππος
κατεῖχε λειμῶνα μόνος, ἐλθόντος δ᾽ ἐλάφου καὶ διαφθείροντος
τὴν νομὴν βουλόμενος τιμωρήσασθαι τὸν ἔλαφον ἠρώτα τινὰ

28 δύο+ἐστίν ΘΠΓ   31 Λιβυκοὶ BCDΓ: Λιμυκοὶ A: Λιβύης EQ:
Λιβύες YZ   32 πράγματα λέγειν Spengel: παραδείγματα λέγειν A:
παράδειγμα ΘΠΓ   34 πρότερον AΓ: om. ΘΠ   1393ᵇ 1 ἔλαβεν]
λαβεῖν ΘΠ   καὶ . . . 3 διέβη ABCΓ: om. ΘΔ(E?)   3 οὗτος ἐὰν AΓ:
νῦν ἂν ΘBCD   λάβῃ ACDEQΓ: λάβοι BYZ   διαβήσεται ADEQΓ: om.
BCYZ   4 δὲ ABCEΓ: +καὶ ΘD   τὰ Σωκρατικά om. Γ (cod. M)
ὅτι AΓ: om. ΘΠ   5 δεῖ+τοὺς ΘBDE   ἂν om. ΘΠ   6 μὴ οἳ δύνανται
Spengel: οἳ μὴ δύνανται AΓ: μὴ οἳ ἂν δύνωνται ΘΠ   7 ὅντινα A¹ s.l.,
ΘΠΓ: ὅτινα A¹   8 δέον . . . ἐπιστάμενον scripsi: δέον (+δὲ DEQZ)
τὸν λαχόντα ἀλλὰ μὴ ἐπιστάμενον ΘΠΓ: δέον τὸν λαχόντα ἀλλὰ τὸν
ἐπιστάμενον A   δὲ AΓ: om. ΘΠ   9 ὁ om. ut vid. A¹   πρὸς φάλαριν
ΘΠΓ   ὁ addidi   δημαγωγοῦ ABCEΓ: δημηγόρου QZ, pr. DY
13 διαφθείραντος DEQZ   14 τινὰ AΓ: τὸν ΘΠ

ἄνθρωπον εἰ δύναιτ' ἂν μετ' αὐτοῦ τιμωρήσασθαι τὸν ἔλαφον, 15
ὁ δ' ἔφησεν, ἐὰν λάβῃ χαλινὸν καὶ αὐτὸς ἀναβῇ ἐπ' αὐτὸν
ἔχων ἀκόντια· συνομολογήσας δὲ καὶ ἀναβάντος ἀντὶ τοῦ
τιμωρήσασθαι αὐτὸς ἐδούλευσε τῷ ἀνθρώπῳ. " οὕτω δὲ καὶ
ὑμεῖς ", ἔφη, " ὁρᾶτε μὴ βουλόμενοι τοὺς πολεμίους τιμωρή-
σασθαι τὸ αὐτὸ πάθητε τῷ ἵππῳ· τὸν μὲν γὰρ χαλινὸν ἔχετε 20
ἤδη, ἑλόμενοι στρατηγὸν αὐτοκράτορα· ἐὰν δὲ φυλακὴν δῶτε
καὶ ἀναβῆναι ἐάσητε, δουλεύσετε ἤδη Φαλάριδι ". Αἴσωπος δὲ
ἐν Σάμῳ δημηγορῶν κρινομένου δημαγωγοῦ περὶ θανάτου ἔφη
ἀλώπεκα διαβαίνουσαν ποταμὸν ἀπωσθῆναι εἰς φάραγγα, οὐ
δυναμένην δὲ ἐκβῆναι πολὺν χρόνον κακοπαθεῖν καὶ κυνοραι- 25
στὰς πολλοὺς ἔχεσθαι αὐτῆς, ἐχῖνον δὲ πλανώμενον, ὡς εἶδεν
αὐτήν, κατοικτείραντα ἐρωτᾶν εἰ ἀφέλοι αὐτῆς τοὺς κυνοραι-
στάς, τὴν δὲ οὐκ ἐᾶν· ἐρομένου δὲ διὰ τί, " ὅτι οὗτοι μὲν " φάναι
" ἤδη μου πλήρεις εἰσὶ καὶ ὀλίγον ἕλκουσιν αἷμα, ἐὰν δὲ τούτους
ἀφέλητε, ἕτεροι ἐλθόντες πεινῶντες ἐκπιοῦνταί μου τὸ λοιπὸν 30
αἷμα ". " ἀτὰρ καὶ ὑμᾶς, ἄνδρες Σάμιοι, οὗτος μὲν οὐδὲν ἔτι
βλάψει (πλούσιος γάρ ἐστιν), ἐὰν δὲ τοῦτον ἀποκτείνητε, ἕτεροι
ἥξουσι πένητες, οἳ ὑμᾶς ἀναλώσουσι τὰ λοιπὰ κλέπτοντες. " **1394ᵃ**

εἰσὶ δ' οἱ λόγοι δημηγορικοί, καὶ ἔχουσιν ἀγαθὸν τοῦτο,
ὅτι πράγματα μὲν εὑρεῖν ὅμοια γεγενημένα χαλεπόν, λόγους
δὲ ῥᾶον· ποιῆσαι γὰρ δεῖ ὥσπερ καὶ παραβολάς, ἄν τις

15 ἂν om. ΘΠ   αὐτοῦ ΘΠΑ²Γ: αὐτὸν Α¹   τιμωρήσασθαι ΑΓ:
κολάσαι ΘΠ   16 δέ φησιν ΘDEΓ: δή φησιν C   λάβῃ ABCQΓ: λάβῃς
DEYZ   17 ἀκόντιον Γ   συνομολογήσας Richards: συνωμολογήσατο
Q: συνομολογήσαντος ΠΑΥΖΓ: συνωμολογήσαντο Spengel   18 ἐδού-
λευσεν+ἤδη ΘΠΓ   δὲ] δ' οὐ Α²   19 ὁρᾶτε φησὶ μὴ τοὺς πολεμίους
βουλόμενοι τιμωρήσασθαι ταὐτὸ ΘΠ   φησὶ Γ   20 τὸν] τὸ Α
20-21 ἔχετε ἤδη ΑΓ: ἤδη ἔχετε ΘΠ   21 δὲ ΑΓ: +καὶ ΘΠ
22 δουλεύσετε ΑΥΓ: δουλεύετε QZ   23 δημηγορῶν . . . δημαγωγοῦ
Γ: δημηγορῶν κρινομένῳ δημαγωγῷ Α: συνηγορῶν δημαγωγῷ κρινομένῳ
ΘDE   28 φάναι (+μὲν Z) ὅτι οὗτοι μὲν πλήρεις μου ἤδη ΘΠΓ   30 ἀφ-
έλητε Bywater: ἀφέληται Α: ἀφέλῃ ΠΓ: ἀφέλῃς Spengel   31 ἀτὰρ
om. D: +οὖν ΘΒCE: ita G   ἄνδρες ΑΓ: ἔφη ὦ ἄνδρες ΘΠ   32 βλάψει
ΑΓ: βλάπτει ΘΠ   τοῦτον om. Γ   1394ᵃ 1 ὑμᾶς . . . λοιπὰ Γ: ὑμῖν . . .
κοινὰ codd.

5 δύνηται τὸ ὅμοιον ὁρᾶν, ὅπερ ῥᾷόν ἐστιν ἐκ φιλοσοφίας. ῥᾴω
μὲν οὖν πορίσασθαι τὰ διὰ τῶν λόγων, χρησιμώτερα δὲ πρὸς
τὸ βουλεύσασθαι τὰ διὰ τῶν πραγμάτων· ὅμοια γὰρ ὡς ἐπὶ τὸ
πολὺ τὰ μέλλοντα τοῖς γεγονόσιν.

δεῖ δὲ χρῆσθαι τοῖς παραδείγμασι οὐκ ἔχοντα μὲν ἐν-
10 θυμήματα ὡς ἀποδείξεσιν (ἡ γὰρ πίστις διὰ τούτων), ἔχοντα
δὲ ὡς μαρτυρίοις, ἐπιλόγῳ χρώμενον τοῖς ἐνθυμήμασιν· προ-
τιθέμενα μὲν γὰρ ἔοικεν ἐπαγωγῇ, τοῖς δὲ ῥητορικοῖς οὐκ
οἰκεῖον ἐπαγωγὴ πλὴν ἐν ὀλίγοις, ἐπιλεγόμενα δὲ μαρτυρίοις,
ὁ δὲ μάρτυς πανταχοῦ πιθανός· διὸ καὶ προτιθέντι μὲν ἀνάγκη
15 πολλὰ λέγειν, ἐπιλέγοντι δὲ καὶ ἓν ἱκανόν· μάρτυς γὰρ χρηστὸς
καὶ εἷς χρήσιμος.

πόσα μὲν οὖν εἴδη παραδειγμάτων, καὶ πῶς αὐτοῖς καὶ πότε
χρηστέον, εἴρηται.

Περὶ δὲ γνωμολογίας, ῥηθέντος τί ἐστιν γνώμη μάλιστ' ἂν 21
20 γένοιτο φανερὸν περὶ ποίων τε καὶ πότε καὶ τίσιν ἁρμόττει
χρῆσθαι τῷ γνωμολογεῖν ἐν τοῖς λόγοις. ἔστι δὴ γνώμη
ἀπόφανσις, οὐ μέντοι οὔτε περὶ τῶν καθ' ἕκαστον, οἷον ποῖός
τις Ἰφικράτης, ἀλλὰ καθόλου, οὔτε περὶ πάντων, οἷον ὅτι τὸ
εὐθὺ τῷ καμπύλῳ ἐναντίον, ἀλλὰ περὶ ὅσων αἱ πράξεις εἰσί,
25 καὶ ⟨ἃ⟩ αἱρετὰ ἢ φευκτά ἐστι πρὸς τὸ πράττειν, ὥστ' ἐπεὶ τὸ
ἐνθύμημα ὁ περὶ τοιούτων συλλογισμός ἐστιν, σχεδὸν τὰ
συμπεράσματα τῶν ἐνθυμημάτων καὶ αἱ ἀρχαὶ ἀφαιρεθέντος
τοῦ συλλογισμοῦ γνῶμαί εἰσιν, οἷον

5 ὅπερ ῥάδιον Γ (cod. M)   ῥάω ΘΒΔΕΓ: ῥᾶον ΑΣΣ   9 οὐκ] μὴ
ΘΒΔΕ   10 ἤ . . . τούτων ΑΒΓ: om. DEQY¹Z   11 ἐπιλόγῳ χρώ-
μενον Bekker: ἐπὶ λόγῳ χρώμενον Α¹Γ, +ἐπὶ Α²: ἐπιλόγοις χρώμενον ἐπὶ
ΘΠ   12 ἐπαγωγαῖς ΘΠΓ   τῆς δὲ ῥητορικῆς C   13 ἐν ΑΒCΥΖΓ: om.
DEQ   ἐπιλεγόμενα ΑΒCQΥΓ: ἐπιλεγόμενον DEZ   14 διὸ ΑΓ: διότι
ΘΠ   15 γὰρ πιστὸς ΘΠΓ   21 δὴ Spengel: δ' ἡ Α: δὲ ΘΠ   22 ἀπό-
φανσις ΑΒCQΓ: ἀπόφασις DEYZ   οὔτε om. Α²   23 Ἰσοκράτης vel
Σωκράτης Γ   οὔτε ΘΠΓ: καὶ οὐ Α   πάντων+καθόλου ΘΠΓΣ   25 ἃ
Kayser: om. codd. Γ   πράσσειν ΘΠ   τὸ ἐνθύμημα scripsi: τὰ ἐν-
θυμήματα codd. Γ   26 τοιούτων ΑΓ: τούτων ΘΠ   τὰ ΑΓ: +τε
ΘΠ

χρὴ δ' οὔ ποθ' ὅστις ἀρτίφρων πέφυκ' ἀνήρ
παῖδας περισσῶς ἐκδιδάσκεσθαι σοφούς.　　　　30

τοῦτο μὲν οὖν γνώμη· προστεθείσης δὲ τῆς αἰτίας καὶ τοῦ διὰ
τί ἐνθύμημά ἐστιν τὸ ἅπαν, οἷον

χωρὶς γὰρ ἄλλης ἧς ἔχουσιν ἀργίας,
φθόνον παρ' ἀστῶν ἀλφάνουσι δυσμενῆ,

καὶ τὸ　　　　　　　　　　　　　　　　　　　　　1394ᵇ

οὐκ ἔστιν ὅστις πάντ' ἀνὴρ εὐδαιμονεῖ,

καὶ τὸ

οὐκ ἔστιν ἀνδρῶν ὅστις ἔστ' ἐλεύθερος

γνώμη, πρὸς δὲ τῷ ἐχομένῳ ἐνθύμημα,　　　　5

ἢ χρημάτων γὰρ δοῦλός ἐστιν ἢ τύχης.

εἰ δή ἐστιν γνώμη τὸ εἰρημένον, ἀνάγκη τέτταρα εἴδη εἶναι
γνώμης· ἢ γὰρ μετ' ἐπιλόγου ἔσται ἢ ἄνευ ἐπιλόγου. ἀπο-
δείξεως μὲν οὖν δεόμεναί εἰσιν ὅσαι παράδοξόν τι λέγουσιν
ἢ ἀμφισβητούμενον· ὅσαι δὲ μηδὲν παράδοξον, ἄνευ ἐπιλόγου. 10
τούτων δ' ἀνάγκη τὰς μὲν διὰ τὸ προεγνῶσθαι μηδὲν δεῖσθαι
ἐπιλόγου, οἷον

ἀνδρὶ δ' ὑγιαίνειν ἄριστόν ἐστιν, ὥς γ' ἐμὶν δοκεῖ

(φαίνεται μὲν γὰρ τοῖς πολλοῖς οὕτω), τὰς δ' ἅμα λεγομένας
δήλας εἶναι ἐπιβλέψασιν, οἷον　　　　　　　　　　15

οὐδεὶς ἐραστὴς ὅστις οὐκ ἀεὶ φιλεῖ.

32 ἔστιν ΑΒΓ : ἔσται ΘDE　　34 παρ' ΑΓ : πρὸς ΘΠ　　ἀστῶν ΑΒCEΓ :
ἀνδρῶν ΘD　　ἀλφάνουσι ΒDE : ἀμφανοῦσι Θ　　1394ᵇ 1 τὸ om. ΘΠ
5 γνώμη . . . ἐνθύμημα ΑΒCΓ : om. ΘDE　　ἐνθύμημά + τι Γ　　7–8 εἴδη
. . . γνώμης ΑΓ : εἶναι γνώμης εἴδη ΘΠ　　9 εἰσιν ΑΓ : + αἱ μετὰ ἐπιλόγου ΘΠ
ὅσαι . . . 10 ἀμφισβητούμενον ΑΒCEΥΓ : om. DQZ　　13 ὑγιαίνειν + μὲν
ΑΓ　　ἐμὶν Meineke : ἡμῖν codd.　　14 μὲν ΑΓ : om. ΘΠ　　16 ἐραστὴς
. . . φιλεῖ ΘΠΓ : ἐρασθεὶς ὅστις οὐχὶ καὶ φιλεῖ Α

τῶν δὲ μετ' ἐπιλόγου αἱ μὲν ἐνθυμήματος μέρος εἰσίν,
ὥσπερ

χρὴ δ' οὔ ποθ' ὅστις ἀρτίφρων,

20 αἱ δ' ἐνθυμηματικαὶ μέν, οὐκ ἐνθυμήματος δὲ μέρος· αἵπερ
καὶ μάλιστ' εὐδοκιμοῦσιν. εἰσὶν δ' αὗται ἐν ὅσαις ἐμφαίνεται
τοῦ λεγομένου τὸ αἴτιον, οἷον ἐν τῷ

ἀθάνατον ὀργὴν μὴ φύλασσε θνητὸς ὤν·

τὸ μὲν γὰρ φάναι " μὴ δεῖν φυλάττειν " γνώμη, τὸ δὲ προσ-
25 κείμενον " θνητὸν ὄντα " τὸ διὰ τί. ὁμοίως δὲ καὶ

θνατὰ χρὴ τὸν θνατόν, οὐκ ἀθάνατα τὸν θνατὸν φρονεῖν.

φανερὸν οὖν ἐκ τῶν εἰρημένων πόσα τε εἴδη γνώμης,
καὶ περὶ ποῖον ἔκαστον ἁρμόττει· περὶ μὲν γὰρ τῶν ἀμφισ-
βητουμένων ἢ παραδόξων μὴ ἄνευ ἐπιλόγου, ἀλλ' ἢ προθέντα τὸν
30 ἐπίλογον γνώμη χρῆσθαι τῷ συμπεράσματι (οἷον εἴ τις εἴποι
" ἐγὼ μὲν οὖν, ἐπειδὴ οὔτε φθονεῖσθαι δεῖ οὔτ' ἀργὸν εἶναι,
οὔ φημι χρῆναι παιδεύεσθαι "), ἢ τοῦτο προειπόντα ἐπειπεῖν
τὰ ἔμπροσθεν· περὶ δὲ τῶν μὴ παραδόξων ἀδήλων δὲ προστι-
θέντα τὸ διότι στρογγυλώτατα. ἁρμόττει δ' ἐν τοῖς τοιούτοις
35 καὶ τὰ Λακωνικὰ ἀποφθέγματα καὶ τὰ αἰνιγματώδη, οἷον εἴ
1395ᵃ τις λέγει ὅπερ Στησίχορος ἐν Λοκροῖς εἶπεν, ὅτι οὐ δεῖ ὑβρι-
2 στὰς εἶναι, ὅπως μὴ οἱ τέττιγες χαμόθεν ᾄδωσιν.

2   ἁρμόττει δὲ
γνωμολογεῖν ἡλικία μὲν πρεσβυτέρων, περὶ δὲ τούτων ὧν

18 ὥσπερ] οἷον Γ   19 ἀρτίφρων ΑΓ: +πέφυκ' ἀνὴρ ΘΠ   20 μὲν
ΑDΕQΖΓ: om. ΒCY   22 ἐν τῷδε ΘΠΓ   23 φύλαττε ΘΠ
24 φάναι μὴ ΑϹΓ: μὴ φάναι ΘΒ(?)DΕ(?)   μὴ . . . γνώμη] δεῖν (+ἀεὶ ΘΠ)
φυλάττειν τὴν ὀργὴν ΘΠΓ   25 τὸ θνητὸν ΘΒϹΕ   τί ΑΓ: +λέγει ΘΠ
ὁμοίως ΑΓ: ὅμοιον ΘΠ   καὶ ΑΓ: +τὸ ΘΠ   26 θνητὰ . . . θνητὸν Α
τὸν² om. ΘΠ   28 μὲν ΑΓ: om. ΘΠ   29 προθέντα ΠΑΥΓ: προσ-
θέντα QΖ   32 χρὴ ΘΠΓ   ἐπειπεῖν ΘΠΓ: ἔτι εἰπεῖν Α   33 προσ-
θέντα Α²: προτιθέντα ΒϹ: προστεθέντα Γ   34 διότι+ὡς Richards
στρογγυλώτατον ΒϹΥΖΓ   35 τὰ² om. ΘΒDΕ   1395ᵃ 3 πρεσβύτερον
ΒΓ: πρεσβυτέροις ϹDΕΥΖΣ: πρεσβυτέρῳ Q

ἔμπειρός τίς ἐστιν, ὥστε τὸ μὲν μὴ τηλικοῦτον ὄντα γνωμο-
λογεῖν ἀπρεπὲς ὥσπερ καὶ τὸ μυθολογεῖν, περὶ δὲ ὧν ἄπειρος, 5
ἠλίθιον καὶ ἀπαίδευτον. σημεῖον δὲ ἱκανόν· οἱ γὰρ ἀγροῖκοι
μάλιστα γνωμοτύποι εἰσὶ καὶ ῥᾳδίως ἀποφαίνονται.

καθόλου δὲ μὴ ὄντος καθόλου εἰπεῖν μάλιστα ἁρμόττει
ἐν σχετλιασμῷ καὶ δεινώσει, καὶ ἐν τούτοις ἢ ἀρχόμενον ἢ
ἀποδείξαντα. χρῆσθαι δὲ δεῖ καὶ ταῖς τεθρυλημέναις καὶ 10
κοιναῖς γνώμαις, ἐὰν ὦσι χρήσιμοι· διὰ γὰρ τὸ εἶναι κοιναί, ὡς
ὁμολογούντων πάντων, ὀρθῶς ἔχειν δοκοῦσιν, οἷον παρακαλοῦντι
ἐπὶ τὸ κινδυνεύειν μὴ θυσαμένους

εἷς οἰωνὸς ἄριστος ἀμύνεσθαι περὶ πάτρης,

καὶ ἐπὶ τὸ ἥττους ὄντας 15

ξυνὸς Ἐννάλιος,

καὶ ἐπὶ τὸ ἀναιρεῖν τῶν ἐχθρῶν τὰ τέκνα καὶ μηδὲν ἀδικοῦντα

νήπιος ὃς πατέρα κτείνας παῖδας καταλείπει.

ἔτι ἔνιαι τῶν παροιμιῶν καὶ γνῶμαί εἰσιν, οἷον παροιμία
" Ἀττικὸς πάροικος ". δεῖ δὲ τὰς γνώμας λέγειν καὶ παρὰ τὰ 20
δεδημοσιευμένα (λέγω δὲ δεδημοσιευμένα οἷον τὸ " γνῶθι σαυ-
τὸν " καὶ τὸ " μηδὲν ἄγαν "), ὅταν ἢ τὸ ἦθος φαίνεσθαι μέλλῃ
βέλτιον ἢ παθητικῶς εἰρημένη. ἔστι δὲ παθητικὴ μὲν οἷον
εἴ τις ὀργιζόμενος φαίη ψεῦδος εἶναι ὡς δεῖ γιγνώσκειν αὐτόν·
οὗτος γοῦν εἰ ἐγίγνωσκεν ἑαυτόν, οὐκ ἄν ποτε στρατηγεῖν 25

4 ἐστίν ΑΓ: om. ΘΠ   ὥστε scripsi: ὡς codd.   5 περὶ δὲ] τὸ δὲ περὶ
ΘΠΣ   7 ἀποφαίνονται+καθόλου Vahlen   8 μάλιστα ΑΒΣΥΓ:
om. DEQZ   10 τεθρυλημέναις ΘΠΣ   11 τὸ γὰρ Α   κοινά Α
12 ἀπάντων ΘΠ   13 ἐπὶ] εἰς ΘΠ   17 καὶ² ΑΓ: om. ΘΠ   18 κτεί-
νων Α   καταλείποι ΠΘΖ   19 παροιμία ΑΣΓ: μαρτυρίαι ΘΒDE: an
ἢ παροιμία?   20 τὰς susp. Spengel   παρὰ ΘΠΓ: πάντα Α   22 τὸ¹ om.
Α   φαίνεσθαι μέλλῃ ΑQΓ: μέλλῃ φαίνεσθαι: ΒΣΥ: φαίνεσθαι μέλλοι DEZ
23 εἰρημένη] εἰρημένον ἐστὶν ΘΒDE: εἰρημένον ἢ ΣΓ   παθητικῶς ΘΠΓ
οἷον ΑΓ: om. ΘΠ   24 φαίη ΑΒΣΓ: καὶ φαίη DEQΥ¹Ζ   25 γοῦν]
οὖν ΘΒΣ: om. D: μὲν οὖν Ε: γὰρ ΓΣ

ἠξίωσε· τὸ δὲ ἦθος βέλτιον, ὅτι οὐ δεῖ, ὥσπερ φασίν, φιλεῖν
ὡς μισήσοντας, ἀλλὰ μᾶλλον μισεῖν ὡς φιλήσοντας. δεῖ δὲ τῇ
λέξει τὴν προαίρεσιν συνδηλοῦν, εἰ δὲ μή, τὴν αἰτίαν ἐπι-
λέγειν, οἷον οὕτως εἰπόντα, ὅτι " δεῖ δὲ φιλεῖν οὐχ ὥσπερ φασίν
30 ἀλλ' ὡς ἀεὶ φιλήσοντα· ἐπιβούλου γὰρ θάτερον ", ἢ ὧδε, " οὐκ
ἀρέσκει δέ μοι τὸ λεγόμενον· δεῖ γὰρ τὸν ἀληθινὸν φίλον ὡς
φιλήσοντα ἀεὶ φιλεῖν ", καὶ " οὐδὲ τὸ μηδὲν ἄγαν· δεῖ γὰρ
τούς γε κακοὺς ἄγαν μισεῖν ".

1395ᵇ   ἔχουσι δ' εἰς τοὺς λόγους βοήθειαν μεγάλην μίαν μὲν διὰ
τὴν φορτικότητα τῶν ἀκροατῶν· χαίρουσι γὰρ ἐάν τις καθόλου
λέγων ἐπιτύχῃ τῶν δοξῶν ἃς ἐκεῖνοι κατὰ μέρος ἔχουσιν. ὃ
δὲ λέγω δῆλον ἔσται ὧδε, ἅμα δὲ καὶ πῶς δεῖ αὐτὰς θηρεύειν.
5 ἡ μὲν γὰρ γνώμη, ὥσπερ εἴρηται, ἀπόφανσις καθόλου ἐστίν,
χαίρουσι δὲ καθόλου λεγομένου ὃ κατὰ μέρος προϋπολαμβά-
νοντες τυγχάνουσι· οἷον εἴ τις γείτοσι τύχοι κεχρημένος ἢ
τέκνοις φαύλοις, ἀποδέξαιτ' ἂν τοῦ εἰπόντος ὅτι οὐδὲν γειτο-
νίας χαλεπώτερον ἢ ὅτι οὐδὲν ἠλιθιώτερον τεκνοποιίας.
10 ὥστε δεῖ στοχάζεσθαι ποῖα τυγχάνουσι προϋπολαμβάνον-
τες, εἶθ' οὕτως περὶ τούτων καθόλου λέγειν. ταύτην τε δὴ
ἔχει μίαν χρῆσιν τὸ γνωμολογεῖν, καὶ ἑτέραν κρείττω· ἠθικοὺς
γὰρ ποιεῖ τοὺς λόγους. ἦθος δὲ ἔχουσιν οἱ λόγοι ἐν ὅσοις

27 μισήσοντα ΘΠΓΣ   φιλήσοντας Bekker: φιλήσαντας A: φιλήσοντα
ΠΟΥΓ: φιλήσαντα Z   28 λέξει ABCEΥΓ: ἕξει DQZ   συνδηλοῦν
ΑΣΕΓ: δηλοῦν ΘBD   29 οἷον ΑΓ: ἢ ΘΠ   δὲ om. ΘΠΓΣ   31 ἀρέ-
σκει ABCEQZΓ: ἀρκέσει DΥ¹Σ   τὸν ΑΓ: + γ' ΘΠ   32 ἀεὶ + καὶ ἀεὶ Γ
(cod. M)   33 γε om. Γ: τε A   1395ᵇ 1 μὲν ΑCΥ²Γ: + δὴ ΘBDE
4 δεῖ¹ ΑCDΓ: δὴ ΒΕΥΖ   αὐτὰς ΑΓ: αὐτούς DEQZ   5 ἀπόφανσις
καθόλου ΑΓ: καθόλου ἀπόφανσις ΒCE: καθόλου ἀπόφασις ΘD   6 λεγο-
μένου ABCΥΖΓ: λεγόμενον DE: λεγομένων Q   ὃ ΘΠΓ: ἃ A   προϋπο-
λαμβάνοντες ΑΓ: ὑπολαμβάνοντες ΘΠ   7 τις ΘΠΑ²Γ: τι Α¹
τύχη ΘBD, E(?)   8 ὅτι ΘBCD, E(?): om. ΑΓ   γειτονείας AQ
10 ποῖα τυγχάνουσι] πῶς τυγχάνουσι ποῖα ΑΓ: ποῖα τυγχάνουσι πῶς Richards
11 εἶθ' οὕτως ABCΥΓ: οὕτως εἶτα DEQZ   τε . . . 12 χρῆσιν Bekker:
δὲ δὴ (δεῖ Α²) ἔχειν μίαν A: τε (δὲ BD) δεῖ μίαν χρῆσιν ἔχειν ΘΠ: δὲ δεῖ
μίαν ἔχειν χρῆσιν Γ   12 τῷ EQΥ¹ΖΓ   13 οἱ om. ΘΠ   ὅσοις ΑCΓ:
οἷς ΘBDEΣ

δήλη ἡ προαίρεσις· αἱ δὲ γνῶμαι πᾶσαι τοῦτο ποιοῦσιν διὰ τὸ
ἀποφαίνεσθαι τὸν τὴν γνώμην λέγοντα καθόλου περὶ τῶν προ- 15
αιρέσεων, ὥστε, ἂν χρησταὶ ὦσιν αἱ γνῶμαι, καὶ χρηστοήθη
φαίνεσθαι ποιοῦσι τὸν λέγοντα.

περὶ μὲν οὖν γνώμης, καὶ τί ἐστι καὶ πόσα εἴδη ταύτης
καὶ πῶς χρηστέον αὐτῇ καὶ τίνα ὠφέλειαν ἔχει, εἰρήσθω
ταῦτα. 20

22 Περὶ δ᾽ ἐνθυμημάτων καθόλου τε εἴπωμεν τίνα τρόπον δεῖ
ζητεῖν, καὶ μετὰ ταῦτα τοὺς τόπους· ἄλλο γὰρ εἶδος ἑκάτερον
τούτων ἐστίν. ὅτι μὲν οὖν τὸ ἐνθύμημα συλλογισμός ἐστιν,
εἴρηται πρότερον, καὶ πῶς συλλογισμός, καὶ τί διαφέρει τῶν
διαλεκτικῶν· οὔτε γὰρ πόρρωθεν οὔτε πάντα δεῖ λαμβάνοντας 25
συνάγειν· τὸ μὲν γὰρ ἀσαφὲς διὰ τὸ μῆκος, τὸ δὲ ἀδολεσχία
διὰ τὸ φανερὰ λέγειν. τοῦτο γὰρ αἴτιον καὶ τοῦ πιθανωτέρους
εἶναι τοὺς ἀπαιδεύτους τῶν πεπαιδευμένων ἐν τοῖς ὄχλοις,
ὥσπερ φασὶν οἱ ποιηταὶ τοὺς ἀπαιδεύτους παρ᾽ ὄχλῳ μουσι-
κωτέρως λέγειν· οἱ μὲν γὰρ τὰ κοινὰ καὶ καθόλου λέγουσιν, οἱ 30
δ᾽ ἐξ ὧν ἴσασι, καὶ τὰ ἐγγύς· ὥστ᾽ οὐκ ἐξ ἁπάντων τῶν
δοκούντων ἀλλ᾽ ἐκ τῶν ὡρισμένων λεκτέον, οἷον ἢ τοῖς κρί-
νουσιν ἢ οὓς ἀποδέχονται, καὶ τοῦτο διότι οὕτως φαίνεται 1396ᵃ
δῆλον εἶναι ἅπασιν ἢ τοῖς πλείστοις· ·καὶ μὴ μόνον συνάγειν
ἐκ τῶν ἀναγκαίων, ἀλλὰ καὶ ἐκ τῶν ὡς ἐπὶ τὸ πολύ.

πρῶτον μὲν οὖν δεῖ λαβεῖν ὅτι περὶ οὗ δεῖ λέγειν καὶ συλ-
λογίζεσθαι εἴτε πολιτικῷ συλλογισμῷ εἴθ᾽ ὁποιῳοῦν, ἀναγκαῖον 5
κατὰ τούτου ἔχειν τὰ ὑπάρχοντα, ἢ πάντα ἢ ἔνια· μηδὲν γὰρ
ἔχων ἐξ οὐδενὸς ἂν ἔχοις συνάγειν. λέγω δ᾽ οἷον πῶς ἂν

14 δὲ] γὰρ BDEQY¹ZΓΣ   15 προαιρέσεων ABCΓ: προαιρετῶν
DEQY¹ZΣ   18 αὐτῆς ΘΠΓ   19 πῶς AΓ: πότε ΘBC   αὐτῇ AΓ:
αὐταῖς ΘΠ   20 ταῦτα A¹Γ: τοσαῦτα ΘΠA²   22 ἑκατέρου ΘΠΓ
23 ἐστιν] τίς ἐστιν ΘΠΓ   25 λαμβάνοντας AΓ: λαμβάνοντα ΘΠ
29 φασὶν οἱ ποιηταί AΓ: οἱ ποιηταί φασιν ΘΠ   μουσικωτέρως QY¹ZΓ:
μουσικωτέρους AY²Σ: μουσικώτερον E   30 καὶ+τὰ ΘBDEΣ   32 κρί-
νουσιν ΠAΓ: κρινοῦσιν Θ(?)   1396ᵃ 1 διότι scripsi: δὴ ὅτι A¹CΓ: δὲ ὅτι
cett.   2 εἶναι ἢ πᾶσιν ΘΠΣ   5 συλλόγῳ Z   6 κατὰ . . . τὰ ΘΠΓ:
καὶ τὰ τούτῳ ἔχειν A

δυναίμεθα συμβουλεύειν Ἀθηναίοις εἰ πολεμητέον ἢ μὴ
πολεμητέον, μὴ ἔχοντες τίς ἡ δύναμις αὐτῶν, πότερον ναυ-
10 τικὴ ἢ πεζικὴ ἢ ἄμφω, καὶ αὕτη πόση, καὶ πρόσοδοι τίνες ἢ
φίλοι καὶ ἐχθροί, εἶτα τίνας πολέμους πεπολεμήκασι καὶ πῶς,
καὶ τἆλλα τὰ τοιαῦτα· ἢ ἐπαινεῖν, εἰ μὴ ἔχοιμεν τὴν ἐν Σαλα-
μῖνι ναυμαχίαν ἢ τὴν ἐν Μαραθῶνι μάχην ἢ τὰ ὑπὸ τῶν
Ἡρακλειδῶν πραχθέντα ἢ ἄλλο τι τῶν τοιούτων. ἐκ γὰρ τῶν
15 ὑπαρχόντων ἢ δοκούντων ὑπάρχειν καλῶν ἐπαινοῦσι πάντες.
ὁμοίως δὲ καὶ ψέγουσιν ἐκ τῶν ἐναντίων, σκοποῦντες τί
ὑπάρχει τοιοῦτον αὐτοῖς ἢ δοκεῖ ὑπάρχειν, οἷον ὅτι τοὺς
Ἕλληνας κατεδουλώσαντο, καὶ τοὺς πρὸς τὸν βάρβαρον
συμμαχεσαμένους καὶ ἀριστεύσαντας ἠνδραποδίσαντο, Αἰγινή-
20 τας καὶ Ποτιδαιάτας, καὶ ὅσα ἄλλα τοιαῦτα, [καὶ] εἴ τι ἄλλο
τοιοῦτον ἁμάρτημα ὑπάρχει αὐτοῖς. ὡς δ᾽ αὕτως καὶ οἱ κατ-
ηγοροῦντες καὶ οἱ ἀπολογούμενοι ἐκ τῶν ὑπαρχόντων σκοπού-
23 μενοι κατηγοροῦσι καὶ ἀπολογοῦνται.

23   οὐδὲν δὲ διαφέρει περὶ
Ἀθηναίων ἢ Λακεδαιμονίων, ἢ ἀνθρώπου ἢ θεοῦ, τὸ αὐτὸ τοῦτο
25 δρᾶν· καὶ γὰρ συμβουλεύοντα τῷ Ἀχιλλεῖ, καὶ ἐπαινοῦντα καὶ
ψέγοντα, καὶ κατηγοροῦντα καὶ ἀπολογούμενον ὑπὲρ αὐτοῦ, τὰ
ὑπάρχοντα ἢ δοκοῦντα ὑπάρχειν ληπτέον, ἵν᾽ ἐκ τούτων
λέγωμεν, ἐπαινοῦντες ἢ ψέγοντες εἴ τι καλὸν ἢ αἰσχρὸν ὑπ-
άρχει, κατηγοροῦντες δ᾽ ἢ ἀπολογούμενοι εἴ τι δίκαιον ἢ ἄδικον,

8 ξυμβουλεύειν A   ἢ μὴ πολεμητέον om. ΑΓ   9 ἡ om. ΘΠ
11 εἶτα Spengel: εἴτε A: ἔτι δὲ ΘΠΓ   12 ἡ] καὶ ΘΠΓ   εἰ
ΘΠΑ²Γ: εἰ ἢ Α¹   13 ὑπὸ scripsi: ὑπὲρ codd. Γ   14 Ἡρακλει-
ωδῶν Α¹   πραχθέντα ΘΠΑ²Γ: λεχθέντα Α¹   ἄλλο τι τῶν ΑΓ: ἢ τῶν
ἄλλων τινῶν ΘΠ   17 ὑπάρχειν ΑΓ: om. ΘΠ   19 συμμαχεσα-
μένους καὶ ἀριστεύσαντας ΘΠΓ: ἀριστεύσαντας καὶ συμμαχεσαμένους Α
20–21 καὶ³ . . . αὐτοῖς om. Γ (cod. M): susp. Spengel   21 τοι-
οῦτον ἁμάρτημα ΑΔΓ: ἁμάρτημα τοιοῦτον ΘΒΟΕ   23 δὲ om. Α
24 Λακεδαιμονίων καὶ Ἀθηναίων ΑΓ   ἀνθρώπου ἢ θεοῦ ΘΠΓ: ἀνθρώπους
ἢ θεοὺς Α¹   26 καὶ κατηγοροῦντα ΠΥΖΓ: om. ΑΩ   28 ἢ
αἰσχρὸν ὑπάρχει ΑΓ: ὑπάρχει ἢ αἰσχρόν ΘΠ   29 ἢ² ΑΓ: ὑπάρχει
ἢ ΘΠ

συμβουλεύοντες δ' εἴ τι συμφέρον ἢ βλαβερόν. ὁμοίως δὲ 30
τούτοις καὶ περὶ πράγματος ὁτουοῦν, οἷον περὶ δικαιοσύνης,
εἰ ἀγαθὸν ἢ μὴ ἀγαθόν, ἐκ τῶν ὑπαρχόντων τῇ δικαιοσύνῃ
καὶ τῷ ἀγαθῷ· ὥστ' ἐπειδὴ καὶ πάντες οὕτω φαίνονται ἀπο-
δεικνύντες, ἐάν τε ἀκριβέστερον ἐάν τε μαλακώτερον συλ-
λογίζωνται (οὐ γὰρ ἐξ ἁπάντων λαμβάνουσιν ἀλλ' ἐκ τῶν περὶ 1396ᵇ
ἕκαστον ὑπαρχόντων), καὶ διὰ τοῦ λόγου δῆλον ὅτι ἀδύνατον
ἄλλως δεικνύναι, φανερὸν ὅτι ἀναγκαῖον, ὥσπερ ἐν τοῖς Τοπι-
κοῖς, πρῶτον περὶ ἕκαστον ἔχειν ἐξειλεγμένα περὶ τῶν ἐν-
δεχομένων καὶ τῶν ἐπικαιροτάτων, περὶ δὲ τῶν ἐξ ὑπογυίου 5
γιγνομένων ζητεῖν τὸν αὐτὸν τρόπον, ἀποβλέποντα μὴ εἰς
ἀόριστα ἀλλ' εἰς τὰ ὑπάρχοντα περὶ ὧν ὁ λόγος, καὶ περιγρά-
φοντα ὅ τι πλεῖστα καὶ ἐγγύτατα τοῦ πράγματος· ὅσῳ μὲν γὰρ
ἂν πλείω ἔχῃ τῶν ὑπαρχόντων, τοσούτῳ ῥᾷον δεικνύναι, ὅσῳ
δ' ἐγγύτερον, τοσούτῳ οἰκειότερα καὶ ἧττον κοινά. λέγω δὲ 10
κοινὰ μὲν τὸ ἐπαινεῖν τὸν Ἀχιλλέα ὅτι ἄνθρωπος καὶ ὅτι τῶν
ἡμιθέων καὶ ὅτι ἐπὶ τὸ Ἴλιον ἐστρατεύσατο· ταῦτα γὰρ καὶ
ἄλλοις ὑπάρχει πολλοῖς, ὥστε οὐδὲν μᾶλλον ὁ τοιοῦτος τὸν
Ἀχιλλέα ἐπαινεῖ ἢ Διομήδην· ἴδια δὲ ἃ μηδενὶ ἄλλῳ συμ-
βέβηκεν ἢ τῷ Ἀχιλλεῖ, οἷον τὸ ἀποκτεῖναι τὸν Ἕκτορα τὸν 15
ἄριστον τῶν Τρώων καὶ τὸν Κύκνον, ὃς ἐκώλυσεν ἅπαντας
ἀποβαίνειν ἄτρωτος ὤν, καὶ ὅτι νεώτατος καὶ οὐκ ἔνορκος ὢν
ἐστράτευσεν, καὶ ὅσα ἄλλα τοιαῦτα.

εἷς μὲν οὖν τρόπος τῆς ἐκλογῆς πρῶτος οὗτος ὁ τοπικός,

30 τι ΘΠΓ: om. A¹   συμφέρον ADEQZΓ: +ὑπάρχει BCU   ἢ]
εἰ A¹   32 ἢ μὴ ἀγαθόν om. ΑΓ   33 καὶ] ἢ ΘBDEΓ   ὥστ' om.
ΘΠΓ   πάντες] οἱ πάντες A: ἅπαντες ci. Spengel   1396ᵇ 2 δῆλον
+γὰρ ΘΠΓ   3 ὅτι] οὖν ὅτι D   7 ἀλλ' εἰς ΑΓ: ἀλλὰ ΘΠ   περι-
γράφοντα ΘCEΓ: περιγράφοντας ABD   8 ὅ τι] τὰ ΘΠ   ἐγγυτάτω
ΘΠ   9 ἔχῃ ΑΓ: ἔχηται ΘΠ   ῥᾷον ΑΓ: ῥάδιον ΘΠ   10 ἐγγύτατα
A¹CDEQZΓ: ἐγγύτερω BY: ἐγγύτερον ἢ ἧττον κοινὰ A²   καὶ ἧττον κοινά
om. A²Γ   λέγω ΑΓ: λέγομεν ΘΠ   11 μὲν ΑΓ: om. ΘΠ   12 ἐπὶ
ΑΓ: εἰς ΘΠ   13 τὸν om. ΘΠ   14 διομήδη AD   16 ἐκώλυ-
σεν ΑΓ: ἐκώλυεν ΘΠ   19 τόπος ADΓ   ἐκλογῆς+καὶ ΘΠΓ   ὁ τοπικός
secl. Spengel: ὁ τόπος Q

20 τὰ δὲ στοιχεῖα τῶν ἐνθυμημάτων λέγωμεν· στοιχεῖον δὲ λέγω
καὶ τόπον ἐνθυμήματος τὸ αὐτό. πρῶτον δὲ εἴπωμεν περὶ ὧν
ἀναγκαῖον εἰπεῖν πρῶτον. ἔστιν γὰρ τῶν ἐνθυμημάτων εἴδη
δύο· τὰ μὲν γὰρ δεικτικά ἐστιν ὅτι ἔστιν ἢ οὐκ ἔστιν, τὰ δ'
ἐλεγκτικά, καὶ διαφέρει ὥσπερ ἐν τοῖς διαλεκτικοῖς ἔλεγχος
25 καὶ συλλογισμός. ἔστι δὲ τὸ μὲν δεικτικὸν ἐνθύμημα τὸ ἐξ
ὁμολογουμένων συνάγειν, τὸ δὲ ἐλεγκτικὸν τὸ τὰ ἀνομολο-
γούμενα συνάγειν.

σχεδὸν μὲν οὖν ἡμῖν περὶ ἕκαστον τῶν εἰδῶν τῶν
χρησίμων καὶ ἀναγκαίων ἔχονται οἱ τόποι· ἐξειλεγμέναι γὰρ
30 αἱ προτάσεις περὶ ἕκαστόν εἰσιν, ὥστε ἐξ ὧν δεῖ φέρειν τὰ
ἐνθυμήματα τόπων περὶ ἀγαθοῦ ἢ κακοῦ, ἢ καλοῦ ἢ αἰσχροῦ,
ἢ δικαίου ἢ ἀδίκου, καὶ περὶ τῶν ἠθῶν καὶ παθημάτων καὶ
ἕξεων ὡσαύτως, εἰλημμένοι ἡμῖν ὑπάρχουσι πρότερον οἱ τόποι.
1397ᵃ ἔτι δὲ ἄλλον τρόπον καθόλου περὶ ἁπάντων λάβωμεν, καὶ
λέγωμεν παρασημαινόμενοι τοὺς ἐλεγκτικοὺς καὶ τοὺς ἀπο-
δεικτικούς, καὶ τοὺς τῶν φαινομένων ἐνθυμημάτων, οὐκ ὄντων
δὲ ἐνθυμημάτων, ἐπεί περ οὐδὲ συλλογισμῶν. δηλωθέντων δὲ
5 τούτων περὶ τῶν λύσεων καὶ ἐνστάσεων διορίσωμεν, πόθεν δεῖ
πρὸς τὰ ἐνθυμήματα φέρειν.

Ἔστι δὲ εἷς μὲν τόπος τῶν δεικτικῶν ἐκ τῶν ἐναντίων· 23
δεῖ γὰρ σκοπεῖν εἰ τῷ ἐναντίῳ τὸ ἐναντίον ὑπάρχει, ἀν-
αιροῦντα μὲν εἰ μὴ ὑπάρχει, κατασκευάζοντα δὲ εἰ ὑπάρχει,
10 οἷον ὅτι τὸ σωφρονεῖν ἀγαθόν· τὸ γὰρ ἀκολασταίνειν βλαβερόν.

20–22 λέγωμεν . . . ἐνθυμημάτων om. Γ   21 τὸν αὐτόν Α¹
22–23 δύο εἴδη ΘΠ   26 τὸ τὰ ΘΠ: τὰ Α   28 ἕκαστον ΓΣ: ἑκάτων
ΑC: ἕκαστα cett.   30 αἱ . . . ἕκαστόν ΑΓ: περὶ ἕκαστον αἱ προτάσεις
ΘΠ   31 κακοῦ . . . αἰσχροῦ] αἰσχροῦ ἢ κακοῦ Α: κακῷ ἢ αἰσχροῦ ἢ
καλοῦ Γ   32 ἠθῶν καὶ ΑΓ: ἰδικῶν ΘΠ   33 ἕξεων] ἐξ ὧν ΘΒDE
εἰλημμένοι ΘΠΓ: εἰλημμένων Α   1397ᵃ 1 πάντων ΘΠΣ   2 τοὺς¹
ΑΔΕΓ: τούς τε ΘΒC   ἀποδεικτικούς ΘΑΒCΓ: δεικτικούς DE   3–4 οὐκ
. . . ἐνθυμημάτων] ὄντων δ' οὐκ ἐνθυμημάτων ΘΠ: οὐκ ὄντων Γ
6 πρὸς ΑΒΓ: om. ΘCDE   8 τὸ ἐναντίον ὑπάρχει τῷ ἐναντίῳ Γ   ὑπάρχει
om. ΠΘ   ἀναιροῦντα . . . 9 κατασκευάζοντα ΘΑΒCΓ: ἀναιροῦντι . . .
κατασκευάζοντι DE

ἢ ὡς ἐν τῷ Μεσσηνιακῷ· " εἰ γὰρ ὁ πόλεμος αἴτιος τῶν παρ-
όντων κακῶν, μετὰ τῆς εἰρήνης δεῖ ἐπανορθώσασθαι ".

εἴ περ γὰρ οὐδὲ τοῖς κακῶς δεδρακόσιν
ἀκουσίως δίκαιον εἰς ὀργὴν πεσεῖν,
οὐδ᾽ ἂν ἀναγκασθείς τις εὖ δράσῃ τινά,   15
πρσῆκον εἶναι τῷδ᾽ ὀφείλεσθαι χάριν.

ἀλλ᾽ εἴ περ ἔστιν ἐν βροτοῖς ψευδηγορεῖν
πιθανά, νομίζειν χρή σε καὶ τοὐναντίον,
ἄπιστ᾽ ἀληθῆ πολλὰ συμβαίνειν βροτοῖς.

ἄλλος ἐκ τῶν ὁμοίων πτώσεων· ὁμοίως γὰρ δεῖ ὑπάρχειν 20
ἢ μὴ ὑπάρχειν, οἷον ὅτι τὸ δίκαιον οὐ πᾶν ἀγαθόν· καὶ γὰρ
ἂν τὸ δικαίως, νῦν δ᾽ οὐχ αἱρετὸν τὸ δικαίως ἀποθανεῖν.

ἄλλος ἐκ τῶν πρὸς ἄλληλα· εἰ γὰρ θατέρῳ ὑπάρχει τὸ
καλῶς ἢ δικαίως ποιῆσαι, θατέρῳ τὸ πεπονθέναι, καὶ εἰ ⟨τὸ⟩
κελεῦσαι, καὶ τὸ πεποιηκέναι, οἷον ὡς ὁ τελώνης Διομέδων 25
περὶ τῶν τελῶν, " εἰ γὰρ μηδ᾽ ὑμῖν αἰσχρὸν τὸ πωλεῖν, οὐδ᾽
ἡμῖν τὸ ὠνεῖσθαι ". καὶ εἰ τῷ πεπονθότι τὸ καλῶς ἢ δικαίως
ὑπάρχει, καὶ τῷ ποιήσαντι. ἔστι δ᾽ ἐν τούτῳ παραλογίσασθαι·
εἰ γὰρ δικαίως ἔπαθέν τι, [δικαίως πέπονθεν,] ἀλλ᾽ ἴσως οὐχ
ὑπὸ σοῦ· διὸ δεῖ σκοπεῖν χωρὶς εἰ ἄξιος ὁ παθὼν παθεῖν καὶ ὁ 30
ποιήσας ποιῆσαι, εἶτα χρῆσθαι ὁποτέρως ἁρμόττει· ἐνίοτε γὰρ **1397ᵇ**

11 ἢ ABCDYZΓ: om. EQ   ὡς om. BCDYZΓ   μεσσηνιακῷ ΑΓΠ:
μεσσηνιακῶ ΘΣ   εἰ ΘΠΓ: ἃ Α   13 πεπραχόσιν Α¹   14 πίπτειν ΘΠ
15 ἂν] εἴ γ᾽ ΘΠ   δράσῃ ΑΓ: δράσει ΘΠ   16 εἶναι] ἔστι ΘΠΓ
17 ψευδηγορεῖν Α²C²Σ: ψευδήγερον Α: ψευδολογεῖν cett.   18 πιθανὸν
νομίζειν ΘΠ: νομίζειν πιθανὸν Γ   σε om. Γ: γε ΘΠ   19 συμβαίνειν
ΘΠΓ: συμβαίνει Α   22 τὸ² om. ΘΠ   24 ἢ ΑΓ: καὶ τὸ ΘΠ   θατέρῳ
καὶ θατέρῳ Bywater   καὶ ... 27 ὠνεῖσθαι post 28 ποιήσαντι transferenda
censuit Spengel   τὸ add. Bywater   25 οἷον om. Q   26 τῶν τε-
λωνῶν ΒΕΘ   οὐδ᾽] μηδ᾽ Α   27 ἢ ΑΓ: καὶ ΘΠ   28 τῷ]
πείσαντι ἢ Α¹: ποιήσαντι ἢ Α²   ποιήσαντι+καὶ εἰ τῷ ποιήσαντι, καὶ τῷ
πεπονθότι ΘΠΓ   ἐν τούτῳ] τοῦτο Α: ἐν τούτοις Γ   29 ἔπαθέν τι] ἀπέθανεν
ΘΠΓΣ   δικαίως πέπονθεν codd. ΓΣ: secl. Sauppe   30 χωρὶς om. Y
1397ᵇ 1 χρήσασθαι ΘΠΣ   ἁρμόττει] ἂν ἁρμόττῃ ΘΒΕ: ἀπ᾽ ἁρμόττοι C

διαφωνεῖ τὸ τοιοῦτον καὶ οὐδὲν κωλύει, ὥσπερ ἐν τῷ Ἀλ-
κμαίωνι τῷ Θεοδέκτου "μητέρα δὲ τὴν σὴν οὔτις ἐστύγει βροτῶν;"
φησὶ δὲ ἀποκρινόμενος "ἀλλὰ διαλαβόντα χρὴ σκοπεῖν"·
5 ἐρομένης δὲ τῆς Ἀλφεσιβοίας πῶς, ὑπολαβών φησιν

τὴν μὲν θανεῖν ἔκριναν, ἐμὲ δὲ μὴ κτανεῖν.

καὶ ἡ περὶ Δημοσθένους δίκη καὶ τῶν ἀποκτεινάντων Νικά-
νορα· ἐπεὶ γὰρ δικαίως ἐκρίθησαν ἀποκτεῖναι, δικαίως ἔδοξεν
ἀποθανεῖν. καὶ περὶ τοῦ Θήβησιν ἀποθανόντος, περὶ οὗ κελεύει
10 κρίνεσθαι εἰ δίκαιος ἦν ἀποθανεῖν, ὡς οὐκ ἄδικον ὂν τὸ ἀπο-
κτεῖναι τὸν δικαίως ἀποθανόντα.

ἄλλος ἐκ τοῦ μᾶλλον καὶ ἧττον, οἷον "εἰ μηδ᾿ οἱ θεοὶ πάντα
ἴσασιν, σχολῇ οἵ γε ἄνθρωποι"· τοῦτο γάρ ἐστιν " εἰ ᾧ μᾶλλον
ἂν ὑπάρχοι μὴ ὑπάρχει, δῆλον ὅτι οὐδ᾿ ᾧ ἧττον". τὸ δ᾿ ὅτι
15 τοὺς πλησίον τύπτει ὅς γε καὶ τὸν πατέρα ἐκ τοῦ "εἰ τὸ ἧττον
⟨ὑπάρχον⟩ ὑπάρχει, καὶ τὸ μᾶλλον ὑπάρχει"· τοὺς γὰρ
πατέρας ἧττον τύπτουσιν ἢ τοὺς πλησίον· ἢ δὴ οὕτως γε ἢ
εἰ ᾧ μᾶλλον ὑπάρχει μὴ ὑπάρχει, ἢ εἰ ᾧ ἧττον ὑπάρχει ⟨ὑπ-

2 ἐν om. QYᵢZΓ: ὁ ἐν BCY² ἀλκμέονι Α 3 οὔ τις] οὗτος Αᵢ:
τις Γ 4 δὲ om. Γ: δεῖ Αᵢ διαλαβόντα ΑСΓ: διαλαβόντας ΘΒDΕ
χρὴ Γ: om. ΘΠ 5 πῶς ΑΒCΕΓ: πρὸς οὓς DQYᵢZ ὑπολαβών φησιν
om. Γ 7–11 καὶ ... ἀποθανόντα aut, deleto καὶ, post ποιήσαντι (ᵃ 28)
aut post ὠνεῖσθαι (ᵃ 27) transponenda censuit Spengel 7 ἡ περὶ] οἷον ἡ
ΘΠΓ 8 ἐπειδὴ γὰρ ΘΒC 9 κελεύει κρίνεσθαι ΑΓ: ἐκέλευσε κρῖναι
ΘΠΣ 10 ὂν τὸ ΑΓ: om. ΘΠ 12 πάντα ΑΕΓ: πάντες ΘΒCD
14 ὑπάρχῃ ΒQ: ὑπάρξει Γ ὑπάρχει ΘCDΕΓ: ὑπάρχῃ ΑΒ τὸ ...
19 οὗ] locum corruptum dubitanter emendavi: τὸ δ᾿ ὅτι τοὺς πλησίον
τύπτει ὅς γε καὶ τὸν πατέρα τύπτει ἐκ τοῦ κατὰ (εἰ Α²) τὸ ἧττον
ὑπάρχει, καὶ (+τὸ Α²) μᾶλλον ὑπάρχει, καθ᾿ ὁπότερον ἂν δέῃ δεῖξαι
τύπτει, ὅτι εἰ τὸ ἧττον ὑπάρχει καὶ τὸ μᾶλλον ὑπάρχει· τοὺς γὰρ πατέρας
ἧττον τύπτουσιν ἢ τοὺς πλησίον· ἢ δὴ οὕτως ἢ εἰ ᾧ μᾶλλον ὑπάρχει μὴ
ὑπάρχει, ἢ ᾧ ἧττον εἰ ὑπάρχει, ὁπότερον δεῖ δεῖξαι, εἴθ᾿ ὅτι ὑπάρχει
εἴθ᾿ ὅτι οὐ Α: τὸ δ᾿ ὅτι τοὺς πλησίον τύπτει ὅς γε (γε om. Γ) καὶ τὸν
πατέρα ἐκ τοῦ εἰ τὸ ἧττον ὑπάρχει καὶ τὸ μᾶλλον ὑπάρχει, καθ᾿
ὁπότερον ἂν δέῃ δεῖξαι, εἴθ᾿ ὅτι ὑπάρχει εἴθ᾿ ὅτι οὐ ΘΠΑΓ

ἄρχει⟩, ὁπότερον δεῖ δεῖξαι, εἴθ᾽ ὅτι ὑπάρχει εἴθ᾽ ὅτι οὔ. ἔτι εἰ
μήτε μᾶλλον μήτε ἧττον, ὅθεν εἴρηται   20

καὶ σὸς μὲν οἰκτρὸς παῖδας ἀπολέσας πατήρ·

Οἰνεὺς δ᾽ ἄρ᾽ οὐχὶ [τὸν Ἑλλάδος] κλεινὸν ἀπολέσας γόνον;

καὶ ὅτι, εἰ μηδὲ Θησεὺς ἠδίκησεν, οὐδ᾽ Ἀλέξανδρος, καὶ εἰ
μηδ᾽ οἱ Τυνδαρίδαι, οὐδ᾽ Ἀλέξανδρος, καὶ εἰ Πάτροκλον Ἕ-
κτωρ, καὶ Ἀχιλλέα Ἀλέξανδρος. καὶ εἰ μηδ᾽ ἄλλοι τεχνῖται 25
φαῦλοι, οὐδ᾽ οἱ φιλόσοφοι. καὶ εἰ μηδ᾽ οἱ στρατηγοὶ φαῦλοι
ὅτι θανατοῦνται πολλάκις, οὐδ᾽ οἱ σοφισταί. καὶ ὅτι " εἰ δεῖ
τὸν ἰδιώτην τῆς ὑμετέρας δόξης ἐπιμελεῖσθαι, καὶ ὑμᾶς τῆς
τῶν Ἑλλήνων ".

ἄλλος ἐκ τοῦ τὸν χρόνον σκοπεῖν, οἷον ὡς Ἰφικράτης 30
ἐν τῇ πρὸς Ἁρμόδιον, ὅτι " εἰ πρὶν ποιῆσαι ἠξίουν τῆς
εἰκόνος τυχεῖν ἐὰν ποιήσω, ἔδοτε ἄν· ποιήσαντι δ᾽ ἄρ᾽ οὐ
δώσετε; μὴ τοίνυν μέλλοντες μὲν ὑπισχνεῖσθε, παθόντες δ᾽
ἀφαιρεῖσθε ". καὶ πάλιν πρὸς τὸ Θηβαίους διιέναι Φίλιππον εἰς
τὴν Ἀττικήν, ὅτι εἰ πρὶν βοηθῆσαι εἰς Φωκεῖς ἠξίου, ὑπέσχοντο **1398ᵃ**
ἄν· ἄτοπον οὖν εἰ διότι προεῖτο καὶ ἐπίστευσεν μὴ διήσουσιν.

ἄλλος ἐκ τῶν εἰρημένων καθ᾽ αὑτοῦ πρὸς τὸν εἰπόντα,
οἷον ἐν τῷ Τεύκρῳ. διαφέρει δὲ ὁ τρόπος ᾧ ἐχρήσατο
Ἰφικράτης πρὸς Ἀριστοφῶντα, ἐπερόμενος εἰ προδοίη ἂν 5
τὰς ναῦς ἐπὶ χρήμασιν· οὐ φάσκοντος δέ, εἶτα εἶπεν " σὺ

21 οἰκτρὸς] ἐχθρὸς ut vid. Γ   παῖδ᾽ A²Γ   22 τὸν Ἑλλάδος secl. vir
doctus in ed. Morel. apud Gaisford   κλεινὸν AΓ: κλεινότατον ΘΠΣ
23 μηδὲ DΓ: μή, δὲ A: μὴ ΘΒCEΣ   καὶ ... 24 Ἀλέξανδρος ABCΓ:
om. ΘDE   25 καὶ¹ ΘΠΓ: +εἰ A¹   μηδ᾽+οἱ ΘΠ   27 θανατοῦνται]
ἡττῶνται C²ΓΣ: θανοῦνται BDYZ: ἀποθανοῦνται EQ   30 ἐκ τοῦ AΓ:
εἰς τὸν ΘΠ   οἷον AΓ: om. ΘΠ   31 ἠξίου ΘΠΓ   32 ἐὰν ποιήσῃ
ΘΠΑ¹Γ   33–34 ὑπισχνεῖσθε ... ἀφαιρεῖσθε ΘΠΓ: ὑπισχνεῖσθαι ...
ἀφαιρεῖσθαι A¹   34 τὸ ABCDΣ: τοὺς ΘΕ   διιέναι Φίλιππον A²Γ: δεῖ
εἶναι Φίλιππον A¹: Φίλιππον διιέναι ΘΠΣ   1398ᵃ 1 εἰς] πρὸς ΘΠΓΣ
2 μὴ διοίσουσιν EQY¹: οὐ διδοῦσιν BY²Γ   4 αὑτοῦ Bywater: αὐτοὺς
codd.   4 οἷον ... Τεύκρῳ hoc loco coll. Bywater: post τρόπος codd.
δὲ+οὗτος Σ   ᾧ om. ΘΒDEΓ   5 πρὸς+τὸν ΘΒCE   Ἀριστοφῶντα
ΘΑΒDEΓ: Ἀντιφῶντα CΣ   6 εἶπεν AΓ: om. ΘΠ

μὲν ὢν Ἀριστοφῶν οὐκ ἂν προδοίης, ἐγὼ δ᾽ ὢν Ἰφικράτης; ''
δεῖ δὲ ὑπάρχειν μᾶλλον ἂν δοκοῦντα ἀδικῆσαι ἐκεῖνον· εἰ δὲ μή,
γελοῖον ἂν φανείη, ⟨οἷον⟩ εἰ πρὸς Ἀριστείδην κατηγοροῦντα
10 τοῦτό τις [ἂν] εἴπειεν ἄλλος πρὸς ἀπιστίαν τοῦ κατηγόρου·
ὅλως γὰρ βούλεται ὁ κατηγορῶν βελτίων εἶναι τοῦ φεύγοντος·
τοῦτ᾽ οὖν ἐξελέγχειν δεῖ. καθόλου δὲ ἄτοπός ἐστιν, ὅταν τις
ἐπιτιμᾷ ἄλλοις ἃ αὐτὸς ποιεῖ ἢ ποιήσειεν ἄν, ἢ προτρέπῃ
ποιεῖν ἃ αὐτὸς μὴ ποιεῖ μηδὲ ποιήσειεν ἄν.

15 ἄλλος ἐξ ὁρισμοῦ, οἷον τί τὸ δαιμόνιόν ἐστιν· ''ἆρα
θεὸς ἢ θεοῦ ἔργον; καίτοι ὅστις οἴεται θεοῦ ἔργον εἶναι,
τοῦτον ἀνάγκη οἴεσθαι καὶ θεοὺς εἶναι.'' καὶ ὡς Ἰφικράτης,
ὅτι γενναιότατος ὁ βέλτιστος· καὶ γὰρ Ἁρμοδίῳ καὶ Ἀριστο-
γείτονι οὐδὲν πρότερον ὑπῆρχεν γενναῖον πρὶν γενναῖόν τι
20 πρᾶξαι. καὶ ὅτι συγγενέστερος αὐτός· ''τὰ γοῦν ἔργα συγ-
γενέστερά ἐστι τὰ ἐμὰ τοῖς Ἁρμοδίου καὶ Ἀριστογείτονος ἢ
τὰ σά''. καὶ ὡς ἐν τῷ Ἀλεξάνδρῳ ὅτι πάντες ἂν ὁμολογή-
σειαν τοὺς μὴ κοσμίους οὐχ ἑνὸς σώματος ἀγαπᾶν ἀπόλαυσιν.
καὶ δι᾽ ὃ Σωκράτης οὐκ ἔφη βαδίζειν ὡς Ἀρχέλαον· ὕβριν
25 γὰρ ἔφη εἶναι τὸ μὴ δύνασθαι ἀμύνασθαι ὁμοίως καὶ εὖ παθόν-
τας ὥσπερ καὶ κακῶς. πάντες γὰρ οὗτοι ὁρισάμενοι καὶ λαβόν-
τες τὸ τί ἐστι συλλογίζονται περὶ ὧν λέγουσιν.

ἄλλος ἐκ τοῦ ποσαχῶς, οἷον ἐν τοῖς Τοπικοῖς περὶ τοῦ
ὀρθῶς.

7 μὲν] μὲν οὖν Richards   ὢν Ἀριστοφῶν ΑΓ: Ἀριστοφῶν ὢν ΘΠ   οὐκ
ἂν] οὐ Α   8 ἀδικῆσαι ΑΕΓ: ἀδικήσειν ΘΒCD   δὲ μή] δ᾽ οὐ ΘΠΣ
9 οἷον addidi: om. codd. Γ   10 ἂν secl. Richards   εἴποιεν ΘΠ   ἄλλος
Bywater: ἀλλὰ codd.: τις Γ   12 τοῦτ᾽] τοῦτον Γ: καὶ τοῦτο C   δεῖ
Mureti: ἀεὶ ΑΒ: ἀεὶ δεῖ CΣ: om. ΘDΕΓ   ἄτοπός] δὲ οὗτος ἄτοπος C:
οὗτος ὁ τόπος QΓ: ὁ τόπος οὗτος D, E(?)YZ   13 ποιεῖ ἢ] μὴ ποιεῖ ἢ μὴ
ΘΠΓ   προτρέπει AC: προτρέπει YZΓ   14 μηδὲ ΑΓ: ἢ μὴ ΘΠ   15 τι
. . . ἆρα] ὅτι τὸ δαιμόνιόν ἐστιν ἆρ ἢ Α²: ὅτι τὸ δαιμόνιον οὐδέν ἐστιν ἀλλ᾽ ἢ
ΘΠΓ   17 ὡς+ὁ Α   20 generosior . . . generosiora G   21 τοῖς]
τῶν ΘΠΓ   22 ὁμολογήσειαν ΑΓ: ὁμολογήσαιμεν ΘΠ   24 ὡς] εἰς Ε
25 καὶ ΑΓ: om. ΘΠ   παθόντα ΘΒDΕΓ   26 καὶ² ΑΓ: om. ΘΠ   27 τὸ
om. ΘΒCD   28-29 ἄλλος . . . ὀρθῶς om. Q

ἄλλος ἐκ διαιρέσεως, οἷον εἰ πάντες τριῶν ἕνεκεν ἀδικοῦσιν 30
(ἢ τοῦδε γὰρ ἕνεκα ἢ τοῦδε ἢ τοῦδε), καὶ διὰ μὲν τὰ δύο
ἀδύνατον, διὰ δὲ τὸ τρίτον οὐδ' αὐτοί φασιν.

ἄλλος ἐξ ἐπαγωγῆς, οἷον ἐκ τῆς Πεπαρηθίας, ὅτι περὶ
τῶν τέκνων αἱ γυναῖκες πανταχοῦ διορίζουσι τἀληθές· 1398ᵇ
τοῦτο μὲν γὰρ Ἀθήνησι Μαντίᾳ τῷ ῥήτορι ἀμφισβητοῦντι
πρὸς τὸν υἱὸν ἀπέφηνεν ἡ μήτηρ, τοῦτο δὲ Θήβησιν Ἰσμηνίου
καὶ Στίλβωνος ἀμφισβητούντων ἡ Δωδωνὶς ἀπέδειξεν Ἰσμη-
νίου τὸν υἱόν, καὶ διὰ τοῦτο Θετταλίσκον Ἰσμηνίου ἐνόμιζον. 5
καὶ πάλιν ἐκ τοῦ Νόμου τοῦ Θεοδέκτου, " εἰ τοῖς κακῶς ἐπι-
μεληθεῖσι τῶν ἀλλοτρίων ἵππων οὐ παραδιδόασι τοὺς οἰκείους,
οὐδὲ τοῖς ἀνατρέψασι τὰς ἀλλοτρίας ναῦς ⟨τὰς οἰκείας⟩,
οὐκοῦν εἰ ὁμοίως ἐφ' ἁπάντων, καὶ τοῖς κακῶς φυλάξασι τὴν
ἀλλοτρίαν οὐ χρηστέον ἐστὶν εἰς τὴν οἰκείαν σωτηρίαν ". καὶ 10
ὡς Ἀλκιδάμας, ὅτι πάντες τοὺς σοφοὺς τιμῶσιν· " Πάριοι γοῦν
Ἀρχίλοχον καίπερ βλάσφημον ὄντα τετιμήκασι, καὶ Χῖοι
Ὅμηρον οὐκ ὄντα πολίτην, καὶ Μυτιληναῖοι Σαπφὼ καίπερ
γυναῖκα οὖσαν, καὶ Λακεδαιμόνιοι Χίλωνα καὶ τῶν γερόντων
ἐποίησαν ἥκιστα φιλόλογοι ὄντες, καὶ Ἰταλιῶται Πυθαγόραν, 15
καὶ Λαμψακηνοὶ Ἀναξαγόραν ξένον ὄντα ἔθαψαν καὶ τιμῶσι
ἔτι καὶ νῦν, καὶ Ἀθηναῖοι τοῖς Σόλωνος νόμοις χρησάμενοι
εὐδαιμόνησαν καὶ Λακεδαιμόνιοι τοῖς Λυκούργου, καὶ Θήβησιν
ἅμα οἱ προστάται φιλόσοφοι ἐγένοντο καὶ εὐδαιμόνησεν ἡ
πόλις ". 20

ἄλλος ἐκ κρίσεως περὶ τοῦ αὐτοῦ ἢ ὁμοίου ἢ ἐναντίου,

33 ἐξ] ἐκ τῆς ΘΠ   1398ᵇ 3 ἀπέφηνεν ἡ μήτηρ ΑΓ: ἡ μήτηρ ἀπέφηνεν
ΘΠ   4 Δαδμονὶς Α: Δεδωνὶς Γ   6 εἰ ΑΓ: ὅτι ΘΠ   8 ἀνα-
στρέψασι ΑᴵΥΖ   τὰς οἰκείας Σ: om. codd. Γ   9 ἐφ' ΘΠΓ: om. Αᴵ
10 ἐστὶ χρηστέον Γ: χρηστέον ΘΒCΕ   οἰκίαν Αᴵ   11 Ἀλκιδάμας ΘΠΓ:
Ἀλκίδαμος Α   τιμῶσι+περὶ ὁτουοῦν ΘΒCΕΓΣ   12 βλάσφημον ὄντα
ΑΓ: βλασφημήσαντα ΘΠΣ   13 πολίτην ΘΠΓ: πολιτικόν Αᴵ   Μιτυλη-
ναῖοι ΘΠΓ   14 γυναῖκα οὖσαν ΑΓ: οὖσαν γυναῖκα ΘΠ   Χίλωνα
ΘΠΓ: Χείλωνα Αᴵ: Χίλωνα ἕνα ci. Spengel   17 καὶ² ΘΠΑ²Γ: ὅτι
Αᴵ   νόμοις χρησάμενοι ΑΓ: χρησάμενοι νόμοις ΘΠ   19 ἐγένοντο ΑΓ:
ἐλέγοντο ΘΠ

μάλιστα μὲν εἰ πάντες καὶ ἀεί, εἰ δὲ μή, ἀλλ᾽ οἵ γε πλεῖστοι,
ἢ σοφοὶ ἢ πάντες ἢ οἱ πλεῖστοι, ἢ ἀγαθοί, ἢ εἰ αὐτοὶ οἱ
κρίνοντες, ἢ οὓς ἀποδέχονται οἱ κρίνοντες, ἢ οἷς μὴ οἷόν τε
25 ἐναντίον κρίνειν, οἷον τοῖς κυρίοις, ἢ οἷς μὴ καλὸν ἐναντίον
κρίνειν, οἷον θεοῖς ἢ πατρὶ ἢ διδασκάλοις, ὥσπερ ὃ εἰς
Μιξιδημίδην εἶπεν Αὐτοκλῆς, [εἰ] ταῖς μὲν σεμναῖς θεαῖς
καλῶς εἶχεν ἐν Ἀρείῳ πάγῳ δοῦναι τὰ δίκαια, Μιξιδημίδῃ
δ᾽ οὔ. ἢ ὥσπερ Σαπφώ, ὅτι τὸ ἀποθνήσκειν κακόν· οἱ θεοὶ
30 γὰρ οὕτω κεκρίκασιν· ἀπέθνησκον γὰρ ἄν. ἢ ὥσπερ Ἀρί-
στιππος πρὸς Πλάτωνα ἐπαγγελτικώτερόν τι εἰπόντα, ὡς ᾤετο·
" ἀλλὰ μὴν ὅ γ᾽ ἑταῖρος ἡμῶν ", ἔφη, " οὐθὲν τοιοῦτον ", λέγων
τὸν Σωκράτη, καὶ Ἡγησίπολις ἐν Δελφοῖς ἠρώτα τὸν θεόν,
πρότερον κεχρημένος Ὀλυμπίασιν, εἰ αὐτῷ τὰ αὐτὰ δοκεῖ
1399ᵃ ἅπερ τῷ πατρί, ὡς αἰσχρὸν ὂν τἀναντία εἰπεῖν, καὶ περὶ τῆς
Ἑλένης ὡς Ἰσοκράτης ἔγραψεν ὅτι σπουδαία, εἴπερ Θησεὺς
ἔκρινεν, καὶ περὶ Ἀλεξάνδρου, ὅτι αἱ θεαὶ προέκριναν, καὶ
περὶ Εὐαγόρου, ὅτι σπουδαῖος, ὥσπερ Ἰσοκράτης φησίν·
5 " Κόνων γοῦν δυστυχήσας, πάντας τοὺς ἄλλους παραλιπών,
ὡς Εὐαγόραν ἦλθεν ".

ἄλλος ἐκ τῶν μερῶν, ὥσπερ ἐν τοῖς Τοπικοῖς ποία κίνησις
ἡ ψυχή· ἥδε γὰρ ἢ ἥδε. παράδειγμα ἐκ τοῦ Σωκράτους
τοῦ Θεοδέκτου· " εἰς ποῖον ἱερὸν ἠσέβηκεν; τίνας θεῶν οὐ
10 τετίμηκεν ὧν ἡ πόλις νομίζει; "

22 ἀλλ᾽ οἵ γε Α² : ἄλλοιγε Α¹ : ἀλλ᾽ ἢ οἱ ΘΠΓ   23 ἢ· . . . πλεῖστοι
ΘΠΓ : om. Α   ἢ εἰ ΘΠΓ : καὶ Α   23 αὐτοὶ ΑΥΠΓ : om. QZ   οἱ
κρίνοντες ΑΓΣ : om. ΘΠ   24 οἷόν τε] οἷον τὸ ΘΒ : οἷόν τε τὸ C :
οἴονται Α   24 ἢ ΘΠΓ : om. Α   27 ἐναντίον scripsi (cf. l. 25 init.) : ἐναντία
ΑΓ : τὸ ἐναντίον ΘΒ : τὰ ἐναντία CDE   26 διδασκάλῳ ΠΓ   ὃ Γ : τὸ codd.
27 εἰ seclusi : ἄτοπον εἰ Σ   μὲν om. ΠΓΣ   28 καλῶς ΑΓ : ἱκανῶς ΘΠ
τὰ δίκαια] δίκην ΘΠΓ   Μιξιδημίδῃ οὔ Γ : τὶ Μιξιδηίδη οὔ; Bywater, retento
εἰ (l. 27)   30 οὔπω ΘΠΓ   ἢ ὡς ΘΠ   31 τι εἰπόντα om.
DEQΥⁱΖΓ   33 Σωκράτην ΘΒCΕ   Ἡγησίπολις Γ (cod. M) Σ (cf.
Xen. Hell. 4. 7. 2) : Ἡγήσιππος codd.   ἠρώτα ΑΓ : ἐπηρώτα ΘΠ
34 πρότερον κεχρημένος ΑΓ : κεχρημένος πρότερον ΘΠ   1399ᵃ 1 ἅπερ+
καὶ Γ   2 Ἰσοκράτης ΘΠΑ²Γ : Σωκράτης Α¹   εἰ ΘΠ   3 ὅτι scripsi
(cf. ll. 2, 4) : ὂν codd. Γ   οἱ θεοὶ ΘΒDΕΓ   7 ποία ΘΠΓ : ἢ οἷα Α

ἄλλος, ἐπειδὴ ἐπὶ τῶν πλείστων συμβαίνει ὥστε ἔπεσθαί
τι τῷ αὐτῷ ἀγαθὸν καὶ κακόν, ἐκ τοῦ ἀκολουθοῦντος
προτρέπειν ἢ ἀποτρέπειν, καὶ κατηγορεῖν ἢ ἀπολογεῖσθαι,
καὶ ἐπαινεῖν ἢ ψέγειν, οἷον " τῇ παιδεύσει τὸ φθονεῖσθαι ἀκο-
λουθεῖ κακὸν ⟨ὄν⟩, τὸ δὲ σοφὸν εἶναι ἀγαθόν· οὐ τοίνυν δεῖ 15
παιδεύεσθαι, φθονεῖσθαι γὰρ οὐ δεῖ· δεῖ μὲν οὖν παιδεύεσθαι,
σοφὸν γὰρ εἶναι δεῖ". ὁ τόπος οὗτός ἐστιν ἡ Καλλίππου τέχνη,
προσλαβοῦσα τὸ δυνατὸν καὶ τἆλλα ὡς εἴρηται.

ἄλλος, ὅταν περὶ δυοῖν καὶ ἀντικειμένοιν ἢ προτρέπειν
ἢ ἀποτρέπειν δέῃ, [καὶ] τῷ πρότερον εἰρημένῳ τρόπῳ ἐπ' 20
ἀμφοῖν χρῆσθαι. διαφέρει δέ, ὅτι ἐκεῖ μὲν τὰ τυχόντα
ἀντιτίθεται, ἐνταῦθα δὲ τἀναντία· οἷον ἱέρεια οὐκ εἴα τὸν
υἱὸν δημηγορεῖν· " ἐὰν μὲν γάρ ", ἔφη, " τὰ δίκαια λέγῃς, οἱ
ἄνθρωποί σε μισήσουσιν, ἐὰν δὲ τὰ ἄδικα, οἱ θεοί· δεῖ μὲν
οὖν δημηγορεῖν· ἐὰν μὲν γὰρ τὰ δίκαια λέγῃς, οἱ θεοί σε 25
φιλήσουσιν, ἐὰν δὲ τὰ ἄδικα, οἱ ἄνθρωποι". τοῦτο δ' ἐστὶ ταὐτὸ
τῷ λεγομένῳ, τὸ ἕλος πρίασθαι καὶ τοὺς ἅλας· καὶ ἡ βλαίσωσις
τοῦτο ἐστίν, ὅταν δυοῖν ἐναντίοιν ἑκατέρῳ ἀγαθὸν καὶ κακὸν
ἕπηται, ἐναντία ἑκάτερα ἑκατέροις.

ἄλλος, ἐπειδὴ οὐ ταὐτὰ φανερῶς ἐπαινοῦσι καὶ ἀφανῶς, 30
ἀλλὰ φανερῶς μὲν τὰ δίκαια καὶ τὰ καλὰ ἐπαινοῦσι μάλιστα,
ἰδίᾳ δὲ τὰ συμφέροντα μᾶλλον βούλονται, ἐκ τούτων πειρᾶσθαι
συνάγειν θάτερον· τῶν γὰρ παραδόξων οὗτος ὁ τόπος κυριώ-
τατός ἐστιν.

12 τῷ αὐτῷ Bekker: τῷ αὐτοῖς A: τι αὐτῷ ΘΠ: αὐτοῖς τι Γ   15 ὄν
add. Richards   16 παιδεύεσθαι ΘΠΓ: παιδεύσεσθαι A   μὲν οὖν]et vel
etiam G)   17 δεῖ om. Γ: εἰ A   ὁ τόπος οὗτός ΑΓ: οὗτος ὁ λόγος
ΘΠΣ   18 τὸ ΑΔΓ: καὶ τὸ ΘΒCΕ   ὡς] ὅσ' Spengel   19 ἢ
ΑΣΓ: om. ΘΒDΕ   20 καὶ secl. Spengel   τόπῳ Γ   23 ἔφησε
ΘDΕ   24–25 ἄνθρωποί . . . οὖν om. Z   25–26 τὰ . . . ἄνθρωποι
ΑΓ: τὰ ἄδικα λέγῃς, οἱ ἄνθρωποί σε φιλήσουσιν, ἐὰν δὲ τὰ δίκαια, οἱ θεοί
ΘΠ   26 τουτὶ Θ(?), DΕ   27 ἕλκος D: ἔλαιον ΕΘΥΓ   τὰς A
29 ἑκάτερον ἑκατέρῳ Γ: ἑκατέροις AQ   30–31 φανερῶς . . . καλὰ om. Q
30 φανερῶς ἐπαινοῦσι ΑQΓ: ἐπαινοῦσι φανερῶς ΘΠ   32 δὲ] τε A, Γ
(cod. M)   33 τόπος ΘΠΓ: τρόπος A

35 ἄλλος ἐκ τοῦ ἀνάλογον ταῦτα συμβαίνειν, οἷον ὁ Ἰφικράτης,
τὸν υἱὸν αὐτοῦ, νεώτερον ὄντα τῆς ἡλικίας, ὅτι μέγας ἦν
λειτουργεῖν ἀναγκαζόντων, εἶπεν ὅτι εἰ τοὺς μεγάλους
τῶν παίδων ἄνδρας νομίζουσι, τοὺς μικροὺς τῶν ἀνδρῶν
1399ᵇ παῖδας εἶναι ψηφιοῦνται, καὶ Θεοδέκτης ἐν τῷ Νόμῳ, ὅτι
" πολίτας μὲν ποιεῖσθε τοὺς μισθοφόρους, οἷον Στράβακα καὶ
Χαρίδημον, διὰ τὴν ἐπιείκειαν· φυγάδας δ' οὐ ποιήσεσθε
τοὺς ἐν τοῖς μισθοφόροις ἀνήκεστα διαπεπραγμένους; "
5 ἄλλος ἐκ τοῦ τὸ συμβαῖνον ἐὰν ᾖ ταὐτόν, ὅτι καὶ ἐξ ὧν
συμβαίνει ταὐτά· οἷον Ξενοφάνης ἔλεγεν ὅτι ὁμοίως ἀσε-
βοῦσιν οἱ γενέσθαι φάσκοντες τοὺς θεοὺς τοῖς ἀποθανεῖν
λέγουσιν· ἀμφοτέρως γὰρ συμβαίνει μὴ εἶναι τοὺς θεούς
ποτε. καὶ ὅλως δὲ τὸ συμβαῖνον ἐξ ἑκάστου λαμβάνειν
10 ὡς τὸ αὐτὸ ἀεί· " μέλλετε δὲ κρίνειν οὐ περὶ Ἰσοκράτους
ἀλλὰ περὶ ἐπιτηδεύματος, εἰ χρὴ φιλοσοφεῖν ". καὶ ὅτι τὸ
διδόναι γῆν καὶ ὕδωρ δουλεύειν ἐστίν, καὶ τὸ μετέχειν τῆς
κοινῆς εἰρήνης ποιεῖν τὸ προσταττόμενον. ληπτέον δ' ὁπό-
τερον ἂν ᾖ χρήσιμον.

ἄλλος ἐκ τοῦ μὴ ταὐτὸ ἀεὶ αἱρεῖσθαι ὕστερον καὶ πρότερον,
ἀλλ' ἀνάπαλιν, οἷον τόδε τὸ ἐνθύμημα, " ἦ φεύγοντες μὲν
ἐμαχόμεθα ὅπως κατέλθωμεν, κατελθόντες δὲ φευξόμεθα
ὅπως μὴ μαχώμεθα; " ὁτὲ μὲν γὰρ τὸ μένειν ἀντὶ τοῦ μάχεσθαι
ᾑροῦντο, ὁτὲ δὲ τὸ μὴ μάχεσθαι ἀντὶ τοῦ μὴ μένειν.

20 ἄλλος τὸ οὗ ἕνεκ' ἂν εἴη ἢ γένοιτο, τούτου ἕνεκα φάναι

35 ταῦτα ΘΑΓ: om. Π   36 τῇ ἡλικίᾳ Π   38 νομίζουσι ΑΓ:
νομιοῦσι ΘΠ   1399ᵇ 1 καὶ+ὁ ΘΠ   2 ποιεῖσθε ΘΠΓ: ποιεῖσθαι
Α   3 ποιήσεσθε scripsi (cf. l. 2): ποιήσετε codd.   4 πεπρα-
γμένους ΘΒϹΕΓΣ   7–9 τοῖς . . . ποτε om. Q   8–9 τοὺς . . . ποτε ΑΓ:
ποτε τοὺς θεούς ΘΠΣ   9 ἑκάτερου ΘΠΓ   10 Ἰσοκράτους Spengel:
Σωκράτους codd. Γ   12 ἐστίν ΘΠΓ: om. Α   13 ὁπότερον ἂν ΑΓ: ἂν
ὁπότερον ΘΠ   15 ἀεὶ] τοὺς αὐτοὺς ἀεὶ ΘΠΓΣ   καὶ Richards:
ἢ codd. Γ   16 ἦ scripsi: εἰ codd.: ἄτοπον εἰ Σ: δεῖνον εἰ Dionys.
de Lysia   18 ἀντὶ ΘΠΓ: ἐναντίον Α   18–19 μάχεσθαι . . . μὴ μάχεσθαι]
μὴ μάχεσθαι . . . μάχεσθαι Spengel   20 ἂν εἴη ἢ Ϲ²Σ: εἴη, εἰ μὴ
ΘΑΒϹ¹ΔΕΓ

εἶναι ἢ γεγενῆσθαι, οἷον εἰ δοίη [ἂν] τίς τινι ἵν' ἀφελόμενος
λυπήσῃ, ὅθεν καὶ τοῦτ' εἴρηται,

> πολλοῖς ὁ δαίμων οὐ κατ' εὔνοιαν φέρων
> μεγάλα δίδωσιν εὐτυχήματ', ἀλλ' ἵνα
> τὰς συμφορὰς λάβωσιν ἐπιφανεστέρας. 25

καὶ τὸ ἐκ τοῦ Μελεάγρου τοῦ Ἀντιφῶντος,

> οὐχ ὡς κτάνωσι θῆρ', ὅπως δὲ μάρτυρες
> ἀρετῆς γένωνται Μελεάγρῳ πρὸς Ἑλλάδα.

καὶ τὸ ἐκ τοῦ Αἴαντος τοῦ Θεοδέκτου, ὅτι ὁ Διομήδης προ-
είλετο Ὀδυσσέα οὐ τιμῶν, ἀλλ' ἵνα ἥττων ᾖ ὁ ἀκολουθῶν· 30
ἐνδέχεται γὰρ τούτου ἕνεκα ποιῆσαι.

ἄλλος, κοινὸς καὶ τοῖς ἀμφισβητοῦσιν καὶ τοῖς συμ-
βουλεύουσι, σκοπεῖν τὰ προτρέποντα καὶ ἀποτρέποντα,
καὶ ὧν ἕνεκα καὶ πράττουσι καὶ φεύγουσιν· ταῦτα γάρ
ἐστιν ἃ ἐὰν μὲν ὑπάρχῃ δεῖ πράττειν, ἐὰν δὲ μὴ ὑπάρχῃ, 35
μὴ πράττειν, οἷον, εἰ δυνατὸν καὶ ῥάδιον καὶ ὠφέλιμον ἢ αὐτῷ
ἢ φίλοις ἢ βλαβερὸν ἐχθροῖς, κἂν ᾖ ἐπιζήμιον, εἰ ἐλάττων ἡ
ζημία τοῦ πράγματος, καὶ προτρέπονται [δ'] ἐκ τούτων καὶ
ἀποτρέπονται ἐκ τῶν ἐναντίων. ἐκ δὲ τῶν αὐτῶν τούτων καὶ 1400ᵃ
κατηγοροῦσι καὶ ἀπολογοῦνται· ἐκ μὲν τῶν ἀποτρεπόντων
ἀπολογοῦνται, ἐκ δὲ τῶν προτρεπόντων κατηγοροῦσιν. ἔστι
δ' ὁ τόπος οὗτος ὅλη τέχνη ἥ τε Παμφίλου καὶ ἡ Καλλίππου.

ἄλλος ἐκ τῶν δοκούντων μὲν γίγνεσθαι ἀπίστων δέ, ὅτι 5
οὐκ ἂν ἔδοξαν, εἰ μὴ ἦν ἢ ἐγγὺς ἦν. καὶ ὅτι μᾶλλον· ἢ γὰρ
τὰ ὄντα ἢ τὰ εἰκότα ὑπολαμβάνουσιν· εἰ οὖν ἄπιστον καὶ
μὴ εἰκός, ἀληθὲς ἂν εἴη· οὐ γὰρ διά γε τὸ εἰκὸς καὶ πιθανὸν
δοκεῖ οὕτως· οἷον Ἀνδροκλῆς ἔλεγεν ὁ Πιτθεὺς κατηγορῶν

---

21 ἂν secl. Madvig   23 φρενῶν Schneidewin   24 ἀλλ' ABCΓ:
om. ΘDE   27 ὡς Gaisford : ἵνα codd.   κάνωσι Meineke   35 ἃ
ΘΠΓ: om. A   ἐὰν² . . . 36 πράττειν C, Y marg.: om. ABDEQZΓ
37 ᾖ . . . εἰ Victorius: καὶ ἐπιζήμιον ᾖ codd.   38-1400ᵃ 1 προτρέπουσι
. . . ἀποτρέπουσι Spengel   38 δ' om. Γ   1400ᵃ 3 κατηγοροῦσιν ΘΠΓ:
+ἀπολογοῦνται μὲν A   5 γενέσθαι Richards

131

10 τοῦ νόμου, ἐπεὶ ἐθορύβησαν αὐτῷ εἰπόντι, " δέονται οἱ
νόμοι νόμου τοῦ διορθώσοντος, καὶ γὰρ οἱ ἰχθύες ἁλός,
καίτοι οὐκ εἰκὸς οὐδὲ πιθανὸν ἐν ἅλμῃ τρεφομένους δεῖσθαι
ἁλός, καὶ τὰ στέμφυλα ἐλαίου, καίτοι ἄπιστον, ἐξ ὧν ἔλαιον
γίγνεται, ταῦτα δεῖσθαι ἐλαίου ".

15 ἄλλος ἐλεγκτικός, τὸ τὰ ἀνομολογούμενα σκοπεῖν, εἴ τι
ἀνομολογούμενον ἐκ τόπων καὶ χρόνων καὶ πράξεων καὶ
λόγων, χωρὶς μὲν ἐπὶ τοῦ ἀμφισβητοῦντος, οἷον " καὶ φησὶ
μὲν φιλεῖν ὑμᾶς, συνώμοσεν δὲ τοῖς τριάκοντα ", χωρὶς δ'
ἐπ' αὐτοῦ, " καὶ φησὶ μὲν εἶναί με φιλόδικον, οὐκ ἔχει δὲ
20 ἀποδεῖξαι δεδικασμένον οὐδεμίαν δίκην ", χωρὶς δ' ἐπ' αὐτοῦ
καὶ τοῦ ἀμφισβητοῦντος, " καὶ οὗτος μὲν οὐ δεδάνεικε πώποτε
οὐδέν, ἐγὼ δὲ καὶ πολλοὺς λέλυμαι ὑμῶν ".

ἄλλος τοῖς προδιαβεβλημένοις καὶ ἀνθρώποις καὶ πρά-
γμασιν, ἢ δοκοῦσι, τὸ λέγειν τὴν αἰτίαν τοῦ παραδόξου·
25 ἔστιν γάρ τι δι' ὃ φαίνεται· οἷον, ὑποβεβλημένης τινὸς τὸν
αὑτῆς υἱόν, διὰ τὸ ἀσπάζεσθαι ἐδόκει συνεῖναι τῷ μειρακίῳ,
λεχθέντος δὲ τοῦ αἰτίου ἐλύθη ἡ διαβολή· καὶ οἷον ἐν τῷ Αἴαντι
τῷ Θεοδέκτου Ὀδυσσεὺς λέγει πρὸς τὸν Αἴαντα διότι ἀνδρει-
ότερος ὢν τοῦ Αἴαντος οὐ δοκεῖ.

30 ἄλλος ἀπὸ τοῦ αἰτίου, ἄν τε ὑπάρχῃ, ὅτι ἔστι, κἂν μὴ
ὑπάρχῃ, ὅτι οὐκ ἔστιν· ἅμα γὰρ τὸ αἴτιον καὶ οὗ αἴτιον,
καὶ ἄνευ αἰτίου οὐθὲν ἔστιν, οἷον Λεωδάμας ἀπολογούμενος
ἔλεγε, κατηγορήσαντος Θρασυβούλου ὅτι ἦν στηλίτης γεγονὼς
ἐν τῇ ἀκροπόλει, ἀλλ' ἐκκέκοπται ἐπὶ τῶν τριάκοντα· οὐκ

11 διορθώσοντος CDEYΓ: διορθώσαντος ABQZ   15 ἀνομολο-
γούμενα ΘΠΓ: ἂν ὁμολογούμενα A   15-17 εἴ . . . ἀμφισβητοῦντος
hoc loco Morelius: ante οἷον (l. 17) codd.   16 τόπων Thurot:
πάντων codd. Γ   19 μὲν ΑΓ: om. ΘΠ   με ΘΠΓ: om. A   21 δεδάνικεν
AE   22 πολλοὺς E: πολλὰ BYΖ: πολλοῖς Γ   23 προδιαβεβλημένοις
ΑΕΓ: διαβεβλημένοις ΘBCD   24 ἢ om. Γ: μὴ ΑΣ   25 διαβεβλημένης
τινὸς πρὸς τὸν ΘΠΓ   28 θεοδέκτου CDEQΓ: θεοδέκτῳ ABYΖ
λέγει om. Γ   30 τε ΘΠΓ: δὲ A   34 ἐκκέκοπται scripsi: ἐκκόψαι
codd. Γ

ἐνδέχεσθαι ἔφη· μᾶλλον γὰρ ἂν πιστεύειν αὐτῷ τοὺς τριάκοντα 35
ἐγγεγραμμένης τῆς ἔχθρας πρὸς τὸν δῆμον.

ἄλλος, εἰ ἐνεδέχετο βέλτιον ἄλλως, ἢ ἐνδέχεται, ὧν ἢ
συμβουλεύει ἢ πράττει ἢ πέπραχε σκοπεῖν· φανερὸν γὰρ ὅτι,
εἰ [μὴ] οὕτως ἔχει, οὐ πέπραχεν· οὐδεὶς γὰρ ἑκὼν τὰ φαῦλα 1400[b]
καὶ γιγνώσκων προαιρεῖται. ἔστι δὲ τοῦτο ψεῦδος· πολλάκις
γὰρ ὕστερον γίγνεται δῆλον πῶς ἦν πρᾶξαι βέλτιον, πρότερον
δὲ ἄδηλον.

ἄλλος, ὅταν τι ἐναντίον μέλλῃ πράττεσθαι τοῖς πεπραγμένοις, 5
ἅμα σκοπεῖν, οἷον Ξενοφάνης Ἐλεάταις ἐρωτῶσιν εἰ θύωσι
τῇ Λευκοθέᾳ καὶ θρηνῶσιν ἢ μή, συνεβούλευεν, εἰ μὲν θεὸν
ὑπολαμβάνουσιν, μὴ θρηνεῖν, εἰ δ᾽ ἄνθρωπον, μὴ θύειν.

ἄλλος τόπος τὸ ἐκ τῶν ἁμαρτηθέντων κατηγορεῖν ἢ ἀπο-
λογεῖσθαι, οἷον ἐν τῇ Καρκίνου Μηδείᾳ οἱ μὲν κατηγοροῦσιν 10
ὅτι τοὺς παῖδας ἀπέκτεινεν, οὐ φαίνεσθαι γοῦν αὐτούς
(ἥμαρτε γὰρ ἡ Μήδεια περὶ τὴν ἀποστολὴν τῶν παίδων),
ἡ δ᾽ ἀπολογεῖται ὅτι οὐ [ἂν] τοὺς παῖδας ἀλλὰ τὸν Ἰάσονα
ἂν ἀπέκτεινεν· τοῦτο γὰρ ἥμαρτεν ἂν μὴ ποιήσασα, εἴπερ
καὶ θάτερον ἐποίησεν. ἔστι δ᾽ ὁ τόπος οὗτος τοῦ ἐνθυμήματος 15
καὶ τὸ εἶδος ὅλη ἡ πρότερον Θεοδώρου τέχνη.

ἄλλος ἀπὸ τοῦ ὀνόματος, οἷον ὡς ὁ Σοφοκλῆς

σαφῶς σιδήρῳ καὶ φοροῦσα τοὔνομα,

καὶ ὡς ἐν τοῖς τῶν θεῶν ἐπαίνοις εἰώθασι λέγειν, καὶ ὡς
Κόνων Θρασύβουλον θρασύβουλον ἐκάλει, καὶ Ἡρόδικος Θρασύ- 20

37 ἄλλως ΑΕΓ: om. ΘΒCD   ἢ ἐνδέχεται] εἰ ἐνδέχεται ἢ ἐνεδέχετο
Γ   ἤ] ἤι Α   38 πέπρακεν Α   1400[b] 1 μὴ secl. Georg. Trapez.:
μὲν ci. Spengel   2 δὲ ΑΓ: γὰρ ΘΠ   3 ὕστερον γίγνεται ΑΓ:
τοῦτο γίγνεται ὕστερον ΘΠ   πρότερον ΘΠΓ: πότερον Α   6–7 θύουσι
. . . θρηνοῦσι ΘΠ: θύσουσι . . . θρηνήσουσι Γ   9 ἤ] καὶ Γ (cod. M)
10 κατηγοροῦσι+quod putant G   13 οὐ scripsi: οὐκ ἂν codd. Γ
15 τοῦ ἐνθυμήματος καὶ ΑΓ: καὶ τοῦ ἐνθυμήματος ΘΠ   16 προτέρα
ΘΕΓ   18 Σιδήρῳ καὶ φρονοῦσα Cobet: σινδηρῷ ΘΠ   φοροῦσα codd. Γ:
φέρουσα Σ   19 λέγειν+καὶ Ζεὺς ὡς ζαῇς αἴτιος Σ, Eustathius, Iliad.
comm. p. 414   ὡς om. Γ   20 Ἡρόδικος] ἡρόδικος ὁ Α: Ἡρόδοτος Γ:
Ἡρόδικος ὁ Σηλυμβριανὸς ci. Diels: Πρόδικος Spengel

μαχον " ἀεὶ θρασύμαχος εἶ ", καὶ Πῶλον " ἀεὶ σὺ πῶλος εἶ ",
καὶ Δράκοντα τὸν νομοθέτην, ὅτι οὐκ [ἂν] ἀνθρώπου οἱ νόμοι
ἀλλὰ δράκοντος (χαλεποὶ γάρ)· καὶ ὡς ἡ Εὐριπίδου Ἑκάβη εἰς
τὴν Ἀφροδίτην "καὶ τοὔνομ' ὀρθῶς ἀφροσύνης ἄρχει θεᾶς",
25 καὶ ὡς Χαιρήμων Πενθεὺς ἐσομένης συμφορᾶς ἐπώνυμος.

   εὐδοκιμεῖ δὲ μᾶλλον τῶν ἐνθυμημάτων τὰ ἐλεγκτικὰ τῶν
ἀποδεικτικῶν διὰ τὸ συναγωγὴν μὲν ἐναντίων εἶναι ἐν μικρῷ
τὸ ἐλεγκτικὸν ἐνθύμημα, παρ' ἄλληλα δὲ φανερὰ εἶναι τῷ
ἀκροατῇ μᾶλλον. πάντων δὲ καὶ τῶν ἐλεγκτικῶν καὶ τῶν
30 δεικτικῶν συλλογισμῶν θορυβεῖται μάλιστα τὰ τοιαῦτα ὅσα
ἀρχόμενα προορῶσι μὴ ἐπιπολῆς εἶναι (ἅμα γὰρ καὶ αὐτοὶ ἐφ'
αὑτοῖς χαίρουσι προαισθανόμενοι), καὶ ὅσων τοσοῦτον ὑστε-
ρίζουσιν ὥσθ' ἅμα εἰρημένων γνωρίζειν.

   Ἐπεὶ δ' ἐνδέχεται τὸν μὲν εἶναι συλλογισμόν, τὸν δὲ μὴ 24
35 εἶναι μὲν φαίνεσθαι δέ, ἀνάγκη καὶ ἐνθύμημα τὸ μὲν εἶναι, τὸ
δὲ μὴ εἶναι ἐνθύμημα φαίνεσθαι δέ, ἐπείπερ τὸ ἐνθύμημα συλ-
1401ᵃ λογισμός τις. τόποι δ' εἰσὶ τῶν φαινομένων ἐνθυμημάτων
εἷς μὲν ὁ παρὰ τὴν λέξιν, καὶ τούτου ἓν μὲν μέρος, ὥσπερ
ἐν τοῖς διαλεκτικοῖς, τὸ μὴ συλλογισάμενον συμπερα-
σματικῶς τὸ τελευταῖον εἰπεῖν, " οὐκ ἄρα τὸ καὶ τό, ἀνάγκη
5 ἄρα τὸ καὶ τό ", ἐν τοῖς ἐνθυμήμασι τὸ συνεστραμμένως καὶ
ἀντικειμένως εἰπεῖν φαίνεται ἐνθύμημα (ἡ γὰρ τοιαύτη
λέξις χώρα ἐστὶν ἐνθυμήματος)· καὶ ἔοικε τὸ τοιοῦτον εἶναι
παρὰ τὸ σχῆμα τῆς λέξεως. ἔστι δὲ εἰς τὸ τῇ λέξει συλ-
λογιστικῶς λέγειν χρήσιμον τὸ συλλογισμῶν πολλῶν κεφάλαια
10 λέγειν, ὅτι τοὺς μὲν ἔσωσε, τοῖς δ' ἑτέροις ἐτιμώρησε, τοὺς

   21 σύ om. Q   22 ἂν secl. Madvig   23 ὡς om. Γ   24 ἄρχεις
θεά BDYZ : ἄρχει θεά C   26 μᾶλλον ΘΠΓ : καλὸν Α   31 ἀρχόμενα
BCDΓ : ἀρχόμενοι cett.   μὴ Α : +τῷ cett.   34 τὸν¹] ΘΑΒCΓ : τὸ DE
τὸν²] τὸ Ε   35 ἐνθύμημα . . . εἶναι ΑΓ : τὸ μὲν εἶναι ἐνθύμημα ΘΠ
1401ᵃ 3 συμπερασματικῶς ΑΒCΥΓ : συμπερασματικόν DEQZ   4 ἄρα
ΑΒΕΓ : ἔστι ΘDE   5 ἄρα Bekker : ἄρα καὶ ΑDΓ : ἔστι ΕΥΖ : ἄρα ἔστι
Q   ἐν scripsi : ἐν γὰρ Ε : τὸ γὰρ Q : et quod G : om. cett. : καὶ ἐν
Vahlen   συνεστραμμένως ΘΠΓΣ : συνεστραμμένον Α   9 χρησμὸν Α
10 ἑτέροις ΑΓ : ἡμετέροις ΘΠ

δ' Ἕλληνας ἠλευθέρωσε· ἕκαστον μὲν γὰρ τούτων ἐξ ἄλλων
ἀπεδείχθη, συντεθέντων δὲ φαίνεται καὶ ἐκ τούτων τι γίγνε-
σθαι.   13

ἓν δὲ τὸ παρὰ τὴν ὁμωνυμίαν, τὸ φάναι σπου- 13
δαῖον εἶναι μῦν, ἀφ' οὗ γ' ἐστὶν ἡ τιμιωτάτη πασῶν τελετή·
τὰ γὰρ μυστήρια πασῶν τιμιωτάτη τελετή. ἢ εἴ τις κύνα 15
ἐγκωμιάζων τὸν ἐν τῷ οὐρανῷ συμπαραλαμβάνοι, ἢ τὸν Πᾶνα,
ὅτι Πίνδαρος ἔφησεν

> ὦ μάκαρ, ὅν τε μεγάλας θεοῦ κύνα παντοδαπὸν
> καλέουσιν Ὀλύμπιοι,

ἢ ὅτι τὸ μηδένα εἶναι κύν' ἀτιμότατόν ἐστιν, ὥστε τὸ κύνα 20
δῆλον ὅτι τίμιον. καὶ τὸ κοινωνικὸν φάναι τὸν Ἑρμῆν εἶναι
μάλιστα τῶν θεῶν· μόνος γὰρ καλεῖται κοινὸς Ἑρμῆς. καὶ τὸ
τὸν λόγον εἶναι σπουδαιότατον, ὅτι οἱ ἀγαθοὶ ἄνδρες οὐ χρημά-
των ἀλλὰ λόγου εἰσὶν ἄξιοι· τὸ γὰρ λόγου ἄξιον οὐχ ἁπλῶς
λέγεται. ἄλλος τὸ ⟨τὸ⟩ διηρημένον συντιθέντα λέγειν ἢ 25
τὸ συγκείμενον διαιροῦντα· ἐπεὶ γὰρ ταὐτὸν δοκεῖ εἶναι
οὐκ ὂν ταὐτὸ πολλάκις, ὁπότερον χρησιμώτερον, τοῦτο δεῖ
ποιεῖν. ἔστι δὲ τοῦτο Εὐθυδήμου λόγος, οἷον τὸ εἰδέναι
ὅτι τριήρης ἐμ Πειραεῖ ἐστίν· ἕκαστον γὰρ οἶδεν. καὶ τὸν τὰ
στοιχεῖα ἐπιστάμενον ὅτι τὸ ἔπος οἶδεν· τὸ γὰρ ἔπος τὸ αὐτό 30
ἐστιν. καὶ ἐπεὶ τὸ δὶς τοσοῦτον νοσῶδες, μηδὲ τὸ ἓν φάναι
ὑγιεινὸν εἶναι· ἄτοπον γὰρ εἰ τὰ δύο ἀγαθὰ ἓν κακόν ἐστιν.
οὕτω μὲν οὖν ἐλεγκτικόν, ὧδε δὲ δεικτικόν· οὐ γάρ ἐστιν ἓν
ἀγαθὸν δύο κακά· ὅλος δὲ ὁ τόπος παραλογιστικός. πάλιν τὸ
Πολυκράτους εἰς Θρασύβουλον, ὅτι τριάκοντα τυράννους 35

13 τὸ² ΑΓ: ὡς τὸ ΘΠ   14 μῦν om. ΥΓ   15 τις+τὸν ΘΠ
16 συμπαραλαμβάνοι ἢ Γ: συμπαραλαμβανοίη Α: συμπαραλαμβάνει ΘCDE:
συμπεριλαμβάνει ΒΣ   τὸν] αὐτὸν Γ   17 ἔφη ΘΠ   19 καλέοισιν
Pindarus   20 τὸν κύν' ἄδηλον Α   τὸν κύνα ΒCΥΓ: τὸ κοινὰ ΖΣ
24 λόγων εἰσὶ ΒΥ : λόγων εἶναι Γ   25 τὸ add. Bonitz   29 ἐμ] ἐν ΘΠ
31 ἐπεὶ ΘΠΓ: ἐπὶ Α   33 οὖν+μᾶλλον Γ   δεικτικόν+ἐστιν ΘΠΓ
34 κακὸν δύο ἀγαθά ΓΣ

κατέλυσε· συντίθησι γάρ. ἢ τὸ ἐν τῷ Ὀρέστῃ τῷ Θεοδέκτου·
ἐκ διαιρέσεως γάρ ἐστιν·

δίκαιόν ἐστιν, ἥτις ἂν κτείνῃ πόσιν,

ἀποθνήσκειν ταύτην, καὶ τῷ πατρί γε τιμωρεῖν τὸν υἱόν,
1401ᵇ οὐκοῦν καὶ ταῦτα ἃ πέπρακται· συντεθέντα γὰρ ἴσως οὐκέτι
δίκαιον. εἴη δ᾽ ἂν καὶ παρὰ τὴν ἔλλειψιν· ἀφαιρεῖ γὰρ τὸ ὑπὸ
3 τίνος.

3 ἄλλος δὲ τόπος τὸ δεινώσει κατασκευάζειν ἢ ἀνασκευά-
ζειν· τοῦτο δ᾽ ἐστὶν ὅταν, μὴ δείξας ὅτι ἐποίησεν ⟨μηδ᾽ ὅτι
5 οὐκ ἐποίησεν⟩, αὐξήσῃ τὸ πρᾶγμα· ποιεῖ γὰρ φαίνεσθαι ἢ ὡς οὐ
πεποίηκεν, ὅταν ὁ τὴν αἰτίαν ἔχων αὔξῃ, ἢ ὡς πεποίηκεν,
ὅταν ὁ κατηγορῶν αὐξῇ. οὔκουν ἐστὶν ἐνθύμημα· παρα-
λογίζεται γὰρ ὁ ἀκροατὴς ὅτι ἐποίησεν ἢ οὐκ ἐποίησεν, οὐ
9 δεδειγμένου.

9 ἄλλος τὸ ἐκ σημείου· ἀσυλλόγιστον γὰρ
10 καὶ τοῦτο· οἷον εἴ τις λέγοι "ταῖς πόλεσι συμφέρουσιν οἱ
ἐρῶντες· ὁ γὰρ Ἁρμοδίου καὶ Ἀριστογείτονος ἔρως κατέλυσε
τὸν τύραννον Ἵππαρχον", ἢ εἴ τις λέγοι ὅτι κλέπτης Διονύ-
σιος· πονηρὸς γάρ· ἀσυλλόγιστον γὰρ δὴ τοῦτο· οὐ γὰρ πᾶς
14 πονηρὸς κλέπτης, ἀλλὰ κλέπτης πᾶς πονηρός.

14 ἄλλος
15 διὰ τὸ συμβεβηκός, οἷον ὃ λέγει Πολυκράτης εἰς τοὺς μῦς,
ὅτι ἐβοήθησαν διατραγόντες τὰς νευράς· ἢ εἴ τις φαίη τὸ
ἐπὶ δεῖπνον κληθῆναι τιμιώτατον· διὰ γὰρ τὸ μὴ κληθῆναι
ὁ Ἀχιλλεὺς ἐμήνισε τοῖς Ἀχαιοῖς ἐν Τενέδῳ· ὁ δ᾽ ὡς ἀτι-
μαζόμενος ἐμήνισεν, συνέβη δὲ τοῦτο διὰ τὸ μὴ κληθῆναι.

38 ἥτις D: εἴ τις ΘΑΒΣΕΓ   1401ᵇ 1 καὶ ΘΑΒΕΓ: om. CD   ἃ
scripsi: καὶ codd.: om. Γ: δίκαι᾽ ἃ Vahlen   συντιθέντα ΘΣΓ   2 ἀφ-
αιρεῖ ΑΓ: ἀφαιρεῖται ΘΠ   4–5 μηδ᾽ ὅτι οὐκ ἐποίησεν addidi: om.
codd. Γ   5 οὐ ΣΓ: οὔτε cet.   7 αὔξῃ scripsi: ὅρσηι Α:
ὀργίζεται ΘΠΓ   οὐκοῦν Γ   11 ἐρῶντες ΠΟΥΓ: ἔρωτες Ζ, an
recte?   12 ἢ ΘΑCDΓ: καὶ ΒΕ   ὅτι ΑDΕΟΖΓ: om. ΒCΥ
13 δὴ] καὶ ΘΠ: om. Γ   14 ἀλλὰ scripsi: ἀλλ᾽ ὁ codd.   17 τιμιώ-
τατατον Αᴵ   19 διὰ τὸ ΣΓ: ἐπὶ τοῦ ΘΒDΕ: διὰ τὸ ἐπὶ τοῦ Α

ἄλλος τὸ παρὰ τὸ ἑπόμενον, οἷον ἐν τῷ Ἀλεξάνδρῳ, ὅτι 20
μεγαλόψυχος· ὑπεριδὼν γὰρ τὴν πολλῶν ὁμιλίαν ἐν τῇ Ἴδῃ
διέτριβεν καθ' αὑτόν· ὅτι γὰρ οἱ μεγαλόψυχοι τοιοῦτοι, καὶ
οὗτος μεγαλόψυχος δόξειεν ἄν. καὶ ἐπεὶ καλλωπιστὴς καὶ
νύκτωρ πλανᾶται, μοιχός· τοιοῦτοι γάρ. ὅμοιον δὲ καὶ ὅτι
ἐν τοῖς ἱεροῖς οἱ πτωχοὶ καὶ ᾄδουσι καὶ ὀρχοῦνται, καὶ 25
ὅτι τοῖς φυγάσιν ἔξεστιν οἰκεῖν ὅπου ἂν θέλωσιν· ὅτι γὰρ
τοῖς δοκοῦσιν εὐδαιμονεῖν ὑπάρχει ταῦτα, καὶ οἷς ταῦτα
ὑπάρχει δόξαιεν ἂν εὐδαιμονεῖν, διαφέρει δὲ τῷ πῶς·
διὸ καὶ εἰς τὴν ἔλλειψιν ἐμπίπτει.

                                    ἄλλος παρὰ τὸ
ἀναίτιον ὡς αἴτιον, οἷον τῷ ἅμα ἢ μετὰ τοῦτο γεγονέναι· 30
τὸ γὰρ μετὰ τοῦτο ὡς διὰ τοῦτο λαμβάνουσιν, καὶ μάλιστα
οἱ ἐν ταῖς πολιτείαις, οἷον ὡς ὁ Δημάδης τὴν Δημοσθένους
πολιτείαν πάντων τῶν κακῶν αἰτίαν· μετ' ἐκείνην γὰρ συνέβη
ὁ πόλεμος.
                                                    34
        ἄλλος παρὰ τὴν ἔλλειψιν τοῦ πότε καὶ πῶς, 34 ·
οἷον ὅτι δικαίως Ἀλέξανδρος ἔλαβε τὴν Ἑλένην· αἵρεσις γὰρ 35
αὐτῇ ἐδόθη παρὰ τοῦ πατρός. οὐ γὰρ ἀεὶ ἴσως, ἀλλὰ τὸ
πρῶτον· καὶ γὰρ ὁ πατὴρ μέχρι τούτου κύριος. ἢ εἴ τις φαίη **1402ᵃ**
τὸ τύπτειν τοὺς ἐλευθέρους ὕβριν εἶναι· οὐ γὰρ πάντως,
ἀλλ' ὅταν ἄρχῃ χειρῶν ἀδίκων.   3

                            ἔτι ὥσπερ ἐν τοῖς ἐριστικοῖς 3
παρὰ τὸ ἁπλῶς καὶ μὴ ἁπλῶς, ἀλλὰ τί, γίγνεται φαινόμενος
συλλογισμός, οἷον ἐν μὲν τοῖς διαλεκτικοῖς ὅτι ἔστι τὸ μὴ ὂν 5
[ὄν], ἔστι γὰρ τὸ μὴ ὂν μὴ ὄν, καὶ ὅτι ἐπιστητὸν τὸ ἄγνωστον,
ἔστιν γὰρ ἐπιστητὸν τὸ ἄγνωστον ὅτι ἄγνωστον, οὕτως καὶ

---

21 γὰρ] CEQΓ: δὲ ABDYZ   23 οὗτος μεγαλόψυχος ΠΥΓ: οὗτοι
μεγαλόψυχοι ΑΖ   δόξειεν ΠΥΓ: δόξαιεν AQZ   24 τοιοῦτοι γὰρ Bekker:
τοιούτοις ἄρα Α: τοιοῦτός ἐστι ΥΖ: ὁ τοιοῦτός ἐστι DEQ: ὅτι καὶ οἱ μοιχοὶ
τοιοῦτοι ΒΓ, an recte ?: ὅτι καὶ οἱ μοιχοὶ C   26 ἂν] ἐὰν Α   ὅτι
ΑΒΓ: ὅπου ΘDE: ὅταν C   27–28 ὑπάρχει ταῦτα ΘΠΓ   28 ὑπάρχῃ
C   32 οἷον om. Dionys.   ὡς om. Q   36 αὐτῇ DEQ: αὐτῇ Ἑλένη
Γ   1402ᵃ 4 ἄλλο AC²Γ   5 μὲν om. CΓ   6 ὄν secl. Richards

ἐν τοῖς ῥητορικοῖς ἐστιν φαινόμενον ἐνθύμημα παρὰ τὸ μὴ
ἁπλῶς εἰκὸς ἀλλὰ τὶ εἰκός. ἔστιν δὲ τοῦτο οὐ καθόλου, ὥσπερ
10 καὶ Ἀγάθων λέγει

τάχ' ἂν τις εἰκὸς αὐτὸ τοῦτ' εἶναι λέγοι,
βροτοῖσι πολλὰ τυγχάνειν οὐκ εἰκότα.

γίγνεται γὰρ τὸ παρὰ τὸ εἰκός, ὥστε εἰκὸς καὶ τὸ παρὰ τὸ
εἰκός, εἰ δὲ τοῦτο, ἔσται τὸ μὴ εἰκὸς εἰκός. ἀλλ' οὐχ ἁπλῶς,
15 ἀλλ' ὥσπερ καὶ ἐπὶ τῶν ἐριστικῶν τὸ κατὰ τί καὶ πρὸς τί καὶ
πῆ οὐ προστιθέμενα ποιεῖ τὴν συκοφαντίαν, καὶ ἐνταῦθα παρὰ
τὸ εἰκὸς εἶναι μὴ ἁπλῶς ἀλλὰ τὶ εἰκός. ἔστι δ' ἐκ τούτου τοῦ
τόπου ἡ Κόρακος τέχνη συγκειμένη· " ἄν τε γὰρ μὴ ἔνοχος ᾖ τῇ
αἰτίᾳ, οἷον ἀσθενὴς ὢν αἰκίας φεύγει (οὐ γὰρ εἰκός), κἂν ἔνοχος
20 ᾖ, οἷον ἰσχυρὸς ὤν (οὐ γὰρ εἰκός, ὅτι εἰκὸς ἔμελλε δόξειν)".
ὁμοίως δὲ καὶ ἐπὶ τῶν ἄλλων· ἢ γὰρ ἔνοχον ἀνάγκη ἢ μὴ
ἔνοχον εἶναι τῇ αἰτίᾳ· φαίνεται μὲν οὖν ἀμφότερα εἰκότα,
ἔστι δὲ τὸ μὲν εἰκός, τὸ δὲ οὐχ ἁπλῶς ἀλλ' ὥσπερ εἴρηται·
καὶ τὸ τὸν ἥττω δὲ λόγον κρείττω ποιεῖν τοῦτ' ἔστιν. καὶ
25 ἐντεῦθεν δικαίως ἐδυσχέραινον οἱ ἄνθρωποι τὸ Πρωταγόρου
ἐπάγγελμα· ψεῦδός τε γάρ ἐστιν, καὶ οὐκ ἀληθὲς ἀλλὰ φαινό-
μενον εἰκός, καὶ ἐν οὐδεμιᾷ τέχνῃ ἀλλ' ⟨ἢ⟩ ἐν ῥητορικῇ καὶ
ἐριστικῇ.

Καὶ περὶ μὲν ἐνθυμημάτων, καὶ τῶν ὄντων καὶ τῶν φαινο- 25
30 μένων, εἴρηται, περὶ δὲ λύσεως ἐχόμενόν ἐστιν τῶν εἰρημένων
εἰπεῖν. ἔστιν δὲ λύειν ἢ ἀντισυλλογισάμενον ἢ ἔνστασιν ἐνεγ-
κόντα. τὸ μὲν οὖν ἀντισυλλογίζεσθαι δῆλον ὅτι ἐκ τῶν αὐτῶν

13 τὸ¹] τι Richards   14 ἀλλ' ΘΠΑ¹ s.l., Γ: om. Α¹   17 ἐκ
τούτου ΓΣ: δὲ τούτου ΘΠ: δὲ τοῦτο Α   18 ᾖ ἡ αἰτία C   19. αἰκίας φεύγει
=se defendit contra accusationem ictus αἰκίας ABCYZΓ: αἰκίαν
DEQ   φεύγῃ Α: φεύγοι Γ   κἂν ABDEΓ: καὶ ΘΠ   20 ᾖ scripsi: ὢν
codd. Γ   ἰσχυρὸς scripsi: ἂν ἰσχυρὸς ΘΠ: ἀνίσχυρος ΑΓ   24 δὲ ΑΓ: om.
ΘΠ   25 ἐντεῦθεν ΑΓ: +δὲ ΘΠ   27 ἢ add. T. Gomperz
30 λύσεως ΑΓ: λύσεων ΘΠ   31 ἐνεγκόντα Α²Γ: ἐνεγκόντι BDEZ:
ἐνεγκτα Α¹   32 ἀντισυλλογίζεσθαι ΘΠΓ: ἄν τις συλλογίζεσθαι Α

τόπων ἐνδέχεται ποιεῖν· οἱ μὲν γὰρ συλλογισμοὶ ἐκ τῶν ἐν-
δόξων, δοκοῦντα δὲ πολλὰ ἐναντία ἀλλήλοις ἐστίν· αἱ δ' ἐνστά-
σεις φέρονται καθάπερ καὶ ἐν τοῖς Τοπικοῖς, τετραχῶς· ἢ γὰρ 35
ἐξ ἑαυτοῦ ἢ ἐκ τοῦ ὁμοίου ἢ ἐκ τοῦ ἐναντίου ἢ ἐκ τῶν κεκρι-
μένων.

λέγω δὲ ἀφ' ἑαυτοῦ μέν, οἷον εἰ περὶ ἔρωτος εἴη
τὸ ἐνθύμημα ὡς σπουδαῖος, ἡ ἔνστασις διχῶς· ἢ γὰρ καθόλου **1402ᵇ**
εἰπόντα ὅτι πᾶσα ἔνδεια πονηρόν, ἢ κατὰ μέρος ὅτι οὐκ ἂν
ἐλέγετο Καύνιος ἔρως, εἰ μὴ ἦσαν καὶ πονηροὶ ἔρωτες. 3

ἀπὸ 3
δὲ τοῦ ἐναντίου ἔνστασις φέρεται, οἷον, εἰ τὸ ἐνθύμημα ἦν
ὅτι ὁ ἀγαθὸς ἀνὴρ πάντας τοὺς φίλους εὖ ποιεῖ, ⟨ὅτι⟩ ἀλλ' 5
οὐδ' ὁ μοχθηρὸς κακῶς. 6

ἀπὸ δὲ τοῦ ὁμοίου, οἷον, εἰ ἦν 6
τὸ ἐνθύμημα ὅτι οἱ κακῶς πεπονθότες ἀεὶ μισοῦσιν, ὅτι
ἀλλ' οὐδ' οἱ εὖ πεπονθότες ἀεὶ φιλοῦσιν. 8

αἱ δὲ κρίσεις 8
αἱ ἀπὸ τῶν γνωρίμων ἀνδρῶν, οἷον εἴ τις ἐνθύμημα εἶπεν
ὅτι τοῖς μεθύουσι δεῖ συγγνώμην ἔχειν, ἀγνοοῦντες γὰρ ἁμαρτά- 10
νουσιν, ἔνστασις ὅτι οὔκουν ὁ Πιττακὸς αἰνετός· οὐ γὰρ ἂν
μείζους ζημίας ἐνομοθέτησεν ἐάν τις μεθύων ἁμαρτάνῃ.

ἐπεὶ δὲ τὰ ἐνθυμήματα λέγεται ἐκ τεττάρων, τὰ δὲ τέτ-
ταρα ταῦτ' ἐστίν, εἰκὸς παράδειγμα τεκμήριον σημεῖον, ἔστι δὲ
τὰ μὲν ἐκ τῶν ὡς ἐπὶ τὸ πολὺ ἢ ὄντων ἢ δοκούντων συνηγμένα 15
ἐνθυμήματα ἐκ τῶν εἰκότων, τὰ δὲ δι' ἐπαγωγῆς ἐκ τοῦ
ὁμοίου, ἢ ἑνὸς ἢ πλειόνων, ὅταν λαβὼν τὸ καθόλου εἶτα συλ-
λογίσηται τὰ κατὰ μέρος, διὰ παραδείγματος, τὰ δὲ διὰ ἀναγ-

33 ποιεῖν ABCDYZΓ: εἰπεῖν EQ   36 ἐξ ἑαυτοῦ] γε ἑαυτοῦ A: ἐκ ταύτου
Γ   38 δὲ ἐκ ταύτου Γ   1402ᵇ 3 Καύνιος Victorius: καύνκος A:
κάλλιστος ἢ κάκιστος ΘΠΓ   ἀπὸ Spengel: ἐπὶ codd. Γ   5 ὁ om. ΘΕ
ὅτι add. Bywater (cf. l. 7)   6 ἀπὸ . . . ὁμοίου Spengel: ἐπὶ δὲ τῶν
ὁμοίων ACDEQZΓ: ἐπὶ δὲ τῶν ἐναντίων BY   11 ὅτι om. DEΓΣ
συνετός Vahlen   13 τεσσάρων . . . τέσσαρα ΘΒ   16 διὰ (vel δι'
ἐπαγωγῆς) omittendum censuit Victorius   ἐκ Richards: διὰ codd.
18 τὰ¹ ΘABCΓ: τὸ DE   διὰ²] λίαν AΓ

139

καίου καὶ ⟨ἀεὶ⟩ ὄντος διὰ τεκμηρίου, τὰ δὲ διὰ τοῦ καθόλου [ἢ]
20 τοῦ ἐν μέρει ὄντος, ἐάν τε ὂν ἐάν τε μή, διὰ σημείων, τὸ δὲ
εἰκὸς οὐ τὸ ἀεὶ ἀλλὰ τὸ ὡς ἐπὶ τὸ πολύ, φανερὸν ὅτι τὰ
τοιαῦτα μὲν τῶν ἐνθυμημάτων ἀεὶ ἔστι λύειν φέροντα ἔνστασιν,
ἡ δὲ λύσις φαινομένη ἀλλ' οὐκ ἀληθὴς ἀεί· οὐ γὰρ ὅτι οὐκ
εἰκός λύει ὁ ἐνιστάμενος, ἀλλ' ὅτι οὐκ ἀναγκαῖον· διὸ καὶ ἀεὶ
25 ἔστι πλεονεκτεῖν ἀπολογούμενον μᾶλλον ἢ κατηγοροῦντα διὰ
τοῦτον τὸν παραλογισμόν· ἐπεὶ γὰρ ὁ μὲν κατηγορῶν διὰ εἰκό-
των ἀποδείκνυσιν, ἔστι δὲ οὐ ταὐτὸ λῦσαι ἢ ὅτι οὐκ εἰκὸς
ἢ ὅτι οὐκ ἀναγκαῖον, ἀεὶ δ' ἔχει ἔνστασιν τὸ ὡς ἐπὶ τὸ πολύ
(οὐ γὰρ ἂν ἦ ἅμ' ἀεὶ εἰκός, ἀεὶ καὶ ἀναγκαῖον), ὁ δὲ κριτὴς
30 οἴεται, ἂν οὕτω λυθῇ, ἢ οὐκ εἰκὸς εἶναι ἢ οὐχ αὑτῷ κριτέον,
παραλογιζόμενος, ὥσπερ ἐλέγομεν (οὐ γὰρ ἐκ τῶν ἀναγ
καίων δεῖ αὐτὸν μόνον κρίνειν, ἀλλὰ καὶ ἐκ τῶν εἰκότων·
τοῦτο γάρ ἐστι τὸ γνώμῃ τῇ ἀρίστῃ κρίνειν), οὔκουν ἱκανὸν
ἂν λύσῃ ὅτι οὐκ ἀναγκαῖον, ἀλλὰ δεῖ λύειν ὅτι οὐκ εἰκός.
35 τοῦτο δὲ συμβήσεται ἐὰν ἦ ἡ ἔνστασις μᾶλλον ὡς ἐπὶ τὸ
πολύ. ἐνδέχεται δὲ εἶναι τοιαύτην διχῶς, ἢ τῷ χρόνῳ ἢ τοῖς
πράγμασιν, κυριώτατα δὲ εἰ ἀμφοῖν· εἰ γὰρ τὰ ⟨πλείω καὶ⟩
1403ᵃ πλεονάκις οὕτως, τοῦτ' ἐστὶν εἰκὸς μᾶλλον.

λύεται δὲ καὶ τὰ σημεῖα καὶ τὰ διὰ σημείου ἐνθυμήματα
εἰρημένα, κἂν ἦ ὑπάρχοντα, ὥσπερ ἐλέχθη ἐν τοῖς πρώτοις·
ὅτι γὰρ ἀσυλλόγιστόν ἐστιν πᾶν σημεῖον, δῆλον ἡμῖν ἐκ τῶν
5 Ἀναλυτικῶν.

πρὸς δὲ τὰ παραδειγματώδη ἡ αὐτὴ λύσις καὶ τὰ
εἰκότα· ἐάν τε γὰρ ἔχωμεν ⟨ἕν⟩ τι οὐχ οὕτω, λέλυται, ὅτι οὐκ

19 ἀεὶ Vahlen: om. codd. Γ   διὰ¹ ΑΓ: om. ΘΠ   ἢ seclusi: habent
codd. Γ   20 τοῦ om. ΘΠ   ἐάν²] ἄν A   22 φέροντα ΘΠΓ: φανερὸν
τὰ A   26 ἐπεὶ] καὶ Bonitz   γὰρ om. Q   27 ἐπιδείκνυσιν BCDYZ
29 οὐ γὰρ ἂν ἦ scripsi: οὐ γὰρ ἂν ἢν ΘΠΓ: om. A   ἅμ' ἀεὶ scripsi: ἀλλὰ
εἰ A: ἀλλ' ἀεὶ ΘΠΓ   ὁ δὲ ΘΑΒCΓ: εὐθὺς ὁ DE   30 λυθῇ Bonitz:
ἐλύθη codd.   αὑτῷ Γ: αὐτῷ codd.   33 οὔκουν ΘCDEΓ: οὐκοῦν AB
37 κυριώτατα ΑΒΓ: κυριώτατον ΘCDE   πλείω καὶ Σ: om. codd. Γ
1403ᵃ 2 διὰ σημείων Γ   6 παραδειγματώδη ΠΑ: παραδείγματα QYΙZΓ
7 ἕν add. Vahlen

ἀναγκαῖον, εἰ καὶ τὰ πλείω ἢ πλεονάκις ἄλλως, ἐάν τε καὶ τὰ
πλείω καὶ τὰ πλεονάκις οὕτω, μαχετέον ἢ ὅτι τὸ παρὸν οὐχ
ὅμοιον ἢ οὐχ ὁμοίως, ἢ διαφοράν γέ τινα ἔχει.   10

                  τὰ δὲ τεκμήρια 10
καὶ τεκμηριώδη ἐνθυμήματα κατὰ μὲν τὸ ἀσυλλόγιστον οὐκ
ἔσται λῦσαι (δῆλον δὲ καὶ τοῦθ' ἡμῖν ἐκ τῶν Ἀναλυτικῶν),
λείπεται δ' ὡς οὐχ ὑπάρχει τὸ λεγόμενον δεικνύναι. εἰ δὲ
φανερὸν καὶ ὅτι ὑπάρχει καὶ ὅτι τεκμήριον, ἄλυτον ἤδη γίγνε-
ται τοῦτο· πάντα γὰρ γίγνεται ἀπόδειξις ἤδη φανερά.   15

26   Τὸ δ' αὔξειν καὶ μειοῦν οὐκ ἔστιν ἐνθυμήματος στοιχεῖον·
τὸ γὰρ αὐτὸ λέγω στοιχεῖον καὶ τόπον· ἔστι γὰρ στοιχεῖον
καὶ τόπος εἰς ὃ πολλὰ ἐνθυμήματα ἐμπίπτει. τὸ δ' αὔξειν καὶ
μειοῦν ἐστιν ἐνθυμήματα πρὸς τὸ δεῖξαι ὅτι μέγα ἢ μικρόν,
ὥσπερ καὶ ὅτι ἀγαθὸν ἢ κακόν, ἢ δίκαιον ἢ ἄδικον, καὶ τῶν 20
ἄλλων ὁτιοῦν. ταῦτα δ' ἐστὶν πάντα περὶ ἃ οἱ συλλογισμοὶ καὶ
τὰ ἐνθυμήματα, ὥστ' εἰ μηδὲ τούτων ἕκαστον ἐνθυμήματος
τόπος, οὐδὲ τὸ αὔξειν καὶ μειοῦν.

                  οὐδὲ τὰ λυτικὰ ἐνθυμή-
ματος εἶδός τί ἐστιν [ἄλλο τῶν κατασκευαστικῶν]· δῆλον γὰρ 25
ὅτι λύει μὲν ἢ δείξας ἢ ἔνστασιν ἐνεγκών, ἀνταποδείκνυσι
δὲ τὸ ἀντικείμενον, οἷον εἰ ἔδειξε ὅτι γέγονεν, οὗτος ὅτι οὐ
γέγονεν, εἰ δὲ ὅτι οὐ γέγονεν, οὗτος ὅτι γέγονεν· ὥστε αὕτη
μὲν οὐκ ἂν εἴη [ἡ] διαφορά (τοῖς αὐτοῖς γὰρ χρῶνται ἀμφότεροι·
ὅτι γὰρ οὐκ ἔστιν ἢ ἔστιν, ἐνθυμήματα φέρουσιν)· ἡ δ' ἔνστασις 30
οὐκ ἔστιν ἐνθύμημα, ἀλλά, καθάπερ ἐν τοῖς Τοπικοῖς, τὸ εἰπεῖν
δόξαν τινὰ ἐξ ἧς ἔσται δῆλον ὅτι οὐ συλλελόγισται ἢ ὅτι ψεῦ-
δός τι εἴληφεν.

8 εἰ καὶ τὰ Σ : ἢ κατὰ Α : ἢ εἰ τὰ Υ² : εἰ μὴ τὰ Γ : ἢ καὶ τὰ cett.   ἐάν τε Spengel :
ἐνὰν δὲ Α : ἐὰν δὲ ΘΠΓ   9 μαχετέον ΠΟΥ : μάχεται ὂν Α   12 ἔστι
ΒΓΥΓ   13 οὐχ ΒΓ : om. cett.   15 ἀπόδειξις ΑΓΣ : ἀποδείξει cett.
16 ἐνθυμημάτων Γ   19 ἐνθυμήματα om. Mon.   20 ὥσπερ ΑCDEΟZΓ :
om. ΒΥ   24 ἐνθυμήματος ΑΓ : ἐνθυμήματα ΘΠ   25 ἄλλο τῶν κατα-
σκευαστικῶν om. ΑΓ   26 ἢ¹+ὁ ΠΑΥΖ   ἢ²+ὁ ΒCΕ   ἀνταποδείκνυσι
ΔΕΓΣ : ἀνταποδεικνύουσι cett.   29 ἡ secl. Spengel   31 Τοπικοῖς] an
Τοπικοῖς εἴρηται ?   32 ἐξ ἧς CDΟΥΓ : ἑξῆς ΑΒΕΖ

ἐπεὶ δὲ τρία ἔστιν ἃ δεῖ πραγματευθῆναι περὶ τὸν λόγον,
35 ὑπὲρ μὲν παραδειγμάτων καὶ γνωμῶν καὶ ἐνθυμημάτων καὶ
1403ᵇ ὅλως τῶν περὶ τὴν διάνοιαν, ὅθεν τε εὐπορήσομεν καὶ ὡς αὐτὰ
λύσομεν, εἰρήσθω ἡμῖν τοσαῦτα, λοιπὸν δὲ διελθεῖν περὶ λέξεως
καὶ τάξεως.

Γ

6 Ἐπειδὴ τρία ἐστὶν ἃ δεῖ πραγματευθῆναι περὶ τὸν λό- 1
γον, ἓν μὲν ἐκ τίνων αἱ πίστεις ἔσονται, δεύτερον δὲ περὶ
τὴν λέξιν, τρίτον δὲ πῶς χρὴ τάξαι τὰ μέρη τοῦ λόγου,
περὶ μὲν τῶν πίστεων εἴρηται, καὶ ἐκ πόσων, ὅτι ἐκ τριῶν
10 εἰσί, καὶ ταῦτα ποῖα, καὶ διὰ τί τοσαῦτα μόνα (ἢ γὰρ τῷ
αὐτοί τι πεπονθέναι οἱ κρίνοντες, ἢ τῷ ποιούς τινας ὑπο-
λαμβάνειν τοὺς λέγοντας, ἢ τῷ ἀποδεδεῖχθαι, πείθονται πάν-
τες), εἴρηται δὲ καὶ τὰ ἐνθυμήματα, πόθεν δεῖ πορίζεσθαι
(ἔστι γὰρ τὰ μὲν εἴδη τῶν ἐνθυμημάτων, τὰ δὲ τόποι)· περὶ
15 δὲ τῆς λέξεως ἐχόμενόν ἐστιν εἰπεῖν· οὐ γὰρ ἀπόχρη τὸ
ἔχειν ἃ δεῖ λέγειν, ἀλλ' ἀνάγκη καὶ ταῦτα ὡς δεῖ εἰπεῖν,
καὶ συμβάλλεται πολλὰ πρὸς τὸ φανῆναι ποιόν τινα τὸν
λόγον. τὸ μὲν οὖν πρῶτον ἐζητήθη κατὰ φύσιν ὅπερ πέ-
φυκε πρῶτον, αὐτὰ τὰ πράγματα ἐκ τίνων ἔχει τὸ πιθανόν,
20 δεύτερον δὲ τὸ ταῦτα τῇ λέξει διαθέσθαι, τρίτον δὲ τούτων
ὃ δύναμιν μὲν ἔχει μεγίστην, οὔπω δ' ἐπικεχείρηται, τὰ
περὶ τὴν ὑπόκρισιν. καὶ γὰρ εἰς τὴν τραγικὴν καὶ ῥαψῳδίαν
ὀψὲ παρῆλθεν· ὑπεκρίνοντο γὰρ αὐτοὶ τὰς τραγῳδίας οἱ
ποιηταὶ τὸ πρῶτον. δῆλον οὖν ὅτι καὶ περὶ τὴν ῥητορικήν
25 ἔστι τὸ τοιοῦτον ὥσπερ καὶ περὶ τὴν ποιητικήν, ὅπερ
ἕτεροί ⟨τέ⟩ τινες ἐπραγματεύθησαν καὶ Γλαύκων ὁ Τήιος. ἔστιν

---

34 δὲ ΘΠΓ: +δὴ Α   35 παραδειγμάτων ΑΔΕΖΓ: παραδείγματος
ΒCQY   1403ᵇ 1 αὐτὰ ΑCΓ: αὐτὴν ΘΒDE   6 ἐπεὶ δὲ Q:
ἐπειδὴ δὲ Γ   7 δὲ+τὸ Σ   10 εἰσί ΑΓ: ἐστὶ ΘΠ   22 καὶ κωμῳ-
δίαν Θ   23 αὐτοὶ ΒCQYΣ: αὐτοῖς ΑΓ: αὐτὰς DEZ   25 ὅπερ+καὶ
Γ (cod. M)   26 τέ addidi

δὲ αὕτη μὲν ἐν τῇ φωνῇ, πῶς αὐτῇ δεῖ χρῆσθαι πρὸς
ἕκαστον πάθος, οἷον πότε μεγάλῃ καὶ πότε μικρᾷ καὶ μέσῃ,
καὶ πῶς τοῖς τόνοις, οἷον ὀξείᾳ καὶ βαρείᾳ καὶ μέσῃ, καὶ
ῥυθμοῖς τίσι πρὸς ἕκαστα. τρία γάρ ἐστι περὶ ἃ σκοποῦ- 30
σιν· ταῦτα δ' ἐστὶ μέγεθος ἁρμονία ῥυθμός. τὰ μὲν οὖν
ἆθλα σχεδὸν ἐκ τῶν ἀγώνων οὗτοι λαμβάνουσιν, καὶ καθ-
άπερ ἐκεῖ μεῖζον δύνανται νῦν τῶν ποιητῶν οἱ ὑποκριταί,
καὶ κατὰ τοὺς πολιτικοὺς ἀγῶνας, διὰ τὴν μοχθηρίαν τῶν
πολιτῶν. οὔπω δὲ σύγκειται τέχνη περὶ αὐτῶν, ἐπεὶ καὶ 35
τὸ περὶ τὴν λέξιν ὀψὲ προῆλθεν· καὶ δοκεῖ φορτικὸν εἶναι,
καλῶς ὑπολαμβανόμενον. ἀλλ' ὅλης οὔσης πρὸς δόξαν τῆς **1404ᵃ**
πραγματείας τῆς περὶ τὴν ῥητορικήν, οὐχ ὡς ὀρθῶς ἔχοντος
ἀλλ' ὡς ἀναγκαίου τὴν ἐπιμέλειαν ποιητέον, ἐπεὶ τό γε δίκαιόν
<ἐστι> μηδὲν πλέον ζητεῖν περὶ τὸν λόγον ἢ ὥστε μήτε
λυπεῖν μήτ' εὐφραίνειν· δίκαιον γὰρ αὐτοῖς ἀγωνίζεσθαι 5
τοῖς πράγμασιν, ὥστε τἆλλα ἔξω τοῦ ἀποδεῖξαι περίεργα
ἐστίν· ἀλλ' ὅμως μέγα δύναται, καθάπερ εἴρηται, διὰ τὴν
τοῦ ἀκροατοῦ μοχθηρίαν. τὸ μὲν οὖν τῆς λέξεως ὅμως ἔχει
τι μικρὸν ἀναγκαῖον ἐν πάσῃ διδασκαλίᾳ· διαφέρει γάρ τι
πρὸς τὸ δηλῶσαι ὡδὶ ἢ ὡδὶ εἰπεῖν, οὐ μέντοι τοσοῦτον, 10
ἀλλ' ἅπαντα φαντασία ταῦτ' ἐστί, καὶ πρὸς τὸν ἀκροατήν·
διὸ οὐδεὶς οὕτω γεωμετρεῖν διδάσκει. ἐκείνη μὲν οὖν ὅταν
ἔλθῃ ταὐτὸ ποιήσει τῇ ὑποκριτικῇ, ἐγκεχειρήκασιν δὲ ἐπ'
ὀλίγον περὶ αὐτῆς εἰπεῖν τινες, οἷον Θρασύμαχος ἐν τοῖς
Ἐλέοις· καὶ ἔστιν φύσεως τὸ ὑποκριτικὸν εἶναι, καὶ ἀτεχνό- 15
τερον, περὶ δὲ τὴν λέξιν ἔντεχνον. διὸ καὶ τοῖς τοῦτο δυνα-
μένοις γίνεται πάλιν ἆθλα, καθάπερ καὶ τοῖς κατὰ τὴν ὑπό-

27 αὕτη Σ: αὐτὴ codd. Γ   μὲν om. Σ   πῶς ΘΠΓ: +δὲ Α   28 καὶ²
ADQZΓ: +πότε BCEY   30 ἕκαστα ΑΓ: ἕκαστον ΘΠ   ἃ ΑΣ: ὧν ΘΠ
33 νῦν ΑΕΓ: om. ΘΒCD   35 πολιτῶν ci. Spengel (cf. 1404ᵃ 8):
πολιτειῶν codd. Γ   36 προῆλθεν] ποτε ἦλθε Σ   1404ᵃ 2 οὐχ ὡς
Chandler: οὐκ codd. Γ   4 ἐστι addidi   πλέον Γ: πλείω codd.   ὥστε
Γ: ὡς codd.   6 περιεργία Ε   7 δύνανται Q   8 ὅμως om.
CDEQY¹ΖΓ   14 θεόμαχος Q   15 ἀτεχνότερον Α: ἄτεχνον Σ

κρισιν ρήτορσιν· οἱ γὰρ γραφόμενοι λόγοι μεῖζον ἰσχύουσι
διὰ τὴν λέξιν ἢ διὰ τὴν διάνοιαν.

20 ἤρξαντο μὲν οὖν κινῆσαι τὸ πρῶτον, ὥσπερ πέφυκεν,
οἱ ποιηταί· τὰ γὰρ ὀνόματα μιμήματα ἐστίν, ὑπῆρξεν δὲ
καὶ ἡ φωνὴ πάντων μιμητικώτατον τῶν μορίων ἡμῖν· διὸ
καὶ αἱ τέχναι συνέστησαν ἥ τε ῥαψῳδία καὶ ἡ ὑποκριτικὴ
καὶ ἄλλαι γε. ἐπεὶ δ᾽ οἱ ποιηταί, λέγοντες εὐήθη, διὰ τὴν
25 λέξιν ἐδόκουν πορίσασθαι τὴν δόξαν, διὰ τοῦτο
ποιητικὴ πρώτη ἐγένετο λέξις, οἷον ἡ Γοργίου, καὶ νῦν
ἔτι οἱ πολλοὶ τῶν ἀπαιδεύτων τοὺς τοιούτους οἴονται δια-
λέγεσθαι κάλλιστα. τοῦτο δ᾽ οὐκ ἔστιν, ἀλλ᾽ ἑτέρα λόγου
καὶ ποιήσεως λέξις ἐστίν. δηλοῖ δὲ τὸ συμβαῖνον· οὐδὲ γὰρ
30 οἱ τὰς τραγῳδίας ποιοῦντες ἔτι χρῶνται τὸν αὐτὸν τρόπον,
ἀλλ᾽ ὥσπερ καὶ ἐκ τῶν τετραμέτρων εἰς τὸ ἰαμβεῖον μετ-
έβησαν διὰ τὸ τῷ λόγῳ τοῦτο τῶν μέτρων ὁμοιότατον εἶναι
τῶν ἄλλων, οὕτω καὶ τῶν ὀνομάτων ἀφείκασιν ὅσα παρὰ
τὴν διάλεκτόν ἐστιν, οἷς [δ᾽] οἱ πρῶτοι ἐκόσμουν, καὶ ἔτι
35 νῦν οἱ τὰ ἑξάμετρα ποιοῦντες [ἀφείκασιν]. διὸ γελοῖον μι-
μεῖσθαι τούτους οἱ αὐτοὶ οὐκέτι χρῶνται ἐκείνῳ τῷ τρόπῳ,
ὥστε φανερὸν ὅτι οὐχ ἅπαντα ὅσα περὶ λέξεως ἔστιν εἰπεῖν
ἀκριβολογητέον ἡμῖν, ἀλλ᾽ ὅσα περὶ τοιαύτης οἵας λέγομεν.
περὶ δ᾽ ἐκείνης εἴρηται ἐν τοῖς περὶ ποιητικῆς.

1404ᵇ Ἔστω οὖν ἐκεῖνα τεθεωρημένα καὶ ὡρίσθω λέξεως ἀρετὴ 2
σαφῆ εἶναι (σημεῖον γάρ τι ὁ λόγος ὤν, ἐὰν μὴ δηλοῖ
οὐ ποιήσει τὸ ἑαυτοῦ ἔργον), καὶ μήτε ταπεινὴν μήτε ὑπὲρ
τὸ ἀξίωμα, ἀλλὰ πρέπουσαν· ἡ γὰρ ποιητικὴ ἴσως οὐ τα-

---

22 παντὶ Γ   μιμηκωτάτη ΘΒΕΓ   24 et εὐήθη et ἀήθη Σ: levia G
25 τὴν Spengel: τήνδε Α: τήνδε τὴν ΘΠΓ   31 καὶ om. Γ   33 ἀφ-
είκασιν ΒQY: ἀφίκασιν Α¹: ἀφήκασιν Α²CEZΣ: ἀφήκαντο D   34 δ᾽
secl. Spengel   πρῶτοι Roemer: πρῶτον codd.: πρότερον ΓΣ   35 νῦν
οἱ ACDΕΓ: καὶ νῦν εἰς ΘΒ   ποιοῦντες om. Γ   ἀφείκασιν
ΘΠΓ: ἀφίκασιν Α: secl. Twining   36 οἷ] εἰ Γ   1404ᵇ 2 τι . . .
ἐὰν Richards: ὅτι ὁ λόγος ὡς ἐὰν Α: ὅτι ὁ λόγος ἐὰν ΘΠ: ὅτι ὁ λόγος
ὅς Γ

πεινή, ἀλλ' οὐ πρέπουσα λόγῳ. τῶν δ' ὀνομάτων καὶ ῥη- 5
μάτων σαφῆ μὲν ποιεῖ τὰ κύρια, μὴ ταπεινὴν δὲ ἀλλὰ
κεκοσμημένην τἆλλα ὀνόματα ὅσα εἴρηται ἐν τοῖς περὶ ποιη-
τικῆς· τὸ γὰρ ἐξαλλάξαι ποιεῖ φαίνεσθαι σεμνοτέραν· ὥσπερ
γὰρ πρὸς τοὺς ξένους οἱ ἄνθρωποι καὶ πρὸς τοὺς πολίτας,
τὸ αὐτὸ πάσχουσιν καὶ πρὸς τὴν λέξιν· διὸ δεῖ ποιεῖν ξένην 10
τὴν διάλεκτον· θαυμασταὶ γὰρ τῶν ἀπόντων εἰσίν, ἡδὺ δὲ
τὸ θαυμαστόν ἐστιν. ἐπὶ μὲν οὖν τῶν μέτρων πολλά τε ποιεῖται
οὕτω καὶ ἁρμόττει ἐκεῖ (πλέον γὰρ ἐξέστηκεν περὶ ἃ καὶ
περὶ οὓς ὁ λόγος), ἐν δὲ τοῖς ψιλοῖς λόγοις πολλῷ ἐλάττω·
ἡ γὰρ ὑπόθεσις ἐλάττων, ἐπεὶ καὶ ἐνταῦθα, εἰ δοῦλος 15
καλλιεποῖτο ἢ λίαν νέος, ἀπρεπέστερον, ἢ περὶ λίαν μικρῶν·
ἀλλ' ἔστι καὶ ἐν τούτοις ἐπισυστελλόμενον καὶ αὐξανόμενον
τὸ πρέπον· διὸ δεῖ λανθάνειν ποιοῦντας, καὶ μὴ δοκεῖν
λέγειν πεπλασμένως ἀλλὰ πεφυκότως (τοῦτο γὰρ πιθανόν,
ἐκεῖνο δὲ τοὐναντίον· ὡς γὰρ πρὸς ἐπιβουλεύοντα διαβάλ- 20
λονται, καθάπερ πρὸς τοὺς οἴνους τοὺς μεμιγμένους), καὶ
οἷον ἡ Θεοδώρου φωνὴ πέπονθε πρὸς τὴν τῶν ἄλλων ὑπο-
κριτῶν· ἡ μὲν γὰρ τοῦ λέγοντος ἔοικεν εἶναι, αἱ δ' ἀλλό-
τριαι. κλέπτεται δ' εὖ, ἐάν τις ἐκ τῆς εἰωθυίας διαλέκτου
ἐκλέγων συντιθῇ· ὅπερ Εὐριπίδης ποιεῖ καὶ ὑπέδειξε πρῶτος. 25

ὄντων δ' ὀνομάτων καὶ ῥημάτων ἐξ ὧν ὁ λόγος συν-
έστηκεν, τῶν δὲ ὀνομάτων τοσαῦτ' ἐχόντων εἴδη ὅσα τε-
θεώρηται ἐν τοῖς περὶ ποιήσεως, τούτων γλώτταις μὲν καὶ
διπλοῖς ὀνόμασι καὶ πεποιημένοις ὀλιγάκις καὶ ὀλιγαχοῦ
χρηστέον (ὅπου δέ, ὕστερον ἐροῦμεν, τό τε διὰ τί εἴρηται· 30

---

5 λόγῳ τῶν ΘΑΒΓ: τῷ λόγῳ DE   7 καὶ κοσμημένην Α   8 ἐξαλ-
λάξαι ΓΣ: ἐξαλαπάξαι codd.   ὥσπερ ΑΒDΕQΓ: ὅπερ CΥΣ   11 θαυ-
μασταὶ . . . εἰσίν ΑΓ: θαυμαστὴ γὰρ τῶν ἀπάντων ἐστὶν ΕQΥ¹Ζ   12 ἐστιν
ΑΓ: om. cett.   ποιεῖται οὕτω Bywater: ποιεῖ τοῦτο codd. Γ   14 ἐλάττω
Bywater: ἐλάττοσι codd. Γ: ἐλαττωθεῖσιν ci. Victorius   16 ἢ² . . .
μικρῶν secl. Spengel   λίαν ΑΒΓΣ: om. ΘDΕ   18 ποιοῦντας ΘΠΓ:
ποιοῦντος Α   20 ἐκεῖνο ΑΓΣ: ἐκεῖ ΘΒDΕ   ὡς] ὥσπερ ΘC
ἐπιβουλεύοντας ΓΣ   28 ποιητικῆς Spengel   30 τε] δὲ Γ

ἐπὶ τὸ μεῖζον γὰρ ἐξαλλάττει τοῦ πρέποντος), τὸ δὲ κύριον
καὶ τὸ οἰκεῖον καὶ μεταφορὰ μόνα χρήσιμα πρὸς τὴν τῶν
ψιλῶν λόγων λέξιν. σημεῖον δ' ὅτι τούτοις μόνοις πάντες
χρῶνται· πάντες γὰρ μεταφοραῖς διαλέγονται καὶ τοῖς οἰκεί-
35 οις καὶ τοῖς κυρίοις, ὥστε δῆλον ὡς ἂν εὖ ποιῇ τις, ἔσται
τε ξενικὸν καὶ λανθάνειν ἐνδέξεται καὶ σαφηνιεῖ· αὕτη δ'
ἦν ἡ τοῦ ῥητορικοῦ λόγου ἀρετή. τῶν δ' ὀνομάτων τῷ
μὲν σοφιστῇ ὁμωνυμίαι χρήσιμοι (παρὰ ταύτας γὰρ κακουρ-
γεῖ), τῷ ποιητῇ δὲ συνωνυμίαι, λεγω δὲ κύριά τε καὶ συν-
1405ᵃ ώνυμα οἷον τὸ πορεύεσθαι καὶ τὸ βαδίζειν· ταῦτα γὰρ ἀμφό-
τερα καὶ κύρια καὶ συνώνυμα ἀλλήλοις.

τί μὲν οὖν τούτων ἕκαστόν ἐστι, καὶ πόσα εἴδη μετα-
φορᾶς, καὶ ὅτι τοῦτο πλεῖστον δύναται καὶ ἐν ποιήσει καὶ
5 ἐν λόγοις, [αἱ μεταφοραί,] εἴρηται, καθάπερ ἐλέγομεν, ἐν τοῖς
περὶ ποιητικῆς· τοσούτῳ δ' ἐν λόγῳ δεῖ μᾶλλον φιλοπονεῖ-
σθαι περὶ αὐτῶν, ὅσῳ ἐξ ἐλαττόνων βοηθημάτων ὁ λόγος
ἐστὶ τῶν μέτρων· καὶ τὸ σαφὲς καὶ τὸ ἡδὺ καὶ τὸ ξενικὸν
ἔχει μάλιστα ἡ μεταφορά, καὶ λαβεῖν οὐκ ἔστιν αὐτὴν παρ'
10 ἄλλου. δεῖ δὲ καὶ τὰ ἐπίθετα καὶ τὰς μεταφορὰς ἁρμοτ-
τούσας λέγειν. τοῦτο δ' ἔσται ἐκ τοῦ ἀνάλογον· εἰ δὲ μή,
ἀπρεπὲς φανεῖται διὰ τὸ παρ' ἄλληλα τὰ ἐναντία μάλιστα
φαίνεσθαι. ἀλλὰ δεῖ σκοπεῖν, ὡς νέῳ φοινικίς, οὕτω γέ-
ροντι τί (οὐ γὰρ ἡ αὐτὴ πρέπει ἐσθής), καὶ ἐάν τε κοσμεῖν
15 βούλῃ, ἀπὸ τῶν βελτίστων τῶν ἐν ταὐτῷ γένει φέρειν τὴν

32 μεταφοραί BCY²Γ   μόνα Winstanley: μόναι codd.   χρήσιμα
Winstanley: χρήσιμαι ΑϹΓ: χρήσιμοι cett.   35 ὡς] μὲν ὡς Γ: ὅτι ὡς Σ
36 τε+τὸ ΘΠ   ἐνδέξεται Richards: ἐνδέχεται codd.   38 περὶ Θ: penes G
1405ᵃ 1 καὶ ΑΔΓ: τε καὶ ΘΒCE   2 καὶ¹ om. C   συνώνυμα ΘΠ
Α¹ corr.: συνοινυμα Α¹   5 αἱ μεταφοραί ΘΠΑ¹Γ: secl. Α²
6 τοσούτῳ Γ: τοσοῦτον ΘΠΣ: οὕτω Α   λόγῳ ΑΒϹΓ: λόγοις DEQY¹Z
7 ὅσῳ ΑΓ: ὅσον ΘΠΣ   8 καὶ τὸ ἡδὺ om. Σ   10 καὶ τὰ ἐπίθετα
secl. Spengel: καὶ om. Γ   11 ἀναλόγου DQZ   12 ἀπρεπὲς] μᾶλλον
ἀπρεπὲς Σ   13 νέῳ ΘΠΓ: νέοι Α   φοινικὶς BCY²ΓΣ: φοίνικες ΑDEQZ
οὕτω γέροντί τι ΘΠΓ: οὐ τῶι γέροντι Α   15 τῶν βελτίστων ΘΠ: τοῦ
βελτίονος ΑΓΣ   ταὐτῷ ΑΒΓ: τῷ ΘCDE

μεταφοράν, ἐάν τε ψέγειν, ἀπὸ τῶν χειρόνων· λέγω δ' οἷον,
ἐπεὶ τὰ ἐναντία ἐν τῷ αὐτῷ γένει, τὸ φάναι τὸν μὲν πτω-
χεύοντα εὔχεσθαι τὸν δὲ εὐχόμενον πτωχεύειν, ὅτι ἄμφω αἰ-
τήσεις, τὸ εἰρημένον ἐστὶ ποιεῖν, ὡς καὶ Ἰφικράτης Καλλίαν
μητραγύρτην ἀλλ' οὐ δαδοῦχον, ὁ δὲ ἔφη ἀμύητον αὐτὸν 20
εἶναι· οὐ γὰρ ἂν μητραγύρτην αὐτὸν καλεῖν, ἀλλὰ δαδοῦχον·
ἄμφω γὰρ περὶ θεόν, ἀλλὰ τὸ μὲν τίμιον τὸ δὲ ἄτιμον.
καὶ ὁ μὲν διονυσοκόλακας, αὐτοὶ δ' αὐτοὺς τεχνίτας κα-
λοῦσιν (ταῦτα δ' ἄμφω μεταφορά, ἡ μὲν ῥυπαινόντων ἡ δὲ
τοὐναντίον), καὶ οἱ μὲν λησταὶ αὐτοὺς ποριστὰς καλοῦσι 25
νῦν (διὸ ἔξεστι λέγειν τὸν ἀδικήσαντα μὲν ἁμαρτάνειν, τὸν
δ' ἁμαρτάνοντα ἀδικῆσαι, καὶ τὸν κλέψαντα καὶ λαβεῖν καὶ
πορίσασθαι). τὸ δὲ ὡς ὁ Τήλεφος Εὐριπίδου φησίν,

κώπης ἀνάσσων κἀποβὰς εἰς Μυσίαν,

ἀπρεπές, ὅτι μεῖζον τὸ ἀνάσσειν ἢ κατ' ἀξίαν· οὐ κέκλεπται 30
οὖν. ἔστιν δὲ καὶ ἐν ταῖς συλλαβαῖς ἁμαρτία, ἐὰν μὴ ἡδείας ᾖ
σημεῖα φωνῆς, οἷον Διονύσιος προσαγορεύει ὁ χαλκοῦς ἐν
τοῖς ἐλεγείοις κραυγὴν Καλλιόπης τὴν ποίησιν, ὅτι ἄμφω
φωναί· φαύλη δὲ ἡ μεταφορὰ †ταῖς ἀσήμοις φωναῖς†. ἔτι δὲ
οὐ πόρρωθεν δεῖ ἀλλ' ἐκ τῶν συγγενῶν καὶ τῶν ὁμοειδῶν 35
μεταφέρειν ⟨ἐπὶ⟩ τὰ ἀνώνυμα ὠνομασμένως ὃ λεχθὲν δῆλόν ἐστιν
ὅτι συγγενές (οἷον ἐν τῷ αἰνίγματι τῷ εὐδοκιμοῦντι

ἄνδρ' εἶδον πυρὶ χαλκὸν ἐπ' ἀνέρι κολλήσαντα· **1405ᵇ**

ἀνώνυμον γὰρ τὸ πάθος, ἔστι δ' ἄμφω πρόσθεσίς τις·

20 μιτραγύρτην Π   23 ὁ ΑΓ: οἱ ΘΠΣ   διονυσοκόλακες DEZ
24 μεταφορά ACQΓ: μεταφοραί DEYZ: μεταφορᾶς Β   25 μὲν an
omittendum ?   αὐτοὺς ΘΑΒCΓ: αὐτοὶ δὲ DE   28 πορίσασθαι Buhle
et ut vid. Γ (acquirere): πορθῆσαι codd.   29 κώπης ἀνάσσων CΣ:
κώπας ἀνάσσειν ΘΑΒΔΕΓ   30 μεῖζον τὸ ἀνάσσειν ΑΓ: τὸ ἀνάσσειν
μεῖζον ΘΠ   31 ἁμαρτάνειν CΓΣ   μὴ ᾖ ἡδείας ΘΠΓ   33 κραυγὴν
+καὶ ΑΓ   34 ταῖς ... φωναῖς corrupta: ταῖς ἀσήμοις φωναῖς χρωμένη
Richards: an τῆς ἀσχήμονος φωνῆς ?   35 διαλέκτου Α: ex tenacis G
ὁμοειδῶν ΑΒCΕQΖΓ: ὁμογενῶν DYᴵ   36 ἐπὶ add. Bywater   1405ᵇ 1
ἄνδρ'] unum G   πυρὶ χαλκὸν Vict.: πυρίχαλκον codd. Γ

κόλλησιν τοίνυν εἶπε τὴν τῆς σικύας προσβολήν), καὶ ὅλως
ἐκ τῶν εὖ ᾐνιγμένων ἔστι μεταφορὰς λαβεῖν ἐπιεικεῖς· μετα-
5 φοραὶ γὰρ αἰνίττονται, ὥστε δῆλον ὅτι εὖ μετενήνεκται. καὶ
ἀπὸ καλῶν· κάλλος δὲ ὀνόματος τὸ μὲν ὥσπερ Λικύμνιος
λέγει, ἐν τοῖς ψόφοις ἢ τῷ σημαινομένῳ, καὶ αἶσχος δὲ
ὡσαύτως. ἔτι δὲ τρίτον ὃ λύει τὸν σοφιστικὸν λόγον· οὐ
γὰρ ὡς ἔφη Βρύσων οὐθένα αἰσχρολογεῖν, εἴπερ τὸ αὐτὸ
10 σημαίνει τόδε ἀντὶ τοῦδε εἰπεῖν· τοῦτο γάρ ἐστιν ψεῦδος·
ἔστιν γὰρ ἄλλο ἄλλου κυριώτερον καὶ ὡμοιωμένον μᾶλλον
καὶ οἰκειότερον, τῷ ποιεῖν τὸ πρᾶγμα πρὸ ὀμμάτων. ἔτι οὐχ
ὁμοίως ἔχον σημαίνει τόδε καὶ τόδε, ὥστε καὶ οὕτως ἄλλου
ἄλλο κάλλιον καὶ αἴσχιον θετέον· ἄμφω μὲν γὰρ τὸ καλὸν
15 ἢ τὸ αἰσχρὸν σημαίνουσιν, ἀλλ' οὐχ ᾗ καλὸν ἢ οὐχ ᾗ
αἰσχρόν· ἢ ταῦτα μέν, ἀλλὰ μᾶλλον καὶ ἧττον. τὰς δὲ
μεταφορὰς ἐντεῦθεν οἰστέον, ἀπὸ καλῶν ἢ τῇ φωνῇ ἢ τῇ
δυνάμει ἢ τῇ ὄψει ἢ ἄλλῃ τινὶ αἰσθήσει. διαφέρει δ'
εἰπεῖν, οἷον ῥοδοδάκτυλος ἠὼς μᾶλλον ἢ φοινικοδάκτυλος,
20 ἢ ἔτι φαυλότερον ἐρυθροδάκτυλος. καὶ ἐν τοῖς ἐπιθέτοις
ἔστιν μὲν τὰς ἐπιθέσεις ποιεῖσθαι ἀπὸ φαύλου ἢ αἰσχροῦ,
οἷον ὁ μητροφόντης, ἔστι δ' ἀπὸ τοῦ βελτίονος, οἷον ὁ πα-
τρὸς ἀμύντωρ· καὶ ὁ Σιμωνίδης, ὅτε μὲν ἐδίδου μισθὸν ὀλί-
γον αὐτῷ ὁ νικήσας τοῖς ὀρεῦσιν, οὐκ ἤθελε ποιεῖν, ὡς
25 δυσχεραίνων εἰς ἡμιόνους ποιεῖν, ἐπεὶ δ' ἱκανὸν ἔδωκεν,
ἐποίησε

χαίρετ' ἀελλοπόδων θύγατρες ἵππων·

καίτοι καὶ τῶν ὄνων θυγατέρες ἦσαν. ἔστιν αὖ τὸ ὑπο-
κορίζεσθαι· ἔστιν δὲ ὁ ὑποκορισμὸς ὃ ἔλαττον ποιεῖ καὶ τὸ

7 λέγει ΘΒϹΓ: λέγειν ADE   τῷ ψόφῳ Γ   8 ἔτι δὲ τρίτον codd. Γ:
an ἔστι δὲ τρίτον τι ?   9 ὡς ΘΠΓ: om. A   10 τόδε ἀντὶ τοῦδε A:
ἀντὶ τοῦ τόδε ΘΠ: τόδε ἀντὶ τῶνδε Γ   13 ἔχον ADEΓ: ἔχων ΘΒϹ
ἄλλου ἄλλο A¹ corr.: ἄλλο ἄλλο A¹: ἄλλο ἄλλου ΘΠΓϹ   15 ᾗ¹ ΑΓ: καὶ
ΘΠΣ   16 δὲ] δὴ Knebel   27 θυγατέρες ΘΕ   28 ἔστιν αὖ τὸ
scripsi: ἔτι τὸ αὐτὸ codd. Γ   ὑποκορίζεσθαι … 29 ὑποκορισμὸς ΘΠΓ:
ὑπ' ὀρκίζεσθαι … 29 ὑπορκισμός A   29 ὃ scripsi: ὃς codd. Γ

κακὸν καὶ. τὸ ἀγαθόν, ὥσπερ καὶ Ἀριστοφάνης σκώπτει 30
ἐν τοῖς Βαβυλωνίοις, ἀντὶ μὲν χρυσίου χρυσιδάριον, ἀντὶ δ᾽
ἱματίου ἱματιδάριον, ἀντὶ δὲ λοιδορίας λοιδορημάτιον καὶ ἀντὶ
νοσήματος νοσημάτιον. εὐλαβεῖσθαι δὲ δεῖ καὶ παρατηρεῖν ἐν
ἀμφοῖν τὸ μέτριον.

3   Τὰ δὲ ψυχρὰ ἐν τέτταρσι γίγνεται κατὰ τὴν λέξιν, ἔν τε 35
τοῖς διπλοῖς ὀνόμασιν, οἷον Λυκόφρων " τὸν πολυπρόσωπον
οὐρανὸν τῆς μεγαλοκορύφου γῆς ", καὶ " ἀκτὴν δὲ στενοπόρον ",
καὶ ὡς Γοργίας ὠνόμαζεν " πτωχομουσοκόλακας ἐπιορκήσαντας
κατ᾽ εὐορκήσαντος ", καὶ ὡς Ἀλκιδάμας " μένους μὲν τὴν 1406ᵃ
ψυχὴν πληρουμένην, πυρίχρων δὲ τὴν ὄψιν γιγνομένην ", καὶ
" τελεσφόρον " ᾠήθη τὴν προθυμίαν αὐτῶν γενήσεσθαι, καὶ
" τελεσφόρον " τὴν πειθὼ τῶν λόγων κατέστησεν, καὶ " κυανό-
χρων " τὸ τῆς θαλάττης ἔδαφος· πάντα ταῦτα γὰρ ποιητικὰ 5
διὰ τὴν δίπλωσιν φαίνεται. μία μὲν οὖν αὕτη αἰτία, μία
δὲ τὸ χρῆσθαι γλώτταις, οἷον Λυκόφρων Ξέρξην " πέλωρον
ἄνδρα ", καὶ Σκίρων " σίνις ἀνήρ ", καὶ Ἀλκιδάμας " ἄθυρμα τῇ
ποιήσει ", καὶ " τὴν τῆς φύσεως ἀτασθαλίαν ", καὶ " ἀκράτῳ
τῆς διανοίας ὀργῇ τεθηγμένον ". τρίτον δ᾽ ἐν τοῖς ἐπιθέτοις 10
τὸ ἢ μακροῖς ἢ ἀκαίροις ἢ πυκνοῖς χρῆσθαι· ἐν μὲν γὰρ
ποιήσει πρέπει " γάλα λευκὸν " εἰπεῖν, ἐν δὲ λόγῳ τὰ μὲν
ἀπρεπέστερα· τὰ δέ, ἂν ᾖ κατακορή, ἐξελέγχει καὶ ποιεῖ
φανερὸν ὅτι ποίησίς ἐστιν, ἐπεὶ δεῖ γε χρῆσθαι αὐτοῖς (ἐξ-
αλλάττει γὰρ τὸ εἰωθὸς καὶ ξενικὴν ποιεῖ τὴν λέξιν), ἀλλὰ 15
δεῖ στοχάζεσθαι τοῦ μετρίου, ἐπεὶ μεῖζον ποιεῖ κακὸν τοῦ

30 καὶ² +ὁ CD   σκώπτων Γ   32 καὶ... 33 νοσημάτιον C : καὶ νοσημά-
τιον codd. cett. : om. Γ   33 δεῖ om. Q   ἐν ἀμφοῖν om. D   35 γίνονται
ΘΒC   37 μελανοκορύφου Mon. Σ   38 ὠνόμαζεν secl. Roemer   πτωχο-
μουσοκόλακας Vahlen : πτωχόμουσος κόλαξ codd. : pauper sapiens adulator
G   ἐπιορκήσαντος Diels   1406ᵃ 1 καὶ κατευορκήσαντας ΘΑΒCD :
καὶ κατευορκίσαντας E   μένους om. Γ : μὲν οὓς A   5 τῆς θαλάττης ΑΓ :
θετταλοῦ BDYZ : θετταλοῦ Θ   γὰρ ταῦτα ΘΠΓ   7 πέλωρον ΑΓ : τὸν
πελώριον ΘΠΣ   8 σίνις EΓ : σίννος Β : σινῆς C : οἰνὶς Α : σίννις cett.
9 ἀκράτῳ om. Γ : ἀκράτωρ ΘΕ   13 κατακορή ΘΠΓ : κατακορῆς Α
14 ποιήσεως Q   αὐτοῖς Γ : αὐτῶι Α : αὐτῇ ΘΠ

εἰκῆ λέγειν· ἡ μὲν γὰρ οὐκ ἔχει τὸ εὖ, ἡ δὲ τὸ κακῶς.
διὸ τὰ Ἀλκιδάμαντος ψυχρὰ φαίνεται· οὐ γὰρ ὡς ἡδύσματι
χρῆται ἀλλ' ὡς ἐδέσματι τοῖς ἐπιθέτοις ⟨τοῖς⟩ οὕτω πυκνοῖς
20 καὶ μείζοσι καὶ ἐπιδήλοις, οἷον οὐχ ἱδρῶτα ἀλλὰ τὸν ὑγρὸν
ἱδρῶτα, καὶ οὐκ εἰς Ἴσθμια ἀλλ' εἰς τὴν τῶν Ἰσθμίων
πανήγυριν, καὶ οὐχὶ νόμους ἀλλὰ τοὺς τῶν πόλεων βασι-
λεῖς νόμους, καὶ οὐ δρόμῳ ἀλλὰ δρομαίᾳ τῇ τῆς ψυχῆς
ὁρμῇ, καὶ οὐχὶ μουσεῖον ἀλλὰ τὸ τῆς φύσεως παραλαβὼν
25 μουσεῖον, καὶ σκυθρωπὸν τὴν φροντίδα τῆς ψυχῆς, καὶ
οὐ χάριτος ἀλλὰ πανδήμου χάριτος δημιουργός, καὶ οἰκονό-
μος τῆς τῶν ἀκουόντων ἡδονῆς, καὶ οὐ κλάδοις ἀλλὰ τοῖς
τῆς ὕλης κλάδοις ἀπέκρυψεν, καὶ οὐ τὸ σῶμα παρήμπισχεν
ἀλλὰ τὴν τοῦ σώματος αἰσχύνην, καὶ ἀντίμιμον τὴν τῆς
30 ψυχῆς ἐπιθυμίαν (τοῦτο δ' ἅμα καὶ διπλοῦν καὶ ἐπίθετον,
ὥστε ποίημα γίνεται), καὶ οὕτως ἔξεδρον τὴν τῆς μοχθηρίας
ὑπερβολήν. διὸ ποιητικῶς λέγοντες τῇ ἀπρεπείᾳ τὸ γελοῖον
καὶ τὸ ψυχρὸν ἐμποιοῦσι, καὶ τὸ ἀσαφὲς διὰ τὴν ἀδολε-
σχίαν· ὅταν γὰρ γιγνώσκοντι ἐπεμβάλλῃ, διαλύει τὸ σαφὲς
35 τῷ ἐπισκοτεῖν. οἱ δ' ἄνθρωποι τοῖς διπλοῖς χρῶνται ὅταν
ἀνώνυμον ᾖ καὶ ὁ λόγος εὐσύνθετος, οἷον τὸ χρονοτριβεῖν·
1406ᵇ ἀλλ' ἂν πολύ, πάντως ποιητικόν· διὸ χρησιμωτάτη ἡ διπλῆ
λέξις τοῖς διθυραμβοποιοῖς (οὗτοι γὰρ ψοφώδεις), αἱ δὲ
γλῶτται τοῖς ἐποποιοῖς (σεμνὸν γὰρ καὶ αὔθαδες), ἡ δὲ μετα-
φορὰ τοῖς ἰαμβείοις (τούτοις γὰρ νῦν χρῶνται, ὥσπερ

---

18 ὡς ΓΣ: om. codd.   ἡδύσματι ΘΑΒΓΣ: ἡδύσματι DE   19 ἐδέ-
σματι ΑΒΓΟQYΓ: ἐδέσματι DE: ἐδέσματα Z   τοῖς addidi   20 ἐπὶ δήλοις
Bernays   21 ἱδρῶντα Α   22 νόμους ΘΠΓ: νόμον Α   τοὺς om. Α
23 νομίμους ΑΓ   δρόμῳ ΑΒΣΥΓ: δρομαῖαι DQZ: δρομαῖα Ε
δρομαίᾳ ΑΒΣΥΖΓ: δρομμῖαι DQ: δρομαῖα Ε   24 τὸ τῆς φύσεως]
naturam G   περιλαβὼν Α: obtinens G   26 οἰκονομία D   27 τοῖς
om. ΘDE   28 ἀπέκρυψεν om. Σ   29 ἀντίμιμον C, γρ. Υ, Σ:
τίμιον cett. Γ   31 ἔξεδρον Σ: ἐξεῦρον codd. Γ   34 ἐπεμβάλῃ
ΘΠΣ: ἐπεμβάλλεται Γ   35 ἐπισκοτεῖν QΓ   1406ᵇ 1 χρησιμωτάτη
ΑΒΓΓ: χρησιμώτατον ΘDE   3 ἡ om. ΘΠ   δὲ μεταφορὰ scripsi:
μεταφορὰ Α: μεταφορὰ δὲ ΘΣ

εἴρηται). καὶ ἔτι τέταρτον τὸ ψυχρὸν ἐν ταῖς μεταφοραῖς 5
γίνεται· εἰσὶν γὰρ καὶ μεταφοραὶ ἀπρεπεῖς, αἱ μὲν διὰ τὸ
γελοῖον (χρῶνται γὰρ καὶ οἱ κωμῳδοποιοὶ μεταφοραῖς), αἱ
δὲ διὰ τὸ σεμνὸν ἄγαν καὶ τραγικόν· ἀσαφεῖς δέ, ἂν πόρ-
ρωθεν, οἷον Γοργίας "χλωρὰ καὶ ἄναιμα τὰ πράγματα", "σὺ
δὲ ταῦτα αἰσχρῶς μὲν ἔσπειρας κακῶς δὲ ἐθέρισας"· ποιη- 10
τικῶς γὰρ ἄγαν. καὶ ὡς Ἀλκιδάμας τὴν φιλοσοφίαν "ἐπι-
τείχισμα τῷ νόμῳ", καὶ τὴν Ὀδύσσειαν "καλὸν ἀνθρω-
πίνου βίου κάτοπτρον", καὶ "οὐδὲν τοιοῦτον ἄθυρμα τῇ
ποιήσει προσφέρων"· ἅπαντα γὰρ ταῦτα ἀπίθανα διὰ τὰ εἰρη-
μένα. τὸ δὲ Γοργίου εἰς τὴν χελιδόνα, ἐπεὶ κατ' αὐτοῦ 15
πετομένη ἀφῆκε τὸ περίττωμα, ἄριστα ⟨ἔχει⟩ τῶν τραγικῶν·
εἶπε γὰρ "αἰσχρόν γε, ὦ Φιλομήλα". ὄρνιθι μὲν γὰρ εἰ
ἐποίησεν, οὐκ αἰσχρόν, παρθένῳ δὲ αἰσχρόν. εὖ οὖν ἐλοιδόρησεν
εἰπὼν ὃ ἦν, ἀλλ' οὐχ ὃ ἔστιν.

4 Ἔστιν δὲ καὶ ἡ εἰκὼν μεταφορά· διαφέρει γὰρ μικρόν· 20
ὅταν μὲν γὰρ εἴπῃ [τὸν Ἀχιλλέα] "ὡς δὲ λέων ἐπόρουσεν",
εἰκών ἐστιν, ὅταν δὲ "λέων ἐπόρουσε", μεταφορά· διὰ γὰρ τὸ
ἄμφω ἀνδρείους εἶναι, προσηγόρευσεν μετενέγκας λέοντα
τὸν Ἀχιλλέα. χρήσιμον δὲ ἡ εἰκὼν καὶ ἐν λόγῳ, ὀλιγάκις
δέ· ποιητικὸν γάρ. οἰστέαι δὲ ὥσπερ αἱ μεταφοραί· μετα- 25
φοραὶ γάρ εἰσι, διαφέρουσαι τῷ εἰρημένῳ.

εἰσὶν δ' εἰκόνες οἷον ἣν Ἀνδροτίων εἰς Ἰδριέα, ὅτι ὅμοιος
τοῖς ἐκ τῶν δεσμῶν κυνιδίοις· ἐκεῖνά τε γὰρ προσπίπτοντα
δάκνειν, καὶ Ἰδριέα λυθέντα ἐκ τῶν δεσμῶν εἶναι χαλεπόν. καὶ
ὡς Θεοδάμας εἴκαζεν Ἀρχίδαμον Εὐξένῳ γεωμετρεῖν οὐκ ἐπι- 30
σταμένῳ ἐν τῷ ἀνάλογον ⟨ἐστιν⟩· ἔσται γὰρ καὶ ὁ Εὔξενος

---

9 ἄναιμα ΘΒC: ἔναιμα ΑΔΕΓ   10 μὲν om. ΑΓ   12 τῷ νόμῳ
Bywater: τῶν νομῶν codd. Γ   13 τοιοῦτον om. Γ   16 ἔχει
add. Richards: om. codd. Γ   17 εἶπε ΘΠΓ: ἐπεὶ Α   21 τὸν
Ἀχιλλέα seclusi: habent codd. Γ   22 ὅταν ΑΓ: ὅτι ΘΠ τὸ
γὰρ Α   23 μετενεγκὼν ΘΠ   λέοντα om. C   27 ἣν
Ἀνδροτίων om. Γ   ἣν ΥΖ: ἣν DE   29 δάκνειν Faber: δάκνει codd.
31 ἐν τῷ] καὶ ἐκ τοῦ ΘΠΓ   ἐστιν addidi: om. codd. Γ   ἔστι ΘΔΕΓ

Ἀρχίδαμος γεωμετρικός. καὶ τὸ ἐν τῇ Πολιτείᾳ τῇ Πλάτωνος,
ὅτι οἱ τοὺς τεθνεῶτας σκυλεύοντες ἐοίκασι τοῖς κυνιδίοις
ἃ τοὺς λίθους δάκνει, τοῦ βάλλοντος οὐχ ἁπτόμενα, καὶ
35 ἡ εἰς τὸν δῆμον, ὅτι ὅμοιος ναυκλήρῳ ἰσχυρῷ μὲν ὑπο-
κώφῳ δέ, καὶ ἡ εἰς τὰ μέτρα τῶν ποιητῶν, ὅτι ἔοικε τοῖς
1407ᵃ ἄνευ κάλλους ὡραίοις· οἱ μὲν γὰρ ἀπανθήσαντες, τὰ δὲ
διαλυθέντα οὐχ ὅμοια φαίνεται. καὶ ἡ Περικλέους εἰς Σα-
μίους, ἐοικέναι αὐτοὺς τοῖς παιδίοις ἃ τὸν ψωμὸν δέχεται
μέν, κλαίοντα δέ, καὶ εἰς Βοιωτούς, ὅτι ὅμοιοι τοῖς πρίνοις·
5 τούς τε γὰρ πρίνους ὑφ' αὑτῶν κατακόπτεσθαι, καὶ τοὺς
Βοιωτοὺς πρὸς ἀλλήλους μαχομένους. καὶ ὁ Δημοσθένης
⟨εἰς⟩ τὸν δῆμον, ὅτι ὅμοιός ἐστιν τοῖς ἐν τοῖς πλοίοις ναυ-
τιῶσιν. καὶ ὡς Δημοκράτης εἴκασεν τοὺς ῥήτορας ταῖς
τίτθαις αἳ τὸ ψώμισμα καταπίνουσαι τῷ σιάλῳ τὰ παιδία
10 παραλείφουσιν. καὶ ὡς Ἀντισθένης Κηφισόδοτον τὸν λεπτὸν
λιβανωτῷ εἴκασεν, ὅτι ἀπολλύμενος εὐφραίνει. πάσας δὲ
ταύτας καὶ ὡς εἰκόνας καὶ ὡς μεταφορὰς ἔξεστι λέγειν,
ὥστε ὅσαι ἂν εὐδοκιμῶσιν ὡς μεταφοραὶ λεχθεῖσαι, δῆλον
ὅτι αὗται καὶ εἰκόνες ἔσονται, καὶ αἱ εἰκόνες μεταφοραὶ
15 λόγου δεόμεναι. ἀεὶ δὲ δεῖ τὴν μεταφορὰν τὴν ἐκ τοῦ
ἀνάλογον ἀνταποδιδόναι καὶ ἐπὶ θάτερα [καὶ ἐπὶ] τῶν ὁμο-
γενῶν, οἷον εἰ ἡ φιάλη ἀσπὶς Διονύσου, καὶ τὴν ἀσπίδα
ἁρμόττει λέγεσθαι φιάλην Ἄρεως.

Ὁ μὲν οὖν λόγος συντίθεται ἐκ τούτων, ἔστι δ' ἀρχὴ 5
20 τῆς λέξεως τὸ ἑλληνίζειν· τοῦτο δ' ἐστὶν ἐν πέντε, πρῶτον
μὲν ἐν τοῖς συνδέσμοις, ἂν ἀποδιδῷ τις ὡς πεφύκασι πρό-

---

32 τὸ] τὰ ci. Roemer   πολιτείᾳ ΘΠΓ: πολιτίδι Α   τῇ] διὰ τοῦ ΘΓ
34 τῶν βαλλόντων ΘΠΓ   35 ἡ εἰς τὸν δῆμον ΑΓ: καὶ ὡς ὁ Δημοσθένης
ΘΠ   ὑποκώφῳ ΑΒСΥΓ: ὑποκύφῳ DEQZ   36 ἡ ΘΠΑ¹ s.l.: om. Α¹
1407ᵃ 1 ἀπανθίσαντες Α   δὲ om. Γ   4 κλαίει Γ   6 ὁ Roemer: ὃ
codd.   7 εἰς add. Bekker   8 ὥς+ὁ ΘΠ   9 τιτθαῖς Α   10 τὸν
λεπτὸν ΘΠΓ: τῷ λεπτῷ γρ.Υ, γρ.Σ   11 δὲ Γ: γὰρ codd.   14 μεταφοραὶ
ΘΠΓ: μεταφοραῖς Α   16 θατέρου Ζ   καὶ ἐπὶ secl. Bernays
18 Ἄρεος ΘΠ

τεροι καὶ ὕστεροι γίγνεσθαι ἀλλήλων, οἷον ἔνιοι ἀπαιτοῦσιν,
ὥσπερ ὁ μέν καὶ ὁ ἐγὼ μέν ἀπαιτεῖ τὸν δέ καὶ τὸν ὁ δέ.
δεῖ δὲ ἕως μέμνηται ἀνταποδιδόναι ἀλήλλοις, καὶ μήτε μα-
κρὰν ἀπαρτᾶν μήτε σύνδεσμον πρὸ συνδέσμου ἀποδιδόναι 25
τοῦ ἀναγκαίου· ὀλιγαχοῦ γὰρ ἁρμόττει. " ἐγὼ μέν, ἐπεί μοι
εἶπεν (ἦλθε γὰρ Κλέων δεόμενός τε καὶ ἀξιῶν), ἐπορευόμην
παραλαβὼν αὐτούς ". ἐν τούτοις γὰρ πολλοὶ πρὸ τοῦ ἀποδοθη-
σομένου συνδέσμου προεμβέβληνται σύνδεσμοι· ἐὰν δὲ πολὺ
τὸ μεταξὺ γένηται τοῦ ἐπορευόμην, ἀσαφές. ἐν μὲν δὴ τὸ 30
εὖ ἐν τοῖς συνδέσμοις, δεύτερον δὲ τὸ τοῖς ἰδίοις ὀνόμασι
λέγειν καὶ μὴ τοῖς περιέχουσιν. τρίτον μὴ ἀμφιβόλοις. τοῦτο
δ' ἂν μὴ τἀναντία προαιρῆται, ὅπερ ποιοῦσιν ὅταν μηδὲν
μὲν ἔχωσι λέγειν, προσποιῶνται δέ τι λέγειν· οἱ γὰρ τοι-
οῦτοι ἐν ποιήσει λέγουσιν ταῦτα, οἷον Ἐμπεδοκλῆς· φενα- 35
κίζει γὰρ τὸ κύκλῳ πολὺ ὄν, καὶ πάσχουσιν οἱ ἀκροαταὶ ὅ-
περ οἱ πολλοὶ παρὰ τοῖς μάντεσιν· ὅταν γὰρ λέγωσιν ἀμφί-
βολα, συμπαρανεύουσιν—

Κροῖσος Ἅλυν διαβὰς μεγάλην ἀρχὴν καταλύσει

—καὶ διὰ τὸ ὅλως ἔλαττον εἶναι ἁμάρτημα διὰ τῶν γενῶν **1407ᵇ**
τοῦ πράγματος λέγουσιν οἱ μάντεις· τύχοι γὰρ ἄν τις μᾶλ-
λον ἐν τοῖς ἀρτιασμοῖς ἄρτια ἢ περισσὰ εἰπὼν μᾶλλον ἢ
πόσα ἔχει, καὶ τὸ ὅτι ἔσται ἢ τὸ πότε, διὸ οἱ χρησμολόγοι
οὐ προσορίζονται τὸ πότε. ἅπαντα δὴ ταῦτα ὅμοια, ὥστ' 5
ἂν μὴ τοιούτου τινὸς ἕνεκα, φευκτέον. τέταρτον, ὡς Πρω-
ταγόρας τὰ γένη τῶν ὀνομάτων διήρει, ἄρρενα καὶ θήλεα καὶ
σκεύη· δεῖ γὰρ ἀποδιδόναι καὶ ταῦτα ὀρθῶς· " ἡ δ' ἐλθοῦσα

---

23 ὁ³ om. ΑΓ   26 μέν Bywater: δ' codd.   27 γὰρ ΑΒCDΓ:
τε γὰρ EQY¹ZΣ   κλέων ΠΑQΓ: κλαίων Σ: καὶ κλέων Y¹Z   28 αὐτὸν
C   τούτοις ACDEQY¹ZΓ: τούτῳ ΒY²   30 τοῦ ἐπορευόμην secl. Diels
32 τοῦτο scripsi: ταῦτα codd. Γ   33 ὁ περιποιοῦσι Α: ὁ μὲν ποιοῦσι Γ
35 ποιήσει] fictionis G   37 γὰρ ΑΓ: om. ΘΠ   1407ᵇ 1 γενῶν
ΘΑΒCΓ: λοξῶν DE   2 μᾶλλον ΑΓ: om. ΘΠ   5 προσοργίζονται
Α: ὁρίζονται Γ   τὸ om. ΠΑQΖΓ

καὶ διαλεχθεῖσα ᾤχετο ". πέμπτον ἐν τῷ τὰ πολλὰ καὶ ὀλίγα
10 καὶ ἓν ὀρθῶς ὀνομάζειν· " οἱ δ' ἐλθόντες ἔτυπτόν με ".

ὅλως δὲ δεῖ εὐανάγνωστον εἶναι τὸ γεγραμμένον καὶ
εὔφραστον· ἔστιν δὲ τὸ αὐτό· ὅπερ οἱ πολλοὶ σύνδεσμοι
οὐκ ἔχουσιν, οὐδ' ἃ μὴ ῥάδιον διαστίξαι, ὥσπερ τὰ Ἡρα-
κλείτου. τὰ γὰρ Ἡρακλείτου διαστίξαι ἔργον διὰ τὸ ἄδηλον
15 εἶναι ποτέρῳ πρόσκειται, τῷ ὕστερον ἢ τῷ πρότερον, οἷον
ἐν τῇ ἀρχῇ αὐτῇ τοῦ συγγράμματος· φησὶ γὰρ " τοῦ λόγου
τοῦδ' ἐόντος ἀεὶ ἀξύνετοι ἄνθρωποι γίγνονται "· ἄδηλον γὰρ τὸ
ἀεί, πρὸς ποτέρῳ ⟨δεῖ⟩ διαστίξαι. ἔτι τόδε ποιεῖ σολοικίζειν,
τὸ μὴ ἀποδιδόναι, ἐὰν μὴ ἐπιζευγνύῃς ὃ ἀμφοῖν ἁρμόττει,
20 οἷον [ἢ] ψόφῳ καὶ χρώματι τὸ μὲν ἰδὼν οὐ κοινόν, τὸ δ'
αἰσθόμενος κοινόν· ἀσαφῆ δὲ ἂν μὴ προθεὶς εἴπῃς, μέλ-
λων πολλὰ μεταξὺ ἐμβάλλειν, οἷον " ἔμελλον γὰρ διαλεχθεὶς
ἐκείνῳ τάδε καὶ τάδε καὶ ὧδε πορεύεσθαι ", ἀλλὰ μὴ " ἔμελλον
γὰρ διαλεχθεὶς πορεύεσθαι, εἶτα τάδε καὶ τάδε καὶ ὧδε
25 ἐγένετο ".

Εἰς ὄγκον δὲ τῆς λέξεως συμβάλλεται τάδε, τὸ λόγῳ 6
χρῆσθαι ἀντ' ὀνόματος, οἷον μὴ κύκλον, ἀλλ' ἐπίπεδον τὸ
ἐκ τοῦ μέσου ἴσον· εἰς δὲ συντομίαν τὸ ἐναντίον, ἀντὶ τοῦ
λόγου ὄνομα. καὶ ἐὰν αἰσχρὸν ἢ ἀπρεπές, ἐὰν μὲν ἐν τῷ
30 λόγῳ ᾖ ⟨τὸ⟩ αἰσχρόν, τοὔνομα λέγειν, ἐὰν δ' ἐν τῷ ὀνόματι,
τὸν λόγον. καὶ μεταφορᾷ δηλοῦν καὶ τοῖς ἐπιθέτοις, εὐ-

---

11 γεγραμμένον ΘΑΒΣΓ: εἰρημένον DE   12 σύνδεσμοι + ἔχουσιν,
οἱ δ' ὀλίγοι Diels   16 αὐτῇ Richards: αὐτοῦ codd.   17 τοῦδ'
ἐόντος Victorius: τοῦ δέοντος ΑΓΣ: τοῦ ὄντος ΘΠ   18 ποτέρῳ
Susemihl: προτέρῳ Α: ὁποτέρως ΘΠ   δεῖ διαστίξαι Gaisford: διαστίξαι
codd.: punctuandum G: δεῖ στίξαι Victorius   τόδε scripsi: τάδε ΑΒΔΕΓ:
om. ΘΣΣ   19 ὃ ἀμφοῖν scripsi: ἀμφοῖν ὃ codd. Γ   20 ψόφῳ καὶ
Richards: ἢ ψόφῳ ἢ codd. Γ   21 ἀσαφῆ δὲ, sc. τὸν λόγον ποιήσει (cf.
l. 18)   ἂν ΑΒΔΓ: καὶ ἂν ΘCE   προσθεὶς ΥΖΓ: προσθῇς Q   εἴπῃς
ΑΒCΥΖΓ: εἴπῃ DE: om. Q   24 γὰρ ΘΠΓ: om. ΑΣ   εἶτα ΘΠΓ: εἰ Α
ὧδε ΘΠ: + δεῖ Α: ὡς δὴ Γ (cod. Μ)   25 ἐγένοντο Α   26 τῷ] Α
30 τὸ addidi   31 μεταφορᾷ Γ (cod. Μ): μεταφοραὶ Α: μεταφοραῖς cett.
δηλοῦν] δεῖ δηλοῦν Σ

154

λαβούμενον τὸ ποιητικόν. καὶ τὸ ἓν πολλὰ ποιεῖν, ὅπερ οἱ
ποιηταὶ ποιοῦσιν· ἑνὸς ὄντος λιμένος ὅμως λέγουσι

λιμένας εἰς Ἀχαϊκούς

καὶ   δέλτου μὲν αἵδε πολύθυροι διαπτυχαί.   35

καὶ μὴ ἐπιζευγνύναι, ἀλλ' ἑκατέρῳ ἑκάτερον, " τῆς γυναικὸς
τῆς ἡμετέρας "· ἐὰν δὲ συντόμως, τοὐναντίον, " τῆς ἡμετέρας
γυναικός ". καὶ μετὰ συνδέσμου λέγειν· ἐὰν δὲ συντόμως,
ἄνευ μὲν συνδέσμου, μὴ ἀσύνδετα δέ, οἷον " πορευθεὶς καὶ δια-
λεχθείς ", " πορευθεὶς διελέχθην ". καὶ τὸ Ἀντιμάχου χρήσι- **1408ᵃ**
μον, ἐξ ὧν μὴ ἔχει λέγειν, ὃ ἐκεῖνος ποιεῖ ἐπὶ τοῦ Τευμησσοῦ,

ἔστι τις ἠνεμόεις ὀλίγος λόφος·

αὔξεται γὰρ οὕτως εἰς ἄπειρον. ἔστι δὲ τοῦτο καὶ ἐπὶ
ἀγαθῶν καὶ κακῶν, ὅπως οὐκ ἔχει, ὁποτέρως ἂν ᾖ χρή- 5
σιμον, ὅθεν καὶ τὰ ὀνόματα οἱ ποιηταὶ φέρουσιν, τὸ ἄχορδον
καὶ τὸ ἄλυρον μέλος· ἐκ τῶν στερήσεων γὰρ ἐπιφέρουσιν·
εὐδοκιμεῖ γὰρ τοῦτο ἐν ταῖς μεταφοραῖς λεγόμενον ταῖς ἀνά-
λογον, οἷον τὸ φάναι τὴν σάλπιγγα ἰέναι μέλος ἄλυρον.

7 Τὸ δὲ πρέπον ἕξει ἡ λέξις, ἐὰν ᾖ παθητική τε καὶ 10
ἠθικὴ καὶ τοῖς ὑποκειμένοις πράγμασιν ἀνάλογον. τὸ
δ' ἀνάλογόν ἐστιν ἐὰν μήτε περὶ εὐόγκων αὐτοκαβδάλως λέ-
γηται μήτε περὶ εὐτελῶν σεμνῶς, μηδ' ἐπὶ τῷ εὐτελεῖ ὀνό-
ματι ἐπῇ κόσμος· εἰ δὲ μή, κωμῳδία φαίνεται, οἷον ποιεῖ
Κλεοφῶν· ὁμοίως γὰρ ἔνια ἔλεγε καὶ εἰ εἴπειεν [ἂν] " πότνια 15
συκῆ ". παθητικὴ δέ, ἐὰν μὲν ᾖ ὕβρις, ὀργιζομένου λέξις,

32 ἓν om. AEQY¹ Z : ὃν Γ   35 δελτούμεναι δὲ ABDEQZ : δέλτου μία
δὲ Y : protractae G   1408ᵃ 2 ὃ ABEΓ : οἷον ΘCD : ὅπερ Σ   3 τις]
δὲ C   7 μέλος ΘΠΓ : μέρος A   8 γὰρ ABCΓ : δὲ ΘDE   ταῖς²] τοῖς
BYZ : τοῖς ἀνάλογον ταῖς DEQΓ   9 ἰέναι Richards : εἶναι codd.   μέλος
ΘΠΓ : μέρος A   10 τε] τις B : τι Γ   12 αὐτοκαβδάλως Γ, γρ. Σ : αὐτο-
κιβδήλως ΘACEΣ : αὐτὸ κιβδήλως BD : αὐτοκαυδάλως C²Y   13 μηδ'] μήτ'
ΘΠ τῷ ... 14 ἐπῇ] vilia nomina dicatur G   14 ἐπῇ] εἰ πῇι A   15 ἔνια
om. Y¹   εἰ AΓΣ : om. ΘΠ   εἴποιεν Σ   ἂν secl. Bekker   ὦ πότνια
Σ   16 συκῆ AΓΣ : σὺ ΘBDE

ἐὰν δὲ ἀσεβῆ καὶ αἰσχρά, δυσχεραίνοντος καὶ εὐλαβουμένου
καὶ λέγειν, ἐὰν δὲ ἐπαινετά, ἀγαμένως, ἐὰν δὲ ἐλεεινά,
ταπεινῶς, καὶ ἐπὶ τῶν ἄλλων δὲ ὁμοίως. πιθανοῖ δὲ τὸ
20 πρᾶγμα καὶ ἡ οἰκεία λέξις· παραλογίζεταί τε γὰρ ἡ ψυχὴ
ὡς ἀληθῶς λέγοντος, ὅτι ἐπὶ τοῖς τοιούτοις οὕτως ἔχουσιν,
ὥστ' οἴονται, εἰ καὶ μὴ οὕτως ἔχει ὡς ⟨λέγει⟩ ὁ λέγων, τὰ πρά-
γματα οὕτως ἔχειν, καὶ συνομοπαθεῖ ὁ ἀκούων ἀεὶ τῷ
παθητικῶς λέγοντι, κἂν μηθὲν λέγῃ. διὸ πολλοὶ καταπλήτ-
25 τουσι τοὺς ἀκροατὰς θορυβοῦντες. καὶ ἠθικὴ δὲ αὕτη ἡ
ἐκ τῶν σημείων δεῖξις, ὅτε ἀκολουθεῖ ἡ ἁρμόττουσα ἑκάστῳ
γένει καὶ ἕξει. λέγω δὲ γένος μὲν καθ' ἡλικίαν, οἷον παῖς
ἢ ἀνὴρ ἢ γέρων, καὶ γυνὴ ἢ ἀνήρ, καὶ Λάκων ἢ Θεττα-
λός, ἕξεις δέ, καθ' ἃς ποιός τις τῷ βίῳ· οὐ γὰρ καθ' ἅ-
30 πασαν ἕξιν οἱ βίοι ποιοί τινες. ἐὰν οὖν καὶ τὰ ὀνόματα
οἰκεῖα λέγῃ τῇ ἕξει, ποιήσει τὸ ἦθος· οὐ γὰρ ταὐτὰ οὐδ'
ὡσαύτως ἀγροῖκος ἂν καὶ πεπαιδευμένος εἴπειεν. πάσχουσι
δέ τι οἱ ἀκροαταὶ καὶ ᾧ κατακόρως χρῶνται οἱ
λογογράφοι, "τίς δ' οὐκ οἶδεν; ", "ἅπαντες ἴσασιν"· ὁμο-
35 λογεῖ γὰρ ὁ ἀκούων αἰσχυνόμενος, ὅπως μετέχῃ οὗπερ
καὶ οἱ ἄλλοι πάντες.

1408ᵇ τὸ δ' εὐκαίρως ἢ μὴ εὐκαίρως χρῆσθαι κοινὸν ἁπάν-
των τῶν εἰδῶν ἐστιν. ἄκος δ' ἐπὶ πάσῃ ὑπερβολῇ τὸ θρυ-
λούμενον· δεῖ γὰρ αὐτὸν αὑτῷ προσεπιπλήττειν· δοκεῖ γὰρ
ἀληθὲς εἶναι, ἐπεὶ οὐ λανθάνει γε ὃ ποιεῖ τὸν λέγοντα. ἔτι

17 δυσχεραίνοντως καὶ εὐλαβουμένως ΘΒDE : moleste ferendo et verendo
G   18 καὶ ABDΕΥΖΓ: om. CQ   19 δὲ² ΘΠΓ: om. A   20 τε
om. ΘΠΓ   22 ἔχει A: ἔχοι ΣΓ   ὡς secl. Riemann: ὡς φησὶν Spengel
λέγει addidi: om. codd. Γ   23 συνομοπαθεῖ AΓ: συνομοιοπαθεῖ ΘΠ   ὁ
ἀκούων ἀεὶ AΓ: ἀεὶ ὁ ἀκούων ΘΠ   24 παθητικῶς λέγοντι A : λέγοντι
παθητικῶς Γ   26 τῶν οἰκείων (cf. l. 20) Teichmüller   λέξις (cf. ll. 10,
16, 20) Richards   ὅτε Wolf: ὅτι codd. Γ   30-31 καὶ . . . ἦθος] faciet
morem G   31 τῆι λέξει A   οὐδ' Bekker: οὔθ' codd.   32 ὡσαύτως
ΘΠΓ: +ἂν A   εἴπειεν ΑDEΓ: εἴποιεν ΘΒC   33 κατακόρει A: κατὰ
καιρὸν Γ   34 εἶδεν E   ἃ πάντες ABCΕΓ   1408ᵇ 2 πάσης ὑπερ-
βολῆς Σ   θρυλλουμένου ΘΠ   3 προεπιπλήσσειν Quintilianus

τοῖς ἀνάλογον μὴ πᾶσιν ἅμα χρήσασθαι (οὕτω γὰρ κλέπτε- 5
ται ὁ ἀκροατής)· λέγω δὲ οἷον ἐὰν τὰ ὀνόματα σκληρὰ ᾖ,
μὴ καὶ τῇ φωνῇ καὶ τῷ προσώπῳ [καὶ] τοῖς ἁρμόττουσιν·
εἰ δὲ μή, φανερὸν γίνεται ἕκαστον ὅ ἐστιν. ἐὰν δὲ τὸ μὲν
τὸ δὲ μή, λανθάνει ποιῶν τὸ αὐτό. ἐὰν οὖν τὰ μαλακὰ
σκληρῶς καὶ τὰ σκληρὰ μαλακῶς λέγηται, πιθανὸν γίγνεται. 10
τὰ δὲ ὀνόματα τὰ διπλᾶ καὶ [τὰ] ἐπίθετα πλείω καὶ τὰ ξένα
μάλιστα ἁρμόττει λέγοντι παθητικῶς· συγγνώμη γὰρ ὀργιζο-
μένῳ κακὸν φάναι οὐρανόμηκες, ἢ πελώριον εἰπεῖν, καὶ ὅταν
ἔχῃ ἤδη τοὺς ἀκροατὰς καὶ ποιήσῃ ἐνθουσιάσαι ἢ ἐπ-
αίνοις ἢ ψόγοις ἢ ὀργῇ ἢ φιλίᾳ, οἷον καὶ Ἰσοκράτης ποιεῖ 15
ἐν τῷ Πανηγυρικῷ ἐπὶ τέλει " φήμην δὲ καὶ μνήμην " καὶ " οἵ-
τινες ἔτλησαν"· φθέγγονται γὰρ τὰ τοιαῦτα ἐνθουσιάζοντες,
ὥστε καὶ ἀποδέχονται δηλονότι ὁμοίως ἔχοντες. διὸ καὶ τῇ
ποιήσει ἥρμοσεν· ἔνθεον γὰρ ἡ ποίησις. ἢ δὴ οὕτως δεῖ, ἢ
μετ᾽ εἰρωνείας, ὥσπερ Γοργίας ἐποίει καὶ τὰ ἐν τῷ Φαίδρῳ. 20

8   Τὸ δὲ σχῆμα τῆς λέξεως δεῖ μήτε ἔμμετρον εἶναι μήτε
ἄρρυθμον· τὸ μὲν γὰρ ἀπίθανον (πεπλάσθαι γὰρ δοκεῖ), καὶ
ἅμα καὶ ἐξίστησι· προσέχειν γὰρ ποιεῖ τῷ ὁμοίῳ, πότε πά-
λιν ἥξει· ὥσπερ οὖν τῶν κηρύκων προλαμβάνουσι τὰ
παιδία τὸ "τίνα αἱρεῖται ἐπίτροπον ὁ ἀπελευθερούμενος;" 25
" Κλέωνα"· τὸ δὲ ἄρρυθμον ἀπέραντον, δεῖ δὲ πεπεράν-
θαι μέν, μὴ μέτρῳ δέ· ἀηδὲς γὰρ καὶ ἄγνωστον τὸ ἄπει-
ρον. περαίνεται δὲ ἀριθμῷ πάντα· ὁ δὲ τοῦ σχήματος τῆς
λέξεως ἀριθμὸς ῥυθμός ἐστιν, οὗ καὶ τὰ μέτρα τμήματα·
διὸ ῥυθμὸν δεῖ ἔχειν τὸν λόγον, μέτρον δὲ μή· ποίημα 30

5 κλέπτεται ΘΠΓ: κέκλεπται ΑΣ   7 καὶ secl. Vahlen   8 ἕκαστον
ὅ ἐστιν om. Σ   τὸ Bekker: τόδε codd.   9 ἐὰν] εἰ Σ   τὰ μαλακὰ
ΘΠΓ: τὰς μαλακὰς Α   10 πιθανὸν Thurot: ἀπίθανον codd. Γ   11 τὰ
ἐπίθετα καὶ διπλᾶ ΘΠ   τὰ seclusi   14 ἔχῃ ἤδη ΑΘΓ: ἤδη ἔχῃ ΠΥΖ
16 φήμην . . . μνήμην ex Isocrate Victorius: φήμη . . . γνώμη codd. Γ
17 γὰρ ΓΣ: τε γὰρ codd.   19 ἁρμόττει Σ   20 εἰρωνίας Α
ὅπερ Morelius   22 et 26 ἄρυθμον Α   29 τμήματα Γ: τμητά
codd.

γὰρ ἔσται. ῥυθμὸν δὲ μὴ ἀκριβῶς· τοῦτο δὲ ἔσται ἐὰν
μέχρι του ᾖ. τῶν δὲ ῥυθμῶν ὁ μὲν ἡρῷος σεμνῆς ἀλλ' οὐ
λεκτικῆς ἁρμονίας δεόμενος, ὁ δ' ἴαμβος αὐτή ἐστιν ἡ
λέξις ἡ τῶν πολλῶν (διὸ μάλιστα πάντων τῶν μέτρων
35 ἰαμβεῖα φθέγγονται λέγοντες), δεῖ δὲ σεμνότητα γενέσθαι
καὶ ἐκστῆσαι. ὁ δὲ τροχαῖος κορδακικώτερος· δηλοῖ δὲ
1409ᵃ τὰ τετράμετρα· ἔστι γὰρ τροχερὸς ῥυθμὸς τὰ τετράμετρα.
λείπεται δὲ παιάν, ᾧ ἐχρῶντο μὲν ἀπὸ Θρασυμάχου ἀρξά-
μενοι, οὐκ εἶχον δὲ λέγειν τίς ἦν. ἔστι δὲ τρίτος ὁ παιάν,
καὶ ἐχόμενος τῶν εἰρημένων· τρία γὰρ πρὸς δύ' ἐστίν,
5 ἐκείνων δὲ ὁ μὲν ἓν πρὸς ἕν, ὁ δὲ δύο πρὸς ἕν, ἔχεται
δὲ τῶν λόγων τούτων ὁ ἡμιόλιος· οὗτος δ' ἐστὶν ὁ παιάν.
οἱ μὲν οὖν ἄλλοι διά τε τὰ εἰρημένα ἀφετέοι, καὶ διότι
μετρικοί· ὁ δὲ παιὰν ληπτέος· ἀπὸ μόνου γὰρ οὐκ ἔστι
μέτρον τῶν ῥηθέντων ῥυθμῶν, ὥστε μάλιστα λανθάνειν.
10 νῦν μὲν οὖν χρῶνται τῷ ἑνὶ παιᾶνι καὶ ἀρχόμενοι ⟨καὶ
τελευτῶντες⟩, δεῖ δὲ διαφέρειν τὴν τελευτὴν τῆς ἀρχῆς.
ἔστιν δὲ παιᾶνος δύο εἴδη ἀντικείμενα ἀλλήλοις, ὧν τὸ μὲν ἓν
ἀρχῇ ἁρμόττει, ὥσπερ καὶ χρῶνται· οὗτος δ' ἐστὶν οὗ ἄρχει
μὲν ἡ μακρά, τελευτῶσιν δὲ τρεῖς βραχεῖαι, "Δαλογενὲς εἴτε
15 Λυκίαν", καὶ "Χρυσεοκόμα Ἕκατε παῖ Διός"· ἕτερος δ' ἐξ ἐν-
αντίας, οὗ βραχεῖαι ἄρχουσιν τρεῖς, ἡ δὲ μακρὰ τελευταία·

μετὰ δὲ γᾶν ὕδατά τ' ὠκεανὸν ἠφάνισε νύξ.

οὗτος δὲ τελευτὴν ποιεῖ· ἡ γὰρ βραχεῖα διὰ τὸ ἀτελὴς
εἶναι ποιεῖ κολοβόν. ἀλλὰ δεῖ τῇ μακρᾷ ἀποκόπτεσθαι, καὶ

31 ἀκριβῆ Σ   32 δ' εὐρύθμων ΑΓ   σεμνῆς scripsi: σεμνὸς codd.
ΓΣ   ἀλλ' οὐ λεκτικῆς scripsi: καὶ λεκτικὸς καὶ codd. ΓΣ: καὶ οὐ λεκτικός,
καὶ Victorius: ἀλλὰ λεκτικῆς Madius: καὶ λεκτικῆς ἐστι Tyrwhitt   34 πάν-
τες ΑΓ   35 σεμνότητα ΑΓ: σεμνοτέραν ΘΠ   36 δὲ τὰ τετράμετρα]
tetram G   1409ᵃ 1 τὰ om. Z   ἔστι ... τετράμετρα om. Q   τροχερὸς
ῥυθμὸς] ῥυθμὸς τροχαῖος A: ῥυθμὸς τροχαλὸς ut vid. Γ   2 δὴ Σ   παι-
δείαν A   μὲν ΑΓ: +ὡς ἐν ἀπορρήτῳ ΘΠ   4 γὰρ ΑΒϹΥΓ: δὲ DEQZ
9 metricare G   10 καὶ om. Γ   καὶ τελευτῶντες add. Vahlen   12 ἓν
ΑΓ: om. ΘΠ   14 εἴτε] ἤτε ΘΔΕ   15 ἑτέρα DEQZΓ

δήλην εἶναι τὴν τελευτὴν μὴ διὰ τὸν γραφέα, μηδὲ διὰ τὴν 20
παραγραφήν, ἀλλὰ διὰ τὸν ῥυθμόν.

9 ὅτι μὲν οὖν εὔρυθμον δεῖ εἶναι τὴν λέξιν καὶ μὴ
ἄρρυθμον, καὶ τίνες εὔρυθμον ποιοῦσι ῥυθμοὶ καὶ πῶς
ἔχοντες, εἴρηται· τὴν δὲ λέξιν ἀνάγκη εἶναι ἢ εἰρομένην
καὶ τῷ συνδέσμῳ μίαν, ὥσπερ αἱ ἐν τοῖς διθυράμβοις ἀνα- 25
βολαί, ἢ κατεστραμμένην καὶ ὁμοίαν ταῖς τῶν ἀρχαίων ποιη-
τῶν ἀντιστρόφοις. ἡ μὲν οὖν εἰρομένη λέξις ἡ ἀρχαία ἐστίν
["Ἡροδότου Θουρίου ἥδ' ἱστορίης ἀπόδειξις"] (ταύτῃ γὰρ πρό-
τερον μὲν ἅπαντες, νῦν δὲ οὐ πολλοὶ χρῶνται)· λέγω δὲ
εἰρομένην ἢ οὐδὲν ἔχει τέλος καθ' αὑτήν, ἂν μὴ τὸ πρᾶγμα 30
⟨τὸ⟩ λεγόμενον τελειωθῇ. ἔστι δὲ ἀηδὴς διὰ τὸ ἄπειρον· τὸ γὰρ
τέλος πάντες βούλονται καθορᾶν· διόπερ ἐπὶ τοῖς καμπτῆρ-
σιν ἐκπνέουσι καὶ ἐκλύονται· προορῶντες γὰρ τὸ πέρας οὐ
κάμνουσι πρότερον. ἡ μὲν οὖν εἰρομένη [τῆς λέξεώς] ἐστιν
ἥδε, κατεστραμμένη δὲ ἡ ἐν περιόδοις· λέγω δὲ περίοδον 35
λέξιν ἔχουσαν ἀρχὴν καὶ τελευτὴν αὐτὴν καθ' αὑτὴν καὶ
μέγεθος εὐσύνοπτον. ἡδεῖα δ' ἡ τοιαύτη καὶ εὐμαθής, **1409ᵇ**
ἡδεῖα μὲν διὰ τὸ ἐναντίως ἔχειν τῷ ἀπεράντῳ, καὶ ὅτι ἀεί
τι οἴεται ἔχειν ὁ ἀκροατὴς καὶ πεπεράνθαι τι αὑτῷ, τὸ
δὲ μηδὲν προνοεῖν μηδὲ ἀνύειν ἀηδές· εὐμαθὴς δὲ
ὅτι εὐμνημόνευτος, τοῦτο δὲ ὅτι ἀριθμὸν ἔχει ἡ ἐν περι- 5
όδοις λέξις, ὃ πάντων εὐμνημονευτότατον. διὸ καὶ τὰ μέτρα
πάντες μνημονεύουσιν μᾶλλον τῶν χύδην· ἀριθμὸν γὰρ ἔχει

---

20 γραφέα ΑΓ: γράφοντα ΘΠΣ   23 ἄρρυθμον ΑCΥΖΓ: ῥυθμόν BDEQ
πῶς ἔχοντες] τίνες εἰσὶν οὗτοι Γ   25 τῶν συνδέσμων A: συνδέσμοις
Γ   29 Ἡροδότου ... ἀπόδειξις secl. Jacoby   Θουρίου A   ἥδ' ἱστο-
ρίης] ἥδιστ' Ζ: ἥδ' DEQZ: ἱστορίης Γ   ἀπόδειξις om. Q   ταύτην
A: ταύτης Γ   πρότεροι Q   31 τὸ addidi   τελειωθῇ ΑΓ: τελειωθείη
ΘΠ   ἀηδὴς ΑCΓ: ἀηδές ΘBDE   34 τῆς λέξεως seclusi:
habent codd. Γ   1409ᵇ 3 οἴεται τι Γ   ἔχειν οἴεται ΘΠ   ὃ]
περάντω a ὁ A   καὶ πεπεράνθαι Σ: καὶ πεπεράσθαι A: τῷ δὲ ἀεὶ
πεπεράνθαι ΘΠΓ   4 προνοεῖν ΓΣ: +εἶναι codd.   μηδὲ] ἢ μηδὲν Γ
ἀνύειν ΘΠΣ: ἀνοίγειν A: ἀνοίγεσθαι Γ: ἀνύτειν Bywater   6 τῶν
μέτρων ΘΠ

ᾧ μετρεῖται. δεῖ δὲ τὴν περίοδον †καὶ τῇ διανοίᾳ† τετελειῶ-
σθαι, καὶ μὴ διακόπτεσθαι ὥσπερ τὰ Σοφοκλέους ἰαμβεῖα,

10   Καλυδὼν μὲν ἥδε γαῖα· Πελοπίας χθονός·

τοὐναντίον γὰρ ἔστιν ὑπολαβεῖν τῷ διαιρεῖσθαι, ὥσπερ καὶ
ἐπὶ τοῦ εἰρημένου τὴν Καλυδῶνα εἶναι τῆς Πελοποννήσου.
περίοδος δὲ ἡ μὲν ἐν κώλοις ἡ δ' ἀφελής. ἔστιν δ'
ἐν κώλοις μὲν λέξις ἡ τετελειωμένη τε καὶ διῃρημένη καὶ
15 εὐανάπνευστος, μὴ ἐν τῇ διαιρέσει †ὥσπερ καὶ ἡ περίοδος,†
ἀλλ' ὅλη (κῶλον δ' ἐστὶν τὸ ἕτερον μόριον ταύτης)· ἀφελῆ
δὲ λέγω τὴν μονόκωλον. δεῖ δὲ καὶ τὰ κῶλα καὶ τὰς περι-
όδους μήτε μυούρους εἶναι μήτε μακράς. τὸ μὲν γὰρ μικρὸν
προσπταίειν πολλάκις ποιεῖ τὸν ἀκροατήν (ἀνάγκη γὰρ ὅταν,
20 ἔτι ὁρμῶν ἐπὶ τὸ πόρρω καὶ τὸ μέτρον οὗ ἔχει ἐν ἑαυτῷ
ὅρον, ἀντισπασθῇ παυσαμένου, οἷον πρόσπταισιν γίγνεσθαι
διὰ τὴν ἀντίκρουσιν)· τὰ δὲ μακρὰ ἀπολείπεσθαι ποιεῖ,
ὥσπερ οἱ ἐξωτέρω ἀποκάμπτοντες τοῦ τέρματος· ἀπολείπουσι
γὰρ καὶ οὗτοι τοὺς συμπεριπατοῦντας, ὁμοίως δὲ καὶ αἱ
25 περίοδοι αἱ μακραὶ οὖσαι λόγος γίνεται καὶ ἀναβολῇ ὅμοιον,
ὥστε γίνεται ὃ ἔσκωψεν Δημόκριτος ὁ Χῖος εἰς Μελανιπ-
πίδην ποιήσαντα ἀντὶ τῶν ἀντιστρόφων ἀναβολάς

οἵ τ' αὐτῷ κακὰ τεύχει ἀνὴρ ἄλλῳ κακὰ τεύχων,
ἡ δὲ μακρὰ ἀναβολὴ τῷ ποιήσαντι κακίστη·

8 τὴν περίοδον ΑΓΣ: τῇ περιόδῳ ΘBDE   καὶ τῇ διανοίᾳ spuria: an
ἅμα τῇ διανοίᾳ?   9 ὥσπερ . . . ἰαμβεῖα secl. Diels   10 Πελοπείας
ΘΠΓ   14 λέξις ABCYZΓ: λόγος DQ   τε καὶ διῃρημένη om. Γ: διῃρη-
μένη om. C   15 ὥσπερ . . . περίοδος om. ut vid. Σ: spuria esse recte ci.
Spengel   καὶ ἡ ΑΓ: καὶ ἡ εἰρημένη Π: ἡ εἰρημένη Θ   16 ἕτερον] ἐν Σ
18 μειούρους ΘBDE   μικρὸν+πάνυ Σ   19 προσπταίειν ΘΠΓ: προπταίειν
Α   20 καὶ] κατὰ Hayduck   οὗ ΒСΓΣ: οὔτ' ΘΑDE   21 ὅρον
ACDEXZΓ: ὅρου BY²: πόρον Υ¹   ἀντισπασθῇ ABCDQYΓ: ἀντισπασθῆναι
EZ   πρόσπταισιν Γ: προπταίειν Α: προσπταίειν cett.   24 τοὺς συμ-
περιπατοῦντας secl. Diels   DEQY¹Ζ: συμπεραινομένους(?) Γ
25 ἄλογος γίνεται Α: ἄλογοι γίνονται Γ   ἀναβολῇ Α: ἀναβολῆς BDEYZ:
ἀναβολῶν Γ   27 στροφῶν C   ἀναβολὰς ΑΣΓ: ἀναβολὴν ΘBDE
28 ἄλλῳ Α

ἁρμόττει γὰρ τὸ τοιοῦτον καὶ εἰς τὰς μακροκώλους λέγειν. 30
αἵ τε λίαν βραχύκωλοι οὐ περίοδος γίνεται· προπετῆ οὖν
ἄγει τὸν ἀκροατήν.

τῆς δὲ ἐν κώλοις λέξεως ἡ μὲν διῃρημένη ἐστὶν ἡ δὲ
ἀντικειμένη, διῃρημένη μὲν, οἷον "πολλάκις ἐθαύμασα τῶν
τὰς πανηγύρεις συναγαγόντων καὶ τοὺς γυμνικοὺς ἀγῶνας 35
καταστησάντων", ἀντικειμένη δὲ ἐν ᾗ ἑκατέρῳ τῷ κώλῳ ἢ
πρὸς ἐναντίῳ ἐναντίον σύγκειται ἢ ταὐτὸ ἐπέζευκται τοῖς 1410ᵃ
ἐναντίοις, οἷον "ἀμφοτέρους δ' ὤνησαν, καὶ τοὺς ὑπομεί-
ναντας καὶ τοὺς ἀκολουθήσαντας· τοῖς μὲν γὰρ πλείω τῆς
οἴκοι προσεκτήσαντο, τοῖς δ' ἱκανὴν τὴν οἴκοι κατέλιπον"·
ἐναντία ὑπομονὴ ἀκολούθησις, ἱκανὸν πλεῖον. "ὥστε καὶ 5
τοῖς χρημάτων δεομένοις καὶ τοῖς ἀπολαῦσαι βουλομένοις"·
ἀπόλαυσις κτήσει ἀντίκειται. καὶ ἔτι "συμβαίνει πολλάκις
ἐν ταύταις καὶ τοὺς φρονίμους ἀτυχεῖν καὶ τοὺς ἄφρονας
κατορθοῦν". "εὐθὺς μὲν τῶν ἀριστείων ἠξιώθησαν, οὐ
πολὺ δὲ ὕστερον τὴν ἀρχὴν τῆς θαλάττης ἔλαβον". "πλεῦ- 10
σαι μὲν διὰ τῆς ἠπείρου, πεζεῦσαι δὲ διὰ τῆς θαλάττης,
τὸν μὲν Ἑλλήσποντον ζεύξας, τὸν δ' Ἄθω διορύξας." "καὶ
φύσει πολίτας ὄντας νόμῳ τῆς πόλεως στέρεσθαι." "οἱ
μὲν γὰρ αὐτῶν κακῶς ἀπώλοντο, οἱ δ' αἰσχρῶς ἐσώθησαν."
"καὶ ἰδίᾳ μὲν τοῖς βαρβάροις οἰκέταις χρῆσθαι, κοινῇ δὲ 15
πολλοὺς τῶν συμμάχων περιορᾶν δουλεύοντας." "ἢ ζῶντας
ἕξειν ἢ τελευτήσαντας καταλείψειν." καὶ ὃ εἰς Πειθόλαον

30 τὰς ci. Spengel: τοὺς codd. Γ   31 αἱ δὲ Γ   προπετῆ ΑΓ:
προπετῶς ΘΠ   33 κώλοις ΑΓ: κώλῳ ΘCDE   34 πολλάκις ἐθαύ-
μασα Α¹Γ: ἐθαύμασα πολλάκις ΘΠΑ²   35 συναγόντων πανηγύρεις Γ
συναγαγόντων Victorius: συναγόντων Α: ἀγόντων ΘΠ   1410ᵃ
2 οἷον ΑΒCDΓ: om. EQ: η Υ¹: ἢ Ζ   3 ἀκολουθήσαντας Α, Γ
(cod. Μ)   τῆς] τοῖς ΒCΕΥΖΓ   5 ὑπομονὴ ΑΓ: ὑπομονῇ ΘΒC:
δὲ ὑπομονῇ DE   ἀκολουθήσει Γ: ἡ ἀκολουθία Θ: ἡ ἀκολούθησις
ΒCD   ἱκανὸν ΑΒCΕΥΖΓ: ἱκανῷ DQ   9 ἠξιώθησαν ΑDΕΥΓ:
ἠξιώθη ΒCQΖ   10 ἔλαβον ΑΒDΕΥΖΓ: ἔλαβεν CQ   15 καὶ ΠΑΓ:
om. Θ   οἰκέταις ΑΒDΕΓ: ἱκέταις ΘCΣ   17 ἕξειν Victorius: ἄξειν
ΑΣ: αὔξειν ΘΠΓ

τις εἶπεν καὶ Λυκόφρονα ἐν τῷ δικαστηρίῳ, "οὗτοι δ᾽
ὑμᾶς οἴκοι μὲν ὄντες ἐπώλουν, ἐλθόντες δ᾽ ὡς ὑμᾶς ἐώ-
20 νηνται". ἅπαντα γὰρ ταῦτα ποιεῖ τὸ εἰρημένον. ἡδεῖα δὲ
ἐστὶν ἡ τοιαύτη λέξις, ὅτι τἀναντία γνωριμώτατα καὶ παρ᾽
ἄλληλα μᾶλλον γνώριμα, καὶ ὅτι ἔοικεν συλλογισμῷ· ὁ γὰρ
ἔλεγχος συναγωγὴ τῶν ἀντικειμένων ἐστίν.

ἀντίθεσις μὲν οὖν τὸ τοιοῦτον ἐστίν, παρίσωσις δ᾽ ἐὰν
25 ἴσα τὰ κῶλα, παρομοίωσις δὲ ἐὰν ὅμοια τὰ ἔσχατα ἔχῃ
ἑκάτερον τὸ κῶλον· ἀνάγκη δὲ ἢ ἐν ἀρχῇ ἢ ἐπὶ τελευτῆς
ἔχειν, καὶ ἐν ἀρχῇ μὲν ἀεὶ τὰ ὀνόματα, ἐπὶ δὲ τελευτῆς τὰς ἐσχά-
τας συλλαβὰς ἢ τοῦ αὐτοῦ ὀνόματος πτώσεις ἢ τὸ αὐτὸ
ὄνομα· ἐν ἀρχῇ μὲν τὰ τοιαῦτα, "ἀγρὸν γὰρ ἔλαβεν ἀργὸν
30 παρ᾽ αὐτοῦ",

δωρητοί τ᾽ ἐπέλοντο παράρρητοί τ᾽ ἐπέεσσιν·

ἐπὶ τελευτῆς δέ "ᾠήθης ἂν αὐτὸν ⟨οὐ⟩ παιδίον τετοκέναι, ἀλλ᾽
αὐτὸν παιδίον γεγονέναι", "ἐν πλείσταις δὲ φροντίσι καὶ ἐν
ἐλαχίσταις ἐλπίσιν". πτώσεις δὲ ταὐτοῦ "ἀξιοῖ δὲ σταθῆναι
35 χαλκοῦς, οὐκ ἄξιος ὢν χαλκοῦ;" ταὐτὸ δ᾽ ὄνομα "σὺ δ᾽ αὐ-
τὸν καὶ ζῶντα ἔλεγες κακῶς καὶ νῦν γράφεις κακῶς". ἀπὸ
συλλαβῆς δέ "τί ἂν ἔπαθες δεινόν, εἰ ἄνδρ᾽ εἶδες ἀργόν;"
1410ᵇ ἔστιν δὲ ἅμα πάντα ἔχειν ταὐτό, καὶ ἀντίθεσιν εἶναι τὸ

18 τῷ om. ΘΠ   19 ὑμᾶς ΑΣΓ: ἡμᾶς ΘΒDE   ἐόντες Α: ἐῶντες
ΒCDYZΓ: ὄντας Q   ὡς] εἰς Σ   ἡμᾶς ΘΒCΓΣ   ἐώνηνται ΘΑΔΕΓ:
ἐώνηντο ΒC   20–25 ἡδεῖα . . . κῶλα om. Γ   24 οὖν om. ΒCΥΓΣ
παρ᾽ ἴσως Α   26 ἑκάτερον ΑΒDΕΓΣ: ἑκάτερα Θ: ἑκατέρων C   τὸ
κῶλον ΑΓ: τῶν κώλων ΘΠ   ἐπὶ] ἐν Γ   τελευτῇ ΘΒCΕΓ   27 ἐν ἀρχῇ
Richards (cf. l. 26): ἀρχὴ codd. Γ   ἐπὶ δὲ τελευτῆς scripsi (cf. ll. 26, 32):
ἡ δὲ τελευτή codd. Γ   28 πτώσεις ΘDΓ: πτῶσις ΑΒΕΥΣ: πτῶσιν CΣ
31 ἐπέλονται Α   τ᾽ om. Γ: δ᾽ Α   32 ἐπὶ] ἐν ΓΣ   τελευτῇ DΕΤΣ
ᾠήθης . . . οὐ Bonitz et Sauppe (cf. 1413ᵃ 28): ᾠήθησαν αὐτὸν ΘΑCΓ:
ᾠήθης αὐτὸν Β: οὐκ ᾠήθησαν αὐτὸν DE   33 αὐτοῦ ΑΓ   παιδίον Sauppe:
αἴτιον codd. Γ   34 πτῶσις ΘΒDE: πτῶσιν C   ἀξιοῖ Σ: ἄξιος
codd. Γ   δὲ om. CΓ   35 χαλκοῦς] resistens G   36 νῦν+θανόντα
vel ἀποθανόντα Demetrius   1410ᵇ 1 ἀντίθεσιν ΑΒCΥΖΓ: ἀντίθεσις
DEQ

αὐτὸ καὶ πάρισον καὶ ὁμοιοτέλευτον. αἱ δ' ἀρχαὶ τῶν περι-
όδων σχεδὸν ἐν τοῖς Θεοδεκτείοις ἐξηρίθμηνται. εἰσὶν δὲ καὶ
ψευδεῖς ἀντιθέσεις, οἷον καὶ Ἐπίχαρμος ἐποίει,

τόκα μὲν ἐν τήνων ἐγὼν ἦν, τόκα δὲ παρὰ τήνοις ἐγών.   5

10   Ἐπεὶ δὲ διώρισται περὶ τούτων, πόθεν λέγεται τὰ
ἀστεῖα καὶ τὰ εὐδοκιμοῦντα λεκτέον. ποιεῖν μὲν οὖν ἐστιν
τοῦ εὐφυοῦς ἢ τοῦ γεγυμνασμένου, δεῖξαι δὲ τῆς μεθόδου
ταύτης. εἴπωμεν οὖν καὶ διαριθμησώμεθα· ἀρχὴ δ' ἔστω
ἡμῖν αὕτη. τὸ γὰρ μανθάνειν ῥᾳδίως ἡδὺ φύσει πᾶσιν   10
ἐστί, τὰ δὲ ὀνόματα σημαίνει τι, ὥστε ὅσα τῶν ὀνομάτων
ποιεῖ ἡμῖν μάθησιν, ἥδιστα. αἱ μὲν οὖν γλῶτται ἀγνῶτες,
τὰ δὲ κύρια ἴσμεν· ἡ δὲ μεταφορὰ ποιεῖ τοῦτο μάλιστα·
ὅταν γὰρ εἴπῃ τὸ γῆρας καλάμην, ἐποίησεν μάθησιν καὶ
γνῶσιν διὰ τοῦ γένους· ἄμφω γὰρ ἀπηνθηκότα. ποιοῦσιν   15
μὲν οὖν καὶ αἱ τῶν ποιητῶν εἰκόνες τὸ αὐτό· διόπερ ἂν
εὖ, ἀστεῖον φαίνεται. ἔστιν γὰρ ἡ εἰκών, καθάπερ εἴρηται
πρότερον, μεταφορὰ διαφέρουσα προθέσει· διὸ ἧττον ἡδύ,
ὅτι μακροτέρως· καὶ οὐ λέγει ὡς τοῦτο ἐκεῖνο· οὔκουν οὐδὲ
ζητεῖ τοῦτο ἡ ψυχή. ἀνάγκη δὴ καὶ λέξιν καὶ ἐνθυμήματα   20
ταῦτ' εἶναι ἀστεῖα ὅσα ποιεῖ ἡμῖν μάθησιν ταχεῖαν· διὸ
οὔτε τὰ ἐπιπόλαια τῶν ἐνθυμημάτων εὐδοκιμεῖ (ἐπιπόλαια
γὰρ λέγομεν τὰ παντὶ δῆλα, καὶ ἃ μηδὲν δεῖ ζητῆσαι), οὔτε
ὅσα εἰρημένα ἀγνοοῦμεν, ἀλλ' ὅσων ἢ ἅμα λεγομένων ἡ
γνῶσις γίνεται, καὶ εἰ μὴ πρότερον ὑπῆρχεν, ἢ μικρὸν ὑστε-   25
ρίζει ἡ διάνοια· γίγνεται γὰρ οἷον μάθησις, ἐκείνων δὲ
οὐδετέρου. κατὰ μὲν οὖν τὴν διάνοιαν τοῦ λεγομένου τὰ

2 ὁμοιοτέλευτον ΘΠΓ: ὁμότελευτον A   ἀρχαὶ codd. Γ: ἀρεταὶ Rose
5 παρά] ἐν Demetrius   9 διαριθμήσωμεν ΘΠ   ἔστω ΑΓ: ἔσται ΘΠ
14 καλήν A: κάλαμον Γ   15 ἀπηνθηκότες ΘBD   17 εὖ ΑCΓΣ: om.
BDEQYʹZ   φαίνεται ΘΑCΓ: φαίνεται BDE   18 προθέσει ΑΓΣ: προσ-
θέσει ΘΠ   19 οὔκουν Γ: οὔκουν codd.   23 μηδὲ vel μὴ Σ   24 ἀγνο-
οῦμεν Bywater: ἀγνοούμενα ΑΓ, +ἐστὶν ΘΠ   25 καὶ εἰ] καὶ οὐ B:
εἰ καὶ Σ: εἰ Γ   26 ἐκείνων Spengel: ἐκείνως codd. ΓΣ   27 οὐδε-
τέρου scripsi: οὐδέτερον codd. ΓΣ   τῶν λεγομένων C

τοιαῦτα εὐδοκιμεῖ τῶν ἐνθυμημάτων, κατὰ δὲ τὴν λέξιν
τῷ μὲν σχήματι, ἐὰν ἀντικειμένως λέγηται, οἷον " καὶ τὴν
30 τοῖς ἄλλοις κοινὴν εἰρήνην νομιζόντων τοῖς αὐτῶν ἰδίοις
πόλεμον "· ἀντίκειται πόλεμος εἰρήνῃ· τοῖς δ' ὀνόμασιν, ἐὰν
ἔχῃ μεταφοράν, καὶ ταύτην μήτ' ἀλλοτρίαν, χαλεπὸν γὰρ
συνιδεῖν, μήτ' ἐπιπόλαιον, οὐδὲν γὰρ ποιεῖ πάσχειν. ἔτι εἰ
πρὸ ὀμμάτων ποιεῖ· ὁρᾶν γὰρ δεῖ [τὰ] πραττόμενα μᾶλλον ἢ
35 μέλλοντα. δεῖ ἄρα τούτων στοχάζεσθαι τριῶν, μεταφορᾶς
ἀντιθέσεως ἐνεργείας.

1411ᵃ τῶν δὲ μεταφορῶν τεττάρων οὐσῶν εὐδοκιμοῦσι μά-
λιστα αἱ κατ' ἀναλογίαν, ὥσπερ Περικλῆς ἔφη τὴν νεότητα
τὴν ἀπολομένην ἐν τῷ πολέμῳ οὕτως ἠφανίσθαι ἐκ τῆς
πόλεως ὥσπερ εἴ τις τὸ ἔαρ ἐκ τοῦ ἐνιαυτοῦ ἐξέλοι. καὶ
5 Λεπτίνης περὶ Λακεδαιμονίων, οὐκ ἂν περιιδεῖν τὴν Ἑλ-
λάδα ἑτερόφθαλμον γενομένην. καὶ Κηφισόδοτος, σπουδά-
ζοντος Χάρητος εὐθύνας δοῦναι περὶ τὸν Ὀλυνθιακὸν πό-
λεμον, ἠγανάκτει, φάσκων εἰς πνῖγμα τὸν δῆμον ἄγχοντα τὰς
εὐθύνας πειρᾶσθαι δοῦναι. καὶ παρακαλῶν ποτὲ τοὺς Ἀθη-
10 ναίους εἰς Εὔβοιαν ἐπισιτισαμένους ἔφη δεῖν ἐξιέναι τὸ
Μιλτιάδου ψήφισμα. καὶ Ἰφικράτης σπεισαμένων Ἀθηναίων
πρὸς Ἐπίδαυρον καὶ τὴν παραλίαν ἠγανάκτει, φάσκων αὐ-
τοὺς τὰ ἐφόδια τοῦ πολέμου παρῃρῆσθαι. καὶ Πειθόλαος
τὴν πάραλον ῥόπαλον τοῦ δήμου, Σηστὸν δὲ τηλίαν τοῦ
15 Πειραιέως. καὶ Περικλῆς τὴν Αἴγιναν ἀφελεῖν ἐκέλευσε, τὴν

34 ποιεῖ Γ: +ὡς ἤδη ἐνεργοῦσα ΠΥΖ: +ὡς εἴδη ἐνεργοῦσαν Q: ποιεῖν
A   πραττόμενα scripsi: τὰ πραττόμενα codd.: quae proponuntur G   ἢ
+τὰ Θ   35 δεῖ ἄρα ABCΥΓ: δεῖ ἔτι QZ: ἔτι δεῖ DE   36 ἐνερ-
γείας CDΓ, γρ. Σ: ἐναργείας cett.   1411ᵃ 2 ὡς Dionysius   3 ἠφανί-
σθαι ABCΓ: ἠφανίσθη DΕQΥ¹Z   4 ἐξέλῃ ΘΠΣ   5 ἂν Vic-
torius: ἐὰν codd. Γ   7 περὶ] τῶν περὶ Dionysius   8 ἄγχοντα
Abresch: ἔχοντα codd. Γ: ἀγαγόντα Dionysius   9 διδόναι Dionysius
10 ἐπισιτισομένους Victorius   12 Ἐπίδαυρον ΑΓΣ: Ἐπίδαμνον ΘΠ
13 παρῃρῆσθαι ci. Bywater   πίθολαος A   14 πάραλον A: paron G
ῥόπαλον ΑΓΣ: om. ΘΠ   δήμου Σ: μήδμου A: μήδου E: μίδου ΘΒCDΣ:
medii G   τὸν δὲ Σηστὸν ΘΠ   τὴν λείαν ΑΓ

λήμην τοῦ Πειραιέως. καὶ Μοιροκλῆς οὐθὲν ἔφη πονηρό-
τερος εἶναι, ὀνομάσας τινὰ τῶν ἐπιεικῶν· ἐκεῖνον μὲν γὰρ
ἐπιτρίτων τόκων πονηρεύεσθαι, αὐτὸς δὲ ἐπιδεκάτων. καὶ
τὸ Ἀναξανδρίδου ἰαμβεῖον ὑπὲρ τῶν θυγατέρων πρὸς τὸν
γάμον ἐγχρονιζουσῶν "ὑπερήμεροί μοι τῶν γάμων αἱ παρθένοι". 20
καὶ τὸ Πολυεύκτου εἰς ἀποπληκτικόν τινα Σπεύσιππον, τὸ
μὴ δύνασθαι ἡσυχίαν ἄγειν ὑπὸ τῆς τύχης ἐν πεντε-
συρίγγῳ νόσῳ δεδεμένον. καὶ Κηφισόδοτος τὰς τριήρεις ἐκάλει
μύλωνας ποικίλους, ὁ Κύων δὲ τὰ καπηλεῖα τὰ Ἀττικὰ
φιδίτια· Αἰσίων δέ, ὅτι εἰς Σικελίαν τὴν πόλιν ἐξέχεαν· 25
τοῦτο γὰρ μεταφορὰ καὶ πρὸ ὀμμάτων. καὶ "ὥστε βοῆσαι
τὴν Ἑλλάδα", καὶ τοῦτο τρόπον τινὰ μεταφορὰ καὶ πρὸ
ὀμμάτων. καὶ ὥσπερ Κηφισόδοτος· εὐλαβεῖσθαι ἐκέλευεν μὴ
πολλὰς ποιήσωσιν τὰς συνδρομάς [ἐκκλησίας]. καὶ Ἰσο-
κράτης πρὸς τοὺς συντρέχοντας ἐν ταῖς πανηγύρεσιν. καὶ 30
οἷον ἐν τῷ ἐπιταφίῳ, διότι ἄξιον ἦν ἐπὶ τῷ τάφῳ τῷ
τῶν ἐν Σαλαμῖνι τελευτησάντων κείρασθαι τὴν Ἑλλάδα
ὡς συγκαταθαπτομένης τῇ ἀρετῇ αὐτῶν τῆς ἐλευθερίας·
εἰ μὲν γὰρ εἶπεν ὅτι ἄξιον δακρῦσαι συγκαταθαπτομένης
τῆς ἀρετῆς, μεταφορὰ καὶ πρὸ ὀμμάτων, τὸ δὲ "τῇ ἀρετῇ 35
τῆς ἐλευθερίας" ἀντίθεσίν τινα ἔχει. καὶ ὡς Ἰφικράτης **1411ᵇ**
εἶπεν "ἡ γὰρ ὁδός μοι τῶν λόγων διὰ μέσων τῶν Χά-
ρητι πεπραγμένων ἐστίν" μεταφορὰ κατ' ἀναλογίαν, καὶ
τὸ διὰ μέσου πρὸ ὀμμάτων ποιεῖ. καὶ τὸ φάναι παρα-
καλεῖν τοὺς κινδύνους τοῖς κινδύνοις βοηθήσοντας, πρὸ 5
ὀμμάτων ⟨καὶ⟩ μεταφορά. καὶ Λυκολέων ὑπὲρ Χαβρίου "οὐδὲ

τὴν ἱκετηρίαν αἰσχυνθέντες αὐτοῦ, τὴν εἰκόνα τὴν χαλκῆν"·
μεταφορὰ γὰρ ἐν τῷ παρόντι, ἀλλ' οὐκ ἀεί, ἀλλὰ πρὸ
ὀμμάτων· κινδυνεύοντος γὰρ αὐτοῦ ἱκετεύει ἡ εἰκών, τὸ
10 "ἔμψυχον δὴ ἄψυχόν", τὸ ὑπόμνημα τῶν τῆς πόλεως ἔργων.
καὶ "πάντα τρόπον μικρὸν φρονεῖν μελετῶντες"· τὸ γὰρ
μελετᾶν αὔξειν τι ἐστίν. καὶ ὅτι "τὸν νοῦν ὁ θεὸς φῶς
ἀνῆψεν ἐν τῇ ψυχῇ"· ἄμφω γὰρ δηλοῖ τι. "οὐ γὰρ δια-
λυόμεθα τοὺς πολέμους ἀλλ' ἀναβαλλόμεθα"· ἄμφω γὰρ
15 ἐστιν μέλλοντα, καὶ ἡ ἀναβολὴ καὶ ἡ τοιαύτη εἰρήνη.
καὶ τὸ τὰς συνθήκας φάναι τρόπαιον εἶναι πολὺ κάλλιον
τῶν ἐν τοῖς πολέμοις γινομένων· τὰ μὲν γὰρ ὑπὲρ μι-
κρῶν καὶ μιᾶς τύχης, αὗται δ' ὑπὲρ παντὸς τοῦ πολέμου·
ἄμφω γὰρ νίκης σημεῖα. καὶ ὅτι αἱ πόλεις τῷ ψόγῳ τῶν
20 ἀνθρώπων μεγάλας εὐθύνας διδόασιν· ἡ γὰρ εὔθυνα βλάβη
τις δικαία ἐστίν.

Ὅτι μὲν οὖν τὰ ἀστεῖα ἐκ μεταφορᾶς τε τῆς ἀνάλογον 11
λέγεται καὶ τῷ πρὸ ὀμμάτων ποιεῖν, εἴρηται· λεκτέον δὲ τί
λέγομεν πρὸ ὀμμάτων, καὶ τί ποιοῦσι γίγνεται τοῦτο. λέγω
25 δὴ πρὸ ὀμμάτων ταῦτα ποιεῖν ὅσα ἐνεργοῦντα σημαίνει,
οἷον τὸν ἀγαθὸν ἄνδρα φάναι εἶναι τετράγωνον μεταφορά,
(ἄμφω γὰρ τέλεια), ἀλλ' οὐ σημαίνει ἐνέργειαν· ἀλλὰ τὸ "ἀν-
θοῦσαν ἔχοντος τὴν ἀκμήν" ἐνέργεια, καὶ τὸ "σὲ δ' ὥσπερ
ἄφετον" [ἐλεύθερον] ἐνέργεια, καὶ

30 ⟨τοὐντεῦθεν οὖν⟩ Ἕλληνες ἄξαντες ποσίν·

7 αἰσχυνθέντες ΑΒΕΓ: αἰσχυνθέντος Q: αἰσχύνθητε CDYZΣ 8 ἀλλ'
οὐκ ἀεὶ ΘΠΓ: ἄλλου καὶ εἰ Α 9 κινδυνεύοντος γὰρ αὐτοῦ ΑΣ: κινδυνευ-
όντων γὰρ αὐτῶν ΘΠΓ 10 ἔμψυχον δὴ ἄψυχον Richards: ἄψυχον
δὴ ἔμψυχον codd. Γ τῶν+ὑπὲρ Kayser 11 τρόπον ΘΠΓ+ᾶ Α: +ἀεὶ Σ
13 οὐ] καὶ ὅτι οὐ Bywater 17 μικρῶν ΑΒCΓ: μικροῦ DΕYZ: μικρᾶς Q
19 καὶ ὅτι Gomperz (cf. l. 12): ὅτι καὶ ΑΓ: ἔτι καὶ ΘΠΣ 20 μεγάλας]
πολλὰς Γ 27 τέλεια ΘΠΓ: τελεῖ Α 28 ἔχοντος ΘΑΒCΓ: ἔχοντα
DE ἐνέργεια ΘΠΓ: ἐνάργεια Α 29 ἄφετον D, Victorius ex Isocr.:
ἀφετέον ΘΑΒCΕΓΣ ἐλεύθερον secl. Roemer ἐνάργεια Α: ἐνέργειαν Γ
30 τοὐντεῦθεν οὖν Vict. ex Eurip.: τοὐλεύθερον οἱ Α: τοὐλεύθερον δ' ΥΖΓ:
τὸ ἐλευθέροις δ' Q: ἐλεύθερον C: ἐλεύθεροι δὲ DE

τὸ ᾄξαντες ἐνέργεια καὶ μεταφορά· ταχὺ γὰρ λέγει. καὶ ὡς
κέχρηται πολλαχοῦ Ὅμηρος, τὸ τὰ ἄψυχα ἔμψυχα ποιεῖν διὰ
τῆς μεταφορᾶς. ἐν πᾶσι δὲ τῷ ἐνέργειαν ποιεῖν εὐδοκιμεῖ,
οἷον ἐν τοῖσδε, " αὖτις ἐπὶ δάπεδόνδε κυλίνδετο λᾶας ἀναιδής", καὶ
" ἔπτατ᾽ ὀιστός", καὶ " ἐπιπτέσθαι μενεαίνων ", καὶ " ἐν γαίῃ **1412ᵃ**
ἵσταντο λιλαιόμενα χροὸς ἆσαι", καὶ "αἰχμὴ δὲ στέρνοιο διέσσυτο
μαιμώωσα". ἐν πᾶσι γὰρ τούτοις διὰ τὸ ἔμψυχα εἶναι ἐνεργοῦντα
φαίνεται· τὸ ἀναισχυντεῖν γὰρ καὶ μαιμᾶν καὶ τὰ ἄλλα ἐνέρ-
γεια. ταῦτα δὲ προσῆψε διὰ τῆς κατ᾽ ἀναλογίαν μεταφορᾶς· 5
ὡς γὰρ ὁ λίθος πρὸς τὸν Σίσυφον, ὁ ἀναισχυντῶν πρὸς
τὸν ἀναισχυντούμενον. ποιεῖ δὲ καὶ ἐν ταῖς εὐδοκιμούσαις
εἰκόσιν ἐπὶ τῶν ἀψύχων ταῦτά·

" κυρτά, φαληριόωντα· πρὸ μέν τ᾽ ἄλλ᾽, αὐτὰρ ἐπ᾽ ἄλλα"·
κινούμενα γὰρ καὶ ζῶντα ποιεῖ πάντα, ἡ δ᾽ ἐνέργεια κίνησις.   10

δεῖ δὲ μεταφέρειν, καθάπερ εἴρηται πρότερον, ἀπὸ οἰ-
κείων καὶ μὴ φανερῶν, οἷον καὶ ἐν φιλοσοφίᾳ τὸ ὅμοιον
καὶ ἐν πολὺ διέχουσι θεωρεῖν εὐστόχου, ὥσπερ Ἀρχύτας
ἔφη ταὐτὸν εἶναι διαιτητὴν καὶ βωμόν· ἐπ᾽ ἄμφω γὰρ τὸν
ἀδικούμενον καταφεύγειν. ἢ εἴ τις φαίη ἄγκυραν καὶ κρε-   15
μάθραν τὸ αὐτὸ εἶναι· ἄμφω γὰρ ταὐτό τι, ἀλλὰ διαφέρει
τῷ ἄνωθεν καὶ κάτωθεν. καὶ τὸ ἀνωμαλίσθαι τὰς πόλεις ἐν
πολὺ διέχουσιν ταὐτό, ἐν ἐπιφανείᾳ καὶ δυνάμεσι τὸ ἴσον.

ἔστιν δὲ καὶ τὰ ἀστεῖα τὰ πλεῖστα διὰ μεταφορᾶς καὶ

---

31 ᾄξαντες+δορί γρ. Σ: ἐξαΐξαντες ΘΑΒC   ταχὺ γὰρ λέγει om.
Morel   32 πολλαχοῦ Ὅμηρος ΑΓ: Ὅμηρος πολλαχοῦ ΘΠ   τὸ...ποιεῖν
ΑΓ: τῷ...λέγειν ΘΠ   33 δὲ τὸ ΘΠΓ   ἐνέργειαν ABCQΓ: ἐναργές
DEY¹Z   34 αὖτις ΑΓ: +δ᾽ ΘΠ   δάπεδόνδε ΘΠΓ: δάπεδον δὲ Α
1412ᵃ1 ἐπιπτέσθαι ΑΓ: ἐπιπτάσθαι vel ἐπιπτᾶσθαι ΘΠΣ   3 μαι-
μώωσα ΘΠΓ: μεμόωσα Α   4 ἐνέργεια codd. Γ: an ἐνέργειαι?
7 ταῖς om. ΘΕ   8 ταῦτά AYZΠ: ταῦτα cett.   9 πρὸς ΘΕΓ   τ᾽
ἄλλα AC   10 κίνησις Bekker: μίμησις codd. Γ   12 μὴ om. ΘΠΓ
13 ἀρχύτης Α   14–15 τόν...καταφεύγειν Kayser: τὸ ἀδικούμενον κατα-
φεύγει codd.   15 κρεμάστραν ΘΠΣ   16 ταὐτό τι ABCQΓ: ταὐτότητι
DEY¹Z   17 τῷ] τὸ ΘΒΕ   ἀνωμαλίσθαι ΘΠΓ: ἄνω μάλιστα εἶναι Α   ἐν
πολὺ ΘΠΓ: ἐν πολὺν Α

20 ἐκ τοῦ προσεξαπατᾶν· μᾶλλον γὰρ γίγνεται δῆλον ὅ τι ἔμαθε
παρὰ τὸ ἐναντίως ἔχειν, καὶ ἔοικεν λέγειν ἡ ψυχὴ " ὡς
ἀληθῶς, ἐγὼ δὲ ἥμαρτον ". καὶ τῶν ἀποφθεγμάτων δὲ τὰ
ἀστεῖά ἐστιν ἐκ τοῦ μὴ ὃ φησι λέγειν, οἷον τὸ Στησιχόρου,
ὅτι οἱ τέττιγες ἑαυτοῖς χαμόθεν ᾄσονται. καὶ τὰ εὖ ἠνι-
25 γμένα διὰ τὸ αὐτὸ ἡδέα (μάθησις γάρ ἐστι καὶ μετα-
φορά), καὶ (ὃ λέγει Θεόδωρος) τὸ καινὰ λέγειν. γίγνεται δὲ
ὅταν παράδοξον ᾖ, καὶ μή, ὡς ἐκεῖνος λέγει, πρὸς τὴν ἔμ-
προσθεν δόξαν, ἀλλ' ὥσπερ ἐν τοῖς γελοίοις τὰ παρα-
πεποιημένα (ὅπερ δύναται καὶ τὰ παρὰ γράμμα σκώμματα·
30 ἐξαπατᾷ γάρ), καὶ ἐν τοῖς μέτροις· οὐ γὰρ ὥσπερ ὁ
ἀκούων ὑπέλαβεν· " ἔστειχε δ' ἔχων ὑπὸ ποσσὶ χίμεθλα "·
ὁ δ' ᾤετο πέδιλα ἐρεῖν. τούτου δ' ἅμα λεγομένου δεῖ δῆ-
λον εἶναι. τὰ δὲ παρὰ γράμμα ποιεῖ οὐχ ὃ λέγει λέγειν,
ἀλλ' ὃ μεταστρέφει ὄνομα, οἷον τὸ Θεοδώρου εἰς Νίκωνα
35 τὸν κιθαρῳδὸν " θράξει σε ", προσποιεῖται γὰρ λέγειν τὸ
1412ᵇ " Θρᾷξ εἶ σύ " καὶ ἐξαπατᾷ· ἄλλο γὰρ λέγει. διὸ μαθόντι ἡδύ,
ἐπεὶ εἰ μὴ ὑπολαμβάνει Θρᾷκα εἶναι, οὐ δόξει ἀστεῖον
εἶναι. καὶ τὸ " βούλει αὐτὸν πέρσαι ". δεῖ δὲ ἀμφότερα προσ-
ηκόντως λεχθῆναι. οὕτω δὲ καὶ τὰ ἀστεῖα, οἷον τὸ φάναι
5 Ἀθηναίοις τὴν τῆς θαλάττης ἀρχὴν μὴ ἀρχὴν εἶναι τῶν
κακῶν· ὄνασθαι γάρ. ἢ ὥσπερ Ἰσοκράτης τὴν ἀρχὴν τῇ
πόλει ἀρχὴν εἶναι τῶν κακῶν. ἀμφοτέρως γὰρ ὃ οὐκ ἂν
ᾠήθη τις ἐρεῖν, τοῦτ' εἴρηται, καὶ ἐγνώσθη ὅτι ἀληθές· τό

20 ὅ τι scripsi: ὅτι codd.   23 τὸ+τοῦ ΘΠ   24 ἑαυτοῖς
ΘΑΒΔΕΓ: αὑτοῖς ΓΣ   ᾄσονται ΘΠΓ: ἔσονται Α   25 γάρ] δέ Γ   ἐστι
καὶ μεταφορά scripsi: καὶ ἔστι μεταφορά Σ: καὶ ἔστι καὶ μεταφορά Mon.:
καὶ λέγεται μεταφορά cett.   27 μή om. Γ   ἐκεῖνος om. Σ   λέγει
ΑΓΕΖΓ: λέγῃ BDQY   28 ἐν Q: οἱ ἐν cett.   29 παρὰ γράμμα ΑΒΓΣ:
παραγράμματα DE: παραγραμμένα Ζ: παρὰ γράμμασι QYⁱ   30 μέ-
τροις+τοῖς κωμικοῖς Σ   31 ποσὶ ΑΓΥΖ   χίμετλα CDΕΣ: χύμεθλα Q
32 ἐρεῖν ΘΠΓ: ἐρεῖ Α   τοῦτο C   33 παρὰ γράμμα ΑΒΓΖΓ: παρα-
γράμματα DEQYⁱ   34 an τοὔνομα? λέγειν οὐχ ὃ λέγει Γ: λέγειν om.
ΘΠ   35 θράξει dubitanter scripsi: θράττει codd.   1412ᵇ 1 Θρᾷξ
εἶ σύ dubitanter scripsi (cf. l. 2): θράττει σε codd.

τε γὰρ τὴν ἀρχὴν φάναι ἀρχὴν εἶναι οὐθὲν σοφόν, ἀλλ'
οὐχ οὕτω λέγει ἀλλ' ἄλλως, καὶ ἀρχὴν οὐχ ὃ εἶπεν ἀπό- 10
φησιν, ἀλλ' ἄλλως. ἐν ἅπασι δὲ τούτοις, ἐὰν προσηκόντως
τὸ ὄνομα ἐνέγκῃ ὁμωνυμίᾳ ἢ μεταφορᾷ, τότε τὸ εὖ. οἷον
" Ἀνάσχετος οὐκ ἀνασχετός " ὁμωνυμίᾳ ἀπέφησε, ἀλλὰ προσ-
ηκόντως, εἰ ἀηδής. καὶ " οὐκ ἂν γένοιο μᾶλλον ἤ σε δεῖ ξένος "·
" ξένος " ⟨γὰρ⟩ " οὐ μᾶλλον ἤ σε δεῖ " τὸ αὐτὸ καὶ " οὐ δεῖ 15
τὸν ξένον ξένον ἀεὶ εἶναι "· ἀλλότριον γὰρ καὶ τοῦτο. τὸ αὐτὸ
καὶ τὸ Ἀναξανδρίδου τὸ ἐπαινούμενον,

     καλόν γ' ἀποθανεῖν πρὶν θανάτου δρᾶν ἄξιον·

ταὐτὸ γάρ ἐστι τῷ εἰπεῖν " ἄξιόν γ' ἀποθανεῖν μὴ ὄντα
ἄξιον ἀποθανεῖν ", ἢ " ἄξιόν γ' ἀποθανεῖν μὴ θανάτου ἄξιον 20
ὄντα ", ἢ " μὴ ποιοῦντα θανάτου ἄξια ". τὸ μὲν οὖν εἶδος τὸ
αὐτὸ τῆς λέξεως τούτων· ἀλλ' ὅσῳ ἂν ⟨ἐν⟩ ἐλάττονι καὶ ἀντι-
κειμένως λεχθῇ, τοσούτῳ εὐδοκιμεῖ μᾶλλον. τὸ δ' αἴτιον
ὅτι ἡ μάθησις διὰ μὲν τὸ ἀντικεῖσθαι μᾶλλον, διὰ δὲ τὸ
ἐν ὀλίγῳ θᾶττον γίνεται. δεῖ δ' ἀεὶ προσεῖναι [ἢ] τὸ πρὸς 25
ὃν λέγεται [ἢ] ὀρθῶς λέγεσθαι, εἰ τὸ λεγόμενον ἀληθὲς καὶ
μὴ ἐπιπόλαιον ⟨ἔσται⟩· ἔστιν γὰρ ταῦτα χωρὶς ἔχειν, οἷον "ἀπο-
θνήσκειν δεῖ μηθὲν ἁμαρτάνοντα " [ἀλλ' οὐκ ἀστεῖον], " τὴν
ἀξίαν δεῖ γαμεῖν τὸν ἄξιον ", ἀλλ' οὐκ ἀστεῖον, ἀλλ' ⟨ἢ⟩ ἐὰν

10 ἀλλ' ἄλλως om. ΘΠ   καὶ . . . 11 ἄλλως om. Γ   καὶ+μὴ Σ   αὐτό
φησιν Α   11 ἐὰν ΘΒΔΕΓ: +μὴ Α: +τις CΣ   12 ὁμωνυμίᾳ
ἢ μεταφορᾷ Spengel: ὁμωνυμίαι ἢ μεταφοραί Α: ὁμωνυμία ἢ μεταφορὰ
ΘΠΓ   13 Ἀνάσχετος ΘΒΔΕΓ: ἄσχετος Α: Ἀνάσχετον C   ἀνάσχετον
C   ὁμωνυμίᾳ scripsi: ὁμωνυμίαν codd. Γ   14 ἀηδής] ἀεὶ δίς ΘΠΓ
ξένος secl. Bekker   15 γὰρ dubitanter scripsi: ἢ codd.: secl. Spengel
19 γ' Spengel (cf. ll. 18, 20, 30): γὰρ codd.: om. Γ   20 γ' om.
CΔEQYΓ   21 ποιοῦντα ΘΠΓ: τοιοῦντα Α   22 ὅσῳ ΘΠΓ: ὃς ὧι
ὅσων Α   ἐν add. Richards (cf. l. 25)   23 τοσούτῳ ΠΥΓ: τοσοῦτο
Α: τοσοῦτον QZ   25 δ' om. Γ   ἢ seclusi: habent codd. Γ   26 ὃ C
ἢ seclusi: habent ΑΓ: ἢ τὸ ΘΠ   εἰ ΘΠΓ: ἢ ΑΒ²Υ²   27 ἔσται addidi:
om. codd. Γ   ταὐτὰ ΒΔΕQY: ταυτί Z   28 ἀλλ' οὐκ ἀστεῖον se-
clusi: habent codd. Γ   29 ἀλλ' ἢ scripsi: ἀλλ' ΘΠ: καὶ ΑΓ

30 ἅμα ἄμφω ἔχῃ· " ἄξιόν γ' ἀποθανεῖν μὴ ἄξιον ὄντα τοῦ ἀπο-
θανεῖν ". ὅσῳ δ' ἂν πλείω ἔχῃ, τοσούτῳ ἀστειότερον φαίνεται,
οἷον εἰ καὶ τὰ ὀνόματα μεταφορὰ εἴη καὶ μεταφορὰ τοιαδὶ
καὶ ἀντίθεσις καὶ παρίσωσις, καὶ ἔχοι ἐνέργειαν.

εἰσὶν δὲ καὶ αἱ εἰκόνες, ὥσπερ εἴρηται καὶ ἐν τοῖς ἄνω,
35 αἱ εὐδοκιμοῦσαι τρόπον τινὰ μεταφοραί· ἀεὶ γὰρ ἐκ δυοῖν
λέγονται, ὥσπερ ἡ ἀνάλογον μεταφορά, οἷον " ἡ ἀσπίς ", φαμέν,
1413[a] " ἔστι φιάλη Ἄρεως ", καὶ "⟨τὸ⟩ τόξον φόρμιγξ ἄχορδος ".
οὕτω μὲν οὖν λέγουσιν οὐχ ἁπλοῦν, τὸ δ' εἰπεῖν τὸ τόξον φόρμιγγα
ἢ τὴν ἀσπίδα φιάλην ἁπλοῦν. καὶ εἰκάζουσιν δὲ οὕτως,
οἷον πιθήκῳ αὐλητήν, λύχνῳ ψακαζομένῳ [εἰς] μύωπα·
5 ἄμφω γὰρ συνάγεται. τὸ δὲ εὖ ἐστιν ὅταν μεταφορὰ ᾖ·
ἔστιν γὰρ εἰκάσαι τὴν ἀσπίδα φιάλῃ Ἄρεως καὶ τὸ ἐρεί-
πιον ῥάκει οἰκίας, καὶ τὸ τὸν Νικήρατον φάναι Φιλοκτήτην
εἶναι δεδηγμένον ὑπὸ Πράτυος, ὥσπερ εἴκασεν Θρασύμαχος
ἰδὼν τὸν Νικήρατον ἡττημένον ὑπὸ Πράτυος ῥαψῳδοῦντα,
10 κομῶντα δὲ καὶ αὐχμηρὸν ἔτι. ἐν οἷς μάλιστά τ' ἐκπίπτου-
σιν οἱ ποιηταὶ ἐὰν μὴ εὖ, καὶ ἐὰν εὖ, εὐδοκιμοῦσιν· λέγω
δ' ὅταν ἀποδιδῶσιν·

" ὥσπερ σέλινον οὖλα τὰ σκέλη φορεῖ."
" ὥσπερ Φιλάμμων ζυγομαχῶν τῷ κωρύκῳ."

15 καὶ τὰ τοιαῦτα πάντ' εἰκόνες εἰσίν. αἱ δ' εἰκόνες ὅτι μετα-
φοραί, εἴρηται πολλάκις.

καὶ αἱ παροιμίαι δὲ μεταφοραὶ ἀπ' εἴδους ἐπ' εἶδος εἰσίν·

30 ἅμα ΘΠΓ: om. A   γ'] γὰρ ΘΠ: om. Γ   32 μεταφορὰ[2] ΘΒΓ:
μεταφοραί A   33 ἀντίθεσις ΑΓ: ἀντίσωσις ΘΠ   παρίσωσις ΘΠΓ:
παρίωσις A   ἐνάργειαν γρ. Σ   35 αἱ Σ: ἀεὶ codd. Γ   1413[a] 1 τὸ
add. Bywater   3 δὲ] καὶ Γ   4 αὐλητήν ΒСΓ: αὐλητῆι Α: αὐλητικῷ
ΘΔΕ   λύχνῳ ΑΓΣ: λύκῳ ΘΒΔΕ: ᾗ λύκῳ C   εἰς secl. Buhle   6 φιάλην
ΑΒΕΥΖΓ   Ἄρεος Θ   ἐρίπιον A   7 οἰκίας ΑΓΣ: οἰκέτου ΔΕ: ἐοικός
Q: ambiguis ΥΖ   τὸ om. ΘΠ   φιλοκτήτα A   10 τ' om. ΘΠΓ
11 καὶ ἐὰν εὖ om. Q: καὶ ἐὰν A: καὶ ἐὰν μὴ ΖΣ: καὶ ἐὰν μὴ εὖ Γ   εὐδοκι-
μοῦσιν Sylburg: εὐδοκιμῶσιν codd.   12 ἀποδίδωσιν + sicut id G: ἀπο-
δίδωσιν A   17 αἱ om. C   δὲ CΣ: om. ΘΑΒΔΕΓ

οἷον ἄν τις ὡς ἀγαθὸν πεισόμενος αὐτὸς ἐπαγάγηται, εἶτα
βλαβῇ, " ὡς ὁ Καρπάθιός ", φασιν, " τὸν λαγώ "· ἄμφω γὰρ τὸ
εἰρημένον πεπόνθασιν. ὅθεν μὲν οὖν τὰ ἀστεῖα λέγεται καὶ διότι, 20
σχεδὸν εἴρηται τὸ αἴτιον· εἰσὶν δὲ καὶ ⟨αἱ⟩ εὐδοκιμοῦσαι
ὑπερβολαὶ μεταφοραί, οἷον εἰς ὑπωπιασμένον " ᾠήθητε δ᾽ ἂν
αὐτὸν εἶναι συκαμίνων κάλαθον "· ἐρυθρὸν γάρ τι τὸ ὑπώπιον,
ἀλλὰ τοῦτο πολὺ σφόδρα. τὸ δὲ " ὥσπερ τὸ καὶ τὸ " ὑπερβολὴ
τῇ λέξει διαφέρουσα. " ὥσπερ Φιλάμμων ζυγομαχῶν τῷ 25
κωρύκῳ ", " ᾠήθης δ᾽ ἂν αὐτὸν Φιλάμμωνα εἶναι μαχόμενον
τῷ κωρύκῳ ".

"ὥσπερ σέλινον οὖλα τὰ σκέλη φορεῖν ",

" ᾠήθης δ᾽ ἂν οὐ σκέλη ἀλλὰ σέλινα ἔχειν, οὕτως οὖλα ".
εἰσὶ δ᾽ αἱ ὑπερβολαὶ μειρακιώδεις· σφοδρότητα γὰρ δηλοῦσιν. 30
διὸ ὀργιζόμενοι λέγουσιν μάλιστα·

οὐδ᾽ εἴ μοι τόσα δοίη ὅσα ψάμαθός τε κόνις τε.
κούρην δ᾽ οὐ γαμέω Ἀγαμέμνονος Ἀτρεΐδαο,
οὐδ᾽ εἰ χρυσείῃ Ἀφροδίτῃ κάλλος ἐρίζοι,
ἔργα δ᾽ Ἀθηναίῃ·

35

διὸ πρεσβυτέρῳ λέγειν ἀπρεπές· χρῶνται δὲ μάλιστα τούτῳ **1413ᵇ**
Ἀττικοὶ ῥήτορες.

12 Δεῖ δὲ μὴ λεληθέναι ὅτι ἄλλη ἑκάστῳ γένει ἁρμόττει
λέξις. οὐ γὰρ ἡ αὐτὴ γραφικὴ καὶ ἀγωνιστική, οὐδὲ δη-

18 πειρόμενος Ε: ποιούμενος Ζ: suadens G   αὐτὸν ΠΓ: αὐτὸν Θ
ἐπαγάγηται] non ducat G   19 φασιν scripsi: φησιν codd. Γ   21 αἱ
add. Richards   22 ᾠήθης δ᾽ ἂν Σ (cf. 1410ᵃ 32, 1413ᵃ 26): ᾠήθη τότε
δ᾽ ἂν A: ᾠήθη τε ἂν BD: ᾠήθη τε γὰρ ΘC   24 ἀλλά] ἀλλ᾽ ἢ Ζ   τοῦτο
scripsi: τὸ codd.: τὸ κάλαθον Richards   ὑπερβολὴ] μεταφορὰ C in
ras.   25 διαφέρουσα ACDE QYΓ: διαφέρουσιν BZ   ζυγομαχῶν ACDΓ:
ζυγομαχεῖ ΘΒΕ   26 ᾠήθης ACΓ: ᾠήθη ΘBDE   φιλάμμονα DQYᴵZ
28 φορεῖ C   29 ᾠήθησαν δ᾽ οὐ ΑΓ: ᾠήθη δ᾽ οὐ ΠΥΖ: ᾠήθην δ᾽ οὐ Q
30 δ᾽ αἱ CΣ: δὲ cett.   σφοδρότητα ΠΑQΓ: σφοδρότατα YZ   32 δοίης
ACᴵEQZΓ   34 εἰ corr. A   χρυσῆι ΑΘBC   1413ᵇ 1 διὸ . . .
ἀπρεπές hoc loco (vel post ᵃ 30 μειρακιώδεις) Richards: post ᵇ 2 ῥήτορες
codd.   4 ἡ αὐτὴ γραφικὴ ΘΠΓ: ἡδὺ τῇ γραφικῆι A

5 μηγορικὴ καὶ δικανική. ἄμφω δὲ ἀνάγκη εἰδέναι· τὸ μὲν
γάρ ἐστιν ἑλληνίζειν ἐπίστασθαι, τὸ δὲ μὴ ἀναγκάζεσθαι
κατασιωπᾶν ἄν τι βούληται μεταδοῦναι τοῖς ἄλλοις, ὅπερ
πάσχουσιν οἱ μὴ ἐπιστάμενοι γράφειν. ἔστι δὲ λέξις γρα-
φικὴ μὲν ἡ ἀκριβεστάτη, ἀγωνιστικὴ δὲ ἡ ὑποκριτικωτάτη
10 (ταύτης δὲ δύο εἴδη· ἡ μὲν γὰρ ἠθικὴ ἡ δὲ παθητική)·
διὸ καὶ οἱ ὑποκριταὶ τὰ τοιαῦτα τῶν δραμάτων διώκουσι,
καὶ οἱ ποιηταὶ τοὺς τοιούτους. βαστάζονται δὲ οἱ ἀναγνω-
στικοί, οἷον Χαιρήμων (ἀκριβὴς γὰρ ὥσπερ λογογράφος),
καὶ Λικύμνιος τῶν διθυραμβοποιῶν. καὶ παραβαλλόμενοι οἱ
15 μὲν τῶν γραφέων ⟨λόγοι⟩ ἐν τοῖς ἀγῶσι στενοὶ φαίνονται,
οἱ δὲ τῶν ῥητόρων, εὖ λεχθέντες, ἰδιωτικοὶ ἐν ταῖς χερσίν.
αἴτιον δ' ὅτι ἐν τῷ ἀγῶνι ἁρμόττει τὰ ὑποκριτικά· διὸ
καὶ ἀφῃρημένης τῆς ὑποκρίσεως οὐ ποιοῦντα τὸ αὑτῶν
ἔργον φαίνεται εὐήθη, οἷον τά τε ἀσύνδετα καὶ τὸ πολλά-
20 κις τὸ αὐτὸ εἰπεῖν ἐν τῇ γραφικῇ ὀρθῶς ἀποδοκιμάζεται,
ἐν δὲ ἀγωνιστικῇ οὔ, καὶ οἱ ῥήτορες χρῶνται· ἔστι γὰρ
ὑποκριτική. ἀνάγκη δὲ μεταβάλλειν τὸ αὐτὸ λέγοντας, ὅπερ
ὥσπερ ὁδοποιεῖ τῷ ὑποκρίνεσθαι· " οὗτός ἐστιν ὁ κλέψας
ὑμῶν, οὗτός ἐστιν ὁ ἐξαπατήσας, οὗτος ὁ τὸ ἔσχατον προ-
25 δοῦναι ἐπιχειρήσας ", οἷον καὶ Φιλήμων ὁ ὑποκριτὴς ἐποίει
ἔν τε τῇ Ἀναξανδρίδου Γεροντομαχίᾳ, ὅτε λέγοι " Ῥαδάμαν-
θυς καὶ Παλαμήδης ", καὶ ἐν τῷ προλόγῳ τῶν Εὐσεβῶν τὸ
" ἐγώ ". ἐὰν γάρ τις τὰ τοιαῦτα μὴ ὑποκρίνηται, γίγνεται " ὁ
τὴν δοκὸν φέρων ". καὶ τὰ ἀσύνδετα ὡσαύτως· " ἦλθον, ἀπήν-

---

6 ἐστιν om. Γ   13 λογόγραφοι Z   14 οἱ Γ   15 γραφέων scripsi:
γραφῶν ΑΓ: γραφικῶν cett.   λόγοι add. Richards: om. codd. Γ   16 εὖ
λεχθέντες] ἢ τῶν λεχθέντων Α: εὖ λεχθέντων DQYIZ: οὐ λεχθέντες Γ: εὖ
μὲν λεχθέντες Σ   17–18 τὰ . . . καὶ scripsi: διὸ καὶ τὰ ὑποκριτικὰ codd. Γ
19 εὐήθη ABCDQΓ: εὐήθως E¹YZ   21 ἀγωνιστικῇ] ἀποδεικτικὴ ΒQΓ:
τῇ ἀποδεικτικῇ CΣ: ἀποδεικτικῶ DEYZ   οὔ Σ: οὐ Α: om. ΘΠΓ   22 ὑπο-
κριτική BDEQ: ὑποκριτικὸν CZΣ: ὑποκριτά Γ   δὲ] γὰρ Thurot
23 ὥσπερ ΑΓ: om. ΘΠΣ   ὁδοποιεῖ ΘΠΓ: ὡδοποιεῖ Α   τῷ ΑΓΣ: τὸ
ΘΒDE: om. C   ἐστιν ΑCΓ: δὲ ΘΒDE   24 ἡμῶν ΓΣ (cod. n)
ὁ²] ἐστιν ὁ Γ   25 ὑποκριτικός ΑΓ   26 λέγοι Spengel: λέγει codd

172

τησα, ἐδεόμην·" ἀνάγκη γὰρ ὑποκρίνεσθαι καὶ μὴ ὡς ἓν 30
λέγοντα τῷ αὐτῷ ἤθει καὶ τόνῳ εἰπεῖν. ἔτι ἔχει ἴδιόν τι
τὰ ἀσύνδετα· ἐν ἴσῳ γὰρ χρόνῳ πολλὰ δοκεῖ εἰρῆσθαι· ὁ
γὰρ σύνδεσμος ἓν ποιεῖ τὰ πολλά, ὥστε ἐὰν ἐξαιρεθῇ, δῆλον
ὅτι τοὐναντίον ἔσται τὸ ἓν πολλά. ἔχει οὖν αὔξησιν· " ἦλθον,
διελέχθην, ἱκέτευσα " (πολλὰ δοκεῖ), " ὑπερεῖδεν ὅσα εἶπον ". 1414ᵃ
τοῦτο δὲ βούλεται ποιεῖν καὶ Ὅμηρος ἐν τῷ

" Νιρεὺς αὖ Σύμηθεν ", " Νιρεὺς Ἀγλαΐης ", " Νιρεὺς ὃς
κάλλιστος ".

περὶ οὗ γὰρ πολλὰ λέγεται, ἀνάγκη καὶ πολλάκις εἰρῆσθαι·
εἰ οὖν [καὶ] πολλάκις, καὶ πολλὰ δοκεῖ, ὥστε ηὔξηκεν, ἅπαξ 5
μνησθείς, διὰ τὸν παραλογισμόν, καὶ μνήμην πεποίηκεν, οὐ-
δαμοῦ ὕστερον αὐτοῦ λόγον ποιησάμενος.

ἡ μὲν οὖν δημηγορικὴ λέξις καὶ παντελῶς ἔοικεν τῇ
σκιαγραφίᾳ· ὅσῳ γὰρ ἂν πλείων ᾖ ὁ ὄχλος, πορρώτερον ἡ
θέα, διὸ τὰ ἀκριβῆ περίεργα καὶ χείρω φαίνεται ἐν ἀμφό- 10
τέροις· ἡ δὲ δικανικὴ ἀκριβεστέρα. ἔτι δὲ μᾶλλον ἡ ⟨ἐν⟩
ἑνὶ· κριτῇ· ἐλάχιστον γὰρ ἔνεστι ῥητορικῆς· εὐσύνοπτον
γὰρ μᾶλλον τὸ οἰκεῖον τοῦ πράγματος καὶ τὸ ἀλλότριον, καὶ
ὁ ἀγὼν ἄπεστιν, ὥστε καθαρὰ ἡ κρίσις. διὸ οὐχ οἱ αὐτοὶ
ἐν πᾶσιν τούτοις εὐδοκιμοῦσιν ῥήτορες· ἀλλ' ὅπου μάλιστα 15
ὑπόκρισις, ἐνταῦθα ἥκιστα ἀκρίβεια ἔνι. τοῦτο δὲ ὅπου
φωνῆς, καὶ μάλιστα ὅπου μεγάλης.

31 ἔτι] ὅτι ci. Spengel   34 τοὐναντίον hoc loco ΑΓ: post πολλὰ
BCEYZ: om. Q   ἔχει . . . 1414ᵃ 1 πολλὰ om. Q   1414ᵃ 1 δοκεῖ . . .
εἶπον Spengel: δοκεῖ ὑπεριδεῖν ὅσα εἶπεν Α: δοκεῖ δὲ (δὲ om. BC) ὑπεριδεῖν
ὅσα εἶπον ὅσα φημί ΘΠ: δοκεῖ ὑπεριδεῖν ὅσα εἶπον Σ: multa videntur osten-
tari quaecunque dixit G   2 ἐν τῷ om. Γ   4 λέγεται] εἴρηται ΘΠΓ
5 καὶ seclusi: habent codd. Γ   ηὔξηκεν scripsi: ηὔξησεν codd.   8 καὶ
om. Γ   11 ἡ . . . ἀκριβεστέρα Spengel: ἡ δίκη (δικανικὴ C) ἀκριβέστερον
codd.: litigantium autem diligentius G   ἔτι δὲ] καὶ ἔτι Γ   ἤ²] εἰ BCY
ἐν add. Spengel   12 ἔνεστι Spengel: ἐστὶν ἐν codd. Γ: ἐστὶν ἑνὶ Vahlen
ῥητορικοῖς ΘΒΔΕΓΣ: τοῖς ῥητορικοῖς C   16 ὑπόκρισις scripsi: ὑπο-
κρίσεως codd. Γ: ὑποκρίσεως δεῖ Spengel: χρεία ὑποκρίσεως vel ὑποκρίσεως
χρεία Bywater   17 μεγάλης] an μεγάλης δεῖ ?

ἡ μὲν οὖν ἐπιδεικτικὴ λέξις γραφικωτάτη· τὸ γὰρ ἔργον
αὐτῆς ἀνάγνωσις· δευτέρα δὲ ἡ δικανική. τὸ δὲ προσδι-
20 αιρεῖσθαι τὴν λέξιν, ὅτι ἡδεῖαν δεῖ εἶναι καὶ μεγαλοπρεπῆ, περί-
εργον· τί γὰρ μᾶλλον ἢ σώφρονα καὶ ἐλευθέριον καὶ εἴ τις
ἄλλη ἤθους ἀρετή; τὸ δὲ ἡδεῖαν εἶναι ποιήσει δηλονότι
τὰ εἰρημένα, εἴπερ ὀρθῶς ὥρισται ἡ ἀρετὴ τῆς λέξεως·
τίνος γὰρ ἕνεκα δεῖ σαφῆ καὶ μὴ ταπεινὴν εἶναι ἀλλὰ
25 πρέπουσαν; ἄν τε γὰρ ἀδολεσχῇ, οὐ σαφής, οὐδὲ ἂν σύν-
τομος, ἀλλὰ δῆλον ὅτι τὸ μέσον ἁρμόττει. καὶ τὸ ἡδεῖαν
τὰ εἰρημένα ποιήσει, ἂν εὖ μιχθῇ, τὸ εἰωθὸς καὶ ⟨τὸ⟩ ξενικόν,
καὶ ὁ ῥυθμός, καὶ τὸ πιθανὸν ἐκ τοῦ πρέποντος·

περὶ μὲν οὖν τῆς λέξεως εἴρηται, καὶ κοινῇ περὶ ἀπάν-
30 των καὶ ἰδίᾳ περὶ ἑκάστου γένους· λοιπὸν δὲ περὶ τάξεως
εἰπεῖν. ἔστι δὲ τοῦ λόγου δύο μέρη· ἀναγκαῖον γὰρ τό τε 13
πρᾶγμα εἰπεῖν περὶ οὗ, καὶ τοῦτ' ἀποδεῖξαι. διὸ εἰπόντα
μὴ ἀποδεῖξαι ἢ ἀποδεῖξαι μὴ προειπόντα ἀδύνατον· ὅ τε
γὰρ ἀποδεικνύων τι ἀποδείκνυσι, καὶ ὁ προλέγων ἕνεκα
35 τοῦ ἀποδεῖξαι προλέγει. τούτων δὲ τὸ μὲν πρόθεσίς ἐστι
τὸ δὲ πίστις, ὥσπερ ἂν εἴ τις διέλοι ὅτι τὸ μέν πρόβλημα
τὸ δὲ ἀπόδειξις. νῦν δὲ διαιροῦσι γελοίως· διήγησις γάρ
που τοῦ δικανικοῦ μόνου λόγου ἐστίν, ἐπιδεικτικοῦ δὲ καὶ
δημηγορικοῦ πῶς ἐνδέχεται εἶναι διήγησιν οἵαν λέγουσιν,
1414ᵇ ἢ τὰ πρὸς τὸν ἀντίδικον, ἢ ἐπίλογον τῶν ἀποδεικτικῶν;
προοίμιον δὲ καὶ ἀντιπαραβολὴ καὶ ἐπάνοδος ἐν ταῖς δημη-
γορίαις τότε γίνεται ὅταν ἀντιλογία ᾖ. καὶ γὰρ ἡ κατ-
ηγορία καὶ ἡ ἀπολογία πολλάκις, ἀλλ' οὐχ ἡ συμβουλή· ἀλλ'

---

18 γραφικωτάτη ABCDQΓ: γραφικώτατον DEYZ   19 αὐτοῦ
ΘDE   20 εἶναι CΓ: om. cett.   22 δὲ AΓ: γὰρ ΘΠ   24 ·τα-
πεινόν Z   25 σύντομοι ABCΓ: σύντομον ΘDE   27 τὸ addidi: om.
codd. Γ   30 ἑκάστου γένους scripsi: ἕκαστον γένος codd.   δὴ Qⁱ
31 μέρη] μέρη ἀναγκαῖα Spengel   τό ΘABCΓ: τὸ τό DE   32 τουτ'
AΓ: τότ' ΘΠ: τὸ ἀποδεῖξαι Σ   33 εἰπόντα QΓ   38 που om.
ΓΣ   λόγου μόνου ΠQYΓ   39 εἶναι διήγησιν AΓ: διήγησιν εἶναι
ΘΠ   1414ᵇ 1 ἐπίλογον ἀποδεικτικόν Γ   4 ᾖ² ΘABΓ: ᾖ CDE

ὁ ἐπίλογος ἔτι οὐδὲ δικανικοῦ παντός, οἷον ἐὰν μικρὸς ὁ 5
λόγος ᾖ τὸ πρᾶγμα εὐμνημόνευτον· συμβαίνει γὰρ τοῦ
μήκους ἀφαιρεῖσθαι. ἀναγκαῖα ἄρα μόρια πρόθεσις καὶ
πίστις. ἴδια μὲν οὖν ταῦτα, τὰ δὲ πλεῖστα προοίμιον πρό-
θεσις πίστις ἐπίλογος· τὰ γὰρ πρὸς τὸν ἀντίδικον τῶν
πίστεών ἐστι, καὶ ἡ ἀντιπαραβολὴ αὔξησις τῶν αὐτοῦ, 10
ὥστε μέρος τι τῶν πίστεων (ἀποδείκνυσι γάρ τι ὁ ποιῶν
τοῦτο), ἀλλ' οὐ τὸ προοίμιον, οὐδ' ὁ ἐπίλογος, ἀλλ' ἀνα-
μιμνήσκει. ἔσται οὖν, ἄν τις τὰ τοιαῦτα διαιρῇ, ὅπερ ἐποί-
ουν οἱ περὶ Θεόδωρον, διήγησις ἕτερον καὶ [ἡ] ἐπιδιήγησις
καὶ προδιήγησις, καὶ ἔλεγχος καὶ ἐπεξέλεγχος. δεῖ δὲ εἶδός 15
τι λέγοντα καὶ διαφορᾷ ὄνομα τίθεσθαι· εἰ δὲ μή, γίνεται
κενὸν καὶ ληρῶδες, οἷον Λικύμνιος ποιεῖ ἐν τῇ τέχνῃ, ἐπ-
ούρωσιν ὀνομάζων καὶ ἀποπλάνησιν καὶ ὄζους.

14   Τὸ μὲν οὖν προοίμιόν ἐστιν ἀρχὴ λόγου, ὅπερ ἐν
ποιήσει πρόλογος καὶ ἐν αὐλήσει προαύλιον· πάντα γὰρ 20
ἀρχαὶ ταῦτ' εἰσί, καὶ οἷον ὁδοποίησις τῷ ἐπιόντι. τὸ μὲν
οὖν προαύλιον ὅμοιον τῷ τῶν ἐπιδεικτικῶν προοιμίῳ· καὶ
γὰρ οἱ αὐληταί, ὅ τι ἂν εὖ ἔχωσιν αὐλῆσαι, τοῦτο προ-
αυλήσαντες συνῆψαν τῷ ἐνδοσίμῳ, καὶ ἐν τοῖς ἐπιδεικτι-
κοῖς λόγοις δεῖ οὕτως γράφειν, ὅ τι [γὰρ] ἂν βούληται εὐθὺ 25
εἰπόντα ἐνδοῦναι καὶ συνάψαι, ὅπερ πάντες ποιοῦσιν.
παράδειγμα τὸ τῆς Ἰσοκράτους Ἑλένης προοίμιον· οὐθὲν
γὰρ κοινὸν ὑπάρχει τοῖς ἐριστικοῖς καὶ Ἑλένῃ. ἅμα δὲ καὶ
ἐὰν ἐκτοπίσῃ, ἁρμόττει, καὶ μὴ ὅλον τὸν λόγον ὁμοειδῆ
εἶναι. λέγεται δὲ τὰ τῶν ἐπιδεικτικῶν προοίμια ἐξ ἐπαίνου 30

5 ἔτι ΘΑΒΣΓ: +δὲ DE   7 ἀφαιρεῖσθαι ΘΑΒΣΓ: ἀφαιρουμένου DE
8–9 ἴδια . . . πίστις om. Q   8 ἰδίαι ΑΓ   μὲν] γὰρ αὗται Γ   14 ἡ
om. Morelius   15 ἐπεξέλεγχος ΑΒΣ: ἐπέλεγχος ΘΔΕΓ   16 λέ-
γοντα ΑΓ: λέγοντας ΘΠΣ   διαφορᾷ scripsi: διαφορὰν codd., +καὶ Γ   ὀνό-
ματι θέσθαι Α: καὶ ὄνομά τι τίθεσθαι Γ   17 κενὸν in ras. Α: κοινὸν
ΥΖ   ἐπούρωσιν ΑΓ: ἐπόρουσιν ΣΥ²Σ: ἐπέρωσιν DEQZ   19 ὥσπερ Γ
22 προοιμίῳ ΘΠΓ: προοιμίων Α   23 εὖ ΑΓ: om. ΘΠΣ   24 συνῆψαν
τῷ ἐνδοσίμῳ: persecuntur seriosum G   25 γὰρ seclusi: habent codd. Γ
28 κοινὸν Bonitz: οἰκεῖον codd.   29 καὶ om. ΘΠΓ

175

ἢ ψόγου (οἷον Γοργίας μὲν ἐν τῷ Ὀλυμπικῷ λόγῳ " ὑπὸ
πολλῶν ἄξιοι θαυμάζεσθαι, ὦ ἄνδρες Ἕλληνες "· ἐπαινεῖ
γὰρ τοὺς τὰς πανηγύρεις συνάγοντας· Ἰσοκράτης δὲ ψέγει
ὅτι τὰς μὲν τῶν σωμάτων ἀρετὰς δωρεαῖς ἐτίμησαν, τοῖς
35 δ' εὖ φρονοῦσιν οὐθὲν ἆθλον ἐποίησαν), καὶ ἀπὸ συμβου-
λῆς (οἷον ὅτι δεῖ τοὺς ἀγαθοὺς τιμᾶν, διὸ καὶ αὐτὸς
Ἀριστείδην ἐπαινεῖ, ἢ τοὺς τοιούτους οἳ μήτε εὐδοκιμοῦσιν
μήτε φαῦλοι, ἀλλ' ὅσοι ἀγαθοὶ ὄντες ἄδηλοι, ὥσπερ Ἀλέ-
ξανδρος ὁ Πριάμου· οὗτος γὰρ συμβουλεύει)· ἔτι δ' ἐκ τῶν
1415ᵃ δικανικῶν προοιμίων· τοῦτο δ' ἐστὶν ἐκ τῶν πρὸς τὸν ἀκρο-
ατήν, εἰ περὶ παραδόξου λόγος ἢ περὶ χαλεποῦ ἢ περὶ τεθρυ-
λημένου πολλοῖς, ὥστε συγγνώμην ἔχειν, οἷον Χοιρίλος

            νῦν δ' ὅτε πάντα δέδασται.

5 τὰ μὲν οὖν τῶν ἐπιδεικτικῶν λόγων προοίμια ἐκ τού-
των, ἐξ ἐπαίνου, ἐκ ψόγου, ἐκ προτροπῆς, ἐξ ἀποτροπῆς,
ἐκ τῶν πρὸς τὸν ἀκροατήν· δεῖ δὲ ἢ ξένα ἢ οἰκεῖα εἶναι
τὰ ἐνδόσιμα τῷ λόγῳ. τὰ δὲ τοῦ δικανικοῦ προοίμια δεῖ
λαβεῖν ὅτι ταὐτὸ δύναται ὅπερ τῶν δραμάτων οἱ πρόλογοι
10 καὶ τῶν ἐπῶν τὰ προοίμια· τὰ μὲν γὰρ τῶν διθυράμβων
ὅμοια τοῖς ἐπιδεικτικοῖς· "διὰ σὲ καὶ τεὰ δῶρα εἴτε σκῦλα".
ἐν δὲ προλόγοις καὶ ἔπεσι δεῖγμά ἐστι τοῦ λόγου, ἵνα
προειδῶσι περὶ οὗ [ἢ] ὁ λόγος καὶ μὴ κρέμηται ἡ διάνοια·
τὸ γὰρ ἀόριστον πλανᾷ· ὁ δοὺς οὖν ὥσπερ εἰς τὴν χεῖρα
15 τὴν ἀρχὴν ποιεῖ ἐχόμενον ἀκολουθεῖν τῷ λόγῳ. διὰ τοῦτο

---

31 Ὀλυμπικῷ ΑCΔΓ: Ὀλυμπιακῷ ΘΒΕ   ὑπερ Sauppe   37 ἢ
ΑCΒΣ: οὐ ΘΕ: καὶ Β: om. Γ   38 ἄδηλοι ΑΓ: ἀλλήλοις ΘΠ   39 ὁ
Πριάμου om. Σ   οὕτως C²Σ   1415ᵃ 2 τεθρυλλημένου ΘΠ   5 λόγων
ΘΑΒCΓ: λεγόμενα DE   7 ξένα . . . οἰκεῖα] ξένα οὐκ οἰκεῖα vel
μᾶλλον ξένα ἢ οἰκεῖα Spengel (cf. 1414ᵃ 27)   8 τῶν δικανικῶν
Spengel (cf. l. 5)   προοίμια ΘΠΓ: προοιμίου Α   11 εἴτε ΠΟΥΓ:
εἶτα Α: εἴ τι Ζ   σκύλλα Α   12 προλόγοις ΓΣ: τοῖς λόγοις codd.: τοῖς
δικανικοῖς λόγοις ci. Spengel   13 προίδωσιν ΑΓ   ἢ ΑΒΓ: secl. Spengel:
ἢν ΘCDΕΣ   κρέμηται ΑCΔΓ: κρέμαται ΘΒΕΣ   15 ἐχόμενον]
βουλομένῳ Γ

" μῆνιν ἄειδε, θεά". " ἄνδρα μοι ἔννεπε, μοῦσα."
" ἥγεό μοι λόγον ἄλλον, ὅπως Ἀσίας ἀπὸ γαίης
ἦλθεν ἐς Εὐρώπην πόλεμος μέγας."

καὶ οἱ τραγικοὶ δηλοῦσι περὶ ⟨οὗ⟩ τὸ δρᾶμα, κἂν μὴ εὐθὺς
ὥσπερ Εὐριπίδης ἐν τῷ προλόγῳ, ἀλλά πού γε, ὥσπερ [καὶ] 20
Σοφοκλῆς   " ἐμοὶ πατὴρ ἦν Πόλυβος ".
καὶ ἡ κωμῳδία ὡσαύτως.   τὸ μὲν οὖν ἀναγκαιότατον ἔργον
τοῦ προοιμίου καὶ ἴδιον τοῦτο, δηλῶσαι τί ἐστιν τὸ τέλος
οὗ ἕνεκα ὁ λόγος (διόπερ ἂν δῆλον ᾖ καὶ μικρὸν τὸ πρᾶγμα,
οὐ χρηστέον προοιμίῳ)· τὰ δὲ ἄλλα εἴδη οἷς χρῶνται, ἰα- 25
τρεύματα καὶ κοινά. λέγεται δὲ ταῦτα ἔκ τε τοῦ λέγοντος
καὶ τοῦ ἀκροατοῦ καὶ τοῦ πράγματος καὶ τοῦ ἐναντίου
περὶ αὑτοῦ μὲν καὶ τοῦ ἀντιδίκου οἷά περ διαβολὴν
λῦσαι καὶ ποιῆσαι (ἔστιν δὲ οὐχ ὁμοίως· ἀπολογουμένῳ μὲν
γὰρ πρῶτον τὰ πρὸς διαβολήν, κατηγοροῦντι δ' ἐν τῷ ἐπι- 30
λόγῳ· δι' ὃ δέ, οὐκ ἄδηλον· τὸν μὲν γὰρ ἀπολογούμενον,
ὅταν μέλλῃ εἰσάξειν αὑτόν, ἀναγκαῖον ἀνελεῖν τὰ κωλύοντα,
ὥστε λυτέον πρῶτον τὴν διαβολήν· τῷ δὲ διαβάλλοντι ἐν
τῷ ἐπιλόγῳ διαβλητέον, ἵνα μνημονεύσωσι μᾶλλον).   τὰ δὲ
πρὸς τὸν ἀκροατὴν ἔκ τε τοῦ εὔνουν ποιῆσαι καὶ ἐκ τοῦ 35
ὀργίσαι, καὶ ἐνίοτε τὸ προσεκτικὸν ἢ τοὐναντίον· οὐ γὰρ
ἀεὶ συμφέρει ποιεῖν προσεκτικόν, διὸ πολλοὶ εἰς γέλωτα
πειρῶνται προάγειν.   εἰς δὲ εὐμάθειαν ἅπαντα ἀνάξει, ἐάν
τις βούληται, καὶ τὸ ἐπιεικῆ φαίνεσθαι· προσέχουσι γὰρ
μᾶλλον τούτοις. προσεκτικοὶ δὲ τοῖς μεγάλοις, τοῖς ἰδίοις, **1415**ᵇ
τοῖς θαυμαστοῖς, τοῖς ἡδέσιν· διὸ δεῖ ἐμποιεῖν ὡς περὶ
τοιούτων ὁ λόγος· ἐὰν δὲ μὴ προσεκτικούς, ὅτι μικρόν,

17 ἦγε ὁμοῖ λόγον A   λόγων ἄλλων QΥΣ   19 οὗ add. Bywater (cf.
1419ᵇ 31)   20 ἐν . . . ὥσπερ scripsi: ἀλλ' ἐν τῷ προλόγῳ γέ που
δηλοῖ, ὥσπερ καὶ codd.   ἀλλὰ] ἀλλαχοῦ Richards, an recte?   21 ἐμοὶ
. . . Πόλυβος om. ut vid. Σ   23 τί ἐστιν ΑΓΣ: om. ΘΠ   28 οἷά
περ scripsi: ὅσα περὶ codd. Γ: ὅσα περὶ τοῦ Bywater   διαβολὴν ΑCDEΓ:
διαβολῆς ΘΒ   34 μνημονεύσωσι ΑΒCQΖΓ: μνημονεύουσι DEY   35 ἐκ
ΑΓ: om. ΘΠ   36 τὸ ΑΓ: δὲ ἐκ τοῦ ΘΠ

ὅτι οὐδὲν πρὸς ἐκείνους, ὅτι λυπηρόν. δεῖ δὲ μὴ λαν-
5 θάνειν ὅτι πάντα ἔξω τοῦ λόγου τὰ τοιαῦτα· πρὸς φαῦ-
λον γὰρ ἀκροατὴν καὶ τὰ ἔξω τοῦ πράγματος ἀκούοντα·
ἐπεὶ ἂν μὴ τοιοῦτος ᾖ, οὐθὲν δεῖ προοιμίου, ἀλλ᾽ ἢ
ὅσον τὸ πρᾶγμα εἰπεῖν κεφαλαιωδῶς, ἵνα ἔχῃ ὥσπερ σῶμα
κεφαλήν. ἔτι τὸ προσεκτικοὺς ποιεῖν πάντων τῶν μερῶν
10 κοινόν, ἐὰν δέῃ· πανταχοῦ γὰρ ἀνιᾶσι μᾶλλον ἢ ἀρχόμε-
νοι· διὸ γελοῖον ἐν ἀρχῇ τάττειν, ὅτε μάλιστα πάντες προσ-
έχοντες ἀκροῶνται· ὥστε ὅπου ἂν ᾖ καιρός, λεκτέον " καί
μοι προσέχετε τὸν νοῦν· οὐθὲν γὰρ μᾶλλον ἐμὸν ἢ ὑμέ-
τερον ", καὶ " ἐρῶ γὰρ ὑμῖν οἷον οὐδεπώποτε ἀκηκόατε δεινὸν ἢ
15 οὕτω θαυμαστόν ". τοῦτο δ᾽ ἐστίν, ὥσπερ ἔφη Πρόδικος, ὅτε
νυστάζοιεν οἱ ἀκροαταί, παρεμβάλλειν ⟨τι⟩ τῆς πεντηκοντα-
δράχμου αὐτοῖς. ὅτι δὲ πρὸς τὸν ἀκροατὴν οὐχ ᾗπερ [ὁ]
ἀκροατής, δῆλον· πάντες γὰρ ἢ διαβάλλουσιν ἢ φόβους
ἀπολύονται ἐν τοῖς προοιμίοις·

20   ἄναξ, ἐρῶ μὲν οὐχ ὅπως σπουδῆς ὕπο,

          τί φροιμιάζῃ;,

καὶ οἱ πονηρὸν τὸ πρᾶγμα ἔχοντες ἢ δοκοῦντες· πανταχοῦ
γὰρ βέλτιον διατρίβειν ἢ ἐν τῷ πράγματι, διὸ οἱ δοῦλοι οὐ
τὰ ἐρωτώμενα λέγουσιν ἀλλὰ τὰ κύκλῳ, καὶ προοιμιάζονται.
25 πόθεν δ᾽ εὔνους δεῖ ποιεῖν, εἴρηται, καὶ τῶν ἄλλων ἕκαστον
τῶν τοιούτων. ἐπεὶ δ᾽ εὖ λέγεται

          δός μ᾽ ἐς Φαίηκας φίλον ἐλθεῖν ἠδ᾽ ἐλεεινόν,

τούτων δεῖ δύο στοχάζεσθαι. ἐν δὲ τοῖς ἐπιδεικτικοῖς

1415^b 7 ἔδει Γ   8 ὥσπερ ΘΑΒΔΕΓ: ὁ λόγος ὥσπερ ΓΣ   9 προσ-
εκτικόν Υ   10 ἀνιᾶσι CDQZΓ: ἀνείασιν Α: ἀνιῶσι ΒΥ: ἀνιάσει Ε
13 οὐδὲν ΑQΓ: οὐδὲ ΠΥΖ   14 καὶ om. ΓΣ   16 τι addidi: om.
codd. Γ   17 ὁ om. Σ (cod. n), Victorius   21 τί φροιμιάζῃ om.
γρ. Σ   22 τὸ ΑΕΓ: δὲ τὸ ΘΒCD   24 τὰ² in ras. Α   25 τῶν ἄλλων
ΑΔΕΖΓ: τῷ μᾶλλον ΒΓΥ: τῶν ἀγγέλων δ᾽ Q(?)   26 ἐπεὶ δ᾽ ΑΔΕΓ:
ἐπεὶ δὴ ΘΒC: ἐπείδη Σ   28 δεῖ ΘΠΓ: οὖν δεῖ ΑΣ

οἴεσθαι δεῖ ποιεῖν συνεπαινεῖσθαι τὸν ἀκροατήν, ἢ αὐτὸν
ἢ γένος ἢ ἐπιτηδεύματ' αὐτοῦ ἢ ἄλλως γέ πως· ὃ γὰρ 30
λέγει Σωκράτης ἐν τῷ ἐπιταφίῳ, ἀληθές, ὅτι οὐ χαλεπὸν
Ἀθηναίους ἐν Ἀθηναίοις ἐπαινεῖν, ἀλλ' ἐν Λακεδαιμονίοις.

τὰ δὲ τοῦ δημηγορικοῦ ἐκ τῶν τοῦ δικανικοῦ λόγου
ἐστίν, φύσει δὲ ἥκιστα ἔχει· καὶ γὰρ καὶ περὶ οὗ ἴσασιν,
καὶ οὐδὲν δεῖται τὸ πρᾶγμα προοιμίου, ἀλλ' ἢ δι' αὐτὸν 35
ἢ τοὺς ἀντιλέγοντας, ἢ ἐὰν μὴ ἡλίκον βούλει ὑπολαμβά-
νωσιν, ἀλλ' ἢ μεῖζον ἢ ἔλαττον, διὸ ἢ διαβάλλειν ἢ ἀπο-
λύεσθαι ἀνάγκη, καὶ ἢ αὐξῆσαι ἢ μειῶσαι. τούτων δὲ
ἕνεκα προοιμίου δεῖται, ἢ κόσμου χάριν, ὡς αὐτοκάβδαλα
φαίνεται ἐὰν μὴ ἔχῃ. τοιοῦτον γὰρ τὸ Γοργίου ἐγκώμιον 1416ᵃ
εἰς Ἠλείους· οὐδὲν γὰρ προεξαγκωνίσας οὐδὲ προανα-
κινήσας εὐθὺς ἄρχεται "Ἦλις, πόλις εὐδαίμων".

15   Περὶ δὲ διαβολῆς ἓν μὲν τὸ ἐξ ὧν ἄν τις ὑπόληψιν
δυσχερῆ ἀπολύσαιτο (οὐθὲν γὰρ διαφέρει εἴτε εἰπόντος 5
τινὸς εἴτε μή, ὥστε τοῦτο καθόλου)· ἄλλος τόπος ὥστε πρὸς
τὰ ἀμφισβητούμενα ἀπαντᾶν, ἢ ὡς οὐκ ἔστιν, ἢ ὡς οὐ
βλαβερὸν ἢ οὐ τούτῳ, ἢ ὡς οὐ τηλικοῦτον, ἢ οὐκ ἄδικον
ἢ οὐ μέγα, ἢ οὐκ αἰσχρὸν ἢ οὐκ ἔχον μέγεθος· περὶ γὰρ
τοιούτων ἡ ἀμφισβήτησις, ὥσπερ Ἰφικράτης πρὸς Ναυσι- 10
κράτην· ἔφη γὰρ ποιῆσαι ὃ ἔλεγεν καὶ βλάψαι, ἀλλ' οὐκ
ἀδικεῖν. ἢ ἀντικαταλλάττεσθαι ἀδικοῦντα, εἰ βλαβερόν, ἀλλ'
οὖν καλόν, εἰ λυπηρόν, ἀλλ' ὠφέλιμον, ἤ τι ἄλλο τοιοῦ-
τον. ἄλλος τόπος ὡς ἐστὶν ἁμάρτημα ἢ ἀτύχημα ἢ
ἀναγκαῖον, οἷον Σοφοκλῆς ἔφη τρέμειν οὐχ ὡς ὁ διαβάλ- 15

30 ἐπιτήδευμα ΘBCDΓ   ἄλλως] ἁμῶς Bekker   31 λέγει+ὁ
Susemihl   33 λόγου ΘΑΓΣ: λόγων Π   34 καί² om. Γ   35 τὸ
πρᾶγμα προοιμίου ΑΓ: προοιμίου τὸ πρᾶγμα ΘΠ   ἢ om. ΠΥΓ   36 βού-
ληι Α: voluerit G   39 αὐτοκαύδαλα ΠΣ: αὐτοκώδαλα Q   1416ᵃ 5 ὑπ-
όντος Γ   6 post καθόλου lacunam esse censuit Thurot   τόπος ΘΠΣ:
τρόπος ΑΓ   7 ἀπαντᾶν ΘΠΓ: ἀπαντᾶ Α   8 τούτῳ ΘΑΒΔΓ: τοῦτο
CEΥ   ὡς ΘΠΓ: ὧι Α   12 ἀδικῆσαι BCQΓΣ   ἀδικοῦντα secl.
Richards: ἀντιδικοῦντα ci. Madvig   13 οὖν Spengel: οὐ Α: om. ΘΠΓ
14 τόπος ΘΠΣ: τρόπος ΑΓ

λων ἔφη, ἵνα δοκῇ γέρων, ἀλλ' ἐξ ἀνάγκης· οὐ γὰρ ἑκόντι
εἶναι αὑτῷ ἔτη ὀγδοήκοντα. καὶ ἀντικαταλλάττεσθαι τὸ
οὗ ἕνεκα, ὅτι οὐ βλάψαι ἐβούλετο ἀλλὰ τόδε, καὶ οὐ τοῦτο
ὃ διεβάλλετο ποιῆσαι, συνέβη δὲ βλαβῆναι· "δίκαιον δὲ
20 μισεῖν, εἰ ὅπως τοῦτο γένηται ἐποίουν." ἄλλος, εἰ
ἐμπεριείληπται ὁ διαβάλλων, ἢ νῦν ἢ πρότερον, ἢ αὐτὸς
ἢ τῶν ἐγγύς τις. ἄλλος, εἰ ἄλλοι ἐμπεριλαμβάνονται οὓς
ὁμολογοῦσιν μὴ ἐνόχους εἶναι τῇ διαβολῇ, οἷον εἰ, ὅτι καθάριος,
ὁ ⟨δεῖνα⟩ μοιχός, καὶ ὁ δεῖνα ἄρα. ἄλλος, εἰ ἄλλους
25 διέβαλεν ἢ ἄλλος ⟨ἢ⟩ αὐτός, ἢ ἄνευ διαβολῆς ὑπελαμβάνοντο
ὥσπερ αὐτὸς νῦν, οἳ πεφήνασιν οὐκ ἔνοχοι. ἄλλος ἐκ
τοῦ ἀντιδιαβάλλειν τὸν διαβάλλοντα· ἄτοπον γὰρ εἰ ὃς
αὐτὸς ἄπιστος, οἱ τούτου λόγοι ἔσονται πιστοί. ἄλλος,
εἰ γέγονεν κρίσις, ὥσπερ Εὐριπίδης πρὸς Ὑγιαίνοντα ἐν
30 τῇ ἀντιδόσει κατηγοροῦντα ὡς ἀσεβής, ὅς γ' ἐποίησε κελεύων
ἐπιορκεῖν,

ἡ γλῶσσ' ὀμώμοχ', ἡ δὲ φρὴν ἀνώμοτος.

ἔφη γὰρ αὐτὸν ἀδικεῖν τὰς ἐκ τοῦ Διονυσιακοῦ ἀγῶνος
κρίσεις εἰς τὰ δικαστήρια ἄγοντα· ἐκεῖ γὰρ αὐτῶν δεδω-
35 κέναι λόγον, ἢ δώσειν εἰ βούλεται κατηγορεῖν. ἄλλος
ἐκ τοῦ διαβολῆς κατηγορεῖν, ἡλίκον, καὶ τοῦτο, ὅτι ἄλλας
κρίσεις ποιεῖ, καὶ ὅτι οὐ πιστεύει τῷ πράγματι.

κοινὸς

18 ἠβούλετο ΘΒDΕ: ἠβουλόμην Σ   20 ὅπως ΘΠΓ: οὕτως Α   ἐποίει
Γ   22 τις Γ et post ἢ C¹ s.l.: om. cett.   23 καθάριος Riccobonus:
καθαρὸς codd.   24 δεῖνα¹ add. Richards   δεῖνα² ΑΓ: +καὶ ὁ δεῖνα ΘΠΣ
25 διαβαλεῖν Α (εῖν in ras.) CDE: διέβαλλεν ΘΒΣ (cod. n): διαβάλλει Γ   ἢ
αὐτὸς Spengel: αὐτὸς Α: αὐτοὺς ΘΠ: αὐτὸν ΓΣ: an ἢ ὁ αὐτός?   27 ἀντι-
διαβάλλειν] τοῦ ἐναντίου διαβάλλειν ΘCDΕΓ: ἐκ τοὐναντίον Β   ὃς Spengel:
ὁ ABDΕΥΖ: ὧν αὐτὸς C: om. QΓ   28 λόγοι ἔσονται ΑDΕΓ: ἔσονται
λόγοι ΘΒC   29 Ὑγιαίνετον Valckenaer   30 ει in ἀντιδόσει in lit.
Α   ἀσεβοῦς Gaisford   ὃς ΘΠΓ: ὡς Α   31 ἐφιορκεῖν Α   32 ὀμώ-
μοκεν Α: ὤμοσεν DΕQΖ   34 εἰς ΘΠΓ: om. Α   αὐτὸν ΘΠΓ   35 ἠβού-
λετο ΘΒ: ἐβούλετο CDE: voluerit G   36 τοῦ ΘΠΓ: +ἐκ Α

δ᾽ ἀμφοῖν [ὁ] τόπος τὸ σύμβολα λέγειν, οἷον ἐν τῷ Τεύκρῳ **1416ᵇ**
ὁ Ὀδυσσεὺς ὅτι οἰκεῖος τῷ Πριάμῳ· ἡ γὰρ Ἡσιόνη ἀδελφή·
ὁ δὲ ὅτι ὁ πατὴρ ἐχθρὸς τῷ Πριάμῳ, ὁ Τελαμών, καὶ
ὅτι οὐ κατεῖπε τῶν κατασκόπων.
                                                                   4

              ἄλλος τῷ διαβάλλοντι, 4
τὸ ἐπαινοῦντα μικρὸν μακρῶς ψέξαι μέγα συντόμως, ἢ 5
πολλὰ ἀγαθὰ προθέντα, ὃ εἰς τὸ πρᾶγμα προφέρει ἓν
ψέξαι. τοιοῦτοι δὲ οἱ τεχνικώτατοι καὶ ἀδικώτατοι· τοῖς ἀγα-
θοῖς γὰρ βλάπτειν πειρῶνται, μιγνύντες αὐτὰ τῷ κακῷ.

κοινὸν δὲ τῷ διαβάλλοντι καὶ τῷ ἀπολυομένῳ, ἐπειδὴ
τὸ αὐτὸ ἐνδέχεται πλειόνων ἕνεκα πραχθῆναι, τῷ μὲν δια- 10
βάλλοντι κακοηθιστέον ἐπὶ τὸ χεῖρον ἐκλαμβάνοντι, τῷ δὲ
ἀπολυομένῳ ἐπὶ τὸ βέλτιον, οἷον ὅτι ὁ Διομήδης τὸν Ὀδυσ-
σέα προείλετο, τῷ μὲν ὅτι διὰ τὸ ἄριστον ὑπολαμβάνειν
τὸν Ὀδυσσέα, τῷ δ᾽ ὅτι οὔ, ἀλλὰ διὰ τὸ μόνον μὴ ἀντ-
αγωνιστεῖν ὡς φαῦλον.   15

16 Καὶ περὶ μὲν διαβολῆς εἰρήσθω τοσαῦτα, διήγησις δ᾽
ἐν μὲν τοῖς ἐπιδεικτικοῖς ἐστιν οὐκ ἐφεξῆς ἀλλὰ κατὰ μέρος·
δεῖ μὲν γὰρ τὰς πράξεις διελθεῖν ἐξ ὧν ὁ λόγος· σύγκειται
γὰρ ἔχων ὁ λόγος τὸ μὲν ἄτεχνον (οὐθὲν γὰρ αἴτιος ὁ λέγων
τῶν πράξεων), τὸ δ᾽ ἐκ τῆς τέχνης· τοῦτο δ᾽ ἐστὶν ἢ ὅτι 20
ἔστι δεῖξαι, ἐὰν ᾖ ἄπιστον, ἢ ὅτι ποιόν, ἢ ὅτι ποσόν, ἢ
καὶ ἅπαντα. διὰ δὲ τοῦτ᾽ ἐνίοτε οὐκ ἐφεξῆς δεῖ διηγεῖσθαι
πάντα, ὅτι δυσμνημόνευτον τὸ δεικνύναι οὕτως· ἐκ μὲν
οὖν τούτων ἀνδρεῖος, ἐκ δὲ τῶνδε σοφὸς ἢ δίκαιος. καὶ
ἁπλούστερος ὁ λόγος οὗτος, ἐκεῖνος δὲ ποικίλος καὶ οὐ 25
λιτός. δεῖ δὲ τὰς μὲν γνωρίμους ἀναμιμνήσκειν· διὸ οἱ
πολλοὶ οὐδὲν δέονται διηγήσεως, οἷον εἰ θέλεις Ἀχιλλέα

1416ᵇ 1 ὁ seclusi   5 τὸ Bekker : om. CQ : τῷ cett.   ἐπαινοῦντα Γ, Σ
marg. : ἐπαινοῦντι codd.   6 προθέντας Γ   7 δὲ] γὰρ C   9 ἀπο-
λογουμένῳ ΥΣ (cod. n)   ἐπεὶ ΘΠΣ   11 κακοηθιστέον ΘΑΒΔΕΓ :
κακοηθέστερον ΣΣ   14 ἀνταγωνιστεῖν ΣΥ¹Σ : ἀνταγωνιστὴς Γ :
ἀνταγωνιστὴν cett.   20–21 δεῖξαι ἢ ὅτι ἔστιν ΘΣDΕΓΣ   21 ποῖον Α
22 ἐνίοτε om. Σ   23 δεικνύναι] ἐπιέναι C   26 τοὺς ΓΣ

181

ἐπαινεῖν (ἴσασι γὰρ πάντες τὰς πράξεις), ἀλλὰ χρῆσθαι αὐ-
ταῖς δεῖ. ἐὰν δὲ Κριτίαν, δεῖ· οὐ γὰρ πολλοὶ ἴσασιν. . . .
30 νῦν δὲ γελοίως τὴν διήγησίν φασι δεῖν εἶναι ταχεῖαν.
καίτοι ὥσπερ [ὁ] τῷ μάττοντι ἐρομένῳ πότερον σκληρὰν ἢ
μαλακὴν μάξῃ " τί δ᾽ ", ἔφη ⟨τις⟩, " εὖ ἀδύνατον;", καὶ ἐνταῦθα
ὁμοίως· δεῖ γὰρ μὴ μακρῶς διηγεῖσθαι ὥσπερ οὐδὲ προ-
οιμιάζεσθαι μακρῶς, οὐδὲ τὰς πίστεις λέγειν. οὐδὲ γὰρ ἐν-
35 ταῦθά ἐστι τὸ εὖ [ἢ] τὸ ταχὺ ἢ τὸ συντόμως, ἀλλὰ τὸ με-
τρίως· τοῦτο δ᾽ ἐστὶ τὸ λέγειν ὅσα δηλώσει τὸ πρᾶγμα,
1417ᵃ ἢ ὅσα ποιήσει ὑπολαβεῖν γεγονέναι ἢ βεβλαφέναι ἢ ἠδι-
κηκέναι, ἢ τηλικαῦτα ἡλίκα βούλει, τῷ δὲ ἐναντίῳ τὰ
ἐναντία· παραδιηγεῖσθαι δὲ ὅσα εἰς τὴν σὴν ἀρετὴν φέρει
(οἷον " ἐγὼ δ᾽ ἐνουθέτουν, ἀεὶ τὰ δίκαια λέγων, μὴ τὰ τέκνα
5 ἐγκαταλείπειν "), ἢ θατέρου κακίαν· " ὁ δὲ ἀπεκρίνατό μοι ὅτι,
οὗ ἂν ᾖ αὐτός, ἔσται ἄλλα παιδία ", ὃ τοὺς ἀφισταμένους
Αἰγυπτίους ἀποκρίνασθαί φησιν ὁ Ἡρόδοτος· ἢ ὅσα ἡδέα
τοῖς δικασταῖς. ἀπολογουμένῳ δὲ ἐλάττων ἡ διήγησις· αἱ
γὰρ ἀμφισβητήσεις ἢ μὴ γεγονέναι ἢ μὴ βλαβερὸν εἶναι ἢ
10 μὴ ἄδικον ἢ μὴ τηλικοῦτον, ὥστε περὶ τὸ ὁμολογούμενον
οὐ διατριπτέον, ἐὰν μή τι εἰς ἐκεῖνο συντείνῃ, οἷον εἰ πέ-
πρακται, ἀλλ᾽ οὐκ ἄδικον. ἔτι πεπραγμένα δεῖ λέγειν ὅσα
μὴ πραττόμενα ἢ οἶκτον ἢ δείνωσιν φέρει· παράδειγμα ὁ

29 lacunam post ἴσασιν exsistentem (namque ex tractatione τῶν ἐπιδει-
κτικῶν (ll. 16–29) procedimus in l. 30 in medium tractationis τῶν δικανικῶν)
codices et Γ verbis ἔστιν . . . μετατεθῇ (1367ᵇ 28–1368ᵃ 9) compleverunt:
Victorius primus ˙errorem detexit   30 ταχεῖαν+καὶ σύντομον Σ
31 ὁ seclusi   ἐρομένῳ BCDΟΥΓ: ἐρωμενῶι Α: ἐρωμένως Ζ: ἐρρωμένως
Ε   πότερον ΑΔΓ: om. ΘΒCΕ   32 μάξει ΘΠΓ   τὶ δὲ C   ἔφη
τις, εὖ scripsi: ἔφη εὖ Α: εὖ ἔφη ΘΒDΕΓ: τὸ εὖ C   35 ἢ secl. Spengel
τὸ² et τὸ³] τῷ ΘΒDΕΓ: ἐν τῷ Σ   τὸ⁴]τῷ QΖΓ: ἐν τῷ Σ   36 δ᾽ . . .
λέγειν] δεῖ ὑπολέγειν Α: δ᾽ ἐστὶν ἐν τῷ λέγειν Γ   1417ᵃ 1 βεβλαφέναι
ΑΒCΥΓ: βεβλακέναι DEQZ   2 βούληι Α: βούλεται Γ   4 δὲ νουθε-
τῶν Α: ἐνουθέτουν Γ   5 ἢ] ἢ εἰς ci. Roemer   6 αὐτός ἢ ΘΠ: ὦσιν
αὐτοί Γ   ἔσται . . . 24 νῦν om. Γ   παιδία ὅ] πανδιο Α   ὅ] ἢ ὁ ΘCDE
7 αἰγύπτου DEQZ   9 γὰρ Spengel: δὲ codd.   11 διατρεπτέον
DEQZ

Ἀλκίνου ἀπόλογος, ὃς πρὸς τὴν Πηνελόπην ἐν ἑξήκοντα
ἔπεσιν πεποίηται, καὶ ὡς Φάϋλλος τὸν κύκλον, καὶ ὁ ἐν τῷ 15
Οἰνεῖ πρόλογος. ἠθικὴν δὲ χρὴ τὴν διήγησιν εἶναι· ἔσται δὲ
τοῦτο, ἂν εἰδῶμεν τί ἦθος ποιεῖ. ἐν μὲν δὴ τὸ προαίρε-
σιν δηλοῦν, ποιὸν δὲ τὸ ἦθος τῷ ποιὰν ταύτην, ἡ δὲ προ-
αίρεσις ποιὰ τῷ τέλει· διὰ τοῦτο ⟨δ'⟩ οὐκ ἔχουσιν οἱ μαθημα-
τικοὶ λόγοι ἤθη, ὅτι οὐδὲ προαίρεσιν (τὸ γὰρ οὗ ἕνεκα 20
οὐκ ἔχουσιν), ἀλλ' οἱ Σωκρατικοί· περὶ τοιούτων γὰρ λέ-
γουσιν. ἄλλα δ' ἠθικὰ τὰ ἑπόμενα ἑκάστῳ ἤθει, οἷον ὅτι
ἅμα λέγων ἐβάδιζεν· δηλοῖ γὰρ θρασύτητα καὶ ἀγροικίαν
ἤθους. καὶ μὴ ὡς ἀπὸ διανοίας λέγειν, ὥσπερ οἱ νῦν,
ἀλλ' ὡς ἀπὸ προαιρέσεως· " ἐγὼ δὲ ἐβουλόμην· καὶ προειλό- 25
μην γὰρ τοῦτο· ἀλλ' εἰ μὴ ὠνήμην, βέλτιον"· τὸ μὲν γὰρ
φρονίμου τὸ δὲ ἀγαθοῦ· φρονίμου μὲν γὰρ ἐν τῷ τὸ ὠφέ-
λιμον διώκειν, ἀγαθοῦ δ' ἐν τῷ τὸ καλόν. ἂν δ' ἄπιστον ᾖ,
τότε τὴν αἰτίαν ἐπιλέγειν, ὥσπερ Σοφοκλῆς ποιεῖ· παράδειγμα
τὸ ἐκ τῆς Ἀντιγόνης, ὅτι μᾶλλον τοῦ ἀδελφοῦ ἐκήδετο ἢ 30
ἀνδρὸς ἢ τέκνων· τὰ μὲν γὰρ ἂν γενέσθαι ἀπολομένων,

μητρὸς δ' ἐν Ἅιδου καὶ πατρὸς βεβηκότων
οὐκ ἔστ' ἀδελφὸς ὅς τις ἂν βλάστοι ποτέ.

ἐὰν δὲ μὴ ἔχῃς αἰτίαν, ἀλλ' ὅτι οὐκ ἀγνοεῖς ἄπιστα λέ-
γων, ἀλλὰ φύσει τοιοῦτος εἶ· ἀπιστοῦσι γὰρ ἄλλο τι 35
πράττειν ἑκόντα πλὴν τὸ συμφέρον. ἔτι ἐκ τῶν παθητι-
κῶν λέγε διηγούμενος καὶ τὰ ἑπόμενα [καὶ] ἃ ἴσασι, καὶ
τὰ ἴδια ἢ σεαυτῷ ἢ ἐκείνῳ προσόντα· " ὁ δ' ᾤχετό με ὑπο-
βλέψας"· καὶ ὡς περὶ Κρατύλου Αἰσχίνης, ὅτι διασίζων, **1417**[b]

14 Ἀλκινόου ΘΒDE   ὃς scripsi: ὅτι ΘABC: ὅτε DE   τριάκοντα Victorius
15 ἔτεσι ΘD   κύκλωπα ΒY²   16 χρή] δεῖ ΘΠ   19 δ' addidi   20 γὰρ
οὕνεκα Α   22 ἀλλὰ CQZ   δ' om. ΘABC   26 γὰρ¹ om. Σ   ὠνίμ;
Α   31 ἀπολομένων Richards: ἀπολομένων codd.   33 βλάστῃ QΓ
ἀναβλάστοι ΑΕΖ   37 λέγειν (δεῖ λέγειν CΣ) διηγούμενον ΘΠΣ   λέγε om.
Γ   καὶ seclusi: habent codd. Γ   38 ἢ σεαυτῷ ci. Spengel: ἢ αὐτῷ ΑΓ
ἑαυτοῦ ΘΒCD: ἢ αὐτῷ Γ   ὑποβλέψας + ἄγριον καὶ μανικὸν Σ

τοῖν χειροῖν διασείων· πιθανὰ γάρ, διότι σύμβολα γίγνεται ταῦτα ἃ ἴσασιν ἐκείνων ὧν οὐκ ἴσασιν. πλεῖστα δὲ τοιαῦτα λαβεῖν ἐξ Ὁμήρου ἔστιν·

5 　　ὡς ἄρ' ἔφη, γρῆυς δὲ κατέσχετο χερσὶ πρόσωπα·

οἱ γὰρ δακρύειν ἀρχόμενοι ἐπιλαμβάνονται τῶν ὀφθαλμῶν. καὶ εὐθὺς εἴσαγε καὶ σεαυτὸν ποιόν τινα, ἵνα ὡς τοιοῦτον θεωρῶσιν, καὶ τὸν ἀντίδικον· λανθάνων δὲ ποίει. ὅτι δὲ ῥάδιον, ὅρα ἐκ τῶν ἀπαγγελλόντων· περὶ ὧν γὰρ μη-
10 θὲν ἴσμεν, ὅμως λαμβάνομεν ὑπόληψιν τινά. πολλαχοῦ δὲ δεῖ διηγεῖσθαι, καὶ ἐνίοτε οὐκ ἐν ἀρχῇ.

ἐν δὲ δημηγορίᾳ ἥκιστα διήγησις ἔστιν, ὅτι περὶ τῶν μελλόντων οὐθεὶς διηγεῖται· ἀλλ' ἐάν περ διήγησις ᾖ, τῶν γενομένων ἔστω, ἵνα ἀναμνησθέντες ἐκείνων βέλτιον .βου-
15 λεύσωνται περὶ τῶν ὕστερον, ἢ διαβάλλοντος ἢ ἐπαινοῦν-τος· ἀλλὰ †τότε οὔ† τὸ τοῦ συμβούλου ποιεῖ ἔργον. ἂν δ' ᾖ ἄπιστον, ὑπισχνεῖσθαι δεῖ καὶ αἰτίαν λέγειν εὐθὺς καὶ δια-τάττειν ὡς βούλονται, οἷον ἡ Ἰοκάστη ἡ Καρκίνου ἐν τῷ Οἰδίποδι ἀεὶ ὑπισχνεῖται πυνθανομένου τοῦ ζητοῦντος τὸν
20 υἱόν, καὶ ὁ Αἵμων ὁ Σοφοκλέους.

Τὰς δὲ πίστεις δεῖ ἀποδεικτικὰς εἶναι· ἀποδεικνύναι δὲ 17 χρή, ἐπεὶ περ τεττάρων ἡ ἀμφισβήτησις, περὶ τοῦ ἀμφισ-βητουμένου φέροντα τὴν ἀπόδειξιν, οἷον, εἰ ὅτι οὐ γέγονεν ἀμφισβητεῖται, ἐν τῇ κρίσει δεῖ τούτου μάλιστα τὴν ἀπόδειξιν
25 φέρειν, εἰ δ' ὅτι οὐκ ἔβλαψεν, τούτου, καὶ ὅτι οὐ τοσόνδε

1417ᵇ　2 τοῖν] καὶ τοῖν ΘΠΓ　　χειροῖν Richards: χεροῖν codd.
7 εἴσαγε Spengel: εἰσάγαγε ΘΠ: εἰσάγει Α　　καὶ ΑΓΣ: om. cett.　　9 δὲ ῥάδιον, ὅρα scripsi: ῥάδιον ὁρᾶν δὲ Α: δὲ ῥάδιον ὁρᾶν δεῖ ΘΠΓ　　10 παν-ταχοῦ ΓΣ　　11 δεῖ om. Υ　　14 ἔστω scripsi: ἔσται codd. Γ　　15 δια-βάλλοντος ἢ ἐπαινοῦντος scripsi: διαβάλλοντες ἢ ἐπαινοῦντες codd. Γ　　16 τότε οὔ corrupta: habent codd. Γ: an τοῦτο εὖ?　　ποιεῖ ΘΑΒΓ: ποιοῦσι DE
17 ὑπισχνεῖσθαι δεῖ scripsi: ὑπισχνεῖσθαί τε ΘΠΓ: ὑπισχνῖσθαί τε Α　　λέγειν . . . διατάττειν] ἐρεῖν καὶ διατάξειν Richards　　18 ὡς scripsi: οἷς codd. Γ　　24 ἀμφισβητεῖται Γ: ἀμφισβητεῖν ΒC: ἀμφισβηττεῖ cett.　　25 εἰ δ'] εἴθ' ΑΓ: ἢ Ε

ἢ ὅτι δικαίως, ὡσαύτως καὶ εἰ περὶ τοῦ γενέσθαι τοῦτο ἡ
ἀμφισβήτησις. μὴ λανθανέτω δ' ὅτι ἀναγκαῖον ἐν ταύτῃ
τῇ ἀμφισβητήσει μόνῃ τὸν ἕτερον εἶναι πονηρόν· οὐ γὰρ
ἔστιν ἄγνοια αἰτία, ὥσπερ ἂν εἴ τινες περὶ τοῦ δικαίου ἀμφισ-
βητοῖεν, ὥστ' ἐν τούτῳ χρονιστέον, ἐν δὲ τοῖς ἄλλοις οὔ. 30
ἐν δὲ τοῖς ἐπιδεικτικοῖς τὸ πολὺ ὅτι καλὰ καὶ ὠφέλιμα ἡ
αὔξησις ἔστω· τὰ γὰρ πράγματα δεῖ πιστεύεσθαι· ὀλιγάκις
γὰρ καὶ τούτων ἀποδείξεις φέρουσιν, ἐὰν ἄπιστα ᾖ ἢ ἐὰν
ἄλλος αἰτίαν ἔχῃ. ἐν δὲ τοῖς δημηγορικοῖς ἢ ὡς οὐκ ἔσται ἀμ-
φισβητήσειεν ἄν τις, ἢ ὡς ἔσται μὲν ⟨ποιοῦσιν⟩ ἃ κελεύει, ἀλλ' οὐ 35
δίκαια ἢ οὐκ ὠφέλιμα ἢ οὐ τηλικαῦτα. δεῖ δὲ καὶ ὁρᾶν εἴ τι
ψεύδεται ἐκτὸς τοῦ πράγματος· τεκμήρια γὰρ ταῦτα φαίνεται
καὶ τῶν ἄλλων ὅτι ψεύδεται. ἔστιν δὲ τὰ μὲν παραδείγματα 1418ᵃ
δημηγορικώτερα, τὰ δ' ἐνθυμήματα δικανικώτερα· ἡ μὲν
γὰρ περὶ τὸ μέλλον, ὥστ' ἐκ τῶν γενομένων ἀνάγκη παρα-
δείγματα λέγειν, ἡ δὲ περὶ ὄντων ἢ μὴ ὄντων, οὗ μᾶλλον
ἀπόδειξίς ἐστι καὶ ἀνάγκη· ἔχει γὰρ τὸ γεγονὸς ἀνάγκην. 5
οὐ δεῖ δὲ ἐφεξῆς λέγειν τὰ ἐνθυμήματα, ἀλλ' ἀναμιγνύναι·
εἰ δὲ μή, καταβλάπτει ἄλληλα. ἔστιν γὰρ καὶ τοῦ ποσοῦ ὅρος.

    ὦ φίλ', ἐπεὶ τόσα εἶπες ὅσ' ἂν πεπνυμένος ἀνήρ,

ἀλλ' οὐ τοιαῦτα, καὶ μὴ περὶ πάντων ἐνθυμήματα ζητεῖ·
εἰ δὲ μή, ποιήσεις ὅπερ ἔνιοι ποιοῦσι τῶν φιλοσοφούντων, 10
οἳ συλλογίζονται τὰ γνωριμώτερα καὶ πιστότερα ἢ ἐξ ὧν
λέγουσιν. καὶ ὅταν πάθος ποιῇς, μὴ λέγε ἐνθύμημα (ἢ
γὰρ ἐκκρούσει τὸ πάθος ἢ μάτην εἰρημένον ἔσται τὸ ἐν-

26 εἰ om. ΑΓ   ἢ om. Α   29 ἀμφισβητεῖεν Α   30 χρονιστέον ΘΠ:
χρηστέον ΑΓΣ   31 καὶ ΑΒΣΓ: ἢ ΘΔΕ   32 ἔστω scripsi: ἔσται
codd. Γ: ἔστιν Σ   35 ποιοῦσιν add. Richards   36–37 τις ψεύδεται ἐκ
τοσούτου πράγματος ΑΓ   1418ᵃ 2 δημηγορικώτερα ΓΣ: δημηγορικώτατα
codd.   9 ζητεῖ Spengel (cf. l. 12): ζητεῖν codd.   11 γνωριμώτερα
καὶ πιστότερα ΑΒΔΕΥΖΓ: πιστότερα καὶ γνωριμώτερα C: γνωριμώ-
τερα ΟΣ

θύμημα· ἐκκρούουσι γὰρ αἱ κινήσεις ἀλλήλας αἱ ἅμα, καὶ ἢ
15 ἀφανίζουσιν ἢ ἀσθενεῖς ποιοῦσιν), οὐδ' ὅταν ἠθικὸν τὸν
λόγον, οὐ δεῖ ἐνθύμημά τι ζητεῖν ἅμα· οὐ γὰρ ἔχει οὔτε
ἦθος οὔτε προαίρεσιν ἡ ἀπόδειξις. γνώμαις δὲ χρηστέον
καὶ ἐν διηγήσει καὶ ἐν πίστει· ἠθικὸν γὰρ " καὶ ἐγὼ δέ-
δωκα, καὶ ταῦτ' εἰδὼς ὡς οὐ δεῖ πιστεύειν "· ἐὰν δὲ παθη-
20 τικῶς, " καὶ οὐ μεταμέλει μοι καίπερ ἠδικημένῳ· τούτῳ μὲν
21 γὰρ περίεστιν τὸ κέρδος, ἐμοὶ δὲ τὸ δίκαιον."

21
                                        τὸ δὲ δημη-
γορεῖν χαλεπώτερον τοῦ δικάζεσθαι, εἰκότως, διότι περὶ τὸ
μέλλον, ἐκεῖ δὲ περὶ τὸ γεγονός, ὃ ἐπιστητὸν ἤδη καὶ τοῖς
μάντεσιν, ὡς ἔφη Ἐπιμενίδης ὁ Κρής (ἐκεῖνος γὰρ περὶ
25 τῶν ἐσομένων οὐκ ἐμαντεύετο, ἀλλὰ περὶ τῶν γεγονότων
μὲν ἀδήλων δέ), καὶ ὁ νόμος ὑπόθεσις ἐν τοῖς δικανικοῖς·
ἔχοντα δὲ ἀρχὴν ῥᾷον εὑρεῖν ἀπόδειξιν. καὶ οὐκ ἔχει πολ-
λὰς διατριβάς, οἷον πρὸς ἀντίδικον ἢ περὶ αὑτοῦ, ἢ παθη-
τικὸν ποιεῖν, ἀλλ' ἥκιστα πάντων, ἐὰν μὴ ἐξιστῇ. δεῖ οὖν
30 ἀποροῦντα τοῦτο ποιεῖν ὅπερ οἱ Ἀθήνησι ῥήτορες ποιοῦσι
καὶ Ἰσοκράτης· καὶ γὰρ συμβουλεύων κατηγορεῖ, οἷον Λακε-
δαιμονίων μὲν ἐν τῷ πανηγυρικῷ, Χάρητος δ' ἐν τῷ συμ-
μαχικῷ. ἐν δὲ τοῖς ἐπιδεικτικοῖς δεῖ τὸν λόγον ἐπεισοδιοῦν
ἐπαίνοις, οἷον Ἰσοκράτης ποιεῖ· ἀεὶ γάρ τινα εἰσάγει. καὶ
35 ὃ ἔλεγεν Γοργίας, ὅτι οὐχ ὑπολείπει αὐτὸν ὁ λόγος, ταὐτό
ἐστιν· εἰ γὰρ Ἀχιλλέα λέγει Πηλέα ἐπαινεῖ, εἶτα Αἰακόν,
εἶτα τὸν θεόν, ὁμοίως δὲ καὶ ἀνδρείαν, ἢ τὰ καὶ τὰ ποιεῖ ἢ
38 τοιόνδε ἐστίν.

38
                                        ἔχοντα μὲν οὖν ἀποδείξεις καὶ ἠθικῶς λε-
κτέον καὶ ἀποδεικτικῶς, ἐὰν δὲ μὴ ἔχῃς ἐνθυμήματα, ἠθι-

16 ἐνθυμήματι ζητεῖν A: ἐνθυμηματίζειν CΓΣ   18 διηγήσεσι ΓΣ
καὶ³ ΑΓ: om. ΘΠΣ   21 περίεστιν] πεπόρισται Γ?   23 ἐκεῖνο
Victorius   24 Κρής codd. Γ: κράτης A   ἐκεῖ Diels   28 an ἢ
τὸ παθητικόν?   29 ἐξιστῇ Spengel: ἐξίστη A: ἐξίστηται ΘΠ: digre-
diatur G   35 ταὐτόν Σ: τοῦτό ΘΠ   36 λέγων ABCQZΓ   ἐπαινῶν Σ
37 ἀνδρίαν ΘΠ   ἢ Fossius: ἢ codd. Γ: ἥτις Σ   ἢ ΑΓ: ὃ cett.

κῶς· καὶ μᾶλλον τῷ ἐπιεικεῖ ἁρμόττει χρηστὸν φαίνεσθαι 40
ἢ τὸν λόγον ἀκριβῆ. τῶν δὲ ἐνθυμημάτων τὰ ἐλεγκτικὰ **1418ᵇ**
μᾶλλον εὐδοκιμεῖ τῶν δεικτικῶν, ὅτι ὅσα ἔλεγχον ποιεῖ, μᾶλ-
λον δῆλον ὅτι συλλελόγισται· παρ᾽ ἄλληλα γὰρ μᾶλλον τἀ-
ναντία γνωρίζεται.

τὰ δὲ πρὸς τὸν ἀντίδικον οὐχ ἕτερόν τι εἶδος, ἀλλὰ 5
τῶν πίστεών ἐστι ⟨τὸ⟩ τὰ μὲν λῦσαι ἐνστάσει τὰ δὲ συλλογισμῷ.
δεῖ δὲ καὶ ἐν συμβουλῇ καὶ ἐν δίκῃ ἀρχόμενον μὲν λέγειν
τὰς ἑαυτοῦ πίστεις πρότερον, ὕστερον δὲ πρὸς τἀναντία
ἀπαντᾶν λύοντα καὶ προδιασύροντα. ἂν δὲ πολύχους ᾖ ἡ
ἐναντίωσις, πρότερον τὰ ἐναντία, οἷον ἐποίησε Καλλίστρατος 10
ἐν τῇ Μεσσηνιακῇ ἐκκλησίᾳ· ἃ γὰρ ἐροῦσι προανελὼν οὕτως
τότε αὐτὸς εἶπεν. ὕστερον δὲ λέγοντα πρῶτον πρὸς τὸν
ἐναντίον λόγον λεκτέον, λύοντα καὶ ἀντισυλλογιζόμενον, καὶ
μάλιστα ἂν εὐδοκιμηκότα ᾖ· ὥσπερ γὰρ ἄνθρωπον προδια-
βεβλημένον οὐ δέχεται ἡ ψυχή, τὸν αὐτὸν τρόπον οὐδὲ 15
λόγον, ἐὰν ὁ ἐναντίος εὖ δοκῇ εἰρηκέναι. δεῖ οὖν χώραν
ποιεῖν ἐν τῷ ἀκροατῇ τῷ μέλλοντι λόγῳ· ἔσται δὲ ἂν ἀνέλῃς· διὸ
ἢ πρὸς πάντα ἢ τὰ μέγιστα ἢ τὰ εὐδοκιμοῦντα ἢ τὰ εὐέλεγκτα
μαχεσάμενον οὕτω τὰ αὑτοῦ πιστὰ ποιητέον.

> ταῖς θεαῖσι πρῶτα σύμμαχος γενήσομαι·   20
> ἐγὼ γὰρ Ἥραν·

ἐν τούτοις ἥψατο πρῶτον τοῦ εὐηθεστάτου.

περὶ μὲν οὖν πίστεων ταῦτα. εἰς δὲ τὸ ἦθος, ἐπειδὴ
ἔνια περὶ αὑτοῦ λέγειν ἢ ἐπίφθονον ἢ μακρολογίαν ἢ ἀντι-
λογίαν ἔχει, καὶ περὶ ἄλλου ἢ λοιδορίαν ἢ ἀγροικίαν, 25
ἕτερον χρὴ λέγοντα ποιεῖν, ὅπερ Ἰσοκράτης ποιεῖ ἐν τῷ
Φιλίππῳ καὶ ἐν τῇ Ἀντιδόσει, καὶ ὡς Ἀρχίλοχος ψέγει·

1418ᵇ 3 δῆλον ὅτι ΘΑϹΓ: om. DE   6 τὸ addidi   10 ἐποίει ΒΥ:
ποιεῖ Γ   11 οὕτως ΠΑΥΓ: οὗτος ΟΖ   12 πρὸς ΑΒΓ: τὰ πρὸς
ΠΟΖ: τὸν πρὸς Υ   13 συλλογιζόμενον ΑΓϹ   18 τὰ³ ΘΠϹ:
om. Α   20 ταῖς θεαῖσι Victorius: τοῖς θεοῖς codd.

ποιεῖ γὰρ τὸν πατέρα λέγοντα περὶ τῆς θυγατρὸς ἐν τῷ ἰάμβῳ

χρημάτων δ᾽ ἄελπτον οὐθέν ἐστιν οὐδ᾽ ἀπώμοτον,

30 καὶ τὸν Χάρωνα τὸν τέκτονα ἐν τῷ ἰάμβῳ οὗ ἀρχὴ

οὔ μοι τὰ Γύγεω,

καὶ ὡς Σοφοκλῆς τὸν Αἵμονα ὑπὲρ τῆς Ἀντιγόνης πρὸς
33 τὸν πατέρα ὡς λεγόντων ἑτέρων.

33   δεῖ δὲ καὶ μεταβάλλειν
τὰ ἐνθυμήματα καὶ γνώμας ποιεῖν ἐνίοτε, οἷον " χρὴ δὲ τὰς
35 διαλλαγὰς ποιεῖν τοὺς νοῦν ἔχοντας εὐτυχοῦντας· οὕτω
γὰρ ἂν μέγιστα πλεονεκτοῖεν," ἐνθυμηματικῶς δὲ " εἰ γὰρ
δεῖ, ὅταν ὠφελιμώταται ὦσιν καὶ πλεονεκτικώταται αἱ κατ-
αλλαγαί, τότε καταλλάττεσθαι, εὐτυχοῦντας δεῖ καταλλάττε-
σθαι."

40 Περὶ δὲ ἐρωτήσεως, εὔκαιρόν ἐστι ποιεῖσθαι μάλιστα 18
1419ᵃ μὲν ὅταν τὸ ἕτερον εἰρηκὼς ᾖ, ὥστε ἑνὸς προσερωτηθέντος
συμβαίνει τὸ ἄτοπον, οἷον Περικλῆς Λάμπωνα ἐπήρετο
περὶ τῆς τελετῆς τῶν τῆς σωτείρας ἱερῶν, εἰπόντος δὲ ὅτι
οὐχ οἷόν τε ἀτέλεστον ἀκούειν, ἤρετο εἰ οἶδεν αὐτός, φά-
5 σκοντος δὲ " καὶ πῶς, ἀτέλεστος ὤν; " δεύτερον δὲ ὅταν τὸ μὲν
φανερὸν ᾖ, τὸ δὲ ἐρωτήσαντι δῆλον ᾖ ὅτι δώσει· πυθόμενον
μὲν γὰρ δεῖ τὴν μίαν πρότασιν μὴ προσερωτᾶν τὸ φανερὸν
ἀλλὰ τὸ συμπέρασμα εἰπεῖν, οἷον Σωκράτης, Μελήτου οὐ
φάσκοντος αὐτὸν θεοὺς νομίζειν, εἰρηκότος δὲ ὡς δαιμόνιόν

29 δ᾽ ἄελπτον om. Γ: ἂ ἔλπτον Α   30 οὔ+ἤ ΘΠ   32 αἵμωνα
Α   38 τότε ΘΠΓ: τὸ δὲ Α   εὐτυχοῦντας δεῖ καταλλάττεσθαι ΑΓ:
om. ΘΠ   1419ᵃ 2 συμβαίνειν DQZ   3 σωτείρας ΑΓΣ: σωτη-
ρίας ΘΠ   εἰπόντος δὲ] καὶ εἰπόντος Γ   4 οἷόν τε ΘΠΓ: οἴ-
ονται Α   5 πῶς+σύ Σ   6 πυθόμενον ACDΓ: πυθόμενος
BEQZ: πυθομένους Υ   7 μὲν om. ΘΠΓ   8 μεγαλήτου Α
9 αὐτὸν ΘΠΓ: ἑαυτὸν Α   εἰρηκότος ... 10 λέγοι Madvig

τι λέγοι, ἤρετο εἰ οὐχ οἱ δαίμονες ἤτοι θεῶν παῖδες εἶεν 10
ἢ θεῖόν τι, φήσαντος δὲ " ἔστιν οὖν ", ἔφη, " ὅστις θεῶν μὲν
παῖδας οἴεται εἶναι, θεοὺς δὲ οὔ; " ἔτι ὅταν μέλλῃ ἢ ἐναντία
λέγοντα δείξειν ἢ παράδοξον. τέταρτον δὲ ὅταν μὴ ἐνῇ ἀλλ'
ἢ σοφιστικῶς ἀποκρινάμενον λῦσαι· ἐὰν γὰρ οὕτως ἀπο-
κρίνηται, ὅτι ἔστι μὲν ἔστι δ' οὔ, ἢ τὰ μὲν τὰ δ' οὔ, ἢ πῇ 15
μὲν πῇ δ' οὔ, θορυβοῦσιν ὡς ἀποροῦντος. ἄλλως δὲ μὴ
ἐγχείρει. ἐὰν γὰρ ἐνστῇ, κεκρατῆσθαι δόξεις· οὐ γὰρ
οἷόν τε πολλὰ ἐρωτᾶν, διὰ τὴν ἀσθένειαν τοῦ ἀκροατοῦ· διὸ
καὶ τὰ ἐνθυμήματα ὅτι μάλιστα συστρέφειν δεῖ.

ἀποκρίνασθαι δὲ δεῖ πρὸς μὲν τὰ ἀμφίβολα διαιροῦντα 20
λόγῳ καὶ μὴ συντόμως, πρὸς δὲ τὰ δοκοῦντα ἐναντία τὴν
λύσιν φέροντα εὐθὺς τῇ ἀποκρίσει, πρὶν ἐπερωτῆσαι τὸ
ἐπιὸν ἢ συλλογίσασθαι· οὐ γὰρ χαλεπὸν προορᾶν ἐν τίνι ὁ
λόγος. φανερὸν δ' ἡμῖν ἐστιν ἐκ τῶν Τοπικῶν καὶ τοῦτο
καὶ αἱ λύσεις. καὶ συμπεραινομένου, ἐὰν ἐρώτημα ποιῇ τὸ 25
συμπέρασμα, τὴν αἰτίαν εἰπεῖν, οἷον Σοφοκλῆς, ἐρωτώμενος
ὑπὸ Πεισάνδρου εἰ ἔδοξεν αὐτῷ, ὥσπερ καὶ τοῖς ἄλλοις προ-
βούλοις, καταστῆσαι τοὺς τετρακοσίους, ἔφη " τί δέ; οὐ
πονηρά σοι ταῦτα ἐδόκει εἶναι; " ἔφη. " οὐκοῦν σὺ ταῦτα
ἔπραξας τὰ πονηρά; " " ναί ", ἔφη, " οὐ γὰρ ἦν ἄλλα βελτίω ". 30
καὶ ὡς ὁ Λάκων εὐθυνόμενος τῆς ἐφορίας, ἐρωτώμενος εἰ δο-
κοῦσιν αὐτῷ δικαίως ἀπολωλέναι ἅτεροι, ἔφη. ὁ δὲ " οὐκοῦν
σὺ τούτοις ταὐτὰ ἔθου; " καὶ ὃς ἔφη. " οὐκοῦν δικαίως ἄν ",

(cf. Pl. *Apol.* 27 c 5–6): εἴρηκεν ὡς ἂν δαιμόνιόν τι λέγοι Α: εἴρηκεν
ὡς εἰ δαιμόνιόν τι λέγοι Γ: εἴρηκεν εἰ δαιμόνιόν τι λέγοι, ὁμολογήσαντος
δὲ ΘΠΣ   11 ὅστις om. Γ   12 οἴεσθαι Γ   13 παράδοξον ΑΓ:
παράδοξα ΘΠ   ἐνῇ ΓΣ (cod. n): ἐν ᾗ codd.   15 μὲν² ΘΠΓ:
+ἢ Α   16 ἀποροῦντος Spengel: ἀποροῦντες ΘΠΓ: ἀποροῦντας Α
17 ἐγχείρει scripsi: ἐγχειρεῖν codd. Γ   δόξεις scripsi: δοκεῖ codd. ΓΣ
18 οἷόν τε ΘΠΓ: οἴονται Α   καὶ πολλὰ Γ   24 ἔστιν Σ: ἔστω ΑΒΟΖΓ:
ἔσται DEY   25 συμπεραινομένου Richards: συμπεραινόμενον
ΘΑΒΔΕΓ: πρὸς τὸν συμπεραινόμενον ΟΣ (cod. v): πρὸς τὸ συμπεραινόμενον
Σ (cod. n)   31 ἐφορείας ΒΟΥΣ   32 ἀπολωμέναι Α   ὁ δὲ om. Ο:
δὲ om. Γ   33 τούτοις ταὐτὰ Bekker: τούτοις ταῦτα ΑΓ: ταῦτα τούτοις ΘΠ

ἔφη, " καὶ σὺ ἀπόλοιο; " " οὐ δῆτα ", ἔφη, " οἱ μὲν γὰρ χρήματα
35 λαβόντες ταῦτα ἔπραξαν, ἐγὼ δὲ οὔ, ἀλλὰ γνώμῃ. " διὸ
1419ᵇ οὔτε ἐπερωτᾶν δεῖ μετὰ τὸ συμπέρασμα, οὔτε τὸ συμπέρασμα
ἐπερωτᾶν, ἐὰν μὴ τὸ πολὺ περιῇ τοῦ ἀληθοῦς.

περὶ δὲ τῶν γελοίων, ἐπειδή τινα δοκεῖ χρῆσιν ἔχειν ἐν
τοῖς ἀγῶσι, καὶ δεῖν ἔφη Γοργίας τὴν μὲν σπουδὴν δια-
5 φθείρειν τῶν ἐναντίων γέλωτι τὸν δὲ γέλωτα σπουδῇ, ὀρθῶς
λέγων, εἴρηται πόσα εἴδη γελοίων ἔστιν ἐν τοῖς περὶ ποιη-
τικῆς, ὧν τὸ μὲν ἁρμόττει ἐλευθέρῳ τὸ δ' οὔ, ὅπως τὸ
ἁρμόττον αὐτῷ λήψεται. ἔστι δ' ἡ εἰρωνεία τῆς βωμολοχίας
ἐλευθεριώτερον· ὁ μὲν γὰρ αὑτοῦ ἕνεκα ποιεῖ τὸ γελοῖον, ὁ δὲ
βωμολόχος ἑτέρου. 10

10 Ὁ δ' ἐπίλογος σύγκειται ἐκ τεττάρων, ἔκ τε τοῦ πρὸς 19
ἑαυτὸν κατασκευάσαι εὖ τὸν ἀκροατὴν καὶ τὸν ἐναντίον
φαύλως, καὶ ἐκ τοῦ αὐξῆσαι καὶ ταπεινῶσαι, καὶ ἐκ τοῦ
εἰς τὰ πάθη τὸν ἀκροατὴν καταστῆσαι, καὶ ἐξ ἀναμνήσεως.
πέφυκε γάρ, μετὰ τὸ ἀποδεῖξαι αὐτὸν μὲν ἀληθῆ τὸν δὲ
15 ἐναντίον ψευδῆ, οὕτω τὸ ἐπαινεῖν καὶ ψέγειν καὶ ἐπιχαλκεύειν.
δυοῖν δὲ θατέρου δεῖ στοχάζεσθαι, ἢ ὅτι τούτοις ἀγαθὸς ἢ
ὅτι ἁπλῶς, ὁ δ' ὅτι κακὸς τούτοις ἢ ὅτι ἁπλῶς. ἐξ ὧν δὲ
δεῖ τοῦτο κατασκευάζειν [δεῖ], εἴρηνται οἱ τόποι πόθεν σπου-
δαίους δεῖ κατασκευάζειν καὶ φαύλους. τὸ δὲ μετὰ τοῦτο,
20 δεδειγμένων ἤδη, αὔξειν ἐστὶν κατὰ φύσιν ἢ ταπεινοῦν· δεῖ
γὰρ τὰ πεπραγμένα ὁμολογεῖσθαι, εἰ μέλλει τὸ ποσὸν ἐρεῖν·
καὶ γὰρ ἡ τῶν σωμάτων αὔξησις ἐκ προϋπαρχόντων ἐστίν.
ὅθεν δὲ δεῖ αὔξειν καὶ ταπεινοῦν ἔκκεινται οἱ τόποι πρό-

34 οὐ ΘΠΓ: om. A   1419ᵇ 3 δοκεῖ] δεῖ Γ   4 μὲν ADEQZΓ:
om. BCY   7 ὅπως ΑΓ: +οὖν ΘΠ   τὸ om. A   11 ἐναντίον
ΘΠΓ: ἐναντίου A¹   12 φαύλως ABCQZΓ: φαῦλον DEY   15 οὕτω
. . . καὶ²] μετὰ τὸ ἐπαινεῖν καὶ τὸ ψέγειν τὸ Σ   ψέγειν καὶ] τὸ ψέγειν καὶ
τὸ ΘΠ   16 δὲ om. ΑΓ   18 δεῖ τοῦτο κατασκευάζειν Spengel: δεῖ
(in ras. A¹) τούτου κατασκευάζειν δεῖ A: δὴ τοιούτους κατασκευάζειν
ΘΠ: δεῖ κατασκευάζειν Γ   δεῖ secl. Roemer   20 δεδειγμένων
ΘΠΓΣ   ἢ ABCEQΓ: καὶ DYZ   21-22 τὰ . . . γὰρ om. Q
21 μέλλοι ΥΓ

τερον. μετὰ δὲ ταῦτα, δήλων ὄντων καὶ οἷα καὶ ἡλίκα, εἰς
τὰ πάθη ἄγειν τὸν ἀκροατήν. ταῦτα δ' ἐστὶν ἔλεος καὶ 25
δείνωσις καὶ ὀργὴ καὶ μῖσος καὶ φθόνος καὶ ζῆλος καὶ ἔρις.
εἴρηνται δὲ καὶ τούτων οἱ τόποι πρότερον, ὥστε λοιπὸν ἀνα-
μνῆσαι τὰ προειρημένα. τοῦτο δὲ ἁρμόττει ποιεῖν οὐχ ὥσπερ
φασὶν ἐν τοῖς προοιμίοις, οὐκ ὀρθῶς λέγοντες. ἵνα γὰρ
εὐμαθὴς ᾖ, κελεύουσι πολλάκις εἰπεῖν. ἐκεῖ μὲν οὖν δεῖ 30
τὸ πρᾶγμα εἰπεῖν, ἵνα μὴ λανθάνῃ περὶ οὗ ἡ κρίσις, ἐν-
ταῦθα δὲ δι' ὧν δέδεικται, κεφαλαιωδῶς. ἀρχὴ δὲ διότι ἃ
ὑπέσχετο ἀποδέδωκεν, ὥστε ἅ τε καὶ δι' ὃ λεκτέον. λέγεται
δὲ ἐξ ἀντιπαραβολῆς τοῦ ἐναντίου. παραβάλλειν δὲ [ἢ] ὅσα
περὶ τὸ αὐτὸ ἄμφω εἶπον, ἢ [μὴ] καταντικρύ ("ἀλλ' οὗτος 35
μὲν τάδε περὶ τούτου, ἐγὼ δὲ ταδί, καὶ διὰ ταῦτα"), ἢ ἐξ **1420**ᵃ
εἰρωνείας (οἷον "οὗτος γὰρ τάδ' εἶπεν, ἐγὼ δὲ ταδί", καὶ "τὶ
ἂν ἐποίει, εἰ τάδε ἔδειξεν, ἀλλὰ μὴ ταδί"), ἢ ἐξ ἐρωτήσεως ("τί
οὖν δέδεικται;" ἢ "οὗτος τί ἔδειξεν;"). ἢ δὴ οὕτως [ἢ] ἐκ παρα-
βολῆς ἢ κατὰ φύσιν ὡς ἐλέχθη, οὕτως τὰ αὑτοῦ, καὶ πάλιν, 5
ἐὰν βούλῃ, χωρὶς τὰ τοῦ ἐναντίου λόγου. τελευτὴ δὲ τῆς
λέξεως ἁρμόττει ἡ ἀσύνδετος, ὅπως ἐπίλογος ἀλλὰ μὴ λόγος
ᾖ· "εἴρηκα, ἀκηκόατε, ἔχετε, κρίνατε".

25 ἄγει ΕΥΓ   ἔλεος καὶ om. Γ   27 τούτων] οὗτοι Γ   28 ποιεῖν]
γίγνεσθαι Γ   οὐχ Ussing: οὕτως codd. Γ   30 εὐμαθὴς ΑΓ: εὐμαθῇ
ΘΠ   33 ἀπέδωκεν ΘΠ   34 ἢ seclusi: habent codd. Γ   35 εἰπεῖν
ΑΓ   ἢ] εἰ ΑΓ   μὴ secl. Spengel   1420ᵃ 1 διὰ] ἄδε καὶ Α: δίκαια δὲ
καὶ Γ   2 ταδί scripsi: τάδε codd.   τὶ scripsi: τί codd. Γ   3 ἔδοξε
Γ   4 οὖν scripsi: οὐ codd. Γ   ἢ δὴ] ἤδη Α: ἢ ΓΣ   ἢ secl. Σ

INDEX NOMINUM ET VERBORUM
POTIORUM

AUCTORES ET ORATORES
AB ARISTOTELE CITATI

(a)

1355ª28 Arist. *Top.* 101ª30
1356ᵇ10 Arist. *An. Pr.* 2. 23, 24, praecipue 68ᵇ13
    13 Arist. *Top.* 1. 12
    20 Arist. *Top.* 105ª16, 157ª18
1357ª29 Arist. *An. Pr.* 32ª10, 43ᵇ33
    ᵇ24 Arist. *An. Pr.* 2. 27
1358ª29 Arist. *Top.* (e.g. 1. 10, 14, 19, 2. 9)
1359ª 3 Hom. *Il.* 18. 97–126
1362ᵇ36 Ibid. 1. 255
1363ª 6 Ibid. 2. 160
    6 Ibid. 2. 298
   16 Sim. fr. 50 (Bergk)
1364ª19 Leodamas, *Acharneus* (Sauppe, p. 244)
   28 Pind. *Ol.* 1. 7
1365ª13 Hom. *Il.* 9. 592–4
   26 Sim. fr. 163 (Bergk)
   30 Hom. *Od.* 22. 347
1366ª21 Arist. *Pol.*
1367ª10 Alc. fr. 55. 2–3 (Bergk)
   12 Sappho, fr. 28 (Bergk)
   ᵇ19 Iphicrates, fr. 111 (Bergk)
   21 Sim. fr. 111 (Bergk)
1370ª11 Evenus, fr. 8 (Bergk)
   ᵇ 4 Eur. *Androm.* fr. 133 (Nauck)
   5 Hom. *Od.* 15. 400
   12 Hom. *Il.* 18. 109
   29 Ibid. 23. 108, *Od.* 4. 183
1371ª28 Eur. *Orest.* 234
   ᵇ33 Eur. *Antiope*, fr. 183 (Nauck)
1372ª 2 Arist. *Poet.* (in parte nunc deperdita)
1373ᶜ12 Soph. *Antig.* 456–7

   16 Emped. fr. 135 (Diels)
   18 Alcidamas, *Messeniacus*, fr. 2 (Sauppe, p. 154)
1374ᵇ36 Soph. *Pro Euctemone* (Sauppe, p. 165)
1375ᵇ 1 Soph. *Antig.* 456, 458
   30 Hom. *Il.* 2. 557
   34 Solon, fr. 22 (Bergk⁴)
1376ª 5 Diogenianus 3. 89, 6. 61
   7 Stasinus, *Cypria*, fr. 2 (Kinkel)
1377ª19 Xenoph. (Diels 1. 115)
1378ᵇ 6 Hom. *Il.* 18. 109–10
   32 Ibid. 1. 356
   34 Ibid. 9. 668
1379ª 5 Ibid. 2. 196
   6 Ibid. 1. 82
   ᵇ15 Antiphon, *Meleager*, fr. 2 (Nauck)
1380ᵇ23 Hom. *Od.* 9. 504
   30 Hom. *Il.* 24. 54
1381ᵇ16 Hes. *Op.* 25
1385ª10 Antiphon (Nauck, p. 792)
1387ª33 Hom. *Il.* 11. 542
1388ª 8 Aesch. fr. 305 (Nauck)
   17 Hes. *Op.* 28
1392ᵇ 8 Agathon, fr. 8 (Nauck)
   11 Isoc. *Or.* 18. 15
1394ª29 Eur. *Med.* 294–5
   33 Ibid. 296–7
   ᵇ2 Eur. *Stheneboia*, fr. 661 (Nauck)
   4 Eur. *Hec.* 864
   6 Ibid. 866
   13 Epicharmus, fr. 19 (Diels)
   16 Eur. *Tro.* 1051
   19 Eur. *Med.* 294

1394^b23 fr. trag. adespot. 79 (Nauck)

26 Epicharmus, fr. 25 Diels

1395^a14 Hom. *Il.* 12. 243

16 Ibid. 18. 309

18 *Cypria*, fr. 22 (Kinkel)

^b29 cf. Eur. *Hipp.* 989

1396^b 3 Arist. *Top.* 1. 14

24 Arist. *Top.* 1. 14

1397^a11 Alcidamas, *Messeniacus*, fr. 2 (Sauppe, p. 154)

13 fr. trag. adespot. 80 (Nauck)

17 Eur. *Thyestes*, fr. 396 (Nauck)

^b 3 Theodectes, *Alcmaeon*, fr. 2 (Nauck)

4 Ibid.

6 Ibid.

21 fr. trag. adespot. 81 (Nauck)

27 Polycrates, *Alexander*, fr. 1 (Sauppe, p. 223)

31 Lys. *Ad Harmodium*, fr. 1 (Sauppe, p. 179)

1398^a 4 cf. Eur. *Teucer* (Nauck, p. 286)

6 Lys. *Pro Iphicrate*, fr. 1 (Sauppe, p. 191)

17 Lys. *Ad Harmodium*, fr. 2 (Sauppe, p. 179)

23 Polycrates, *Alexander*, fr. 2 (Sauppe, p. 222)

28 Arist. *Top.* 106^a14

^b 6 Theodectes, *Nomos*, fr. 1 (Sauppe, p. 247)

11 Alcidamas, *Mouseion*, fr. 2 (Sauppe, p. 155)

27 Aristocles (Sauppe, p. 220)

1399^a 2 Isoc. *Helena*, 18–38

7 Arist. *Top.* 106^a14

9 Theodectes, *Socratis Apologia*, fr. 1 (Sauppe, p. 47)

1399 ^b 2 Theodectes, *Nomos*, fr. 2 (Sauppe p. 247)

6 Xenophanes, fr. 1 (Diels)

12 Dem. *Or.* 17. 30

16 Lys. *Or.* 34. 11

23 fr. trag. adespot. 82 (Nauck)

27 Antiphon, *Meleager*, fr. 2 (Nauck)

29 Theodectes, *Ajax* (Nauck, p. 801)

1400^a10 Androcles (Sauppe, p. 153)

28 Theodectes, *Ajax* (Nauck, p. 801)

32 Leodamas (Sauppe, p. 216)

^b11 Carcinus, *Medea* (Nauck, p. 798)

18 Soph. *Tyndareos*, fr. 597 (Nauck)

24 Eur. *Troad.* 990

25 Chaeremon, fr. 4 (Nauck)

1401^a 3 Arist. *Top.* 174^b10 (?)

10 Isoc. *Evagoras* 65–69

18 Pindar, *Parthenia*, fr. 96 (Snell)

35 Polycrates, *Thrasybulos* (Sauppe, p. 221)

38 Theodectes, *Orest.*, fr. 5 (Nauck)

^b12 Pl. *Symp.* 182 c 5–7

15 Polycrates, *Muon Encomion*, fr. 1 (Sauppe, p. 221)

16 cf. Soph. Ἀχαιῶν Σύλλογος (Nauck, p. 21)

20 Polycrates, Ἀλέξανδρος, fr. 4 (Sauppe, p. 223)

32 Demades, incerta, fr. 2 (Sauppe, p. 315)

35 Theodectes, *Helena* (Nauck, p. 801)

1402^a11 Agathon, incert. 9 (Nauck)

1417^a15–16 Eur. *Oeneus*, fr. 558
    (Nauck)
    32 Soph. *Antig.* 911–12
    ^b 5 Hom. *Od.* 19. 361
    18 Carcinus, *Oedipus* (Nauck,
    p. 798)
    20 Soph. *Antig.* 635–8
1418^a 8 Hom. *Od.* 4. 204
    24 Epimenides, fr. 4 (Diels)
    31 Isoc. *Paneg.* 110–14
    31 Isoc. *Symm.* 110–14
    32 Isoc. *De Pace* 27
    34 Isoc. *Hel.* 22–38, 41–48,
        Bus. 33–40, *Panath.*
        72–84

1418^a15 Gorg. fr. 5 (Sauppe,
    p. 130)
    ^b10 Callistratus, *Messeniacus* 1
        (Sauppe, p. 218)
    20 Eur. *Troad.* 969, 971
    26 Isoc. *Phil.* 4–7, *Antidosis*
        132–9, 141–9
    29 Archilochus, fr. 74. 1
        (Bergk)
    31 Ibid. fr. 25. 1 (Bergk)
    32 Soph. *Antig.* 683–709
1419^a11 Pl. *Apol.* 27c1–8
    24 Arist. *Top.* 8. 4
    ^b 4 Gorg. fr. 12 (Diels)

(b)

54^a–99^b = 1354^a–1399^b, 0^a–20^a =
    1400^a–1420^a

Aeschylus 88^a8
Aesion 11^a25
Agathon 92^b8, 2^a11
Alcaeus 67^a10
Alcidamas 73^b18, 97^a11, 98^b11,
    6^a1, 8, 9, 20
Anaxandrides 11^a20, 12^b18, 13^b26,
    28
Androcles 0^a10
Antimachus 8^a3
Antiphon 79^b15, 85^a10, 99^b27
Archilochus 18^b29, 31
Aristocles 98^b27
Aristophanes 5^b30, 10^a29
Aristoteles 55^a28, 56^b10, 13, 20,
    57^a29, ^b24, 58^a29, 96^b3, 24, 98^a28,
    99^a7, 1^a3, 2^a35, 3^a5, 12, 31,
    4^a39, ^b7, 28, 5^a6, 10^b3, 19^a24
Auctor incertus 15^b14

Callistratus 18^b10
Carcinus 0^b11, 17^b18
Cephisodotus 11^a6, 23, 28
Chaeremon 0^b26

Choerilus 15^a4, 17
Cleobulina 5^b1
Cleophon 8^a15
Com. fr. 12^b15, 29, 13^a13, 14
Cypria 95^a18

Demades 1^b32
Democrates 7^a8
Democritus Chius 9^b28
Demosthenes 99^b12, 7^a7
Diogenianus 76^a5
Dionysius 5^a32

Empedocles 73^b16
Epicharmus 94^b13, 26, 10^b5
Epimenides 18^a24
Euripides 70^b4, 71^a28, ^b33, 94^a29,
    33, 95^b29, 97^a17, 98^a4, 0^b24,
    5^a29, ^b22, 7^b36, 11^b30, 15^b21,
    16^a29, 32, 17^a15–16, 18^b20
Evenus 70^a11

Fr. adesp. 79^a13, ^b22, 94^b23,
    99^b23, 7^b34, 12^b15, 29, 13^a1, 13,
    14, 15^a11